U0946458

5 月 15 日至 18 日，学校通过教育部本科教学工作审核评估

11 月 16 日，轨道交通安全协同创新中心通过教育部一期建设评估

7 月 16 日至 17 日，学校举办首届国际青年学者知行论坛

9 月 8 日，学校举办 77、78 级校友入学 40 周年纪念大会

4 月 23 日，北京交通大学乌拉圭研究中心成立

7 月 20 日，北京市习近平新时代中国特色社会主义思想研究中心北京交通大学研究基地揭牌

11 月 21 日，成立国家经济安全研究院

4 月 18 日，张宏科（前排左二）团队
入选首批全国高校黄大年式教师团队

11 月 6 日，高亮获何梁何利基金科学与技术进步奖

5 月 4 日，北京交通大学节能车队亮相
央视“五月的鲜花”全国大中学生文艺会演

5 月 17 日，电信学院博士生张丹
获 IEEE Transactions on EMC 2018 年度最佳论文奖

中国交建·中国路桥——北京交通大学“一带一路”国际人才联合培养肯尼亚项目第三批留学生开学典礼

Opening Ceremony for the Third Group of Kenyan Students of CCCC · CRBC — BJTU "The Belt and Road" International Joint Training Program

5 月 10 日，北京交通大学“一带一路”
国际人才联合培养肯尼亚项目第三期开班

7 月 13 日，北京交通大学举办的
2018 年冈比亚道路交通管理研修班开班

9 月 18 日，学校与通辽市科左后旗签订
食品原材料供货协议和劳务输出意向书

11 月 14 日，学校与黔南州政府签署战略合作协议

5 月 31 日，中科院外籍院士，巴基斯坦前教育部、科技部部长
阿塔 · 拉曼来访

9 月 14 日，乌拉圭副总统露西亚·托波兰斯基到校访问

9月14日，学校通过教育部、住建部节约型校园示范项目验收

9月30日，学校综合体育馆开工建设

4 月，学校学生艺术团交响乐团管弦乐合奏
《肖斯塔科维奇第五交响曲第四乐章》
获第五届全国大学生艺术展演器乐组一等奖

6 月，学校学生艺术团合唱团作品《NYON NYON》获
2018 年北京大学生音乐节重唱、小合唱（普通乙组）金奖

北京交通大学年鉴

2018

《北京交通大学年鉴》编委会　编

北京交通大学出版社

·北京·

图书在版编目（CIP）数据

北京交通大学年鉴．2018／《北京交通大学年鉴》编委会编．—北京：北京交通大学出版社，2020.10

ISBN 978-7-5121-4319-7

Ⅰ.①北…　Ⅱ.①北…　Ⅲ.①北京交通大学-2018-年鉴　Ⅳ.①G649.281-54

中国版本图书馆 CIP 数据核字（2020）第 164544 号

北京交通大学年鉴·2018

BEIJING JIAOTONG DAXUE NIANJIAN · 2018

责任编辑：赵彩云

出版发行：北京交通大学出版社　　电话：010-51686414　　http：//www.bjtup.com.cn

地　　址：北京市海淀区高梁桥斜街 44 号　　邮编：100044

印 刷 者：艺堂印刷（天津）有限公司

经　　销：全国新华书店

开　　本：185 mm×260 mm　　印张：25.75　　字数：678 千字　　彩插：5

版 印 次：2020 年 10 月第 1 版　　2020 年 10 月第 1 次印刷

定　　价：300.00 元

本书如有质量问题，请向北京交通大学出版社质监组反映。对您的意见和批评，我们表示欢迎和感谢。

投诉电话：010-51686043，51686008；传真：010-62225406；E-mail：press@bjtu.edu.cn。

《北京交通大学年鉴》编委会

《北京交通大学年鉴·2018》

主要撰稿人名单

（以姓氏笔画为序）

丁鹏彦　王　芳　王子君　王顺凇　王铁江　王德芳　邓少亭
申屠利条　　　邢朝晖　曲　斌　曲立忠　任一豪　刘　洵
刘冬薇　刘自尊　许　娟　孙　强　李　京　李　萌　李　蓉
李鹏翔　李巍巍　沙　迪　沈　岩　迟琳琳　陈　尘　陈　伶
陈志新　武慧姣　范　磊　岳　冶　郑　超　郑冰然　房国彦
赵　冉　赵　樱　胡　滢　咸晓红　侯育栋　贾　君　贾长忠
原思成　晏　曦　徐　梁　翁良姝　栾国翠　郭　栋　高　杰
高爱军　高雅静　黄　微　落宇杰　彭　杉　董丽敏　温俊英
蔡　雪

编辑说明

《北京交通大学年鉴》起编于1998—1999卷、2006卷开始公开出版发行，是综合性资料工具书，是系统记录学校年度改革发展情况的史料文献。

《北京交通大学年鉴・2018》以条目和文章为基本载体，以条目为主。卷首设彩色插图、学校简介、特载、组织机构；其后采取分类编纂的方法，设栏目/篇目/条目三级结构层次，分12个栏目反映2018年度学校各项事业发展情况；卷末有大事记、附录和索引。

《北京交通大学年鉴・2018》选题范围为2018年1月1日至2018年12月31日间的学校重大事件、重要活动及各领域改革发展成果与创新性工作，部分内容依实际情况向前略有回溯。

本年鉴收录的文章、条目、表格均由学校各单位主要撰稿人组织编写和提供，并经本单位主管领导审核确认。统计数据由学校相关部门审定提供。彩色图片由党委宣传部等提供。

《北京交通大学年鉴・2018》由北京交通大学年鉴编纂委员会主持编纂，学校档案馆承担年鉴的策划、组稿、编校、统稿等具体工作。

年鉴的编纂工作得到学校各级领导的支持以及全校各单位的大力协助，在此编辑部表示诚挚的感谢。年鉴内容涉及面广、加之编者水平所限，年鉴中存在的不足和疏漏敬请读者批评指正。

目　录

学 校 概 况

特　载

组 织 机 构

党群与思想政治工作

人才培养

学科、科研与社会服务

教职工队伍建设与管理

发展规划与战略研究

国际交流合作与港澳台工作

国有资产管理

办学条件保障

学 院 工 作

威海校区

北京高校思想政治工作研究中心

独立学院

学校大事记

附　　录

索　　引

2018

学 校 概 况

学校简介

北京交通大学是教育部直属，教育部、北京市人民政府、中国铁路总公司共建的全国重点大学，“211 工程”“985 工程优势学科创新平台”项目建设高校和具有研究生院的全国首批博士、硕士学位授予高校。学校牵头的“2011 计划”“轨道交通安全协同创新中心”是国家首批 14 个认定的协同创新中心之一。2017 年，学校正式进入国家“双一流”建设行列，将围绕优势特色学科，重点建设“智慧交通”世界一流学科领域。

北京交通大学作为交通大学的三个源头之一，历史渊源可追溯到 1896 年，前身是清政府创办的北京铁路管理传习所，是中国第一所专门培养管理人才的高等学校，是中国近代铁路管理、电信教育的发祥地。1917 年改组为北京铁路管理学校和北京邮电学校，1921 年与上海工业专门学校、唐山工业专门学校合并组建交通大学。1923 年交通大学改组后，北京分校更名为北京交通大学。1950 年学校定名北方交通大学，毛泽东主席题写校名，著名桥梁专家茅以升任校长。1952 年，北方交通大学撤销，学校改称北京铁道学院。1970 年恢复“北方交通大学”校名。2000 年与北京电力高等专科学校合并，由铁道部划转教育部直属管理。2003 年恢复使用“北京交通大学”校名。学校曾培养出中国第一个无线电台创建人刘瀚、中国第一本铁路运输专著作者金士宣、中国铁路运输经济学科的开创者许靖、中国最早的四大会计师之一杨汝梅，以及中国现代作家、文学评论家、文学史家郑振铎等一大批蜚声中外的杰出人才。中国第一台大马力蒸汽机设计者应尚才，“东京审判”担任首席检察官的向哲浚，中国著名的经济学家、人口学家马寅初等都曾在学校任教。

学校始终瞄准科技发展前沿和国家重大战略需求，依托信息、管理和交通科学与技术等优势特色学科，通过智力支持、人才保障和专业服务，全面参与了铁路大提速、青藏铁路建设、大秦铁路重载运输、高速铁路建设和城市轨道交通核心技术自主研发等中国轨道交通发展的重大历史事件，取得了一系列具有完全自主知识产权、处于国际先进水平的一系列原创性重大成果，为服务国家交通、物流、信息、新能源等行业以及北京经济社会发展作出了积极贡献，成为支撑和引领国家、行业和区域科技创新发展的重要力量。近年来，学校科技创新取得重大突破，CBTC 地铁运行控制系统的研发和成功应用，使我国成为第 4 个掌握该项技术的国家，实现自主可控；FAO 全自动无人驾驶列控系统已达到城市轨道交通列车运行自动化水平的国际最高等级；复杂环境下高速铁路无缝线路关键技术是轨道结构近百年来最突出的改进与创新；“标识网络体系及关键技术”“智慧协同网络”提高了我国下一代互联网产业自主创新能力和核心竞争力；“基于行为的城市交通流时空分布规律与数值计算”对建立现代交通科学理论体系具有重要指导意义；“复杂路网条件下高速铁路列控系统互操作和可靠运用关键技术”为我国高速铁路列控系统设计研发、测试和运用提供了保障；“大型屋盖及围护体系抗风防灾理论、关键技术”攻克了大型屋盖及其围护体系抗风难题，提出的风荷载公式，填补了国内外空白，纳入国家标准。学校全面推进实施学校“十三五”规划和《综合改革方案》各项任务，坚持“三步走”战略，到本世纪中叶基本建设成为特色鲜明世界一流大学。

学校在被称为“学府胜地”的北京市海淀区建有东西两个校区，总面积近 1 000 亩，建筑面积 100 余万平方米。2015 年 9 月，位于山东省威海市的威海校区正式投入使用。学校各校区均具有完善的教学、科研设施，校园环境优美。

历经双甲子发展，学校形成了以信息、管理等学科为优势，以交通科学与技术为特色，工、管、经、理、文、法、哲等多学科协调发展的完备的学科培养体系。学校设有电子信息工程学院、计算机与信息技术学院、经济管理学院、交通运输学院、土木建筑工程学院、机械与电子控制工程学院、电气工程学院、理学院、语言与传播学院、软件学院、马克思主义学院、建筑与艺术学院、法学院、国家保密学院等 14 个学院；设有研究生院以及远程与继续教育学院；与企业合作在河北省黄骅市创办独立学院——北京交通大学海滨学院。

学校在四大世界大学排行榜中稳步提升，在 U.S.News 世界大学排行、上海软科世界大学学术排行中进入 500+。在最具影响力的世界大学学科排行榜均有学科上榜，工程与技术、计算机科学、商科与经济学、物理学等 4 个学科入围 THE 世界大学学科排名，电气与电子工程，计算机科学与信息系统，机械、航空与制造工程，材料科学，数学，物理学与天文学，商业与管理研究，统计与运筹学等 8 个学科进入 QS 世界顶尖学科，交通运输工程学科位列上海软科世界一流学科第一，工程学接近 ESI 前 1‰，工程学、计算机科学、材料科学进入 ESI 前 3‰。系统科学学科在全国学科评估中连续四次蝉联全国第一；系统科学、交通运输工程、信息与通信工程、计算机科学与技术、工商管理等 5 个学科进入全国第四轮学科评估前 10%（A 类）；应用经济学、土木工程、统计学、马克思主义理论、机械工程、管理科学与工程、软件工程等 7 个学科进入全国第四轮学科评估前 20%（B+类）。学校有交通运输工程、信息与通信工程 2 个一级学科国家重点学科，产业经济学、桥梁与隧道工程 2 个二级学科国家重点学科，包括一级学科所涵盖的二级学科国家重点学科总数达到 8 个；建有博士后科研流动站 15 个；有一级学科博士点 21 个，一级学科硕士点 33 个，有工程博士、MBA、工程硕士、会计硕士、法律硕士等 14 类专业学位。

学校把建设高素质的教师队伍作为提高办学实力的关键，大力实施人才强校战略。全校在职教职工 2 972 人，其中专任教师 1 877 人（具有副高级及以上专业技术职称的 1 286 人，具有硕士及以上学历的 1 774 人）。学校有中国科学院院士 4 人，中国工程院院士 9 人，国家“千人计划”专家 8 人，国家级教学名师 5 人，国务院学位委员会学科评议组成员 6 人，国家“万人计划”专家 13 人，百千万人才工程国家级人选 11 人，国家杰出青年基金获得者 12 人、优秀青年基金获得者 17 人，享受政府特殊津贴专家 156 人。

学校始终把人才培养作为办学的根本任务，素质教育成绩斐然，向国家输送了大量人才。学校 1997 年、2006 年参加全国本科教学工作水平评估均获得优秀。学校有在校本科生 15 534 人，博士研究生 2 861 人，硕士研究生 8 169 人，非全日制硕士研究生 1 580 人，在职专业学位研究生 2 182 人，成人学生 6 249 人，外国留学生全年累计 2 217 人。近三届本科教学成果奖评选中，获得国家级一等奖 2 项、二等奖 9 项。近三届中国学位与研究生教育学会研究生教育成果奖评选中，获得一等奖 1 项、二等奖 2 项。近 5 年，学校新增 1 名国家“万人计划”教学名师，10 名北京市教学名师、4 名北京市青年教学名师。学校拥有 11 个国家级特色专业、7 个国家级综合改革试点专业、8 个国家级卓越工程师教育培养计划专业，11 个专业通过国家工程教育专业认证，2 个专业通过国家土建类专业评估。学校建有国家级

实验教学示范中心6个、国家级虚拟仿真实验教学中心3个、国家级虚拟仿真实验教学项目2个、国家级大学生校外实践基地3个、国家级工程实践教育中心7个；建有国家级教师教学发展示范中心。学校获评国家级精品在线开放课程8门、获评国家级精品资源共享课19门、国家级精品视频公开课6门；获批“十二五”普通高等教育本科国家级规划教材34种42册；获评“全国高校创新创业教育工作50强”“国家级大学生创新创业训练计划实施工作先进单位”“全国高校实践育人创新创业基地”。通过设立理科试验班（思源班）、基础学科拔尖人才试点班（知行班）、本硕（博）连读班、詹天佑班、茅以升班、国际班等多样化人才培养模式，加强了拔尖创新人才的培养。学校生源质量和培养水平逐年提高，本科生和研究生就业率稳定在98%以上，本科生深造率超过55%，学校获评教育部全国首批创新创业典型经验高校和北京市创新创业教育改革示范高校。学生艺术团在全国和首都历次大学生艺术展演比赛中取得优异成绩，曾获全国第一、二、三、四、五届大学生艺术展演器乐组一等奖和多项北京市一等奖，并多次赴海外进行文化交流演出。学校学生艺术团排演的大学生版《长征组歌》在人民大会堂和国安剧院演出，在社会上引起强烈反响，原创话剧《茅以升》成功入选“共和国的脊梁—科学大师名校宣传工程”，在校内外演出多场，赢得社会各界广泛好评。学校体育运动蓬勃发展，高水平运动队和普通学生代表队成绩斐然，截至2018年底在国家级及以上各类比赛中共获冠军133项（次），其中羽毛球87项、跆拳道19项、田径17项、男子排球1项、射击1项、棒垒球2项、桥牌1项、舞蹈队4项。

学校把加强科技创新作为发展的战略重点，不断提升社会服务能力。学校拥有省部级以上科研平台61个，其中包括国家重点实验室1个，国家工程研究中心1个，国家工程实验室6个（其中5个参与），轨道交通安全协同创新中心（牵头）1个，国家能源研发中心1个，国家国际科技合作基地2个，国家认可实验室4个，国家大学科技园1个，教育部重点实验室/工程研究中心9个，北京实验室2个，北京市重点实验室/工程技术研究中心17个，首批首都高端智库1个，北京市哲学社会科学研究基地4个，建有北京市习近平新时代中国特色社会主义思想研究中心北京交通大学研究基地，以及交通运输行业重点实验室2个，其他省部级科研平台8个。近5年，学校承担原“973”计划、“863”计划、国家重点研发计划项目（课题）、国家社会科学基金重大项目、国家自然科学基金项目以及有关部委的各类科研课题1万余项，科研经费38亿元。发表SCIE检索论文4 942篇、EI检索论文7 516篇、ISTP检索论文2 627篇。申请专利2 743项，获授权专利1 418项。创立学术交流品牌“中国交通高层论坛”“交大大讲堂”，主办和承办高水平国际学术会议60余场。获得国家级奖励10项，省部级科技奖励155项，其中主持完成项目获国家科学技术进步奖一等奖1项、国家科技进步奖二等奖2项和国家技术发明奖二等奖2项。主持完成的4项人文社会科学研究成果获高等学校科学研究优秀成果奖（人文社会科学）。拥有教学、科研仪器设备资产12.9亿元；图书馆纸本藏书、电子图书、网络资源等总量约1 189万册，建有交通运输特色数据库。

学校把加强合作交流作为提高办学水平的重要途径，国内外影响力不断提升。与美、英、德、法等45个国家的253所大学及著名跨国企业建立了合作关系。在比利时鲁汶、美国休斯敦、巴西坎皮纳斯和波兰华沙等地共办有4所孔子学院，积极传播中国文化。学校加入国际铁路合作组织（OSJD），提升了在国际铁路领域的影响力和话语权；加入中国–中东欧高校联合会，为拓展与中东欧国家教育合作交流奠定了基础。学校有国家级示范学院1个，学科创新引智基地（“111 基地”）6 个，“111 基地”培育项目 1 个，“一带一路”教科文卫引智项目 1 个；累计有 31 位专家入选高端外国专家项目；有中外合作办学项目 5 个、涉外办学机构 3 个，开展本科、研究生层次学位教育，提升学校国际化办学水平。充分发挥校友会、基金会、董事会的作用，深化“政产学研用”协同创新，在海内外成立地方校友会 51 个，吸纳董事单位 83 家，与交通、物流、信息、能源等行业企业及地方政府等单位建立战略合作关系，在人才培养、科研合作等领域开展长期、广泛的合作。

“饮水思源，爱国荣校”，北京交通大学秉承“知行”校训，肩负新的使命，正以更加开拓进取的精神向着特色鲜明世界一流大学的目标迈进。

特　　载

曹国永书记在学校 2018 年度工作会议上的讲话

（2018 年 3 月 15 日）

同志们：

2018年是具有特殊重要意义的一年，是贯彻党的十九大精神的开局之年，是改革开放40周年，也是我校贯彻第十一次党代会精神的第一年。安排好今年的工作，完成好今年的工作任务，意义十分重大。下面我讲三点意见。

一、认清形势，准确把握学校发展的历史方位

（一）认清学校发展新起点

2017 年是党和国家事业发展史上极不平凡的一年，也是学校发展史上极不平凡的一年，通过不懈努力，学校各项工作都取得了新进展新成效，以人才培养能力为核心的各方面能力建设得到进一步增强，学校总体办学实力与社会影响力得到进一步提升。

主要体现在：

党的领导和党的建设得到全面加强。全校上下掀起学习贯彻习近平新时代中国特色社会主义思想和党的十九大精神的热潮，全覆盖、全方位推动十九大精神入脑入心、落地生根。成功召开学校第十一次党代会，这次党代会是一次团结的大会、成功的大会、奋进的大会，明确了今后五年实现两个突破、争创四个一流的奋斗目标和十大重点任务。顺利通过北京高校党建和思想政治工作基本标准检查，各方面工作得到专家组的充分肯定。全面贯彻落实全国高校思政会精神，认真贯彻落实党委领导下的校长负责制，推动一批思政重点难点工作取得阶段性重要成果。持之以恒正风肃纪，狠抓巡视整改落实，截至去年底，三个阶段的整改任务基本完成，解决了一批突出问题，整改工作基本达到预期目标。

另一方面，学校内涵式发展得到全面推进。人才培养、科学研究、社会服务、文化传承创新、国际交流合作等各方面工作均取得了新成绩，而且有许多新亮点。在中国工程院院士、双主持的国家科技进步一等奖、国家自然科学基金重大项目、国家重点研发计划主持项目等方面实现了历史性突破。学生素质教育、创新创业、学科竞赛成果丰硕，本研全年共获国家级以上奖项 360 余项。新增万人计划 5 人、杰青 2 人、青年长江 2 人、优青 1 人。组建新的校学术委员会，内部治理结构进一步完善。加入国际铁路合作组织，与万隆理工学院共建中印尼高铁研究中心，与俄罗斯交通大学共建詹天佑学院。

在过去一年中，涌现出了一批育人楷模、科研标兵、先进团队。如下一代互联网互联设备国家工程实验室教师团队精心育人、潜心科研，在创新型人才培养等方面取得重要业绩，

入选首批“全国高校黄大年式教师团队”。电信学院辅导员张琪创新网络思政教育载体和形式，线上线下相结合，创办“琪人琪语”工作室，获评第九届全国高校辅导员年度人物。高亮教授等主持的《复杂环境下高速铁路无缝线路关键技术及应用成果》获国家科技进步奖一等奖，实现我校双主持国家一等奖的历史性突破。我校科研成果转化的标志性成果——地铁列车“全自动驾驶”关键技术，应用于北京地铁燕房线，成为我国第一条自主研发全自动运行示范线路，标志着我国轨道交通尖端技术走在世界前列。

回顾 2017 年所取得的可喜成绩，应该说不是一年之功，也不可能一蹴而就，而是一个时期以来特别是近五年来全校同志认真贯彻落实党中央决策部署、认真贯彻落实学校第十次党代会确立的“三步走”战略的重要成果和集中体现，是全校上下持续攻坚克难、久久为功的结果。经过多年的努力和积累，学校事业近年来持续保持了向上向好的发展态势，许多突破是历史性的，许多变化是深层次的，广大师生建设特色鲜明世界一流大学的信心和步伐更加坚定。这充分说明我们确定的发展方向、发展战略、发展目标和许多重大决策是完全正确的。

为什么说保持向上向好的发展态势？可以从这么几方面看：

向上向好第一方面表现：学校的学术声誉和学科实力显著增强。这一点不管是从全国学科评估看、中外大学排名看，还是外界各方面对我们的评价看，结果都是肯定的。从学科评估情况看，全国第四轮学科评估结果，与第三轮学科评估相比，除了优势特色学科继续保持领先外，我们多个学科都取得了长足的进步。系统科学第四次蝉联全国第一，继续保持“领跑”；同时交通运输工程、信息与通信工程、计算机科学与技术、工商管理等 4 个学科进入前 10%，7 个学科进入前 20%。从大学及学科排名情况看，当前公认的最具影响力的大学排行榜主要有 4 家，即上海软科、QS、THE、US News，2017 年学校在四大排行榜均榜上有名，反映出学科实力和综合实力在持续增强。从国际交往反馈给我们的信息看，这些年我校国际交往的广度和深度都在不断提升。随着中国走近世界舞台的中央，也随着我校办学实力的增强，越来越多的国际同行找到我们，愿意和我们谈合作，特别是在我们的优势学科、特色领域加强合作。这也从一个侧面反映出我们的学术水平、学术声誉在国际上地位的提高。比如美国伊利诺伊大学厄巴纳－香槟分校主动希望与我校合作；去年和荷兰代尔夫特理工大学的合作办学项目，是一次强强联合。

向上向好第二方面表现：学校的人才培养质量稳步提升。五年来，我们强化一体化的人才培养理念，不断深化人才培养模式改革，人才培养质量稳步提升。我校作为我国工程教育的代表，接受了《华盛顿协议》专家的评估，为我国成为正式成员国做出了重要贡献。从结构上看，我校从三年前开始，研究生的招生规模超过本科生，这是建设研究型大学的一个重要标志，今年研究生招生规模可能接近 5 000 人。再比如我们围绕国家“一带一路”建设和高铁“走出去”战略，国际化布局包括人才培养方面呈现多点开花态势，我们开展的轨道交通国际化人才培养模式的探索与实践，初步形成了为国家和服务“一带一路”培养一流人才的“交大模式”。就业是最大的民生，就业质量是衡量高校人才培养质量的“晴雨表”。长期以来不仅我们的就业率保持较高水平，而且深造率稳步提升，更为重要的是，改革开放以来，我校为国家培养了 11 万人才，我们到各行各业就业的校友们，已经成为或正在成为各个行业特别是轨道交通行业的领军人物和中坚力量。最近央视《大国重器》节目报道的带领北京万桥公司创造辉煌业绩的我校杰出校友刘亚滨，就是校友的典型代表。

向上向好第三方面表现：学校的人才队伍建设取得历史性突破。2013 年召开人才工作会议以来，院士、千人计划、万人计划、长江学者、杰青等高层次人才数量增长了 57.5%；青年千人、青年拔尖人才、青年长江、优青等优秀青年人才数量增长了 35.4%；专任教师中具有海外一年以上出国研修经历的比例从 27.0%提升至 45.7%。我们实现了工程院院士的突破，而且在本轮院士的遴选中，我校还有两名教授分别进入了第一轮、第二轮评审，目前还有新的后备人选有望冲击院士。这些进一步增强了我们在人才工作方面的自信。

向上向好第四方面表现：学校的科学研究水平迈上新台阶。学校第九次党代会确定的目标，是力争实现双主持的国家科技奖励零的突破，经过第十次党代会以来的五年努力，学校累计获得双主持国家科技奖励 6 项，涵盖了“三大奖”，还实现了一等奖的重大突破。科研经费、科研项目、科研团队等的数量和质量稳步提升，国家自然科学基金创新研究群体、科技部创新团队、国家自然科学基金重大项目等也接连取得历史性突破，这些成绩是在激烈的竞争中取得的，成绩来之不易。

向上向好第五方面表现：学校党的领导和党的建设明显加强。党的建设新的伟大工程是“四个伟大”中带有根本性的、起决定性作用的。党的十八大以来，以习近平同志为核心的党中央治国理政的一个鲜明特点，就是加强党对一切工作的领导、全面从严治党。我们认真落实党中央决策部署，积极作为、主动作为，学校党委管党治党、办学治校的主体责任意识不断增强。特别是全国高校思政会以后，各级党组织和广大党员干部对加强党的领导和全面从严治党的思想认识不断增强，抓党建是最大政绩的主动性不断增强，党建和思想政治工作的质量不断增强，为学校推进“双一流”建设提供了坚强有力的政治保证、思想保证和组织保证。

同志们，这些成绩的取得，是全校广大干部和师生员工面对激烈的竞争和严峻的挑战，勠力同心、艰苦奋斗、共同努力的结果。借此机会，我代表学校党委和行政领导班子向大家表示诚挚的感谢和崇高的敬意！

在看到成绩的同时，我们也要清醒地看到，学校发展不平衡不充分的问题还比较突出。主要体现在以下四个方面：

一是发展质量问题，特别是人才培养质量问题。当代青年人的成长与“两个一百年”奋斗目标高度契合，中央对这一代青年寄予殷切厚望，对高校人才培养提出了新的更高要求。从培养德智体美全面发展的社会主义事业建设者和接班人、从培养担当民族复兴大任的时代新人的高度来看，学校人才培养的思想道德素质和专业能力素养，距离中央的要求和快速发展的实践需要，都还有较大差距。另一方面，我国正日益走近世界舞台中央，十九大提出构建人类命运共同体，这是解决全球问题的中国智慧、中国主张。要实现这些宏大的目标，人才是最根本的，亟须培养大批能够通晓国际游戏规则，参与国际事务与国际竞争，特别是能够在国际组织中讲好中国故事、发出中国声音和主张的有用人才。对标这些新标准，我们人才培养质量还需要大力加强，需要从国际国内两个维度，重新审视和评判我们人才培养的规格和标准。

二是发展动力问题。学校的现代大学制度建设仍然比较滞后，内部治理结构需要进一步探索完善，治理能力和水平有待进一步提升。我们在章程建设和学术委员会制度建设等方面已经迈出了重要步伐，这些都是中国特色现代大学制度的重要组成部分，但在学术组织结构、管理机构设置及职能定位等方面还不能很好地适应“双一流”建设的需要。人才人事制度改革也比较缓慢，特别是人才和教师评价制度是一个“指挥棒”，这一改革不深化，不利于吸引汇聚人才，不利于激发人才活力。如何走出一条具有中国特色的现代大学制度建设之路，是需要我们深入研究思考、勇于探索实践的问题。要加强重要、关键制度体系的统筹设计和协同推进，不断增强学校发展的内生动力。

三是发展条件问题。学校教学、科研、管理、校舍等用房和用地紧张，难以满足师生需求，学校办学空间不足、资源紧缺，当前仍然是制约学校发展的重大瓶颈。资源配置效益不高，统筹整合办学资源的力度也需要进一步加强。除了空间问题，师生的学习工作和生活条件还有待改善，提高教职工收入及待遇、解决子女入学入托、推进新建住房和原周转房的租赁工作等师生高度关注的问题也必须作为重要民生工程来抓。

四是党建工作还需要进一步改进和加强。党建工作当前仍然存在不少问题，如党组织发挥作用不够，有的腰杆挺不起来，突出政治意识、政治规矩不够，压力传导不足，对带有倾向性、苗头性的问题不够敏感，党纪党规教育不够深入，信访举报处理不够及时有效，以及学院党政联席会议制度落实不够严格等问题，党的领导和党的建设与中心工作如何更加有机融合还需要进一步加强。

这些问题的存在，既有客观原因，也有主观因素。但不管什么原因，无论什么困难，都需要我们主动面对、积极化解，以更大的决心和毅力抓住关键，精准发力，攻坚克难，在抓改革、促发展、惠民生上有更大更好的作为。

（二）明确学校未来发展新要求

党的十九大为我们绘就了新时代建设社会主义现代化强国的宏伟蓝图，学校第十一次党代会全面贯彻十九大精神，搭建了今后五年乃至今后一个时期学校改革发展的“四梁八柱”，并确定了“施工图”。当前和今后一个时期，学校工作主要围绕贯彻落实党的十九大精神和学校第十一次党代会精神两条主线展开，并切实与推进学校各领域各方面工作紧密结合起来。

1. 要认真学习贯彻习近平新时代中国特色社会主义思想和十九大精神以及全国高校思政工作会议精神

十九大围绕建设社会主义现代化强国，进一步明确了教育事业优先发展的战略地位，指出建设教育强国是中华民族伟大复兴的基础工程，同时做出了坚定实施“七大战略”、加快建设“十八个强国”的战略部署，这些都对高等教育提出了更高、更硬、更紧迫的要求。在中国特色社会主义新时代，党和国家对高等教育的需要比以往任何时候都更加迫切，对科学知识和卓越人才的渴求比以往任何时候都更加强烈。因此，高校所承担的使命比以往任何时候都更加神圣，所肩负的责任比以往任何时候都更加重大。高校如何不断提高以人才培养能力为核心的能力建设，为国家发展培养一流人才，是我们面临的重大使命。

作为行业领军院校，除教育强国外，科技强国和交通强国建设也与我校发展密切相关。我们要深入研究、主动对接，有效融入国家战略、区域战略、行业战略，瞄准世界科技前沿，发挥自身学科优势，强化基础研究和应用基础研究，围绕关键共性技术、前沿引领技术、现代工程技术、颠覆性技术创新，加大攻关力度，引领综合交通和智能交通等领域的原始创新与发展应用，通过输送高质量人才和输出高质量成果，为教育强国、科技强国和交通强国建设做出我们应有的贡献。

2. 要认真贯彻落实学校第十一次党代会精神

第十一次党代会是在学校特色鲜明世界一流大学建设的关键时期召开的一次重要会议，明确了今后五年实现“两个突破”、争创“四个一流”的奋斗目标，是我们今后一段时期工作的重要遵循。学校大政方针和战略目标已经确定，下一步关键是如何落地落实，需要我们加强调查研究，将奋斗目标进一步具体化、可操作。

关于“两个突破”，我谈一些看法。一是世界一流学科建设实现新突破。创建世界一流大学，首先是要创建世界一流学科。拥有世界一流学科，才能建成世界一流大学。我校虽已明确重点建设“智慧交通”世界一流学科领域，但绝不是仅仅定位于建设“一流学科”，我们“三步走”的目标是要建设“特色鲜明世界一流大学”，在这个问题上必须保持定力、坚定信心、毫不动摇。从发展路径看，智慧交通是领头羊，率先冲击一流，确保完成学校世界一流学科建设方案所确定的各项任务。在站稳脚跟的基础上，带动其他优势特色学科进入世界一流，进而推动学校整体步入世界一流大学行列。建设世界一流大学，至少要有3个或3个以上主要学科创建世界一流，主要学科是指代表学校优势特色和方向的学科。为此，从现在开始我们就要做好前瞻性的布局和规划。从目前获国家科技奖励和学科发展情况看，在下一轮国家“双一流”一流学科认定中，我校有望再增加1～2个学科。3个学科进入世界一流学科建设行列，做到这一点我认为才标志着建设世界一流学科实现新突破，才能为我校实现“第一步”和“第二步”战略目标提供重要支撑。

二是办学空间实现新突破。我们一直坚持三条战线作战：第一条战线是威海，威海校区建设目前已取得非常重要的成果，要继续加大威海校区建设和支持力度，主要涉及几个问题，第一是规模，要继续扩大威海校区的招生规模，争取今年就能有新的突破。要继续扩大合作范围，包括机构、项目等。第二是质量，国际校区的生命线是质量，我们的定位是威海校区的质量不低于北京校区的质量。第三是资源的利用，威海校区的空间很大，要千方百计把威海校区的资源利用好。第二条战线是雄安，要积极参与和支持雄安新区建设和发展，积极参加“京津冀协同发展国家大学创新园区”建设，并力争在雄安建设交大研究院，为雄安新区建设作出我们应有的贡献。第三条战线是平谷新校区项目。我们将加快推进相关工作，争取今年有一个明确说法。

关于“四个一流”，即人才培养争创一流、学术水平争创一流、育人环境争创一流、党的建设争创一流，是在借鉴国际一流大学建设标准，并立足中国特色社会主义大学建设实际提出的，涵盖学校工作方方面面，既包括硬实力建设，也包括软实力建设。希望大家加强调查研究，各位分管校领导、各部门、各学院都要进一步深入思考，加强研讨，将“四个一流”目标转化为可操作性的措施、可量化的指标。

二、关于2018年重点工作

2018年学校工作的总体要求是：全面贯彻党的十九大精神，以习近平新时代中国特色社会主义思想为指导，认真贯彻党的教育方针，落实立德树人根本任务，聚焦内涵发展，聚力改革创新，全面推进落实学校第十一次党代会确定的目标任务、“十三五”规划和“双一流”建设任务，培养担当民族复兴大任的时代新人，不断开创特色鲜明世界一流大学建设新局面。今年的工作要点已经全委会审议通过，共包括4个方面16项重点工作：

（一）深入学习宣传贯彻习近平新时代中国特色社会主义思想和党的十九大精神，全面加强党的领导与党的建设

一是深入学习宣传贯彻。把持续深入学习习近平新时代中国特色社会主义思想和党的十九大精神作为首要政治任务，切实做到学懂弄通做实。特别是要突出加强党对一切工作的领导以及“两个维护”，维护习近平同志在全党的核心地位，维护党中央权威和集中统一领导。把习近平新时代中国特色社会主义思想落实到学校改革发展稳定的全过程和各领域，以工作实绩检验学习成效。

二是扎实开展“不忘初心、牢记使命”主题教育。研究制定学校主题教育工作方案。继续推进“两学一做”学习教育常态化制度化。

三是进一步加强师生思想政治工作。进一步推动全国高校思想政治工作会议精神落细落小落实。统筹抓好思政课建设与课程思政建设。各类课程都要守好一段渠、种好责任田，和思政课同向同行。进一步落实意识形态工作责任制。推动思想政治工作传统优势同信息技术高度融合。加强大学生思想政治教育工作。总结宣传改革开放 40 年来学校各项事业取得的重要成绩和经验。

四是扎实推进基层党组织建设。启动实施“对标争先”计划。督促学院党政联席会制度进一步落实，建立健全系（教研室）的系（室）务会制度。全面加强党支部规范化建设，严肃党内政治生活。完善党组织负责人述职考核评议办法。选优训强基层党组织书记，实施教师党支部书记“双带头人”培育工程。加强在学术骨干中发展党员工作力度，强化大学生思想入党。

五是加强干部人才队伍建设。完善和落实好干部选拔任用工作机制。完善民主推荐方式，充分发挥党组织的领导和把关作用。加强干部教育培训和监督管理。完成处级后备干部队伍遴选工作。完成首批五、六级职员聘任工作。

六是持之以恒正风肃纪。持续加强作风建设，改进调查研究，进一步健全党委和行政议事决策制度。落细压实“两个责任”，进一步推动党风廉政建设责任制向基层延伸。深化运用监督执纪“四种形态”。加强纪律教育，加大问责力度。探索开展校内巡察工作。

七是维护校园安全稳定。加强师生安全教育。加强重点事项、重要节点、重要阵地的全方位管理，提高舆情应对和舆论引导能力，积极化解各类矛盾。实施平安校园提升工程，完成安全隐患整改工作。

（二）着力“两个突破”，推动关键领域取得显著进展

一是扎实推进世界一流学科建设。认真总结第四轮学科评估结果，深入分析各学科存在问题，研究解决方案，进一步统筹高层次人才的学科归属。完善以学科为龙头的资源配置机制，加强“双一流”专项资金引导力度。积极争取北京市一流专业和高精尖学科建设支持。探索建立“智慧交通”学科交叉合作平台。加大学位点自评估自调整工作力度。

二是积极拓展办学空间。围绕服务京津冀协同发展战略和北京“四个中心”发展定位，积极推进平谷新校区建设。继续推进威海校区建设，积极争取扩大招生规模。主动参与雄安新区规划建设。

（三）聚焦内涵发展，着力提升办学质量与水平

一是不断提升人才培养能力。出台《北京交通大学教学奖励办法》，强化人才培养中心地位。全力备战本科教学审核评估。继续支持有条件的专业开展国际认证评估，实现工科专业认证全覆盖。持续加强教学改革与建设，积极推进“新工科”建设。推进实施一流研究生教育建设计划。完善人才培养体系。组织做好国家级教学成果奖的申报工作。

二是持续推进人才培养“四个一体化”。加强研究生培养过程管理与质量监控，进一步提升博士生培养质量和招生名额资源的配置效率。推动“三全育人”综合改革。不断完善学生综合素质培养。加强毕业生就业引导。

三是大力提升科学研究与社会服务水平。进一步加强国家重大项目、科技人才、高水平研究平台的培育和建设，力争取得新的进展。积极推动新的协同创新中心、国家重点实验室筹建，积极推进国家技术创新中心的联合筹备工作。全力做好轨道交通控制与安全国家重点实验室评估工作。完善学校军民融合发展的科研组织和工作体系。加强校企（地）合作与融通创新，强化技术转移服务能力建设。加强高端智库建设工作。

四是切实抓好民生工程和校园基本建设。做好新建住房统一装修工作，完成周转房（含新建住房）租赁工作。加快推进新建综合体育馆建设。积极推进国家轨道交通安全评估研究中心、技术教育与服务中心早日落地建设。推动老旧住宅加装电梯工作试点。继续推进智慧后勤和绿色校园建设。

（四）聚力改革创新，充分激发学校发展活力

一是深化内部治理改革。加快推进与“双一流”相适应的管理机构改革，推进有关职能部门“三定”工作。贯彻落实学校学术委员会章程，完善学术委员会体系，推进专门委员会和院学术委员会章程建设。进一步完善学术不端行为的认定与处理办法。发挥好教代会、校务委员会、董事会、国际咨询委员会作用。

二是深化人事体制机制改革。进一步完善人才育、引、留机制，改革教师评价制度，完善晋升晋级、年度及聘期分类考核评价体系，改进师资补充工作。健全思政党务工作队伍“双线晋升”相关制度。推进三支队伍的核编核岗工作。优化多种用人方式。完善师德师风建设长效机制。制定教师行为规范，建立教师师德考核档案。

三是积极构建对外开放新格局。围绕“一带一路”建设和学校国际化战略，进一步扩大和深化与沿线国家高校的交流合作以及涉外技术培训。持续推进与世界一流大学和研究机构高水平、实质性交流与合作，筹备建立国际工科院校联盟。做好中英、中美、中俄、中印尼等国际高铁研究中心的建设工作。加大引智工作力度。积极推进国别区域研究中心建设工作。

三、全力以赴，确保工作落实

一分部署，九分落实。在这里我再提几点要求：

一要坚定信心。要进一步统一思想、提振信心，进一步坚定建设中国特色社会主义大学的自信，进一步坚定建设特色鲜明世界一流大学的信心。保持“咬定青山不放松”的定力，坚持一张蓝图绘到底的决心，坚持“三步走”战略不动摇，进一步增强紧迫感、使命感和责任感，通过一步一个脚印用实干把蓝图变成现实。

二要加强调研。调查研究是谋事之基、成事之道，是做好工作的基本功，希望学校党委常委、党委委员要带头开展调查研究，学院、部处的主要负责同志也要带头结合工作实际开展调查研究，特别是围绕贯彻党的十九大精神和学校十一次党代会精神加强调查研究，虚实结合、长短结合，进一步明确工作思路和具体举措。要把调研重点更多放在事关全局的大事要事上，放在情况复杂、矛盾突出的问题上，放在师生关心关注的热点难点上，掌握一手资料，摸清真实情况，研究解决方案，务求工作实效。

三要狠抓落实。2018 年是贯彻落实党的十九大精神和学校第十一次党代会精神的开局之年，各项任务都很繁重，要把抓落实放在突出重要的位置，发扬钉钉子精神，一件事情接着一件事情办，一年接着一年干。要进一步健全责任链条，明确分级分层责任体系，层层落实责任、层层传导压力，并加大督查督办和问责力度。围绕今年的工作要点，要尽快制定分解方案，形成折子工程，明确责任，推动工作落实，年底要对照检查重点工作的落实情况。领导干部要在抓落实上发挥带头示范作用，坚持重大问题亲自调研、亲自部署、亲自协调、亲自督办，敢于涉险滩、敢于啃硬骨头，不断开创工作新局面。

四要形成合力。部门之间要加强统筹协调，深化协作配合，形成工作合力。既要分清责任，明确分工，也要相互补台，填补分工中的“模糊地带”。各部门要进一步树立按职能定分工的意识，同时要加快推进有关部处的“三定”工作，并且逐步法定化。要善于凝聚力量，真情倾听师生的呼声，凝聚师生的智慧和力量，激发师生的积极性创造性，把全校师生员工的认识和行动统一到学校的战略目标和工作部署上，形成干事创业的强大合力。各二级党组织和基层党支部要进一步发挥战斗堡垒作用，进一步增强凝聚力和战斗力，提高思想政治工作水平，使整个学校人心更加顺畅、校园更加和谐、发展更有动力。

同志们，当前学校正处在决胜 2020 年发展目标、开启 2030 年奋斗目标的关键时期，机遇和挑战并存，改革发展任重道远。团结凝聚力量，实干创造未来。让我们更加紧密地团结在以习近平同志为核心的党中央周围，紧紧围绕“两个突破”和“四个一流”建设，聚焦内涵发展，聚力改革创新，全面完成好学校 2018 年各项重点工作。

宁滨校长在学校2018年度工作会议上的讲话

（2018年3月15日）

同志们：

刚才，国永同志全面回顾了学校近年来工作取得的成绩，指出了学校发展中仍存在的问题，深入分析了当前学校面临的形势与任务，系统部署了学校2018年的重点工作，并就如何抓好工作落实提出了明确要求。国永同志的讲话对于做好学校各项工作、推动学校事业发展具有重要指导意义，请同志们认真思考、深入领会，全面贯彻落实。下面，我就做好今年的行政工作，结合学校工作要点，提两点要求：

一、正确认识学校工作中的成绩与不足

（一）2017年的工作成绩是长期积累的结果

学校2017年的工作取得了有目共睹的成绩，实现了一些历史性的突破，令我们倍感振奋。这些成绩的取得，一方面是全校师生员工团结拼搏的结果；一方面也是我们坚持建设特色鲜明世界一流大学这一办学目标，长期奋斗、多年积累的结果。可以说，自学校第十次党代会提出这一目标以来，全校上下形成了高度共识，并且深入实施了一系列举措，包括以大学章程为统领的制度体系建设、一揽子的综合改革方案、“十二五”和“十三五”规划等，经过长期不懈的努力，一些工作成效和改革红利逐渐显现出来。这就说明我们的方向是正确的。去年，学校第十一次党代会再次明确了“建设特色鲜明世界一流大学”的目标，强调坚持一张蓝图绘到底，矢志“三步走”战略不动摇，因此，我们今年以及今后一个时期的工作，要坚决贯彻落实学校第十一次党代会精神，围绕既定目标，一心一意、真抓实干，切实推进第十一次党代会提出的各项目标，以及学校“十三五”规划和综合改革方案中各项任务的落实。

（二）对照外部标准找定位、找差距

在感到振奋的同时，大家也要清楚地认识到，我们取得的成绩和突破，多数都是与自身的、过去的工作相比；如果与国家、行业的发展需求相比，与兄弟院校的进步相比，我们的工作仍存在许多问题与短板。当前，学校发展的外部形势显著变化，党的十九大报告提出的一系列重大战略、强国目标，都与高校息息相关。在全面深化改革的背景下，与我们工作相关的改革举措纷纷出台，仅刚刚过去的两个月，党和国家就连续出台了《普通高等学校本科专业类教学质量国家标准》《关于全面深化新时代教师队伍建设改革的意见》《关于分类推进

人才评价机制改革的指导意见》《关于全面加强基础科学研究的若干意见》等一系列文件。今年的政府工作报告提出了“优化高等教育结构”，这是当前供给侧结构性改革在高等教育领域的深化，也可以视作对高等学校内涵发展、高质量发展的明确要求。在这种形势下，我们必须更多关注国家、行业的相关要求，对照外部标准定目标、找差距。因此，今年的工作要点较多涉及了外部政策要求。

二、切实抓好几方面的重点工作

在认真总结、对标的基础上，今年要重点抓好以下几个方面的行政工作。

（一）人才培养工作

一是全力备战本科教学审核评估。学校将于今年 5 月份迎来本科教学审核评估，这次评估既是对过去一个时期学校本科人才培养工作的全面梳理、总结，也是我们以评促建、以评促改，推动本科教学水平和人才培养质量再上新台阶的重要机遇。我们必须全力以赴做好迎评准备工作，按照相关部署，确保任务落实。

二是落实《普通高等学校本科专业类教学质量国家标准》（以下简称《国标》）要求。今年 1 月教育部正式发布了我国首个高等教育教学质量国家标准，对所有本科专业的培养目标、培养规格、师资队伍、教学条件、质量保障体系建设都做了明确要求。《国标》突出了学生中心、产出导向、持续改进三大原则，并且具有三大特点：既有“规矩”又有“空间”；既有“底线”又有“目标”；既有“定性”又有“定量”。我们要认真研究、吃透《国标》，并对我校人才培养体系进行相应完善。

三是要坚定不移地推进“四个一体化”改革。特别是在招生—培养—就业一体化方面，要通过与招生名额挂钩，在兼顾培养周期的同时，进一步提升博士生培养质量；在德育教育与学业教育一体化方面，要进一步贯彻落实全国高校思想政治工作会议精神，推动“三全育人”综合改革。

四是要做好国家教学奖的申报。这是学校人才培养方面的标志性奖励，学校在过去历次评选中也保持了较好的成绩，我们要认真做好相关的组织申报工作，把我们的工作总结好、梳理好，争取好的成绩。

此外，我们还要继续抓好认证评估、教学内涵建设等工作，出台人才培养一体化的《教学奖励办法》。2019 年威海校区将迎来首批毕业生，我们要切实做好就业指导工作，实现高质量就业。

（二）学科建设工作

一是要认真总结第四轮学科评估结果。从评估结果看，我们取得了一些进步，这说明我们上次学科评估后启动的相关工作是有效果的，我们要一以贯之地推进落实。同时，无论在评估过程中还是最终的评估结果，都暴露了一些问题和短板，我们必须认真分析总结，要具体到每个学院、每个学科，研究解决问题的方案。比如队伍建设的问题，就必须通过与过去、与下一步目标这两方面的对比分析，分学院、分学科进行分类评价。

二是要扎实推进世界一流学科建设。2018 年是“双一流”建设的关键一年，我们要进一步深化共识、完善制度，加强“双一流”专项资金引导力度，提高资金使用效益，探索学科分层建设与统筹协调机制，处理好重点建设与学科生态的关系。我们要建立“能落地、可实施”的“智慧交通”学科平台，为推进“智慧交通”领域实质性的学科交叉合作提供条件。另外，我们还要积极争取北京市一流专业和高精尖学科建设支持。

无论是分析第四轮学科评估结果，还是推进“双一流”建设，重点都是三个。一是目标，要明确各学科目标、定位，找准提升下一轮学科评估成绩、冲击下一次“双一流”遴选的发力点。二是责任，要进一步明确学科建设责任，健全相关责、权、利机制，形成分类考核评价指标，实现压力传导与责任落实。三是资源，要完善资源配置机制，真正实现以学科为龙头配置资源。

（三）科学研究工作

一是要落实国家《关于全面加强基础科学研究的若干意见》。这个《意见》提出了全面加强基础科学研究的20项重点任务，明确我国基础科学研究“三步走”发展目标，在基础科研的学科布局、平台、队伍、国际化水平、环境机制等方面提出了大量新的重大举措。我们要认真研究《意见》内容，在吃透文件精神的基础上，针对性地进行我校重大项目、重要人才、高水平平台的布局和建设。

二是要抓好高水平平台建设。在既有平台方面，国家重点实验室和国家2011协同创新中心即将迎来评估，我们要认真做好相关工作，把近年来取得的成绩变成评估的加分项，争取优异成绩。在新平台建设方面，要密切跟踪国家政策，积极推动新的协同创新中心、国家重点实验室等平台筹建，积极推进国家技术创新中心的联合筹备工作。

三是要进一步提升以科研创新服务社会发展的能力。要深刻领会今年政府工作报告提出的“使科技更好造福人民”这一精神，通过高水平的科学研究更好服务经济社会发展。要重点关注供给侧结构性改革这一重大命题，围绕国家需求、行业需求，开展融通创新与成果转化。此外，还要抓好军工体系、资质、军民融合和高端智库建设等工作。

（四）办学空间的突破

新校区的建设是全校师生员工高度关注的工作，也是学校第十一次党代会明确的“两个突破”之一。一段时间以来，因为外部条件的限制，新校区建设进展较慢，但学校领导班子的决心一直非常坚定，相关的联系、沟通、争取工作也一直在进行，就在寒假期间，我们在平谷新校区建设方面取得了一些进展。今年，我们要积极推进平谷新校区建设，同时主动参与雄安新区规划建设，举全校之力，争取多方支持，努力在京津冀协同发展中实现办学空间的新突破。

（五）民生工程与基本建设工作

要做好新建住房统一装修工作。在租赁工作基本原则已经确立的情况下，尽快出台全面、成熟的实施细则和相关配套文件，确保周转房（含新建住房）租赁工作的尽快完成。同时，要加快推进新建综合体育馆建设，国家轨道交通安全评估研究中心、技术教育与服务中心早日落地建设，推动老旧住宅加装电梯工作试点，推进智慧后勤和绿色校园建设，为师生员工创造更好的教学、科研和生活条件。

（六）体制机制改革

一是要深化内部治理改革。重点是推进新的校学术委员会章程的落实，以及管理机构改革和有关职能部门“三定”工作。

二是要深化人事体制机制改革。近日，《全面深化新时代教师队伍建设改革的意见》和《关于分类推进人才评价机制改革的指导意见》两个重要文件相继印发，将教师队伍建设作为建设教育强国的基础工程，为我校的队伍建设，特别是优化结构、提升质量、改革评价管理服务机制等工作提供了方向性的指引。我们要按照党和国家的要求，进一步完善人才育、引、留机制，努力构建适应建设特色鲜明世界一流大学需要的现代大学人力资源管理制度体系。我们要高度重视师德师风建设。当前，师德师风建设已成为党和国家高度重视、社会高度关注的热点问题，稍有状况就会引发重大舆情。我们必须要绷紧弦、动真格，大力完善师德师风建设的长效机制，严把人才“入口关”，落实落细师德“一票否决制”，制定教师行为规范，建立教师师德考核档案。此外，我们还要推进三支队伍的核编核岗工作，优化多种用人方式，为学校各个岗位、各条战线员工的发展创造更好条件。

这里要强调的是：工作要点作为宏观的、全局性的指导文件，注重突出重点任务和重要改革举措，日常性和常规性工作原则上没有涉及；另外，因为时间的关系，一些要点上提到的行政工作，我今天也没有展开讲，但这绝不意味着这些工作不重要。当前，学校发展面临着严峻形势和艰巨任务，我们要认认真真、持之以恒地做好各项基础性工作，推动学校各项事业不断取得新的进步。

党的十九大开启了全面建设社会主义现代化国家新征程，“双一流”建设的加快实施为我校发展带来了历史性的宝贵机遇。让我们以时不我待的紧迫感和责无旁贷的使命感，全面贯彻党的十九大精神，以习近平新时代中国特色社会主义思想为指导，围绕立德树人根本任务，聚焦内涵发展，聚力改革创新，团结一心、攻坚克难，努力培养德智体美全面发展的社会主义建设者和接班人，培养担当民族复兴大任的时代新人，不断开创特色鲜明世界一流大学建设新局面。

曹国永书记在学校 2018 年暑期工作会议上的讲话

（2018 年 9 月 13 日）

同志们：

一年一度的暑期工作会今天如期召开。这次会议是贯彻全国教育大会总书记重要讲话精神和大会精神的一次重要会议，聚焦“双一流”建设和师德师风建设这个主题。今天上午，宁滨同志代表学校领导班子作了工作报告，我完全赞成。刚才，两个部处和一个学院介绍了经验，听了很有启发。下面我再讲几点意见。

一、关于上学期工作

半年多来，学校党委围绕贯彻落实党的十九大精神和学校第十一次党代会精神，各方面工作取得了积极的成效。我简要回顾几方面的工作。

（一）在党建和思想政治工作方面

一是深入学习宣传贯彻习近平新时代中国特色社会主义思想、党的十九大精神及总书记在北大师生座谈会上重要讲话精神。党委坚持以上率下，认真组织全校学习贯彻。召开 5 次校级党委中心组（扩大）学习会议、系列师生座谈会开展专题学习，完成全校 179 名处级干部的学习培训。加强思政课建设，推进“三进”工作，成立北京市习近平新时代中国特色社会主义思想研究中心北京交通大学研究基地，推出了若干有影响的研究成果。

二是持续深入贯彻全国高校思想政治工作会议精神。根据中央、教育部党组新的要求，在原来的基础上进一步完善，制定《坚持和完善党委领导下的校长负责制实施细则》。出台《高校思想政治工作质量提升工程实施纲要》的工作方案。启动教师党支部书记“双带头人”培育工程，制定党务思政工作队伍和职称评聘实施办法。今年要在去年的基础上把这项工作持续推进。

三是深化巡视整改和上级相关检查整改。贯彻落实中央和教育部党组关于巡视巡察工作的部署，学校党委要对二级单位展开巡察，推动全面从严治党向基层延伸，这项工作即将启动。认真落实党建基标各项整改任务，取得了一定的成效。

（二）内涵发展方面

一是加强人才培养工作。顺利通过本科教学工作审核评估，得到专家组充分肯定。加强研究生导师队伍建设，出台《关于全面落实研究生导师立德树人职责的实施细则》。

二是推进世界一流学科建设。认真总结第四轮学科评估结果，召开一系列研讨会，明确

下一步学科发展的思路与举措。出台学科建设绩效评价办法、学位授权点动态调整办法等文件。

三是加强团队和平台建设。积极对接国家重大科技计划，取得了一些新的进展。最近结束的国家自然科学基金立项资助项目获批 100 余项，总经费突破 1 亿元。有望新增杰青 1 人、优青 4 人（正在公示中）。

四是积极拓展办学空间。加大平谷新校区推进力度，积极争取教育部、北京市、平谷区和有关方面的大力支持，目前，已基本形成共识。威海校区建设方面，今年扩大了招生规模，增加到 600 人，今年在校生达到 1400 人，明年有望突破 2 000 人。

（三）体制机制改革方面

一是构建师德建设长效机制。将师德作为职称评聘、人才评审、评优评先、干部选用的首要标准，出台《教师行为规范》《师德建设长效机制实施办法》《师德“一票否决”实施细则》等一系列文件。加强党委教师工作部的力量，制定了“三定”方案。

二是改革教师评价制度。根据中央和上级文件精神，结合学校实际，进一步深化教师评价制度改革，完善了分类考核评价标准，修订了职称评聘文件。下一步，将出台教师队伍评价综合性文件，发挥好“指挥棒”作用。

三是全面推进专门委员会和院学术委员会章程建设。制定《处理学术不端行为办法》和有关细则，建立学风建设长效机制。

（四）民生保障方面

一是积极推进周转房租赁工作。研究出台了关于周转房租赁工作的若干意见以及配套实施细则，即“1+3”共 4 个文件。经过大家的共同努力，“交大新园”新建住房顺利完成了选房工作，目前正在统一装修，希望在保质保量的基础上，加快进度，使大家能够尽早入住。原有周转房（床）和 C 类房源租赁工作也正在积极推进中。

二是推进综合体育馆建设。综合体育馆已完成监理与施工招标，目前正在积极争取上级部门的支持，争取近期开工。

从总体上看，上学期各方面工作平稳有序推进，学校发展继续保持向上向好的态势。但我们要清醒地看到，学校事业发展与党和国家的要求相比，与学校自身的奋斗目标相比，与广大师生的期盼相比，还存在不少短板和亟待解决的问题。我们必须深入学习贯彻习近平新时代中国特色社会主义思想和全国教育大会精神，深刻把握党和国家加快推进“双一流”建设的战略部署，积极主动抓住国家、行业和地方经济社会发展的重大机遇，坚定不移扎根中国大地建设特色鲜明世界一流大学。

二、以习近平新时代中国特色社会主义思想为指导，全面推进“双一流”建设

（一）认真学习贯彻习近平总书记在全国教育大会上的重要讲话精神和对高等教育工作的重要论述

9 月 10 日，全国教育大会在京召开，这是时隔 8 年后中央召开的关于教育工作的一次

十分重要的会议，具有重要里程碑意义。习近平总书记在教师节当天发表重要讲话，充分体现了党中央对教育工作和教师队伍的高度重视，为做好新时代教育工作提供了根本遵循。

总书记的讲话站在党和国家事业发展全局的战略高度，深刻回答了培养什么人、怎样培养人、为谁培养人这一教育工作的根本问题，为坚持中国特色社会主义教育发展道路、加快推进教育现代化、建设教育强国指明了方向。总书记深刻总结了在教育改革发展实践中形成的一系列新理念新思想新观点，即“九个坚持”：坚持党对教育事业的全面领导；坚持把立德树人作为根本任务；坚持优先发展教育事业；坚持社会主义办学方向；坚持扎根中国大地办教育；坚持以人民为中心发展教育；坚持深化教育改革创新；坚持把服务中华民族伟大复兴作为教育的重要使命；坚持把教师队伍建设作为基础工作。这对我们当前和今后的工作具有很强的指导意义。

总书记高度重视教育工作，高度重视高等教育工作，2012 年以来比较系统地就高等教育工作发表的重要讲话有四次。2012 年在清华大学主持召开座谈会并发表重要讲话，明确提出加强和改进高校党建工作的基本原则。2016 年在全国高校思政工作会上发表重要讲话，以思想政治工作为核心，以改革发展稳定为半径，对高等教育工作作出了全面的部署。2017 年在考察中国政法大学时发表重要讲话，深刻阐述了推进全面依法治国和加强法治人才培养的重要意义。2018 年 5 月 2 日在考察北大、与北大师生座谈时再次发表重要讲话，阐述了高等教育的根本任务就是培养社会主义建设者和接班人；明确“两个重要标准”，就是要把立德树人的成效作为检验学校一切工作的根本标准，把师德师风作为评价教师队伍建设的第一标准；强调抓好“三项基础性工作”，就是要坚持办学正确政治方向，建设高素质教师队伍，形成高水平人才培养体系。

总书记这五次讲话，虽然有些提法各有侧重，但思想是一以贯之、一脉相承的，五次讲话最核心的是人才培养，明确回答了“培养什么人、怎样培养人、为谁培养人”这一根本问题。关于“培养什么人”，就是要“培养德智体美劳全面发展的社会主义建设者和接班人”，这是教育工作的根本任务，也是教育现代化的方向目标。关于“怎样培养人”，强调在六个方面下功夫，即要在坚定理想信念上下功夫、在厚植爱国主义情怀上下功夫、在加强品德修养上下功夫、在增长知识见识上下功夫、在培养奋斗精神上下功夫、在增强综合素质上下功夫，特别提出要在学生中弘扬劳动精神，这是新时代对教育与生产劳动、社会实践相结合的新要求，具有很强的现实针对性。关于“为谁培养人”，就是要坚持“为人民服务，为中国共产党治国理政服务，为巩固和发展中国特色社会主义制度服务，为改革开放和社会主义现代化建设服务。”这些论述形成了一个完整的体系，构成了习近平总书记教育思想最重要的组成部分。

当前，中国特色社会主义进入了新时代，这是我国发展新的历史方位。从国内看，是建设社会主义现代化强国的时代，从国际上看，是中国日益走近世界舞台中央的时代，我们的教育工作和人才培养工作都要围绕这个来谋划。在新时代，党和国家对高等教育的需要比以往任何时候都更加迫切，对先进知识和优秀人才的需要比以往任何时候都更加强烈。我们必须以习近平新时代中国特色社会主义思想为指导，坚持扎根中国大地办教育，努力构建现代化教育体系和人才培养体系，培养德才兼备、又红又专、全面发展的社会主义建设者和接班人。

（二）加快推进我校“双一流”建设

总书记强调，创建中国特色世界一流大学，必须创造“中国模式”，关键是必须扎根中国大地办大学，为国家发展培养一流人才，围绕解决中国问题创造一流业绩，为实现“两个一百年”奋斗目标和中国梦作出新贡献。总书记的重要讲话精神为我们创建“双一流”指明了前进方向。建设一流大学也好，培养一流人才也好，主要抓手一是一流学科建设，二是高素质教师队伍建设。具体来说，要突出抓好以下四方面工作。

1. 坚定正确政治方向

“双一流”必须坚持中国特色。“中国特色”的最显著特征，就是坚持党的领导，坚持社会主义办学方向。可以说，办学方向的问题，是“双一流”建设的根本问题。古今中外，每个国家都是按照自己的政治要求来培养人的，世界一流大学都是在服务自己国家发展中发展壮大起来的。我国是社会主义国家，这就决定了我们的教育就是要培养社会主义建设者和接班人，我们的“双一流”建设就是要培养国家需要的一流人才。脱离了这个最大实际，高等教育就丢失了办学的根基。我们只有坚持办学正确政治方向，抓住培养德智体美劳全面发展的社会主义建设者和接班人这个根本，坚定不移走自己的发展道路，才能建成特色鲜明世界一流大学。

2. 建设高素质教师队伍

建设高素质教师队伍是学校的一项战略性、基础性工作，是人才培养的根本保障，也关系到“双一流”建设的成败。新时代对高校教师队伍的综合素质提出了新的更高的要求，即要按照总书记的要求建设一支政治素质过硬、业务能力精湛、育人水平高超的高素质教师队伍。这就要求我们在学校的发展建设过程中，始终要把人才作为办学治校的第一资源，把师德师风作为评价教师队伍素质的第一标准，引导广大教师以德立身、以德立学、以德施教。

（1）加强师德师风建设

一是思想上高度重视。全校同志特别是校院两级领导干部，以及学术骨干、责任教授等，都要从培养社会主义建设者和接班人的高度，深刻认识师德建设的重要性和紧迫性。师德师风问题不重视，不解决好，我们的教师飞不高，走不远；没有师德师风做支撑，我们建设一流大学就没有坚实的基础。一方面，要强化引领，坚持师德宣传教育制度化、常态化、全覆盖，引导教师把中央的精神、有关规定要求学深悟透，入脑入心，立足岗位，自觉践行。另一方面，要抓住“关键少数”和学术骨干，充分发挥各级党组织，特别是教师党支部的战斗堡垒作用，在做好教师思想政治工作中发挥政治核心作用。

二是必须完善工作体系。建立和完善党委统一领导、党政齐抓共管、二级单位具体落实的领导体制和工作机制，将师德建设贯穿教师日常工作全过程。一方面，要完善师德考核机制，将师德考核作为教师绩效考核的必备环节和重要内容，校、院两级要建立起教师档案，把教师档案作为教师考核、职称（职务）评聘、评优评先、项目申报、干部选拔任用等的重要参考依据。对师德的考核不能流于形式，要注重平时，也要注重关键时候的表现，要建立诚信档案。另一方面，要完善师德监督机制，建立师德重大问题报告和师德舆情快速反应制度，及时掌握师德动态，及时纠正不良倾向。

三是必须严肃问责机制。对触碰师德师风底线的问题，各级党组织、领导干部旗帜要非常鲜明，态度要非常坚决，实行“零容忍”，发现一起查处一起。各级党组织要坚决贯彻中央精神和学校相关规定，在师德师风建设中发挥好领导核心作用。加强师德师风建设，除了对领导干部中的“关键少数”提要求外，对教师中的“关键少数”也要提要求。我们的学科带头人、责任教授、有学术头衔的教授以及进入“卓越百人计划”的教授都不仅要在学术上，而且要在师德师风上起到示范作用。抓师德师风是创建“双一流”的需要，是立德树人的需要，是社会和谐稳定的需要。我们在这个问题上必须统一思想，提高认识，一方面要严格要求，另一方面要严肃查处。

（2）改革人才队伍评价体系

要用好评价体系这根“指挥棒”，把师德师风作为人才评价的第一标准，加强教师评价制度改革，以深化教师评价制度改革为突破口，建立科学的人才分类评价机制，对不同类型、不同岗位的教师建立科学的考核评价标准，把教学评价、科研评价、绩效评价、考核评价等一系列评价纳入评价体系中。要突出解决总书记在全国教育大会讲话中提出的“五唯”问题，其中，“唯分数”“唯升学”是针对基础教育的，高等教育则要着重解决“唯文凭”“唯论文”“唯帽子”的问题。

（3）提升教师国际化水平

近几年，学校在国际化战略的实施方面，特别是跨境办学、合作科研、涉外培训、人文交流等，取得了积极进展，有些工作还有突破，包括威海校区建设、北京交大–兰卡斯特大学学院建设、运输学院与荷兰代尔夫特理工大学合作项目等。通过与国外一流大学、著名大学交流互鉴，提升了教师队伍的综合素质，师资队伍建设国际化的步伐在不断加快。下一步，我们要坚持“培养与引进相结合”的原则，通过选派教师出国学习，同时在全球范围加大引进高层次人才的力度、将国际化工作和指标纳入对领导干部和教师管理与考核的体系，进一步提升学校师资队伍的国际化水平。

3. 建设现代化的人才培养体系

人才培养体系涉及学科体系、教学体系、教材体系、管理体系等，贯穿其中的是思想政治工作体系。近年来，学校人才培养取得了一定的成绩，但仍然存在着不少的短板。我们要进一步统一思想认识，坚持把人才培养的质量和效果作为检验学校一切工作的根本标准，深化人才培养模式改革，努力培养适应国家发展和行业发展，适应共建“一带一路”、高铁“走出去”等国家战略需要的高素质人才，并且积极向国际组织推送高素质人才。

一是强化教育教学体系建设。今年6月，教育部召开新时代全国高等学校本科教育工作会议。我们要把贯彻会议精神和本科教学工作审核评估整改结合起来，抓紧制定整改方案，推动相关工作，抓好本科教育这个根本。

二是强化思想政治工作体系建设。要强化思政课建设、课程思政建设两方面。思政课建设方面，以马克思主义学院负责为主。课程思政建设方面，每门课都要坚持与思政课同向同行、形成合力，希望在座的教授积极响应中央的号召，把专业教育和思想教育在课程上融合起来。这也将是我们评价党建工作、思政工作、教师工作的重要内容。要把专业知识教育和思想政治教育在课堂上有机融合起来，每门课程都“守好一段渠，种好责任田”，我们的思想教育工作就会取得更大的成效。

4. 进一步完善一流学科布局

在“双一流”建设中，学科具有龙头和统领作用。要进一步明确一流学科建设方向，加强前瞻性布局和顶层设计。统筹好高峰学科、高原学科及基础学科建设的关系。一方面，要坚定建设若干世界一流学科的信心。通过优化资源配置，推动智慧交通学科领域率先冲击世界一流，在这个基础上，要孕育新的“高峰”学科，带动 2～3 个优势特色学科，争取在下一轮进入国家“双一流”建设榜单。另一方面，要坚定建设特色鲜明世界一流大学的信心。我们是要在建设世界一流学科的基础上建设世界一流大学，要统筹兼顾、协同推进其他重点学科的建设发展，通过优势特色学科群建设，提高学校整体办学水平，进而推动学校整体步入世界一流大学行列。下一步，要全面梳理总结，为教育部即将开展的一流学科建设高校中期评估做好准备。

三、为推进“双一流”建设提供坚强保证

（一）加强党的领导和党的建设

一是抓好党的政治建设。持续深入学习习近平新时代中国特色社会主义思想和党的十九大精神，推动学校全面从严治党向纵深发展。二是加强基层党组织建设。近期，根据中央的要求、北京市委的部署，结合学校的实际，要出台《坚持和完善学院党组织会议和党政联席会议制度的实施意见》。出台后，在学院层面，要进一步加强党的领导，进一步加强民主集中制，进一步加强党政协调配合。要按照中央统一部署，开展“不忘初心、牢记使命”主题教育。制定并落实《“对标争先”建设计划实施方案》。三是要启动校内巡察工作试点。要出台办法，坚持问题导向，突出政治巡察，重点巡察各单位在加强党的领导、党的建设和全面从严治党，以及规范化管理等方面的问题，核心是“两个维护”，即坚决维护习近平总书记党中央的核心、全党的核心地位，坚决维护以习近平同志为核心的党中央权威和集中统一领导。十九届中央巡视已经开始了，我们要根据新的要求，准备好迎接新一届巡视，核心就是“两个维护”。对于存在的问题，要有科学的方法，该发现的问题要及时发现，能处理的问题必须及时处理，一时解决不了的问题也要有工作方案，久久为功。四是要开展党建工作的专项督查。全国高校思政会以后，学校出台一系列的文件，涉及各个方面，要进一步聚焦三个问题，一是意识形态工作抓得怎么样，二是党政联席会议执行得怎么样，三是党风廉政建设推进得怎么样。全面从严治党永远在路上，今年要开展督查工作，层层传导压力，压紧压实责任。

（二）深化内部治理改革

要以纪念改革开放四十周年为契机，抓紧推进重点领域和关键环节改革。一是做好机构改革调研。结合新形势新任务的需要和学校实际，加快推进与“双一流”相适应，与加强党的领导、党的建设相适应的管理机构改革。二是规范表彰奖励工作。目前校内的表彰奖励存在过多过滥的问题，要深入调查研究，梳理整合当前校内表彰奖励工作，打造少而精、有力度、有品牌、有影响力的表彰奖励。

（三）继续推进新校区建设

下一步要尽快确定选址，新校区建设相关工作需要协调配合，包括调集人力、组建班子等，希望大家有大局意识，大力支持、积极配合。

（四）推进各类整改落实

继续做好巡视、经济责任审计、党建基标检查、本科教学工作审核评估等各类整改落实。坚持问题导向，把需要整改的事项统一列出清单，对标对表是否都已做到位。

（五）高度重视校园安全稳定

要始终绷紧安全稳定这根弦，这也是“双一流”建设的保障。要加强日常管理，完善制度建设，每个单位、每个人都要为安全稳定做贡献。针对敏感期以及热点事件、重要时间节点，要配合学校做好宣传教育引导和思想政治工作，确保校园安全稳定。此外，学校教学资源处于超饱和状态，对安全稳定也提出了更高的要求。希望各单位以高度的责任感和紧迫感“守好一段渠，种好责任田”，将工作落地落实落小。

同志们，今年的工作任务非常艰巨，希望大家保持良好的精神状态，这里我再强调几点：

一是要保持战略定力。推进“双一流”建设，包括加强师德师风建设是一项长期而艰巨的工作，也是一项紧迫的任务。我们要保持工作定力，定下了目标、认准了方向，就要持之以恒、久久为功，一件事接着一件事办，一年接着一年干。

二是要强化工作落实。各级党组织特别是领导干部要深入一线、加强调研，及时发现问题、解决问题。要层层传导压力，建立健全责任链条。要加强督促检查，确保中央、上级党组织和学校党委的工作部署落地见效。

三是要勇于担当作为。当前不仅改革发展任务很重，外部的竞争也非常激烈。各级党组织和各级领导干部要认真贯彻落实中央关于激励广大干部新时代新担当新作为的要求，鼓励大家干事创业。要鼓励大家敢于担当作为，敢于涉险滩、啃硬骨头，创造经得起实践和历史检验的工作业绩，开创特色鲜明世界一流大学建设的新局面。

宁滨校长在学校 2018 年暑期工作会议上的讲话

（2018 年 9 月 13 日）

老师们、同志们、同学们：

今年的暑期工作会，以学习贯彻全国教育大会精神为主题，聚焦两个问题，一是师德师风建设，二是学科评估与“双一流”建设。这两项工作，都是学校当前最核心、最紧迫的工作，也是需要全校上下齐心协力、共同推动的工作。下面，我就围绕这两项工作，讲几点看法。

一、大力推进师德师风建设，为高质量的人才培养提供坚强保障

（一）充分认识师德师风建设的重要性与紧迫性

前两天，全国教育大会隆重召开，习近平总书记、李克强总理都发表了重要讲话。这次大会，把教育提升到“国之大计、党之大计”的高度，进一步明确了教育发展的蓝图，吹响了建设教育强国的进军号。学习、贯彻大会精神，特别是把握中央对高等教育的最新要求，是我们当前和今后一段时期最重要的工作之一。相关的要求，下午曹书记会向大家进一步明确。在这里，我想结合高等教育领域和学校工作实际，从行政工作的角度，强调全国教育大会以下四个方面的要求，请同志们认真把握。

一是人才培养的问题。总书记指出，培养什么人，是教育的首要问题。明确了“培养德智体美劳全面发展的社会主义建设者和接班人”这一人才培养的根本目标，并全面阐释了实现这一目标的培养方法和培养路径。明确提出要“建立更高水平的人才培养体系”，强调学科体系、教学体系、教材体系、管理体系要围绕这个目标来设计，教师要围绕这个目标来教，学生要围绕这个目标来学。

二是服务创新发展的问题。一方面是创新型人才培养，要积极投身实施创新驱动发展战略，着重培养创新型、复合型、应用型人才。要增强教育服务创新发展能力，培养更多适应高质量发展的各类人才。另一方面是科研创新能力建设，要推进产学研协同创新，总理特别强调了，要“更加重视、充分发挥高校在强化基础研究和原始创新、突破关键核心技术中的重要作用”。

三是高水平国际合作的问题。要扩大教育开放，同世界一流资源开展高水平合作办学。

第四个就是今天会议要强调的，教师队伍建设和师德师风的建设问题。总书记充分肯定了教师队伍的重要性，强调“教师是人类灵魂的工程师，是人类文明的传承者，承载着传播知识、传播思想、传播真理，塑造灵魂、塑造生命、塑造新人的时代重任”“人民教师无上

光荣”。同时，总书记也提出了两个层面的要求，在学校和教育行政部门层面，要将教育投入更多向教师倾斜，不断提高教师待遇，让广大教师安心从教、热心从教，对教师队伍中存在的问题坚决依法依纪予以严惩。在教师个人层面，要珍惜这份光荣，爱惜这份职业，严格要求自己，不断完善自己，要执着于教书育人，有热爱教育的定力、淡泊名利的坚守。

上面这些对教师工作和师德师风建设的要求，与一段时期以来党和国家的相关要求，是一脉相承的。党的十八大以来，以习近平同志为核心的党中央，高度重视教师在教书育人中的重要作用，将教师工作和师德师风建设提到了前所未有的政治高度。十九大报告明确将“加强师德师风建设，培养高素质教师队伍”作为优先发展教育事业的重要内容。今年年初印发的《关于全面深化新时代教师队伍建设改革的意见》，是新中国成立以来党中央出台的第一个专门面向教师队伍建设的政策文件，对师德师风建设作出了总体部署，要求“着力提升思想政治素质，全面加强师德师风建设”。

总书记也多次就加强师德师风建设作出重要论述，强调教师职业的特殊性，强调要把高校思想政治工作和师德建设工作摆在突出位置，明确评价教师队伍素质的第一标准应该是师德师风；对广大教师提出了殷切期望，希望广大教师坚持“四个相统一”，争做“四有好老师”，做好“四个引路人”。

党和国家的这一系列重大决策部署和顶层设计，为新时代师德师风建设指明了方向，也对广大教师自身的师德修养提出了新的更高的要求。对此，我们要进一步正视和重视师德师风问题，自觉增强立德树人、教书育人的责任感和使命感，不断提高职业道德和师德修养。

同时，社会对师德师风问题也高度关注，高校教师一旦出现师德失范问题，往往迅速成为舆论热点，甚至引发社会风波，对教育事业、学校声誉造成重大损害，影响到教育事业和学校事业的发展。

（二）我校师德师风建设的进展与不足

近年来，学校围绕加强师德师风建设，从体制机制、教育引导、考核监督、氛围营造等方面，积极推进了一系列工作：

一是完善体制机制。构建了党委教师工作部统筹协调、师德建设委员会总体负责、各二级党组织下设的师德建设工作小组具体落实的工作机制。师德问题处理委员会和学术道德委员会，分别负责相关问题的受理与查处。形成了包括师德建设、师德监督、师德惩处在内的一系列制度。二是抓好教育宣传。将师德师风教育与教师政治理论学习、各类专题学习实践活动相结合，贯穿新教师岗前培训、青年教师培训和教师发展培训。积极挖掘、选树先进典型，发挥示范引领作用。三是强化监督考核激励。严格实施师德“一票否决制”。对拟聘师资实施全面的政治品行考察，切实把好人才“入口关”。建立师德投诉举报反馈渠道。严肃处理师德失范行为。对师德表现突出的教师，在考核晋升、评优推荐、干部选拔等工作中，同等条件下给予优先考虑。

通过这些举措，进一步推动了我校教职员工队伍整体素质与精神风貌的提升。可以说，当前学校教师队伍的师德师风总体是好的，大部分教师能够贯彻党的教育方针，践行社会主义核心价值观，热爱本职工作，关心爱护学生，重视学生培养。但是，对照新时代对师德师风的新标准、新要求，我校在师德师风方面仍存在一些不足。我认为主要体现在两个层面：一是工作合力有待进一步形成。相关职能部门之间以及校院两级之间的协同配合需要进一步磨合，互为补充，形成闭环。二是思想认识不到位。个别教师对师德师风不够重视，教学和科研工作中存在着浮躁和急功近利现象。

（三）下一步的工作思路和举措

针对上面这些问题，为进一步推进师德建设工作，学校在全面梳理现有工作的基础上，从思想认识、制度体系、细化举措等层面，重点推进以下几项工作。

一是要着力提升教师思想政治素质。以理想信念教育为重点，深入开展教师思想政治教育，引导教师带头践行社会主义核心价值观，坚定“四个自信”。加强入职培训、教师发展培训和高层次人才、海外归国人才思想政治研修培训。强化基层党组织在推进师德师风建设中的重要作用，建立和完善教师引进、职称评定、评奖评优征求党支部意见的机制，实施教师党支部书记“双带头人”培育工程，更好地发挥教师党支部书记“领头雁”作用。

二是要加大师德规范的宣传弘扬力度。在广大教师中深入学习、宣传教育部《高等学校教师职业道德规范》等上级精神，以及学校上学期颁发实施的《北京交通大学教师行为规范（试行）》，引导全体教职工结合教学、科研、管理服务等岗位职责，强化自我约束，积极践行新时代“四有好老师”和“四个引路人”要求。同时，要进一步挖掘先进个人和先进集体典型，利用各种媒介，讲好师德故事，营造良好舆论氛围，增强职业认同感与自豪感。

在这里，我着重跟大家再强调一下学校教师行为规范中明确的“师德红线”：一是在社会生活中的违规行为：比如损害国家利益，危害国家安全，破坏民族团结；损害社会公共利益，违背社会公序良俗等。二是在教育教学、科研工作中的违规行为：比如违背党的路线方针政策，在课堂传播违法、有害观点和言论；在科研工作中弄虚作假、抄袭剽窃，违规使用科研经费等。三是在处理与学生关系方面的违规行为：比如损害学生合法权益；索要或收受学生及家长的各类财物；与学生不正当接触等。四是在处理与同事关系方面的违规行为：比如伪造证据，以举报、造谣等形式恶意中伤他人等。五是在处理与学校关系方面的违规行为：比如损害学校形象、声誉及合法权益；从事影响正常教育教学工作的兼职兼薪，未经学校允许擅自离岗、擅自出国（境）等。此外，还有国家法律法规或学校规章制度中明令禁止的其他行为。

师德规范与全校所有教职员工都息息相关。特别是当前全员全过程全方位育人的背景下，教学、科研、思政、管理、专技、工勤等各支队伍，都承担着重要的育人职责，其中许多同志，比如研究生导师和学生辅导员等，朝夕与学生相处，自身的学识与道德水平直接或间接影响着学生理想信念、价值取向和行为方式的形成。所以，每位教师都应该正确理解、全面把握职业道德、师德修养各项规范要求，自觉践行师德规范，更好地担当起学生健康成长的指导者和引路人。

三是要进一步完善师德监督、考核机制。健全师德问题报告和师德舆情快速反应机制，加强正面引导，发现苗头及时教育、提醒、谈话、函询。研究出台《北京交通大学师德考核办法》，加强警示教育和防范。进一步落实《关于全面落实研究生导师立德树人职责的实施细则》，完善研究生导师培训办法，健全考核评价及激励机制，使导师既是学术带头人，又是师德带头人。

四是要加强对教师的人文关怀。师德师风建设是一项综合性的工作，它的建设举措大多是刚性的，但最终要形成的崇尚良好师德的氛围是柔性的。要实现这个目标，相关部门在落实师德师风建设要求时，应当注重采用春风化雨、润物无声的灵活方式。要将严管与厚爱相结合，做到政治上充分信任、思想上主动引导、工作上创造条件、生活上关心照顾。把解决教师思想问题和助力教师发展、落实教师权益、关注教师生活等实际问题结合起来，让教职员工既有育人责任感，又有岗位成就感和生活幸福感。

老师们、同志们、同学们！

着力建设一支政治素质过硬、业务能力精湛、育人水平高超的高素质教师队伍是学校特色鲜明世界一流大学建设的基础性工作，是学校落实立德树人根本任务、培养一流人才的重要保障。全校上下都要高度重视、凝聚共识、形成合力，共同推动师德师风建设取得新成效。

关于师德师风，我想最后强调两句：教师的职业是崇高的、神圣的，要求我们模范遵守社会公德与法律，要求我们全身心投入，要求我们对学生付出全身心的爱！

下面，我谈第二个问题：学科评估与“双一流”建设。

二、认真分析第四轮学科评估结果，全力推进我校“双一流”建设

大家知道，国家推进“双一流”建设的一个核心的思路，就是以学科水平来评价学校水平，把过去以学校为主体分配资源转变为以学科为主体分配资源。在第一轮的“双一流”遴选中，国家第三轮学科评估的结果是最为重要的评选依据之一，第四轮学科评估和即将到来的第五轮学科评估（其指标截止日期为2019年年底），必将对下一轮的“双一流”遴选产生决定性的影响。因此，我们需要客观、全面、深入地分析学科现状，找准学科差距，明确发展目标，厘清建设思路，进一步推动我校学科建设和“双一流”建设迈上新台阶。

（一）我校第四轮学科评估总体结果

去年年底，教育部第四轮学科评估结果正式公布。我校5个学科评估为A类（系统科学获得A+，连续四次获得全国第一。另有交通运输工程、信息与通信工程、计算机科学与技术、工商管理4个学科进入前10%），合计12个学科进入前20%，15个学科进入前30%。根据大连理工大学学科评价中心的分析，用A类学科数进行排序，我校第三轮学科评估排名第78位，第四轮学科评估排名第35位，进步了43名。

总体概括我校第四轮学科评估的成绩，可以说：我校学科整体实力有较大幅度提升，优势特色学科继续保持领先地位，其他重点建设学科进步显著，开创了“双一流”建设的良好开局。

我校本次学科评估所取得的成绩，与全校师生员工的努力密不可分，在此，我首先代表学校，向大家的辛勤工作，表示最衷心的感谢！

（二）存在的问题及差距

虽然我校在第四轮学科评估中进步较大，有不少做得好的方面，但我校学科发展面临的形势依然非常严峻。这次评估集中反映了我校在人才培养、科学研究、队伍建设、国际化等方面存在的一些问题与不足，一是科学研究水平急需提升，二是师资队伍有待加强，三是人才培养仍有不少可以提升的空间，四是硕士一级学科整体水平偏弱，五是国际化成果对学科评估的实际支撑不足，六是学科建设责任体系和机制亟待完善。

针对一些长期存在的问题，近年来我们一直在加强和改进相关工作，特别是国家“双一

流”建设实施以后，我们有针对性地做了许多工作。就是希望借“双一流”建设契机，大力推动我校学科建设方面的体制机制改革，提升学校整体的学科实力。在此，我也向大家通报一下这些工作。

（三）我校“双一流”建设相关工作推进情况

一是全面优化了学科总体布局。实行分类规划、分层建设。将所有学科分为重点学科、支撑学科和基础学科三大类，并将重点学科分为两个层次开展建设——重点建设智慧交通一流学科领域，积极培育交通特色交叉学科。积极争取北京市高精尖学科建设支持，这个暑期，由学科办牵头组织申报了 2 个高精尖学科；同时，依托我校相关优势学科，与北京物资学院签约共建其管理科学与工程学科。学校完成全部学位授权点自我评估工作，根据自我评估结果进行了学位点动态调整，已经撤销了 4 个学术学位硕士点和 6 个工程领域专业学位硕士点。明确了全校所有专任教师的学科归属。

二是强化了以学科为导向的重要资源配置机制。学校“人、财、物、房、各种限制性指标”等重要资源，均以学科为导向进行配置，包括将“双一流”建设经费以学科为导向进行分配；编制完成学校“十三五”期间教师岗位设置方案，全部按学科进行设岗；制定以学科为导向的博士生、硕士生招生指标分配办法，研究生招生指标优先向重点学科倾斜。当前，我校博士生指标已达到 520 人/年，并且在新增工程博士学位点方面实现了重要突破，未来国家还将较大幅度提升博士生招生规模，我们要下更大力气去积极争取。

三是进一步加强了对一流学科建设工作的组织与领导。成立了“双一流”引导专项管理工作领导小组，明确学校（各职能部处）、学院、学科、团队、教师的关系和定位，明确学院是学科建设的主体负责单位。建立了“长远规划、分步实施、滚动支持、动态调整”的学科建设项目管理运行机制。

四是围绕“双一流”加强人才队伍建设。深入实施“卓越百人”“青年英才”等各类人才计划，完善了高层次人才育引政策。以学科为导向，改革了岗位设置方案与管理办法，晋升晋级岗位下放到各学院各学科，完善了教师晋升晋级评聘条件，推进了教师分类评价改革。出台了引育人才的新政策，平均薪酬更有竞争力。举办了首届国际青年学者知行论坛，搭建人才引进的新平台。

上述这些工作，有的执行难度较大，有的也始终面临不同声音，但效果也是明显的。近两年，我校综合实力排名及学科国际排名也都实现了较大提升。在最新公布的软科 2018 世界大学学术排名中，我校全球排名从去年的 701 名大幅上升至 533 名，2018“软科世界一流学科排名”中，我校有 14 个学科进入世界一流学科榜单，其中交通运输工程学科排名世界第 1。另外，2018 年最新版“QS 世界大学学科排名”中，我校有 6 个学科进入世界顶尖学科，按照入围学科数量，位列内地高校第 33 名。可以说，从实际效果来看，我们这两年以学科建设为龙头推进的大量工作，方向是正确的。下一步，就是要在既有方针的基础上，强优势、抓重点、补短板，进一步提升学科竞争力。

（四）我校下一步推进“双一流”建设的思路与举措

不久前，教育部、财政部、国家发改委联合发布了《关于高等学校加快“双一流”建设的指导意见》，强调了加快“双一流”建设必须坚持的四项原则，即坚持特色一流、坚持内

涵发展、坚持改革驱动、坚持高校主体，突出了学科建设的内涵是人才培养、学术团队、科研创新“三位一体”，进一步明确了系列建设任务，重点包括形成高水平人才培养体系、优化学科布局、提升科学研究水平、深化国际合作交流、加大地方区域统筹等。同时，北京市也发布了《关于统筹推进北京高等教育改革发展的若干意见》，这些都是我们下一步推进“双一流”建设，深化综合改革，实现内涵式发展的重要指导文件。我们要结合学校实际，将上级指导精神和相关要求，落实到具体工作中。

推进“双一流”建设是一项长期任务，也是一项系统工程，必须坚持以学科为龙头，统筹学校方方面面的工作，形成合力。重点要从以下几个方面发力：

一是提高人才培养水平。在本科生层面，要把“一流本科”建设作为“双一流”建设的基础任务，坚持以本为本，推进“四个回归”。着力建设一流专业，完善人才培养方案，科学构建课程体系，加强师资队伍和优质资源建设，提高学生和社会的满意度。着力加强课程教学革命，促进信息技术与教学工作融合，开展在线开放课程建设，推进课堂教学模式改革，建设通识课程和优质课程，实施优秀教材建设计划，推进网上阅卷。着力深化创新创业教育，加强学生创新实践体系、平台、课程和师资建设，不断提升学生创新创业能力。

在研究生层面，要继续推进实施一流研究生教育计划，严格落实研究生培养质量过程管理的相关要求，加强导师管理与导师培训，增进导师与研究生交流沟通，切实提高导师指导质量。积极推进国际化人才培养，加强跨境教育研究，加大派出研究生联合培养、接受境外留学生来校访学交流及攻读研究生学位的力度，力争研究生教育层次的中外合作办学机构取得零的突破、中外合作办学项目实现新的增长并实质性招生。设立国际组织任职人才培养项目。高度重视、积极组织编写中国高铁工程学科系列丛书，作为研究生课程教材以及本科生和成人培训的参考书。

二是加强教师队伍建设。紧密结合一流学科建设方案及各学科发展规划引育师资，优先和重点满足一流建设学科及其他优势特色学科需要，明确学校、学院和学科带头人在师资队伍引进和培养的责任。以学科为导向，改革岗位设置方案与管理办法，实施科学合理的分层次教师考核评价方法，完善教师晋升晋级评聘条件，充分体现在学科评估中的高水平业绩与成果。对优秀中青年人才、高层次领军人才、高水平团队做到科学规划、重点培养、搭建平台、跟踪管理、政策支持，鼓励并积极支持他们申报各类国家级人才计划，推动我校高层次人才数量实现新提升。

三是加强重大科研成果和高水平平台的培育。要瞄准学科评估指标的主要缺项，加强“有组织科研”，完善顶层设计，发挥好基本科研业务费在重大项目的预研、培育和储备中的支撑和促进作用。推进科研组织模式创新，进一步完善成果转化和分类评价等科技工作相关制度、政策和办法。提前布局，持续跟进，强化组织申报，积极争取重大科研项目，并发挥其牵引作用。密切跟踪政策动向，积极推动前沿科学中心、高精尖创新中心等平台的申报和建设。推进“智慧交通”交叉学科平台建设。加强科研成果总结梳理及重点团队动员，持续谋划和储备国家奖申报。主动对接军民融合战略需求，围绕重点项目拓宽军民融合和渠道，打造高水平军民融合平台。加强我校成果转化机构、能力和氛围建设，加快推进重点学科的科技成果转化。完善高水平论文（尤其是 ESI 高被引论文）的激励政策，为科研获奖和高层次人才的申报积累条件。

四是大力提升学科建设水平。完善学科建设责任体系和机制，建立学科建设责任教授机

制，采取选聘制和责任制。对于重点建设学科，由学校、学院直接选拔责任心强、愿意积极投入、具有较强管理能力和较高学术水平的教授担任责任教授，明确责、权、利，并通过制度予以确立，并给予二、三级教授高岗待遇。全面启动第五轮学科评估准备工作，各学科要认真研究学科评估体系，全面梳理近三年以来的学科建设进展情况，找出差距，制定切实可行的计划，有针对性地补齐短板。

五是积极争取并充分利用资源。积极争取、统筹用好国家层面、北京市层面、行业企业层面包括项目、平台等在内的各类资源，有力支撑“双一流”建设。做好“双一流”专项引导经费的执行，进一步规范专项资金的使用和管理，强化预算执行进度管理，提高资金使用效益；年终开展资金使用绩效自我评价，形成年度绩效自评报告。用好北京市“双一流”配套建设资金，加强一流学科共建，积极争取北京市高精尖创新中心、高精尖学科、一流专业、卓越青年科学家项目、北京实验室等支持。

老师们、同志们、同学们，师德师风建设与“双一流”建设，与学校立德树人根本任务紧密相关，与学校办学目标的实现紧密相关。这两项工作，绝不仅仅是某个部门或者某一群体的工作，而是需要每一位教职员工全力以赴、持之以恒推动的工作。让我们进一步统一思想、凝聚共识、形成合力、狠抓落实，不断开创学校事业发展的新局面。

宁滨校长在北京交通大学2018年人才培养工作会议上的讲话

（2018年5月4日）

老师们、同志们、同学们：

今年的人才培养工作会，是在学校即将迎来本科教学审核评估专家组进校考察的关键时期召开的一次重要会议，也是落实习近平总书记5月2日在北京大学考察时强调“抓住培养社会主义建设者和接班人根本任务，努力建设中国特色世界一流大学”这一重要讲话精神的一次重要会议。

本次审核评估是学校继2006年水平评估之后，又一次对本科人才培养工作的重要评估，对全面提高学校本科教学水平和人才培养质量，具有十分重要的意义。为顺利迎接本次审核评估，学校坚持“以评促建、以评促改、以评促管、评建结合、重在建设”的方针，部署了大量迎评促建工作。广大教职员工积极投身其中，为迎评作了充分的准备。在此，首先向各位老师、各位同志的辛勤付出表示感谢！

现在，迎评工作已进入到最后的关键阶段，我们将于10天以后，即5月15—18日接受专家组进校考察。这个考察是对学校工作的全面审核，全校各部门、各学院、各学科专业、全体师生员工都要积极行动起来。我们要切实做好各项保障工作，严格遵守各项教学秩序，确保专家组进校考察顺利进行。我们要切实以迎评为契机，通过全面梳理检查学校本科人才培养工作的各个环节，以评促建，推动学校人才培养质量再上新台阶。因此，我们在今天召开学校本年度人才培养工作会，并将本次会议的主题明确为：以本科教学审核评估为契机，坚持立德树人根本任务，强化人才培养中心地位，完善协同育人机制，深化内涵建设和改革创新，全面提升一流人才培养能力。

去年，我校顺利进入国家“双一流”计划，“双一流”的核心要义就是人才的培养。我们落实习近平总书记5月2日视察北大的重要讲话精神，“建一流大学培养一流人才”也是其中的核心之一。因此，我今天的报告分为三个部分：一是简要回顾学校2017年的人才培养工作，使大家对学校总体的人才培养状况有一个基本了解；二是结合本次审核评估的几大审核内容，分析我校本科人才培养工作还存在哪些不足，以及下一步的改进措施；三是结合今年的人才培养“一号文”，跟大家强调一下今年研究生培养中需要重点推进的几方面工作。

一、2017年学校人才培养工作回顾

（一）指标概况

1. 招生情况

从招生规模看：2017年学校共录取本科生3 903人，博士研究生483人，全日制硕士生

3 169 人，非全日制硕士生 942 人，留学生 1 145 人。

从生源质量看：首批高考改革省区的完成计划情况和录取生源质量均好于预期，本部生源质量稳中有升，威海校区生源质量上升势头明显。首次全日制和非全日制硕士的统筹招生顺利完成。研究生生源结构进一步优化，全日制硕士生中推免生占比 46%，博士生中直博和硕博连读占到一半左右，定向博士生压缩到 9%。

2. 师生规模

学校全日制在校学生总人数达 27 291 人，非全日制专业学位研究生（含在职专业学位研究生）在学人数 5 355 人，留学生 2017 人。本、研学生规模基本保持 1:1。

全校教职工 3 027 人，其中专任教师数 1 663 人（按高等教育质量监测国家数据平台口径),生师比为 19.8。专任教师中具有博士学位者占 74.62%,具有副高及以上职称者占 72.1%。

3. 学生就业情况

2017 届本、硕、博毕业生的就业率分别为 98.72%、99.46%和 98.83%。本科生深造率 54.80%，比去年上升 1.27%，其中国内深造率为 39.26%，出国（境）深造率为 15.54%。到轨道交通行业就业的本科生和研究生分别占签约人数的 35.39%和 18.62%，体现了学校的行业特色。

（二）工作开展情况

1. 学业教育方面

持续推进人才培养模式改革。顺利完成首次以学院为大类的全校大类专业分流和转专业工作。继续推进“产学联合人才培养”国家教育改革试点，已完成第 7 年“3+1+2”模式试点。积极构筑研究生培养模式改革示范高地，新增 2 个人才培养特区。积极开展“新工科”建设，获批教育部首批“新工科”研究与实践项目 3 项。

进一步加强教学资源与教学能力建设。以 MOOC 建设为重点推进课程建设，3 门课程获评国家精品在线开放课程，9 门课程在“中国大学 MOOC”上线，立项建设了 126 门本科生在线开放课程和 64 个研究生优质核心课程项目。智慧教室投入使用，为以学生为中心的教学改革提供了硬件支撑。网上阅卷改革全面推进，实现了威海校区与主校区协同阅卷。研究生导师培训与研修工作全面开展。

积极推进教学质量保障体系建设。继续开展学院层面的本科教学审核评估工作。设立质量评估中心，建立本科教学多元评价和多级闭环反馈的质量监控保障体系。完成全校 44 个学位授权点的自我评估，并建立了相应的动态调整机制。以一流学科建设和培养质量为导向，改革研究生招生指标分配机制，实现学院研究生招生指标动态调整。全面构建并实施以过程管理、环节监控和要素引导为核心的研究生教育质量监控与保障体系。建立学位论文质量后评估结果反馈机制。

2. 学科建设方面

2017 年，我校学科建设工作成绩喜人，为人才培养工作提供了有力支撑。学校顺利成为国家首批“双一流”建设高校，并获得较大幅度增长的专项经费支持。学校建立完善了人力资源、学科经费、研究生招生指标等资源以学科为导向的配置机制，明确了所有专任教师的学科归属。

在第四轮学科评估中，学校 5 个学科被评为 A 类，数量居全国高校第 35 位，另有 7 个学科进入前 20%，较上轮评估，取得了比较显著的进步。学校 6 个学科入围 QS 世界顶尖学科，3 个学科进入 ESI 前 1%（工程学也已达到 1.5‰），交通运输工程在软科世界一流学科排名中位列中国第一、世界第二。这些成绩，使我校有望在下一轮国家“双一流”学科认定中再增加 1～2 个学科，为我们进一步提升人才培养质量奠定了坚实基础。

3. 思想政治教育和综合素质培养方面

学校全面推进本科生德育成长平台、综合发展平台、全面成长服务平台、队伍与机制保障平台等“四个育人平台”建设。线上线下组织开展学习宣传贯彻党的十九大精神系列活动。在本科新生中全面实施基于 OBE 理念的《本科生综合素质培养实施方案》，出台《北京交通大学加强研究生党支部建设的实施意见》。巩固和完善“校–院–班–舍”四级学业辅导体系，建立学业辅导 MOOC 制作中心和网络直播间，各学业辅导项目覆盖 9 万人次。持续推进研究生实践育人，开展了 16 期未来领军人物计划和 2 期创新创业工作坊培训班。组织开展为期两个月、辐射 2 000 余人的本科生荣誉答辩季，全部重点荣誉均实现公开答辩。加强心理健康教育普及与心理危机干预相结合，进一步提升学生心理素质。

4. 就业创业工作方面

坚持基层就业大方向，推进就业指导与服务。积极引导毕业生到重点地区、重大工程、重大项目、重要领域就业。制定相关实施办法，把引导和鼓励毕业生到基层工作作为思想政治工作和教书育人的重要内容。实现“新疆西藏招录计划”零的突破。启动相关工作方案，把培养推送我校毕业生到国际组织实习任职摆上重要议事日程。实施本科生学业指导与职业发展引领计划，分层、分类、分重点地开展就业指导类项目 102 场，覆盖千余名学生。

深入推进校院两级创业指导工作体系建设。更新完善创业导师库。第一届种子试点班按计划完成课程讲授、路演观摩、创业能力培训、创业项目训练等培养实践环节，学员顺利结业。全年学校指导、支持创业项目 60 余个，充分利用校内“大学生互联网+创新创业中心”“创客空间”等平台，为学生创新创业项目提供支持。

（三）成果与奖励

2017 年，学校成功申请到工程博士专业学位授权类别，一级学科博士点增至 22 个，学校学位类别体系更加完整。学校在北京市教育教学成果奖评选中，获特等奖 1 项、一等奖 10 项、二等奖 17 项，获奖总数创历史新高。学校新增全国研究生联合培养示范基地 1 个，获学会优秀博士学位论文奖 3 个、提名奖 1 个。学校在第十届大学生创新创业年会中获得第一（并列），创历届最好成绩。全年获博士学位人数（339 人）创历史新高，国家公派联合培养博士生较上年增长 38%。

2017 年，学校获评首都大学生思想政治工作实效奖一等奖 1 个，获评全国国防教育特色学校，在全国资助工作绩效考评中获评第八名。1 名辅导员荣膺全国高校辅导员年度人物。1 个本科生班级获评北京高校十佳示范班集体（连续第 7 年），1 个本科生党支部获评北京高校红色“1+1”一等奖。

上述这些成绩的取得，是全校上下共同努力的结果。在这里，我要代表学校，向为我校人才培养工作付出辛勤劳动的全体师生员工表示衷心的感谢！

二、学校本科人才培养中存在的问题及整改措施

审核评估是对学校本科教学工作一次全面的梳理与检查，重点考察学校人才培养效果与培养目标的达成度、学校办学定位和人才培养目标与社会发展需求的适应度、教师和教学资源对学校人才培养的保障度、教学和质量保障体系运行的有效度及学生和社会用人单位的满意度。这“五个度”体现了以学生为主线的评估思路，贯穿了学生从入学到毕业的整个过程。通过考察学校的培养过程能否满足学生学习与成长的需要，培养的学生能否满足经济社会发展的需要，从而对学校人才培养质量做出判断。为此，审核评估设立了“6+1”个审核项目，其中“6”指的是定位与目标、师资队伍、教学资源、培养过程、学生发展、质量保障六个大项，“1”指的是自选特色项目。

这次审核评估也为我们提供了一次解决自身问题、促进学校发展的重要机遇。大家不能把审核评估简单视为一次考试，追求“一锤定音”。我们要通过审核评估找准问题，并通过后续的针对性的整改，使我校今后的人才培养工作质量迈上崭新台阶。这也是我们反复强调“以评促建、以评促改、以评促管、评建结合、重在建设”这一方针的原因。下面，我就从审核评估的六个审核大项入手，以学校的自评报告为基础，谈谈我校本科人才培养工作中存在的问题和需要进行的整改。

（一）存在的问题

1. 定位与目标方面

一是专业培养目标与学校人才培养定位契合度有待提高。学校的人才培养总目标是“基础宽厚、专业精深、思维创新、能力卓越、品德优秀”，但个别专业的培养目标与总目标契合度还不够，还存在着基础不够宽厚、知识交叉复合较弱、对学生国际化视野和创新能力培养要求不够深入等情况。二是在落实人才培养中心地位方面还存在着不足。相应的责任意识有待进一步加强，学科建设对于人才培养的支撑力度还不够，以人才培养为中心导向不够突出，科教融合、协同育人还存在不足，能体现以人才培养为中心的教师发展和激励政策还不完备。

2. 师资队伍方面

一是教师数量尤其是高层次教师人数不足。学校现有专任教师总量不足，生师比偏高，不同专业间教师分布不均衡。两院院士、千人计划、长江学者、国家教学名师等高层次领军人才数量与支撑学校发展战略和目标定位的要求仍有一定差距。二是教师教学投入不足，教学能力有待进一步提升。部分教师把教学与科研割裂开来看待，在精力投入上“非此即彼”，缺乏研究型教学的思考与探索。部分教师对教育教学的新方法研究不足，“填鸭式”“照本宣科”“沉寂课堂”等教学现象依然存在。

3. 教学资源方面

一是教学设施和空间资源建设需进一步加强与拓展。根据教育部规定的基本办学指标要求，学校现有用地面积与学校需要用地面积相比，仍有较大缺额。二是专业建设和发展水平还存在不均衡的现象。优势专业发展较好，部分非工科专业发展水平需尽快提高。三是科研资源转化成教学资源的程度有待进一步加强。科研成果向教学内容、实验设备等转化不足，科研实验室向本科教学实验开放、科研设备用于实践教学的程度还不够，科教融合激励机制

有待完善。四是通识课程、优质教学资源和教学信息平台建设有待进一步加强。优秀的通识类课程尤其是人文与艺术类课程数量偏少。基于互联网技术的优质教学资源建设有待加强，在线开放优质课程资源仍显不足。教学信息化平台缺乏顶层设计，集成度和用户友好度不够。

4. 培养过程方面

一是以学生为中心的课堂教学改革需要进一步加强。部分老师的课堂教学模式尚未由传统的“以教师为中心”向“以学生为中心”转变，对学生潜在的自主学习能力估计不足。二是部分专业毕业设计（论文）与实际问题的结合有待进一步提高。毕业设计选题偏重于理论模型，与实际问题的联系不够紧密，毕业设计中设计类比例偏低，论文类比例偏高。文科专业的本科毕业论文形式单一，与专业实际应用存在差距。三是创新创业教育融入本科人才培养的深度不足。创业教育与专业培养存在脱节现象，专业教师对创业教育的接受度、投入度有待进一步提高，学生缺乏主动创新、勇于参与创业的精神，相应的知识、能力培训有待进一步加强。

5. 学生发展方面

一是个别专业生源质量有待进一步提升。录取考生成绩趋于扁平化，拔尖考生减少。中外合作办学招生生源质量仍需进一步提升。二是对学生学业的深度指导尚不完善。部分学生对所学专业内容、专业发展缺乏系统的了解，不能明确学习目标和职业发展方向，被动接收知识，缺乏主动探究精神，对学生学业的深度指导及职业规划指导不足。三是学风建设仍需持续加强。部分学生学习主动性依旧存在不足、学习积极性不高。学风建设深入程度不够，个别学生学习效果不理想。

6. 质量保障方面

一是教学督导队伍建设有待加强。督导人数尤其是校级督导人数不足，督导学科结构不能覆盖学校所有专业，督导教师待遇过低，部分督导教师还存在“督”多于“导”的情况。二是质量监控用于持续改进的效果需要进一步加强。针对质量监控所发现问题，后续改进存在不到位现象；个别学院和部分专业的质量保障体系建设存在薄弱环节。三是质量监控管理机构建设尚需加强。教学质量监控与评估中心业务能力有待进一步提升。学院层级的质量监控力量尚需加强。

（二）产生问题的原因

上述问题的产生有多方面的原因。因为时间的关系，我这里就不具体到每个问题去展开分析了。我把其中共性的部分作了归纳，可以总结为四点：

一是理念更新不到位。全校上下对于人才培养的重要性是有认识的，但对如何将人才培养的中心地位落实到具体工作中，对各个专业的育人目标、各个岗位的育人职责的认识还有不清楚、不到位的地方。此外，对教育教学中一些新的理念、方法，如 OBE 理念、以学生为中心的教学理念，认识还存在不足。

这里要跟大家强调，作为建设特色鲜明世界一流大学的教师，一定要过好“三关”：最基本的是“师德关”，我们实行的是“一票否决”；第二个是“学术关”，这是我们建研究型大学必需的，不过学术关，就做不到培养拔尖创新人才；第三个就是“教学关”，不过教学关，教学理念、教学方法不到位，学术水平再高，也无法成为一个好老师。

二是政策导向不明显。在一些政策的制定、执行上，强化人才培养的导向不足。人才培养全过程中尚有部分环节存在政策缺失，对教师的引导、激励不够，使得教师投入意愿不足。对人才培养中的一些后发领域、薄弱环节，没有做好精准施策，导致了强者越强、弱者越弱的“马太效应”，形成发展不均衡的局面。

三是体制机制不健全。一方面是保障机制不健全，各类资源的统筹、投入有待进一步加强，特别是科研资源向教学资源的转化还有不足。一方面是评价机制不健全，教学成果难以量化评价的问题还未真正解决，造成教学科研两张皮的现象仍不同程度存在。在全员全过程全方位育人的范畴下，一些工作还缺乏相应的评价机制，更多靠教师主观的责任感与奉献精神。

四是外部环境受限制。毋庸讳言，这几年受限于外部政策，平谷校区项目进展偏缓，海淀校区也无法更多拓展空间，这确实对学校教学工作的开展产生了一些不利的影响。此外，高等教育行业日趋激烈的竞争、社会中的一些评价误导等，也对我们相关工作带来了较大压力。

（三）下一步的改进措施

1. 进一步明确人才培养定位、目标，筑牢人才培养中心地位

一是加强对学校人才培养目标、办学定位的研讨和培训，进一步统一思想认识。二是把培养一流人才作为“双一流”建设的首要任务来抓。三是大力推进科教融合，引导高水平教师为本科生授课及指导科研训练，带动高水平实验室和科研平台向本科生开放。四是建立教师分类考评和聘任机制，充分发挥、调动不同类型教师的育人优势和积极性。五是落实专业调整机制，定期进行专业培养目标的合理性评价，对于专业培养目标与学校办学定位契合度不高、办学条件不达标的专业，令其限期整顿，直至撤销。

2. 持续打造高水平师资队伍，提升教师教育教学水平

一是完善优秀人才育引支持体系，健全新增资源向优秀人才聚集的配置机制，延揽和培育一批高层次领军人才及优秀青年骨干人才。二是不断改进人才招聘工作，逐步缓解生师比较高的现状。三是加强跨学科的教师交流互动，优化整合现有师资结构，以优势专业师资带动新建专业师资的发展。四是引导加深教师对教学学术理念的认识，不断加强教师教学能力培训，促进教学内容更新和教学水平提升。五是建立引导教师教学投入机制，加大教学评价在教师绩效考核中的比重，不断完善相应的奖励机制与荣誉体系。

3. 不断加强教学资源建设与统筹，保障教学工作顺利开展

一是加强教学设施和空间资源建设。科学规划、合理调整各类用房指标，提高资源利用效率；加强各校区资源统筹，探索推进部分教学、科研功能向威海校区、河北黄骅科研基地疏解；紧跟国家政策导向，积极争取发展空间，加快推进平谷新校区建设。二是推动各专业均衡发展。加强专业和学科内涵建设，系统构建特色学科体系，强化学科与专业间的相互支撑；加强在工科背景下的文理类专业建设，体现适应学校总体目标的文理类专业特色；利用新工科建设契机，对传统工科专业升级改造。三是积极推动科研资源向教学资源转化。通过针对性培训，提升教师将科研思维及研究成果有机融入教学环节的意识；建立合理规范的科研仪器、平台与教学共享机制，形成科研教学共享设备综合评价体系；以教改立项、职称晋升等为抓手，完善科研成果向教学资源转化的长效机制。四是进一步加强课程资源建设。通过校际合作等方式，建设一批广受学生欢迎的通识课程，全面提高通识课程质量；加强课程

信息化建设相关技能培训，促进 MOOC 课程等在线课程建设。

4. 大力完善人才培养过程，全面提升人才培养各环节质量

一是进一步改进课堂教学质量。加强现代课堂教学方法的培训，使教师进一步了解翻转课堂等新型课堂教学模式；完善课程教学的后评估制度，鼓励教师通过有效的方法和措施来激发学生的学习情绪，挖掘学生内在潜力。二是进一步改进实践教学质量。加强校外实习实践基地建设，鼓励教师深入生产实践现场，从生产实际中发掘毕业设计的题材，并鼓励外聘企业导师指导本科毕业设计；强化毕业设计的过程管理，在选题和开题阶段把控设计类题目的比例。三是进一步改进创新创业教育质量。推进创新创业教育进一步融入人才培养体系，与基础课教育、专业课教育、思政教育等相结合，完善创新创业课程体系；提升校内创新创业师资教育教学水平，鼓励教师进入企业了解技术前沿、市场需求并融入专业教学中，通过政策导向鼓励教师更多投入创新创业教育；加强创业学生精准化指导，帮助其不断明晰和优化企业定位、优势和发展方向，补充欠缺的经济、法律等方面知识，促进项目的健康成长。

5. 积极推进全员全过程全方位育人，促进学生全面发展与健康成长

一是进一步提升生源质量。坚持以毕业生和用人单位的满意度带动招生质量提升；通过制定拔尖考生转专业及大类分流优惠措施，提高拔尖学生专业满足率与灵活度，更多吸引部分专业志向不明确的优质生源；优化自主招生选拔模式，充分挖掘对我校优势特色学科专业有浓厚兴趣的优质生源。二是积极开展学业深度指导。完善专业教师对本科生学业指导的评价和激励措施；建立和完善学生互助机制，发挥优秀生、学生社团、朋辈指导师的作用；进一步完善专业导论课程，帮助学生理解专业内涵。三是持续加强学风建设。加强新生入学教育，帮助学生尽快适应大学生活学习节奏，合理规划学习；加强针对性帮扶，对学业困难的学生进行深度辅导，对学有余力的学生则积极引导其参与各类科研创新竞赛、科研导师计划；强调教风带动学风，鼓励教师以学术、人格魅力感染学生。四是进一步激发学生学习兴趣。通过加强实习、实践提升学生对专业的认知度、认可度，加大校园学术氛围的营造力度，积极推进第一、第二课堂的紧密结合，进一步强化学习奖励机制。

6. 努力构建教学质量保障体系，保障人才培养质量的持续提升

一是加强督导队伍力量，积极开展督导业务培训，推进督导教师与一线教师的交流互动，发挥督导专家教学咨询、教学服务、教学反馈的作用，加强督导队伍建设的相应投入与保障。二是加强教学质量改进工作，建立健全教学质量改进工作的监督和后评估制度，建立基于大数据的教学质量改进跟踪体系，做好持续改进的服务、保障工作。三是加强教学质量监控管理机构建设，进一步明确教学质量监控与评估中心工作内涵，健全其运行机制，探索建立校院两级协同的质量监控机制，夯实基层教学单位的质量监控基础。

这里要跟大家说明的是：我今天的报告主要是从“以评促建”的角度出发，聚焦问题，明确整改，对于学校本科人才培养工作中好的方面，自评报告中都有很充分的体现，我这里就不再赘述了。例如我校近年来围绕自身行业特色，在培养轨道交通拔尖创新人才方面，开展了很多卓有成效的工作，为行业快速发展与科技创新提供了有力的人才支撑。我们也将这个内容作为学校的“自选特色项目”，写入了自评报告。

三、今年研究生培养中需要重点推进的几方面工作

今年是我们连续第五年统筹召开本研一体的人才培养工作会，学校提出“本研教育一体

化”的理念也已经有五年的时间。当前，学校的研究生培养工作依然是“任重而道远”。一方面，我们面临着新时代的新要求。研究生教育处于国民教育顶端，是科技第一生产力、创新第一动力、人才第一资源的重要结合点。在“双一流”建设中，研究生教育起着高端引领和战略支撑两大作用。从长远来看，未来的研究生教育将可能成为社会创新的中心之一，成为支撑、推动和引领国家现代化发展的重要基础和引擎。另一方面，我们也面临着现实的紧迫任务。从数量上看，我校在校本、研学生比例已达到 1:1，每年研究生的招生数量已近 5 000 人，超过了本科生，这决定了研究生教育在我校人才培养工作中的重要性。从明年起，我们将陆续迎来国家学位点合格性评估等研究生培养方面的一系列审核评估，评估结果对我校一段时期的发展和“双一流”建设将起到重要的影响。国家第五轮学科评估和新一期的“双一流”评估，均是以截止到 2019 年 12 月 31 日前的业绩为依据。这就要求我们必须抓紧时间，认真分析总结，扎实推进学科建设，不断加强研究生人才培养工作。

今年我校研究生培养方面拟重点推进以下三个方面的工作：

一是在认真总结第四轮学科评估结果的基础上，进一步推进一流学科建设。

目前，我们已拿到由教育部学位中心出具的详细的学科评估结果分析报告，下一步将分学院、分学科认真开展总结分析，深入查摆问题、研究解决方案。我们要进一步统筹高层次人才的学科归属，贯彻《关于分类推进人才评价机制改革的指导意见》，分学院、分学科改革教师评价制度，完善引进、晋升晋级、人才计划、年度及聘期考核等分类考核评价标准。

我们要完善以学科为龙头的资源配置机制，加强“双一流”专项资金引导力度，进一步探索学科分层建设与统筹协调机制。我们要积极争取北京市一流专业和“高精尖”学科建设支持，积极对接教育部等国家部委支持一流大学、一流学科、一流专业建设的各类政策、计划。我们在推进一流专业、一流学科建设的同时，还要积极探索建立“智慧交通”学科交叉合作平台，为学校一流大学建设奠定基础。此外，2019 年学校将迎来国家学位点合格性评估，为此，我们必须相应地进一步加大学位点自评估自调整工作力度。

二是切实统筹做好研究生招生、培养、质量监控等工作。

今年，我校博士生招生指标从 483 个增至 505 个，五一节前又获得工程博士追加的 15 个指标，招生指标达到历史新高的 520 个。我们要进一步提升博士生培养质量和招生名额资源的配置效率，优化各类型博士生招生的工作流程，形成以直博、本硕–硕博、硕博连读和本校应届硕士毕业生申请考核为主体的招生选拔模式。我们要重点做好今年首届工程博士专业学位研究生招生培养工作，加强与全国工程专业学位教育指导委员会的联系，在积极调研和充分对接国家重大需求及发展战略的基础上，完成首批工程博士招生录取工作，同时，制订培养方案、学位授予标准以及涵盖工程博士招生、培养、学位各环节的系列管理文件，规范工程博士研究生培养过程。

我们要推进实施一流研究生教育建设计划，构建并实施研究生培养过程质量监控与保障体系，完善研究生导师责权机制，探索并推动研究生培养模式改革、招生选拔机制改革、博士生教育综合改革等三项改革，全面推进学校研究生教育改革，加强研究生优质核心课程建设，持续建设研究生公共基础课 10 门，研究生专业基础课 30 门。要使全年博士学位授予人数达到 310 人以上。

三是要大力推进研究生层次的中外合作办学。

我们要积极推进与世界一流大学和研究机构高水平、实质性交流与合作，使每个重点学

科建立实质性合作的世界高水平战略合作伙伴数达到 9 个。同时，希望 A 类学科相关学院积极开展研究生层次的中外合作办学项目，尽快实现零的突破。

老师们、同志们、同学们，学校接受本科教学审核评估，既是一次回望过去的全面总结，也是一次面向未来的崭新启航。我们要以此次审核评估为契机，进一步落实立德树人根本任务，全面提升一流人才培养能力，实现自身内涵式发展，以更加卓有成效的人才培养工作，为特色鲜明世界一流大学建设提供强有力的支撑。

曹国永书记在学校全国教育大会精神宣讲会上的报告

（2018 年 12 月 13 日）

老师们、同学们、同志们：

根据教育部党组和北京市委的统一部署，今天召开全校大会，进行全国教育大会精神宣讲。威海校区也通过视频参加今天的大会，我也借此机会向威海校区的师生员工表示慰问！

2018 年 9 月 10 日至 11 日，党中央在北京召开全国教育大会，习近平总书记出席会议并发表重要讲话，深刻分析了教育工作面临的新形势新任务，对教育工作作出战略部署，吹响了加快推进教育现代化、建设教育强国、办好人民满意教育的时代号角。

学习宣传贯彻习近平总书记在全国教育大会上的重要讲话精神和大会精神，是当前和今后一个时期的重大政治任务。下面我结合学习体会和学校实际，讲几点意见。

一、充分认识全国教育大会的重大意义

这次全国教育大会，是时隔 8 年后中央召开的关于教育工作的一次十分重要的会议。改革开放以来，中央先后召开过四次全国教育工作会议，分别是 1985 年、1994 年、1999 年、2010 年，这次是第五次，与以往不同的是，这次会议定名为“全国教育大会”，而且规格层次高，习近平总书记、李克强总理先后发表了重要讲话，在京政治局常委、政治局委员，省区市和部委主要负责同志，教育系统和部分高校主要负责人参加会议。规格之高，前所未有。就是要动员全党全社会共同做好教育工作，充分体现了以习近平同志为核心的党中央对教育工作的高度重视，凸显了教育在党和国家事业中的基础性、先导性、全局性地位，这次会议在我国教育史上是一次具有里程碑意义的大会。

这次全国教育大会，是中国特色社会主义进入新时代党中央隆重召开的第一次全国教育大会。

从全球看，当今世界正处于百年不遇的大变局之中。目前中国已经成为全球第二大经济体，而且日益走近世界舞台的中央。一些西方国家看待我国发展的心态开始发生变化，对中国经济体量变大、质量提升有担忧和紧张情绪。逆全球化趋势和贸易保护主义抬头，特别是当前中美贸易战，让我们越来越清醒地认识到，这些冲突和矛盾，实质上是综合实力、综合国力的竞争，核心是科技的竞争，归根到底是人才的竞争，从长远看，也就是教育的竞争！

从国内看，我国进入全面建成小康社会的决胜阶段，而且我们比历史上任何时期都更接近、更有信心和能力实现中华民族伟大复兴。同时必须看到，大而不强的问题、不平衡不充分的问题依然突出。因此，党和国家对教育特别是高等教育的需要比以往任何时候都更加迫切，对科学知识和卓越人才的需要比以往任何时候都更加强烈。在这样一个重大的历史关头，

高等学校必须承担起时代、国家和民族赋予的使命。

从教育看，使命非常光荣、责任非常重大。教育是民族振兴、社会进步的重要基石，对提高人的综合素质、促进人的全面发展、增强中华民族创新创造活力，对实现中华民族伟大复兴具有决定性意义。总书记强调，教育事关国家发展、事关民族未来；没有哪一项事业像教育这样影响甚至决定着接班人的问题，影响着国家长治久安，影响甚至决定着民族复兴和国家崛起。当代大学生，他们的成长发展与“两个一百年”奋斗目标高度契合，他们既是中国梦的追梦者，又是圆梦者，“两个一百年”奋斗目标将在他们手中实现。因此，高度重视教育优先布局，大力发展教育，对于培养和造就一代又一代社会主义建设者和接班人意义十分巨大。

二、深入学习领会习近平总书记关于教育的重要论述

党的十八大以来，以习近平同志为核心的党中央高度重视教育工作，习近平总书记发表了一系列重要讲话，就教育改革发展提出了一系列新理念新思想新观点，这次会议用“九个坚持”加以概括，形成了系统完整的新时代中国特色社会主义教育理论体系，标志着我们党对教育规律的认识达到了新高度，为新时代教育改革发展提供了根本遵循。

（一）要深刻理解和把握坚持党对教育事业全面领导的根本要求

我国有 51 万多所学校、2.7 亿在校学生、1 600 多万名教师，教育体量世界最大，但区域、城乡、学校之间的发展还不平衡，群众的教育需求差异很大。如何运行好、发展好这样庞大而复杂的教育体系，习近平总书记多次强调，加强党的领导是根本保证。特别是教育对国家和民族来说，利在当代、关乎未来，加强党的领导尤为重要。要始终坚持党管办学方向、管改革发展、管干部、管人才，把党的教育方针全面贯彻到学校工作各方面，使教育领域成为坚持党的领导的坚强阵地。

（二）要深刻理解和把握坚持立德树人根本任务

习近平总书记强调，培养什么人，是教育的首要问题。教育就是要培养中国特色社会主义事业的建设者和接班人，而不是旁观者和反对派。古今中外，每个国家都是按照自己的政治要求来培养人的。要把立德树人内化到学校建设和管理各领域、各方面、各环节，把立德树人成效作为检验学校一切工作的根本标准，把思想政治工作贯穿教育教学全过程，做到以树人为核心，以立德为根本，培养全面发展的时代新人。

（三）要深刻理解和把握坚持优先发展教育事业的战略部署

教育是民族振兴、社会进步的重要基石。习近平总书记强调，坚持把优先发展教育事业作为推动党和国家各项事业发展的重要先手棋，不断使教育同党和国家事业发展要求相适应、同人民群众期待相契合、同我国综合国力和国际地位相匹配。当今世界正在经历百年未有之大变局，科技创新从未像今天这样深刻影响世界经济政治力量对比、成为国际竞争力的关键。过去我们是“穷国办大教育”，现在是“大国办强教育”，因此既要补短板，又要提质量，仍然必须优先发展教育事业，以教育现代化支撑国家现代化。

（四）要深刻理解和把握坚持社会主义办学方向的政治原则

培养什么人、怎样培养人、为谁培养人，是教育的根本问题。习近平总书记明确要求，我们办的是社会主义教育，要培养社会发展、知识积累、文化传承、国家存续、制度运行所要求的人，培养一代又一代拥护中国共产党和我国社会主义制度、立志为中国特色社会主义奋斗终身的有用人才。这是我们思考和谋划教育工作的逻辑起点，也是必须牢牢把握的正确政治方向。

（五）要深刻理解和把握坚持扎根中国大地办教育的坚定自信

习近平总书记强调，我国有独特的历史、独特的文化、独特的国情，教育必须坚定不移走自己的路。我国 5 000 多年的文明史，孕育了学无止境、有教无类、因材施教等深厚的教育思想。新中国成立以来，在不到 70 年的时间里，我国教育总体发展水平进入世界中上行列，彰显了党的宗旨和我国的制度优势、政治优势。这些都是我们坚定教育自信的底气。我国教育还存在一些问题，但照搬别国经验是解决不了的，总书记讲，世界上不会有第二个哈佛、牛津、斯坦福、麻省理工、剑桥，但会有第一个北大、清华、浙大、复旦、南大等中国著名学府。我们要认真吸收世界上先进的办学治学经验，但更要遵循教育规律，扎根中国大地办大学。

（六）要深刻理解和把握坚持以人民为中心发展教育的价值追求

习近平总书记强调，教育公平是社会公平的重要基础。必须不断促进教育事业发展成果更多更公平惠及全体人民，以教育公平促进社会公平正义。要努力发展全民教育、终身教育，建设学习型社会，努力让每个孩子享有受教育的机会，努力让 13 亿多人民享有更好、更公平的教育，获得发展自身、奉献社会、造福人民的能力。这些重要论述，深刻阐明了我国教育的社会主义性质，是中国共产党全心全意为人民服务根本宗旨的重要体现，是以人民为中心的发展思想在教育工作中的重要体现。

（七）要深刻理解和把握坚持深化教育改革创新的鲜明导向

习近平总书记把教育改革纳入全面深化改革统筹谋划，强调改革是教育事业发展的根本动力，必须更加注重教育改革的系统性、整体性、协同性，以改革激活力、增动力。这充分体现了党中央深化教育改革创新的坚定决心，为教育改革指明了方向。强调要深化教育体制、办学体制和教育管理体制改革，加快推进教育领域治理能力和水平现代化。

（八）要深刻理解和把握坚持服务中华民族伟大复兴的使命担当

习近平总书记着眼国际竞争格局和国家发展大势，强调实现“两个一百年”奋斗目标、实现中华民族伟大复兴的中国梦，归根到底靠人才、靠教育。当前，教育的规模不断扩大，但培养的人才与现实需求还有差距，创新意识、实践能力、进取精神有待提高，特别是经济转型升级所需的创新型、实用型、复合型人才供给不足。必须把教育同国家发展的目标和需求紧密结合起来，一起谋划、一起部署，增强人才培养的针对性、适应性，提升教育服务经济社会发展的能力。

（九）要深刻理解和把握坚持加强教师队伍建设的基础作用

百年大计，教育为本；教育大计，教师为本。习近平总书记对广大教师高度重视和关心。习近平总书记对教师先后提出“三个牢固树立”“四有好老师”“四个引路人”“四个相统一”的殷切希望，要求各级党委和政府把加强教师队伍建设作为基础工作来抓。这些重要论述，为深化新时代教师队伍建设改革指明了方向，必将吸引和激励更多优秀人才长期从教、终身从教，培养造就一支党和人民满意的教师队伍。

习近平总书记关于教育的重要论述，深刻阐明了教育的特殊地位、根本方向、目标任务、价值追求、重要保证，系统回答了一系列方向性、全局性、战略性重大问题，既根植于中华民族崇文重教的优良传统，又体现了中国特色社会主义新时代的鲜明特征，是马克思主义基本原理与中国教育实践相结合的重大理论结晶，是习近平新时代中国特色社会主义思想的重要组成部分，为我们做好新时代教育工作提供了强大思想武器和行动指南。我们必须认真学习领会，切实用以武装头脑、指导实践、推动工作。

我们学习总书记在全国教育大会上的重要讲话，要同学习总书记关于高等教育的一系列重要论述紧密结合起来。习近平总书记高度重视教育工作、高度重视高等教育工作，2012年以来比较系统地就高等教育工作发表重要讲话有五次。

第一次是，2012 年 6 月 20 日，习近平在党的十八大前到高校调研党建工作并在清华大学主持召开座谈会。他强调，加强和改进高校党的建设要坚持围绕培养中国特色社会主义事业合格建设者和可靠接班人这一根本来推进。

第二次是，2016 年 12 月 7 日，在全国高校思政工作会上发表重要讲话，强调高校思想政治工作的极端重要性，这次讲话实际上是以思想政治工作为核心，以改革发展稳定为半径，对高等教育工作作出了全面的部署。他强调：“高校思想政治工作关系高校培养什么样的人、如何培养人以及为谁培养人这个根本问题。要坚持把立德树人作为中心环节，把思想政治工作贯穿教育教学全过程，实现全程育人、全方位育人，努力开创我国高等教育事业发展新局面。”他强调：“高校立身之本在于立德树人。只有培养出一流人才的高校，才能够成为世界一流大学。办好我国高校，办出世界一流大学，必须牢牢抓住全面提高人才培养能力这个核心点，并以此来带动高校其他工作。”

第三次是，2017 年 5 月 3 日，总书记在中国政法大学 65 周年校庆前夕，考察中国政法大学并发表重要讲话，深刻阐述了推进全面依法治国和加强法治人才培养的重大意义。他强调：“全面推进依法治国是一项长期而重大的历史任务，要坚持中国特色社会主义法治道路，坚持以马克思主义法学思想和中国特色社会主义法治理论为指导，立德树人，德法兼修，培养大批高素质法治人才。”这也是推进全面依法治国的重要保证。

第四次是，2018 年 5 月 2 日，总书记在北大 120 周年校庆前夕，视察北大并发表重要讲话，阐述了高等教育的“一个根本任务”，就是培养社会主义建设者和接班人；明确“两个重要标准”，就是要把立德树人的成效作为检验学校一切工作的根本标准，把师德师风作为评价教师队伍建设的第一标准；强调抓好“三项基础性工作”，就是要坚持办学正确政治方向，建设高素质教师队伍，形成高水平人才培养体系。他强调：“目前，我国大学硬件条件都有很大改善，有的学校的硬件同世界一流大学比没有太大差别了，关键是要形成更高水平的人才培养体系。人才培养体系必须立足于培养什么人、怎样培养人这个根本问题来建设，可以借鉴国外有益做法，但必须扎根中国大地办大学。”他强调：“人才培养体系涉及学科体系、教学体系、教材体系、管理体系等，而贯通其中的是思想政治工作体系。加强党的领导和党的建设，加强思想政治工作体系建设，是形成高水平人才培养体系的重要内容。”

第五次是，2018 年 9 月 10 日，在全国教育大会上的重要讲话，总书记强调教育是国之大计、党之大计，进一步系统回答了“培养什么人、怎样培养人、为谁培养人”这一根本问题。

关于“培养什么人”，总书记强调，培养什么人，是教育的首要问题。我国是中国共产党领导的社会主义国家，这就决定了我们的教育必须把培养社会主义建设者和接班人作为根本任务，培养一代又一代拥护中国共产党领导和我国社会主义制度、立志为中国特色社会主义奋斗终身的有用人才。这是教育工作的根本任务，也是教育现代化的方向目标。

关于“怎样培养人”，总书记强调在六个方面下功夫，即要在坚定理想信念上下功夫、在厚植爱国主义情怀上下功夫、在加强品德修养上下功夫、在增长知识见识上下功夫、在培养奋斗精神上下功夫、在增强综合素质上下功夫，特别提出要在学生中弘扬劳动精神，这是新时代对教育与生产劳动、社会实践相结合的新要求，具有很强的现实针对性。

总书记强调：“要努力构建德智体美劳全面培养的教育体系，形成更高水平的人才培养体系。要把立德树人融入思想道德教育、文化知识教育、社会实践教育各环节，贯穿基础教育、职业教育、高等教育各领域，学科体系、教学体系、教材体系、管理体系要围绕这个目标来设计，教师要围绕这个目标来教，学生要围绕这个目标来学。凡是不利于实现这个目标的做法都要坚决改过来。”

关于“为谁培养人”，就是坚持教育必须“为人民服务，为中国共产党治国理政服务，为巩固和发展中国特色社会主义制度服务，为改革开放和社会主义现代化建设服务。”强调要培养社会发展、知识积累、文化传承、国家存续、制度运行所要求的人，绝不能培养社会主义旁观者、破坏者和掘墓人。

总书记的重要讲话，虽然有些提法各有侧重，但思想是一以贯之、一脉相承的，我认为其中讲得最多、最核心的是人才培养问题，明确回答了“培养什么人、怎样培养人、为谁培养人”这一根本问题，是习近平教育重要论述一以贯之的主线。

高校作为人才培养的摇篮，必须认真学习贯彻习近平关于教育特别是高等教育的重要论述，始终把培养德智体美劳全面发展的社会主义建设者和接班人作为根本任务，将各方面资源和力量进一步聚焦到人才培养上来，以提高人才培养能力为核心提升学校的整体办学能力和办学水平。

三、当前要突出抓好的几项重点工作

学习贯彻总书记重要讲话和大会精神是一项系统工程，必须在与学校工作实际的结合上下功夫，长短结合，注重实效。当前要重点抓好以下工作：

（一）构建更高水平的人才培养体系

要加强顶层设计和系统谋划，紧紧围绕立德树人根本任务，形成涵盖学科体系、教学体系、教材体系、管理体系的更高水平的人才培养体系。

1. 以“双一流”建设为契机，建设优势特色突出的学科体系

要突出优势特色，统筹好高峰、高原和基础学科之间的关系，当前和今后要着眼以若干世界一流学科建设牵引带动特色鲜明世界一流大学建设。要力争三个以上学科进入国家“双一流”建设学科榜单。要继续优化学科布局，依托优势特色学科和国家级创新平台，建设拔尖创新人才培养特区和协同创新特区。要改革学科评价导向，构建更加科学合理的学科建设绩效评价体系，把立德树人的成效作为学科评价的根本标准。

2. 以提升教学质量为核心，建设高水平教学体系

要开展教育思想大讨论，提高振兴本科教育的认识，充分认识本科教育在人才培养中的基础性地位。要坚持问题导向，结合贯彻新时代全国高等学校本科教育工作会议精神和本科教学工作审核评估整改，进一步严抓本科教学质量，淘汰“水课”、打造“金课”。要鼓励教师开展教学改革，创新人才培养模式，产出高水平教学成果。

要推进实施高水平研究生教育建设计划，促进研究生教育内涵发展。全面构建研究生培养过程质量监控与保障体系，建立健全学位点评估调整机制。全面推进研究生教育综合改革，探索并推进研究生招生选拔机制改革、研究生培养模式改革、博士生教育综合改革。要进一步强化研究生导师立德树人职责，提升导师全面育人的自觉性、有效性和针对性。

要坚持科教融合，加强科技创新，以高水平的科研支撑高素质的人才培养。进一步加快构建人才、团队、平台、项目、成果及奖励六位一体的科技创新体系，并且把学校科研优势转化为人才培养优势。要大力推进科技成果转化，构建需求导向培养模式，推动人才培养质量进一步提升。

3. 突出价值导向，建设集思想性、科学性和时代性于一体的教材体系

要强化教材的思想性和价值导向要求，进一步规范教材管理，健全教材审核机制，严把政治关、学术关，使之成为育人的重要载体。要认真贯彻落实《北京交通大学教材选用管理办法》（校党发〔2017〕31 号）和《关于对哲学社会科学类出版物意识形态审核工作的通知》（党办发〔2017〕7 号），切实加强教材的选用管理和出版审核。

4. 坚持中国特色社会主义大学办学方向，探索建立中国特色现代大学制度

要坚持党委领导下的校长负责制，这是中国特色现代大学制度的核心。要完善学术委员会、教代会、学代会、董事会等制度，使之成为现代大学制度的重要支撑。要学习借鉴国外高校先进的办学治校有益经验，使之成为现代大学制度的重要补充。形成党委领导、校长负责、教授治学、民主管理的治理体系，推进学校治理体系和治理能力现代化。

（二）把牢思想政治工作生命线

1. 突出加强“思政课程”建设

要充分发挥思政课思想政治教育主渠道作用，推进习近平新时代中国特色社会主义思想进教材、进课堂、进头脑。要继续办好马克思主义学院，继续推进思政课建设和改革，进一步提高思政课的吸引力和感染力。

2. 大力推进“课程思政”建设

要努力打造思政意识强、专业知识新、思维启迪广、学生受益多的精品课程。要广泛组织各专业任课教师挖掘专业基础课和专业课的思政元素，以专业导论课为重点引领课程思政建设，充分发挥通识核心课思政教育功能。加强交流互鉴，大力树立课程思政典型，发挥其

示范作用，使每门课程同思政课同向同行，做到守好一段渠、种好责任田。

（三）把劳育纳入全面发展要求

1. 大力加强劳动教育

要在广大学生中大力弘扬劳动精神，开展“爱劳动”主题教育，让学生懂得劳动最光荣、劳动最崇高、劳动最伟大、劳动最美丽的道理，长大后能够辛勤劳动、诚实劳动、创造性劳动。劳动和社会实践的内涵非常丰富，既包括体力劳动也包括脑力劳动，既包括专业实习也包括各类社会实践活动。

2. 积极为学生参加劳动创造条件

要紧密结合实际，积极创造条件使学生能够深入工厂、农村等劳动和社会生活的一线，认真参加劳动和社会实践。要突出问题导向，深化产教融合，在对接服务国家重大战略中承担重大项目，积极构建产学研联合培养机制，使学生在参与科学研究与生产劳动中发挥自身聪明才智，把汗水流在中国大地上，把论文写在中国大地上，养成良好的劳动习惯，进而培育劳动精神、工匠精神和创新精神。

（四）把教师队伍建设作为基础性工作

1. 坚持把师德师风作为评价教师队伍素质的第一标准

要严格教师准入制度，把好教师入职政治关、师德关。校院两级要完善机制、规范程序、严格考察，对思想政治表现差、违背教师职业道德的，一律予以否决。考察不重形式重实效，重实践检验，做到对问题突出的可倒查可追责。

要认真贯彻落实教育部出台的《新时代高校教师职业行为十项准则》和全国师德师风工作建设视频会议精神，结合学校出台的《教师行为规范》《师德一票否决实施细则》，对教师基本行为准则、职业操守、师德教育、师德考核等明确要求。要通过编制《北京交通大学教师手册》，汇集和阐释教师职业活动的制度规则，教育引导教师掌握在教学、科研及社会服务中应遵循的行为规范、职业道德要求，使每位教师“读得全面、学得透彻、用得精准”。

要加强宣传和正面引领，选树“立德树人、潜心育人”的先进典型，增强全校教职工立德树人、教书育人的责任感，提升教师获得感和荣誉感，引导全员全过程全方位育人，激发广大教职工的发展动力和创新活力。

要健全师德考核评估机制，把思政和师德表现作为首要标准，贯穿始终，特别要在教师聘用、职称评审、人才推荐、评优评先、日常考核、干部选任等工作中严把政治关和师德关，对违反师德行为零容忍，实施师德“一票否决”。建立师德档案制度，将师德考核结果及违反师德行为受到处理处分的情况记入教师个人师德档案。要坚持平时考察和关键时刻考察相结合，注重诚信精神、契约精神和学术道德的考察。

2. 推进评价制度改革创新

要把人才培养的质量和效果作为检验一切工作的根本标准，引导教师热爱教学、研究教学、倾心教学，潜心教书育人。坚持“老师是第一身份，教书是第一工作，上课是第一责任”。要在考核和晋升评价中，突出育人质量和效果，定好“合格线”，对于教学和人才培养质量高、效果好的教师给予优先支持，进一步完善教学为主型教师晋升机制和岗位配置，加大支持力度。认真落实教授为本科生上课制度，在职称评审、聘期考核、年度考核中严格对教师

教学工作量和质量效果的考察。

要坚持问题导向，结合“双一流”建设，制定科学的科研项目和成果分类标准。要兼顾好质量和数量、绩效和潜能以及理科、工科、管理、人文不同学科的特点，更加均衡准确地评判科研成果对教书育人、科学研究、咨政服务各方面发展的贡献，将分类评价结果与考核评聘、职务晋升、资源配置直接挂钩，按需修订和出台一系列支撑政策，扭转教师“重科研、轻教学”的倾向。要深化分类评价，健全多元化的评价指标体系、体现多种成果表现形式。探索代表作评价制度，更加注重标志性成果的质量、贡献、影响。

（五）深化教育对外开放

1. 制定校院两级国际化建设推进方案

要紧密围绕服务共建“一带一路”和“双一流”建设，全面梳理校院两级国际化发展现状，适时启动“国际化建设行动”计划。重点围绕国际化人才培养、国际化师资队伍建设、国际合作办学模式创新、全英文课程体系建设等主题，通过学校整体部署、部处集体研讨、学院专项调研等，对全校国际化战略进行顶层设计，根据不同学科人才培养特点制定校院两级长期（2030）、中期（2025）、短期（2020）国际化建设工作推进计划。

2. 提升中外合作办学层次和水平

要进一步扩大教育开放，积极同世界一流资源开展高水平合作办学。深化北京交通大学兰卡斯特大学学院中外合作办学机构和既有中外合作办学项目建设，打造中外合作办学品牌项目。加强中外融合，强化合作办学过程管理和质量监督。加强产教融合，提升合作办学人才培养质量。拓宽与国外高水平大学的合作渠道，依托优势特色学科增设研究生层次中外合作办学项目。

3. 提高国际化人才培养质量

引进世界一流高校国际化人力资源管理模式，推进全球配置人才资源并提供制度保障。通过提高各类国家引智项目执行实效，利用国际化示范学院、学科创新引智基地等平台，通盘考虑师资引进计划。要将外部智力资源融入学校师资队伍建设，提升现有师资国际化水平，推动中外教师在教学、科研领域的协同发展，形成引智工作与教师队伍建设一体化工作机制。完善国际化课程体系建设，建设标准化、模块化、专业化的全英文课程体系，努力形成本硕博一体、前沿交叉、英文课程体系化的教学培养模式。积极创造条件。大力支持学生赴国际组织实习和任职。

（六）加强党的领导和党的建设

1. 突出加强党的政治建设

牢固树立“四个意识”，切实做到“两个维护”。“四个意识”“两个维护”不是空洞的，当前就是要强调认真贯彻落实习近平总书记关于教育的重要论述和全国教育大会精神，把思想和行动统一到中央的决策部署上来，着力在学懂弄通做实上下功夫，确保习近平总书记重要讲话精神和全国教育大会精神在我校落地开花，形成生动实践。

2. 突出加强党的制度建设

要认真贯彻落实学校党委印发的坚持和完善党委领导下的校长负责制、健全学院党委会和党政联席会议制度、加强和规范系务会议制度等文件，进一步完善加强党的领导的顶层设计和制度安排，结合实际切实抓好落实。

3. 全面加强基层党组织建设

各级党组织要把抓好党建工作作为基本功，着力破解难点、形成亮点。党建工作不能玩虚功、搞花架子、做表面文章，更不能搞成“两张皮”。要坚决克服党建工作表面化、形式化，甚至娱乐化的倾向，要紧密结合中心工作，把虚功做实，把软指标变成硬约束，通过开展党建工作示范学校、标杆院系、样板支部培育创建工作，实施“对标争先”建设计划和教师党支部书记“双带头人”工程等，把基层党建工作和教学科研等中心工作有机结合起来，在急难险重任务中充分发挥基层党组织的战斗堡垒作用和党员的先锋模范作用，以党的建设新成效为学校特色鲜明世界一流大学建设提供坚强政治保证和组织保证。

老师们、同学们、同志们，今天的会议，既是全国教育大会的宣讲会，也是我校贯彻落实全国教育大会精神的动员部署会，下一步我们要注重转时态、转心态、转重心，要从学习宣传阶段转段到贯彻落实阶段。全国教育大会召开后，学校党委坚持问题导向和效果导向，本着长短结合、远近结合的原则，制定印发了《学习贯彻全国教育大会精神工作方案》和《近期要抓紧推进几项重点工作》，对我校贯彻落实教育大会精神有关工作作出了全面部署，各单位各部门要认真抓好落实，切实把教育大会精神转化为推动学校改革发展的强大动力。下一步，上级有关部门还会就贯彻落实教育大会精神出台一系列的配套政策措施，我们要进一步对标对表，细化任务清单，强化责任担当，结合学校实际拿出管用见效的举措办法。

一分部署，九分落实。希望各级党组织和全校师生认真贯彻中央决策部署和部党组、市委工作部署，把学习宣传贯彻全国教育大会精神作为当前的重大政治任务，长抓不懈，久久为功，为实现中国梦、交大梦作出应有贡献。

北京交通大学2018年工作要点

2018 年学校工作的总体要求是：全面贯彻党的十九大精神，以习近平新时代中国特色社会主义思想为指导，认真贯彻党的教育方针，落实立德树人根本任务，聚焦内涵发展，聚力改革创新，全面推进落实学校第十一次党代会精神、“十三五”规划和“双一流”建设任务，培养担当民族复兴大任的时代新人，不断开创特色鲜明世界一流大学建设新局面。

一、深入学习宣传贯彻习近平新时代中国特色社会主义思想和党的十九大精神，全面加强党的领导与党的建设

1. 深入学习宣传贯彻。把持续深入学习习近平新时代中国特色社会主义思想和党的十九大精神作为首要政治任务，切实做到学懂弄通做实。抓好校院两级中心组学习。开展处级干部党的十九大精神集中轮训工作，推动各级党组织和党员干部学习贯彻维护党章。深入推进党的十九大精神进教材进课堂进头脑，组织落实师生学习计划，选树若干品牌项目予以推广。加强北京市习近平新时代中国特色社会主义思想研究中心研究基地建设，组织开展相关研究阐释工作，形成有影响力的理论成果。把习近平新时代中国特色社会主义思想落实到学校改革发展稳定的全过程和各领域，以工作实绩检验学习成效。

2. 扎实开展“不忘初心、牢记使命”主题教育。落实中央统一部署，研究制定学校主题教育工作方案，结合实际细化目标任务、内容安排、组织方式，引导党员干部悟初心、守初心、践初心。继续推进“两学一做”学习教育常态化制度化。

3. 进一步加强师生思想政治工作。把政治建设放在首位，教育引导干部师生牢固树立“四个意识”，不断坚定“四个自信”。落实教育部《高校思想政治工作质量提升工程实施纲要》，进一步推动全国高校思想政治工作会议精神落细落小落实。用好课堂教学主渠道，统筹抓好思政课建设与课程思政建设，切实发挥课堂育人功能。进一步落实意识形态工作责任制，建立二级党组织意识形态工作责任清单。充分运用新媒体、新技术，推动思想政治工作传统优势同信息技术高度融合，增强时代感和吸引力。以价值引领和质量提升为重点，加强大学生思想政治教育工作。总结宣传改革开放 40 年来学校各项事业取得的重要成绩和经验，凝聚共识，提振信心，推动事业新发展。

4. 扎实推进基层党组织建设。推进党建工作与中心工作融合发展。根据教育部党建质量年的部署和要求，启动实施“对标争先”计划。坚持以提升组织力为重点，发挥党组织政治引领作用和组织优势，突出基层党组织政治功能，督促学院党政联席会制度进一步落实，建立健全系（教研室）的系（室）务会制度。全面加强党支部规范化建设，严肃党内政治生活。发挥党支部在职称评聘、人才评审、评先评优、典型宣传等方面的审核把关作用。完善党组织负责人述职考核评议办法。选优训强基层党组织书记，实施教师党支部书记“双带头人”培育工程，落实教师党支部书记工作津贴。创新党组织设置和活动方式，整顿软弱涣散党支部。加强在学术骨干中发展党员工作力度，强化大学生思想入党。加强党内激励关怀帮

扶，稳妥有序开展不合格党员的组织处置工作。

5. 加强干部人才队伍建设。完善和落实好干部选拔任用工作机制，严格执行关于防止干部“带病提拔”的实施办法，落实“凡提四必”要求。完善民主推荐方式，充分发挥党组织的领导和把关作用。加强干部教育培训，强化实践锻炼。健全管理监督机制，加大提醒函询诫勉力度。完善干部考核评价机制，将考核结果与干部使用、奖惩、教育、管理结合起来。完成处级后备干部队伍遴选工作，制定援派干部人才管理办法。完成首批五、六级职员聘任工作。

6. 持之以恒正风肃纪。拓展落实中央八项规定精神成果，坚决纠正“四风”问题新表现。持续加强作风建设，改进调查研究，进一步健全党委和行政议事决策制度。落细压实“两个责任”，进一步推动党风廉政建设责任制向基层延伸。深化运用监督执纪“四种形态”，抓早抓小、防微杜渐。加强纪律教育，推动思想建党和制度建党同向发力。加大问责力度，完善责任追究机制。积极推进基层纪检组织创新。探索开展校内巡察工作。

7. 维护校园安全稳定。牢固树立总体国家安全观，加强师生安全教育。加强重点事项、重要节点、重要阵地的全方位管理，提高舆情应对和舆论引导能力，积极化解各类矛盾。实施平安校园提升工程，完成学校彩钢板屋面更换、地下空间整治等专项安全隐患整改工作。

二、着力“两个突破”，推动关键领域取得显著进展

1. 扎实推进世界一流学科建设。认真总结第四轮学科评估结果，深入分析各学科存在问题，研究解决方案，进一步统筹高层次人才的学科归属。完善以学科为龙头的资源配置机制，加强“双一流”专项资金引导力度，进一步探索学科分层建设与统筹协调机制。积极争取北京市一流专业和高精尖学科建设支持。探索建立“智慧交通”学科交叉合作平台。加大学位点自评估自调整工作力度。

2. 积极拓展办学空间。围绕服务京津冀协同发展战略和北京“四个中心”发展定位，积极推进平谷新校区建设。继续推进威海校区建设，积极争取扩大招生规模。主动参与雄安新区规划建设，积极申报“京津冀协同发展国家大学创新园区”项目。

三、聚焦内涵发展，着力提升办学质量与水平

1. 不断提升人才培养能力。出台《北京交通大学教学奖励办法》，强化人才培养中心地位。全力备战本科教学审核评估，以评促建、以评促改，切实提高学校本科教学水平和人才培养质量。继续支持有条件的专业开展国际认证评估，实现工科专业认证全覆盖。持续加强教学改革与建设，积极推进“新工科”建设，推进优质教学资源建设与应用，开展一流专业、一流课程和一流教材遴选，加强研究生优质核心课程建设。推进实施一流研究生教育建设计划。根据《普通高等学校本科专业类教学质量国家标准》要求，完善人才培养体系。组织做好国家级教学成果奖的申报工作。

2. 持续推进人才培养“四个一体化”。加强研究生培养过程管理与质量监控，进一步提升博士生培养质量和招生名额资源的配置效率。推动“三全育人”综合改革，落实教育部《关于研究生导师立德树人职责的意见》，出台不同岗位育人职责规范。不断完善学生综合素质培养，搭建学生全面发展平台。引导毕业生到重点地区、重大工程、重大项目、重要领域就业，鼓励毕业生到国际组织实习任职。做好威海校区首届毕业生就业指导工作。

3. 大力提升科学研究与社会服务水平。落实国家《关于全面加强基础科学研究的若干意见》，聚焦基础研究与前沿探索，进一步加强国家重大项目、科技人才、高水平研究平台的培育和建设，力争取得新的进展。密切跟踪国家政策，积极推动新的协同创新中心、国家重点实验室筹建，积极推进国家技术创新中心的联合筹备工作。全力做好轨道交通控制与安全国家重点实验室评估工作。贯彻落实军民融合国家战略，完善学校军民融合发展的科研组织和工作体系。围绕国家和交通运输行业供给侧结构性改革，加强校企（地）合作与融通创新，强化技术转移服务能力建设，重点推动轨道交通、信息通信、装备制造等领域成果以多种形式实现转移转化。加强“北京综合交通发展研究院”等高端智库建设工作。

4. 切实抓好民生工程和校园基本建设。做好新建住房统一装修工作，尽快完成周转房（含新建住房）租赁工作。加快推进新建综合体育馆建设。积极推进国家轨道交通安全评估研究中心、技术教育与服务中心早日落地建设。推动老旧住宅加装电梯工作试点。继续推进智慧后勤和绿色校园建设。

四、聚力改革创新，充分激发学校发展活力

1. 深化内部治理改革。加快推进与“双一流”相适应的管理机构改革，推进有关职能部门“三定”工作。贯彻落实学校学术委员会章程，完善学术委员会体系，推进专门委员会和院学术委员会章程建设。积极探索构建学风建设长效机制，进一步完善学术不端行为的认定与处理办法。发挥好教代会、校务委员会、董事会、国际咨询委员会作用。

2. 深化人事体制机制改革。贯彻《全面深化新时代教师队伍建设改革的意见》和《关于分类推进人才评价机制改革的指导意见》，进一步完善人才育、引、留机制，改革教师评价制度，完善晋升晋级、年度及聘期分类考核评价体系，改进师资补充工作。健全思政党务工作队伍“双线晋升”相关制度。推进三支队伍的核编核岗工作。优化多种用人方式。完善师德师风建设长效机制，严把人才“入口关”，进一步落实落细师德“一票否决制”。制定教师行为规范，建立教师师德考核档案。

3. 积极构建对外开放新格局。服务“一带一路”建设，进一步扩大和深化与沿线国家高校的交流合作以及涉外技术培训。持续推进与世界一流大学和研究机构高水平、实质性交流与合作，筹备建立国际工科院校联盟。积极推进研究生层次的中外合作办学项目。加强创新能力开放合作，切实加强国际科研合作平台和高端学术交流平台建设，做好中英、中美、中俄、中印尼等国际高铁研究中心的建设工作，鼓励支持教师参与国际科研合作。加大引智工作力度，汇聚国际优秀人才。积极推进国别区域研究中心建设工作。

教育部本科教学工作审核评估

【综述】

2018年5月15—18日，由中山大学李延保教授担任组长，太原理工大学吕明教授、中国矿业大学周国庆教授、中国地质大学（武汉）赖旭龙教授、南京农业大学董维春教授、长安大学刘建朝研究员、同济大学李晔教授、上海交通大学吴静怡教授、西安交通大学陆根书教授、华南理工大学项聪副研究员、西南交通大学郝莉教授、交通部王晓曼高级工程师、北京铁路局张奋高级工程师等组成的教育部本科教学工作审核评估专家组一行 16 人莅临我校，全面考察学校本科教学工作。

评估期间，专家组听取了校长宁滨所作的学校本科教学工作报告，实地考察了国家级实验教学示范中心等校内实验室和实践基地，以及图书馆、教学楼等校园公共设施；走访了学校各职能部门和教学单位共计30个；深度访谈了12位校级领导及13个部门负责人；与不同学院36位老师、65位学生代表进行了座谈；观摩了55门课程的课堂教学，调阅39门课程共计2 537份试卷，以及2017届毕业论文1 068份；召开了校友座谈会；考察了校外实习基地2个，并查阅了有关支撑材料。

在全面考察学校定位与目标、师资队伍、教学资源、培养过程、学生发展、质量保障的基础上，专家组认为，北京交通大学是我国一所学科特色鲜明的历史名校，始终依托优势特色学科为服务国家及北京经济社会发展积极做贡献，成为支撑和引领国家、行业和区域科技创新发展的重要力量。学校办学定位和人才培养目标明确，实现路径清晰、举措得力。本科人才培养工作扎实，在优质课程、教材和教学实验室建设、工程教育专业认证等方面成效显著。专业设置适应国家发展需求，培养方案与课程体系不断优化。理论与实践教学并举，第二课堂育人体系完善，人才培养效果好。学校全面实施人才强校战略，着力建设了一支规模适度、结构优化、富有创新活力高水平人才队伍教师有良好的发展空间，具有良好的师德师风。教学经费投入逐年增长，教育资源逐步充实，教师和教学资源能够保障学校的人才培养。学校不断完善和改进教学质量保障体系与质量监控方式，努力实施“多维度协同”教学评价体系或“多级闭环反馈”机制，构建了人才培养质量监控、评价、反馈、改进的循环质量保障体系。学校建立了“全员、全方位、全过程”的学生指导与服务体系，深化“七育人”工作机制，促进了学生全面发展与健康成长。毕业生质量好，升学和就业率高，毕业学生和社会用人单位的满意度高。在对学校本科教学工作充分肯定的同时，专家组围绕教学成果奖在全校范围内的推广应用，建立和完善大学企业社会深度融合、产学结合的教学生态系统，在“双一流”建设中重视本科建设规划等方面对学校今后如何改进和加强本科教学工作提出了中肯的意见和建议。希望学校结合审核评估整改，进一步加强本科教学改革与建设，使本科教育工作质量和水平进一步提高，最大限度地为学生提供更优质的本科教学资源。

国务院教育督导委员会办公室主任、教育部教育督导局局长何秀超来校出席专家组意见反馈会。他希望学校坚持一流导向，全面贯彻落实习近平总书记有关高等教育的重要系列讲话精神，为国家教育强国建设做贡献；坚持服务战略，培养更多领军人才，为国家经济社会发展提供创新支撑；坚持评建原则，扎实做好审核评估的整改工作，为学校可持续性发展提供坚实基础。

北京交通大学高度重视评建工作，于 2017 年成立了以书记、校长为组长的评建工作领导小组，切实落实评建及筹备工作。在学校党政的统一领导下，全校师生员工坚持“以评促建、以评促改、以评促管、评建结合、重在建设”的工作方针，突出问题导向，对标审核评估的各项要求，梳理和查找问题，有序整改，以切实行动落实人才培养中心地位，促进人才培养质量再上新台阶。

学校根据专家组审核评估报告和现场考察反馈意见，认真落实《关于下发普通高等学校本科教学工作审核评估专家组考察报告的通知》（教高评中心函〔2018〕86 号）整改要求，按照整改工作全校整体统筹，各单位分工协作、各负其责的原则，制订了整改工作方案，并经校长办公会审议后通过。学校于 11 月 29 日向国务院教育督导委员会办公室及教育部评估中心上报了《北京交通大学本科教学工作审核评估整改方案》。

2018

组织机构

2018年成立和调整的学校部分委员会和领导小组

以下为2018年1月1日至12月31日学校部分委员会和领导小组成立及调整变化情况。

北京交通大学学生公寓管理委员会

（2018年1月18日调整）

主　任：高　艳

副主任：郑广天

委　员：学生处　研工部　保卫处　财务处　招生就业处　教务处

研究生院　后勤集团　国资处　信息中心　校医院等部门负责人

本科生学生自律会联席会负责人　研究生公寓文化建设委员会负责人

学生公寓管理委员会办公室设在后勤服务产业集团学生公寓管理中心

北京交通大学校务委员会

（2018年1月24日调整）

校务委员会是学校的咨询机构，根据党和国家的方针政策，围绕学校改革与发展的重大事项开展咨询工作。

主　任：曹国永

副主任：宁　滨　孙守光　郭　海　文海涛　颜吾佴　张宏科　高　亮

委　员（以姓氏笔画为序）：

马　强　王玉凤　王均宏　王金华　王雪松　艾　渤　史贞军　白　冰

仝　欣　朱晓宁　刘　军　闫学东　关忠良　阮秋琦　李国岫　李建勇

李德才　吴建军　吴　强　余祖俊　汪越胜　张明玉　张星臣　张秋生

邵春福　范　瑜　郑广天　房海蓉　赵　鹏　赵　耀　荆　涛　荣朝和

柯燎亮　钟章队　姚念龙　夏海山　徐宇工　高　艳　唐　涛　谈振辉

蓝晓霞

秘书长：许安国

北京交通大学“双一流”引导专项管理工作领导小组

（2018年7月4日成立）

组　长：校长

副组长：分管学科建设副校长、分管财务副校长

成　员：研究生院　“2011计划”管理办　教务处　科技处　社科处　人事处

国资处　财务处　发展规划处　国际处等部处主要负责人

工作职责：根据国家及学校“双一流”建设相关管理办法，统筹协调学校“双一流”引导专项管理工作；负责“双一流”引导专项建设项目审核、项目资金论证及分配、预算执行管理、绩效评价等工作。“双一流”引导专项管理工作牵头部门为研究生院，领导小组办公室设在学科办。

北京交通大学校属企业体制改革工作领导小组

（2018 年 10 月 8 日成立）

组　长：曹国永　宁　滨

副组长：关忠良

成　员：国资处　财务处　资产公司　学校办　组织部　纪委监察处　科技处
人事处　审计处　后勤集团　远程学院主要负责人

中共北京交通大学委员会统一战线工作领导小组

（2018 年 10 月 10 日调整）

组　长：学校党委书记

副组长：分管统一战线工作的校领导
分管学生思政工作的校领导

成　员：学校办　组织部　宣传部　统战部　学生处　研工部
教师工作部　离退休处　保卫处　教务处　研究生院　人事处
国际处（港澳台办）　国际教育中心　各基层党委（党总支、直属党支部）等单位主要负责人

领导小组办公室设在党委统战部，负责协助领导小组召集相关会议，处理日常事务；办公室主任由党委统战部主要负责人担任。

工作职责：1. 贯彻落实党的统一战线方针政策，全面加强对学校统战工作的领导。研究落实《中国共产党统一战线条例（试行）》和上级有关统战工作要求，坚持大团结大联合主题，全面推进学校统战工作。2. 定期研究统战工作任务、工作思路和重大问题，研究部署全校民主党派和无党派人士工作、党外代表人士队伍建设、党外知识分子工作、民族团结进步创建、抵御和防范校园传教渗透、港澳台侨工作等统战工作的重大事项。3. 完善统战工作领导体制和工作机制，建立健全党委统一领导，相关部门协调配合的大统战格局。协调力量、整合资源，加强和改进对基层统战工作的指导与服务。4. 组织落实学校党委安排的其他统战工作。组织和指导学校统战工作落实情况的督促检查。

中共北京交通大学委员会巡察工作领导小组

（2018 年 10 月 18 日成立）

学校党委成立巡察工作领导小组，下设巡察工作办公室（简称巡察办）作为领导小组日常办事机构。

北京交通大学实验室安全工作领导小组

（2018 年 10 月 22 日成立）

组　长：校长

副组长：主管副校长

成　员：国资处　保卫处　科技处　教务处　人事处　财务处　后勤集团
　　　　基建处　学生处　研工部主要负责人

北京交通大学政府会计制度实施领导小组

（2018 年 10 月 31 日成立）

组　长：宁　滨

副组长：关忠良

成　员：学校办　科技处　社科处　人事处　国资处　财务处　基建处　后勤集团
　　　　信息办　威海校区　远程学院　资产公司等单位主要负责人

领导小组下设工作小组，以财务处为牵头单位，由财务处处长任组长，成员由领导小组成员单位分管负责人及熟悉业务流程、了解单位总体情况的工作人员组成。

主要领导任期经济责任审计整改工作领导小组

（2018 年 12 月 5 日成立）

组　　长：曹国永　宁　滨

执行组长：关忠良

副 组 长：孙守光　郭　海　高　艳　张星臣　刘　军　余祖俊　郑广天　徐宇工

成　　员：学校办　组织部　教务处　科技处　人事处　国资处　财务处
　　　　　审计处　基建处　外联处　后勤集团　海滨学院　资产公司
　　　　　远程学院等单位主要负责人

领导小组下设工作小组，财务处为牵头单位，成员如下：

组　长：关忠良

副组长：财务处处长

成　员：领导小组成员单位分管整改工作负责人及各单位相关工作人员

2018 年学校党委管理机构及负责人

表 1　2018 年学校机关部处负责人

单位	部长（主任、处长）	副部长（副主任、副处长）
学校办公室	许安国（党办主任） 赵　鹏（校办主任）	信　心 王　巍 吴轶婷（女） 杨　玲（女，校党委秘书，副处级，9.17－）
组织部（党校）	文海涛（女，兼）	史贞军（常务副部长，正处级） 潘　金 薛　刚
宣传部	蓝晓霞（女）	宫　宇（女）
政策研究室	蓝晓霞（女，兼）	张立学
统战部	孙守光（兼）	赵庆先
纪委、监察处	王宏军	吴　俊（兼纪委办公室主任） 翁良殊（女）
直属单位与机关党委	解　郁（女）	徐　民
学生工作部（处） 武装部	姚念龙	王　烜（女） 王　皓 秦思阳（女，兼）
研究生工作部	李国岫（7.19－）	郭祎华（女，7.19－）
离退休党委、 离退休工作部（处）	陈志新（女，书记） 连会仁（处（部）长）	陈志新（女，兼副部（处）长） 薛成海 张岳强 连会仁（兼党委副书记）
保卫部（处）	丁鹏玉	刘英武 方宇鹏
教师工作部		赵冠远（常务副部长，正处级，7.24－）
学生资助管理中心	姚念龙（兼） 李国岫（兼，7.19－）	林　芳（女）
团委	秦思阳（女，正处级）	安志强（七级职员） 高　健（－4.17）
工会	孙守光（兼，1.5－）	王雪松（女，常务副主席，正处级） 周俞波 徐晓玉（女，1.5－） 裴　丽（女，兼，12.21－）

续表

单位	部长（主任、处长）	副部长（副主任、副处长）
教务处	戴胜华	路　勇（女） 房海蓉（女） 董　俊（兼副处长，－4.28）
教师发展中心	张星臣（兼）	戴胜华（兼常务副主任，－4.28） 董　俊
教学质量监控与评估中心		宋　瑞（女） 董　俊（兼，4.28－）
科学技术处	荆　涛	王冬梅（女） 白明洲 宋国华
“2011 计划”管理办公室	冯海燕（女，副处级）	王　浩
人文社会科学处	毕　颖（女）	叶　龙
研究生院	宁　滨（兼）	李国岫（常务副院长，正处级） 绳丽惠（女） 刘世峰 刘吉强 郭雪萌（女，－7.24）
在职专业学位研究生教育发展中心	郭雪萌（女，兼，副处级，－7.24）	
人事处		赵冠远 于　洁（女） 裘晓东
国有资产管理处	杨培飞	徐劲松（女） 赵艳娥（女）
房屋租赁管理办公室	连会仁	郝志强
计划财务处	张真继	周　阳 刘晓薇（女） 曹宝忠
审计处	孙蓝烽（女）	陶　宏（女）
发展战略与规划处	刘　燕（女）	沙　迪
国际合作交流处 港澳台办公室	闫学东	王　锋（－3.12） 吕　超
国际教育交流中心	刘彦青（女）	谭　洁（女）
招生与就业工作处	刘东平（7.24－）	刘东平（－7.24） 梁　英
基建与规划处	王德瑜	王大勇（正处级） 刘江涛 宋晓宇 祝虹煜 刘云华（1.25－）
对外联络合作处	孙长索（－7.6） 郭雪萌（女，7.24-）	白　雁（女） 张　博
信息化办公室（信息中心）	贾卓生	王　芳（女）

表 2　2018 年学院党政负责人

单位	书记	副书记	院长	副院长
电子信息工程学院	蒋大明（－3.12） 唐　涛（3.12－）	孙文博 闻映红（女，3.12－）	陈后金（－3.12） 唐　涛（3.12－）	刘　颖（女） 周华春 闻映红（女）
计算机与 信息技术学院	杨晓晖（女）	王浩业 董敬祝	蔡伯根	董敬祝 林友芳 李清勇 李浥东
国家保密学院			宁　滨（兼）	韩　臻（常务副院长，正处级） 杜　晔
经济管理学院	张秋生（－7.19） 张　力（7.19－）	文映春（女） 施先亮（－7.19）	张秋生	施先亮（－7.19） 张　力（－7.19） 崔永梅（女） 华国伟
交通运输学院	朱晓宁（－7.6）	孙冬梅（女） 姚恩建	聂　磊（女）	姚恩建 何世伟 景　云 孟令云
土木建筑工程学院	马　强	孙慧环（女） 韩　冰	张顶立	韩　冰 高　亮 杨　娜（女） 陈立宏
机械与电子控制工程学院	杜永平	潘显钟 郭　盛（7.6－）	李建勇	邱　成 史红梅（女） 郭　盛
电气工程学院	和敬涵（女）	丁金凤（女） 吴命利（－7.19）	和敬涵（女，代理院长，－7.19） 吴命利（7.19－）	吴命利（－7.19） 王健强 王喜莲（女） 夏明超
理学院	赵　岚（女）	刘　颖（女） 于永光		于永光 刘玉婷（女） 滕　枫（－7.19） 丁克俭
马克思主义学院	蔡红建	李效东	韩振峰	李效东 田永静（女）
语言与传播学院	王虹英（女）	高永峰（女） 郝运慧	闫学东（－7.6）	郝运慧 杨若东
软件学院	黄晓慧（女）	段春荣	卢　苇	段春荣 魏小涛 张振江
建筑与艺术学院	李　彤（女）	陈劲松（女）	夏海山	陈劲松（女） 张　野 佘高红
法学院	于亚光（女）	王　莹（女）	南玉霞（女，－3.12） 施先亮（7.19－）	王　莹（女） 李巍涛 陶　杨（1.25－）
威海国际学院 （威海校区）	刘　军（兼）	李宏林（常务副书记） 李香山	徐宇工（兼）	李宏林（常务副院长，正处级） 白延雷 李香山 肖贵平（女，3.12－）

表 3　2018 年学校直属单位负责人

单位	书记	副书记	院长（主任、总经理）	副院长（副总经理）
远程与继续教育学院	吴　萱（女）		司银涛	肖贵平（女，－3.12） 李绍斌
图书馆	裴劲松（正处级）		衣立新（女）	郑　兰（女）
档案馆			王　璁	陈　颖（女，－7.24） 于　洁（女，兼）
后勤服务产业集团	谷钧宏	郝志如（女）	翟　儒	孙长索（正处级，7.6－） 郝志如（女，－7.6） 李燕华 杨金泉 陈　剑
校医院	康　俊（女，副处级）		孔令伟（女，副处级）	孙亚慧（女） 卢云涛（女） 刘红军（女）
体育部	崔迎春（女，副处级）		郑　超	崔迎春（女，兼） 留森华（兼学校体委常务副主任，副处级，－12.17）
北京高校思想政治工作研究中心办公室				屈晓婷（女，常务副主任，正处级） 孙军昌（－3.12）
资产经营有限公司	沈永清（兼）		沈永清	廖涌泉 何　青（女）
科技园有限公司			廖涌泉（副处级）	
出版社			章梓茂（－7.24）	陈　颖（女，常务副社长，7.24－） 段连平 孙秀翠（女） 高振宇
国家轨道交通技术教育与服务中心			朱晓宁	王　刚
国家轨道交通安全评估研究中心				郑　伟 冯海燕（女，兼）
国家重点实验室	熊　磊（副处级）			熊　磊

注：2018 年机构变动情况

1. 2018 年 4 月 28 日校长办公会研究决定成立北京交通大学知识产权信息服务中心。

2. 2018 年 6 月 4 日校长办公会研究决定成立北京交通大学国防交通研究中心、北京交通大学布达拉宫结构与监测研究中心、北京交通大学环保技术研究院。

3. 2018 年 6 月 28 日校长办公会研究决定成立北京交通大学中国交通发展研究院。

4. 2018 年 9 月 17 日党委常委会研究决定成立北京交通大学巡察工作领导小组办公室。

5. 2018 年 9 月 26 日党委常委会研究决定成立北京交通大学新校区筹建办公室。

6. 2018 年 10 月 9 日，轨道交通控制与安全国家重点实验室直属党支部党组织设置调整为党的总支部委员会。

学术委员会

【概况】

2018年，校学术委员会落实《北京交通大学学术委员会章程（试行）》要求，完善各专门委员会和各学院学术委员会制度建设，持续加强学术道德教育和学风宣传，继续开展学术不端事件调查与认定工作。

（沙　迪）

【制度建设】

根据《北京交通大学学术委员会章程（试行）》要求，组织各专门委员会和各学院开展章程制订工作。截至年底，学术道德委员会章程和各学院（国家重点实验室）学术委员会章程已制订完成，待提交审议；其他专门委员会章程完成一轮修订。

加强学术道德制度建设。根据上级文件要求，参考兄弟院校经验，结合学校实际情况，对2009年颁布实施的《北京交通大学处理学术不端行为办法》中未涉及的新问题、新现象以及处理学术不端行为的程序进行补充和完善，相关部门对人事、研究生指导教师、科研活动三方面的处理细则进行细致梳理和重新制定，完成《北京交通大学处理学术不端行为办法》修订和相关处理细则制订工作。

（沙　迪）

【学风宣传】

制作学术不端处理办法和学术不端典型案例长图，在学校微信公众号进行普及宣传。落实上级文件精神，开展诚信制度建设，在征求相关部门意见的基础上，形成了加强诚信建设的相关文件。

（沙　迪）

【学术道德委员会】

第十四届校学术委员会学术道德委员会严格按照修订完成的《北京交通大学处理学术不端行为办法》，完成4起学术不端事件的调查与认定，并提出相关处理建议。

（沙　迪）

【科技工作委员会评审】

2018年，挂靠科技处的科技工作委员会办公室共组织1次全体委员会会议、8次全体委员会网络评审（详见表4）。

表4　2018年科技工作委员会网络评审及会议统计表

序号	时间	形式	内　容
1	2018.1.15	全体委员会网评	审议“中青年科技创新领军人才”候选人和“重点领域创新团队”候选团队申请材料
2	2018.5.11	全体委员会会议	审议“基本科研业务费重大、重点项目预申报”申报材料

续表

序号	时间	形式	内　　容
3	2018.6.12	全体委员会网评	审议“第十三届中国公路青年科技奖”候选人申请材料
4	2018.6.25	全体委员会网评	审议“第十四届詹天佑铁道科技奖及北京交通大学詹天佑专项奖”候选人申请材料
5	2018.8.16	全体委员会网评	审议科技部“中青年科技创新领军人才”候选人和“重点领域创新团队”候选团队申请材料
6	2018.9.19	全体委员会网评	审议第十四届茅以升铁道科技奖候选人
7	2018.10.10	全体委员会网评	审议 2018 年度“中国高等学校十大科技进展”候选项目申请材料
8	2018.11.23	全体委员会网评	评审第二届铁路青年人才托举工程项目
9	2018.12.17	全体委员会网评	审议 2018 年度教育部　中国移动科研基金候选项目申请材料

（马　跃　何笑冬）

党群与思想政治工作

综合工作

【概况】

2018 年，学校党政综合工作担负辅助决策、参谋助手、协调服务、检查督促等职能，完成综合协调、文稿起草、公文管理、信息报送、信息公开、信访接待、督查督办、法制建设等各项工作。

（刘自尊）

【综合服务】

起草各类重要会议讲话、报告以及学校党政重要文件近 250 件 60 余万字。印发《北京交通大学通报》5 期。

完成 2 次党委全委会、28 次党委常委会、13 次校长办公会会务工作。完成党委常委会 116 项议题的收集整理和 28 次会议的组织、记录，形成纪要约 3 万字。完成校长办公会 86 项议题的收集整理和 13 次会议的组织、记录，形成纪要约 1.7 万字。做好校领导班子碰头会的协调服务工作，组织撰写《校领导班子碰头会纪要》19 期，累计 3.1 万字。

完善制度体系，起草《中共北京交通大学委员会关于坚持和完善党委领导下的校长负责制实施细则》《北京交通大学校级领导班子成员沟通协调制度》《北京交通大学关于贯彻落实八项规定精神及实施细则 进一步纠正“四风”实施办法》《北京交通大学（威海）章程》。

解决教职工子女入学等师生重大关切问题，在上级政策调整的背景下，2018 年教职工子女入学交大附中、交大附小的需求全部得到满足。加强校级会议及公务活动协调管理，严格执行校领导公务活动申报制度，编发学校每周《工作日志》和《校领导外出公务活动安排》，按照“确有必要、节俭务实”的原则，强化会议活动的协调管理，增强工作的计划性和系统性。公务活动中严格按照“无公函一律不接待”的要求和“确有必要”的原则安排调研交流工作规范学校国内公务接待工作。牵头或配合有关单完成本科教学审核评估进校考察、教育部党组巡视整改督查、保密检查、标准化学生公寓检查、教育部马克思主义学科督导检等工作。做好教育部、国家铁路局、北京市、黔南州人民政府、军事科学院防化研究院、中国航天科工集团、海航集团、四川大学、西安邮电大学等上级部门、地方政府、企业及兄弟高校来访接待工作。

（杨　玲　王　章　宋　阳）

【公文管理】

2018 年度审核并协助印发党发文、校发文、合发文、函件、上报文、专纪等共计 565 件，学生违纪、退学处理共计 1 223 件，合计审核文件近 130 万字。

制作公文公开清单，对现行的、应主动公开的规章制度类文件进行系统梳理，在学校 OA 系统内设置“公文信息公开”专栏，按照公文及工作内容划分大类，以 PDF 格式发布公开 131 件。协助建立形成“公文印发和网上公开同步实施”工作机制。

全年运转各类公文 5 226 件，其中上级单位和其他单位来文（含传真、传阅文件）1 555

件，校领导批转临时文件 55 份，校内发文 1 775 件，校内各单位请示、报告类文件 573 件。上报各类回执 40 件，办理处级领导干部的请假单 323 份，协助国际处代办运转出国（境）审批材料及代各部门转呈校领导材料 900 余份，编发《要文回顾》18 期。完成上一年度文件归档工作，共归档 28 类 129 卷文档。

完成机要文件收文登记、运转、落实、回收、清点和上交等工作，全年机要渠道收到文件 1 641 份，其中涉密文件 836 份、其他规定范围文件 480 份、非涉密文件 325 份。清退 2017 年中央和市委文件共计 627 份。

（王　章　袁　芳　李丽丽）

【信息与统计】

向教育部和市委教工委反映学校师生动态、重大事件、改革举措、特色工作等主要动态信息，2018 年累计报送信息 67 篇，总计 4.8 万字。落实节假日及敏感期信息报告制度，向教育部和教工委编报安稳信息 59 期。编制学校 2018 年年报，记录学校重大事件、主要工作业绩及成果。

完成 2018 年学校教育事业统计工作。召开教育事业统计报表工作布置和培训会，协调校内各相关单位填报 2018—2019 学年初高等学校教育事业统计报表，完成数据的汇总、录入、核查上报；担任高等学校教育事业统计工作组长单位，承担北京市 10 所高校高基表数据的汇总、校验、核查工作。

（王　章　马相阳　李丽丽）

【督查督办】

2018 年督查督办信息化系统平稳运行，根据各单位的意见和建议对系统进行了两次大规模的优化。定期开展折子工程、党委常委会、校长办公会议决事项和主要校领导批示事项的督促检查工作，形成督办情况报告两期。围绕校领导班子民主生活会整改方案、思政课建设等专项工作开展专项督办。完成日常文件督办。

（姚　远）

【信息公开】

通过学校信息公开专题网站累计向社会公开《学校信息公开事项清单》信息 409 件，根据教育部要求编制《2017—2018 学年度北京交通大学信息公开报告》，协调处理依申请信息公开 3 件。

（刘　寞）

【信访工作】

全年处理日常接访（含书记校长信箱）239 件，对留有联系方式的来访人员，协调部处按照时间期限予以答复，妥善处理信访案件，化解矛盾纠纷。梳理信访重点人档案，更新 2018 年信访重点人台账，对现有重点人和突出矛盾建立分级预警机制。落实信访协同办公机制，形成有效联动格局。加强司法途径分类引导，依法多渠道化解信访矛盾。

（马相阳）

【定点扶贫】

做好定点扶贫工作和中央脱贫攻坚专项巡视工作。2018 年学校定点扶贫工作全年直接投入帮扶资金 201.46 万元，帮助引进社会资金 206.65 万元，赴定点扶贫县考察 48 人次，协调校领导赴定点扶贫旗县调研考察并开展相关工作 3 人次。组织当地干部及技术人员培训 4

期，培训干部群众633人次。与旗县签订蔬菜等食品原材料供货协议、米面油肉等农副产品采供协议和劳务输出意向书，明确近3年采购各类农副产品不少于600万元。协助销售当地农副产品204万元。吸收当地困难群众就业14人。与旗县签署资金使用协议2份，帮助科左后旗开展建档立卡贫困人口驾驶员培训、发放贫困家庭幼儿学前教育补贴、建设互助幸福院及新营子村设施农业示范园。与旗县所在地级市通辽市签订战略合作协议。根据中央及教育部要求，对学校2017年定点扶贫工作中存在的问题进行整改，配合教育部和内蒙古自治区做好中央脱贫攻坚专项巡视工作。

（宋　阳）

组织工作

【概况】

2018 年学校党委学习贯彻习近平新时代中国特色社会主义思想和党的十九大精神，深入贯彻落实全国教育大会、全国高校思想政治工作会议和全国组织工作会议精神，深入开展学习教育活动，加强党的建设，为学校发展和稳定提供坚强政治保证和组织保证。

（陈　尘）

【学习贯彻习近平新时代中国特色社会主义思想和党的十九大精神】

制定实施《北京交通大学 2018 年干部教育培训计划》《北京交通大学 2018 年度党员教育培训计划》《北京交通大学学习贯彻全国教育大会精神干部教育培训工作实施方案》，组织学校中层以上干部通过集体学习、辅导报告、观看视频、研讨交流、撰写学习体会等方式开展深入学习贯彻习近平新时代中国特色社会主义思想和党的十九大精神、全国教育大会精神教育培训工作，通过专题读书、在线学习、集中轮训、实践教学等方式，深入开展学习教育活动。

（陈　尘）

【党的政治建设】

在干部教育培训、谈心谈话、考察考核、基层党组织建设、党员教育管理监督等具体工作中把政治要求、政治标准、政治教育摆在首位，坚决做到"两个维护"。严格执行新形势下党内政治生活若干准则，要求党员领导干部和普通党员加强谈心谈话、用好批评和自我批评武器，注重加强会前指导、会中督导、会后整改，切实提高民主生活会、组织生活会质量。

（陈　尘）

【干部队伍建设】

加强干部队伍建设和规划，认真执行《北京交通大学党政领导干部选拔任用工作实施办法》等文件，加强工作调研，严格工作程序，认真落实干部选任纪实制度，开展"一报告两评议"，注重扩大干部工作民主和信息公开，开展处级干部选任和调整工作。2018 年提拔任职处级干部 10 人，其中提任正处级干部 7 人、副处级干部 3 人；平级调整处级干部 7 人；因工作调动或转教学岗免职 9 人。

加强干部教育培训，组织 30 余名处级领导干部和教师党支部书记赴恩来干部学院开展"不忘初心　牢记使命"暑期体验式教学培训。本年度共选派处级领导干部 13 人次参加上级选调培训。

制定《北京交通大学五级、六级职员岗位聘任暂行办法》，拓展管理职员发展通道，激励管理干部提高管理水平和服务能力，启动五级、六级职员聘任工作。

加强后备干部和人才队伍建设，按照《北京交通大学处级后备干部队伍建设实施办法》，

启动处级后备及优秀年轻干部调研、推荐工作。选派 3 名干部赴内蒙古科左后旗挂职，参加定点扶贫工作；选派 8 名干部、教师到北京市和外省市挂职锻炼。做好北京市优秀人才培养资助项目申报工作和北京市有突出贡献的科学、技术、管理人才推荐工作。

完成干部考核工作。制定 2018 年度中层干部考核办法，对 205 名中层干部进行年度考核。根据《北京交通大学处级领导干部任职试用期考核办法》，制定试用期满考核工作方案，完成 2017 年提任处级职务的 4 位同志试用期满考核工作。组织完成校领导及领导班子 2018 年考核及述职大会；协助教育部组织召开校领导班子民主生活会，完成相关材料撰写和会后材料报送工作；督促各二级党组织召开民主生活会。

进一步规范干部兼职管理工作，严格干部出国（境）审核审批和证件管理工作，认真贯彻执行《领导干部报告个人有关事项规定》和《领导干部个人有关事项报告查核结果处理办法》两项法规和有关规定，完成 2018 年处级领导干部个人有关事项申报、汇总综合及抽查核实处理工作。认真执行组织人事部门对领导干部进行提醒、函询、诫勉的有关规定，从严管理干部，把纪律挺在前面，抓早抓小抓苗头，防止小毛病演变成大问题。

（陈　尘）

【基层党组织和党员队伍建设】

改进和完善党组织设置，将轨道交通控制与安全国家重点实验室直属党支部党组织设置调整为党的总支部委员会。

创新完善基层党组织设置方式，加强基层党组织负责人队伍建设。在部分学院探索博士生和青年教师（导师）成立混合支部，按照专业方向或系所成立博士生党支部。制定《关于开展对标争先建设计划的工作方案》《关于开展“对标争先”建设计划品牌创建工作的通知》《北京交通大学党支部书记集中轮训制度》《教师党支部书记“双带头人”培养工程实施方案》《关于开展学校“双带头人”教师党支部书记工作室建设工作的通知》《基层党建工作定期交流制度》《关于建立健全学校各级党组织委员会按期换届提醒督促机制的通知》等文件，开展教职工党支部书记集中培训、强化“双带头人”教师党支部书记选任和培育。

加强对党支部活动的指导，提高党支部活动成效。印发《关于加强党支部规范化建设的实施方案》《关于组织开展“不忘初心 砥砺奋进”主题党日活动的通知》《关于开展“新时代新担当新作为”主题宣传教育活动的通知》《关于深入开展“弘扬爱国奋斗精神、建功立业新时代”活动的实施方案》，规范党支部活动，明确党支部主题党日活动内容，教育引导全校党员不忘初心、担当作为。

创建校级党建工作标杆学院 1 个、样板支部 11 个、“双带头人”教师党支部书记工作室 3 个。2 个党支部被评为“全国高校党建工作样板支部”，1 个教师党支部书记工作室入选首批全国高校“双带头人”教师党支部书记工作室。

规范二级党组织管理体制和运行机制。制定《关于坚持和完善学院党组织会议和党政联席会议制度的实施意见》《关于加强和规范学院系务会制度的指导意见》等制度文件，规范和明确学院及系级单位决策机制、议事规则。

制定《北京交通大学 2018 年度党员教育培训计划》《北京交通大学 2018 年学生党员先锋工程实施计划》，统筹学工部、研工部分类开展培训工作，指导二级党组织充分利用北京高校教师党员在线、北京长城网等网站和“共产党员”等微信公众号开展培训工作。组织开展在职党员社区报到服务群众工作，全校在职党员基本完成社区报到服务社区工作并将长期坚持。制定《关于做好中共北京交通大学第十一次党员代表大会党员代表提案承办工作的通知》，推进学校第十一次党代会党员代表提案落实工作。

评选表彰 20 个先进基层党组织、10 名优秀共产党员标兵、10 名优秀党务工作者、15 名优秀党支部书记。组织开展元旦、春节、“七一”老党员和困难党员走访慰问工作。

做好学校党组织、党员统计及统计分析报告工作，获评北京高校 2018 年度党内统计工作全优单位。

（陈　尘）

【党校工作】

修订《发展对象培训教学大纲》，调整优化发展对象培训班课程内容；补充聘任 23 位党课教师，并进行集体备课。开展两期党课培训，开设入党积极分子培训班 30 个班次、共培训 2 452 人次，开办发展对象培训班 23 个班次、共培训 1 970 人次。

制定《校院两级领导班子成员、党员学科带头人联系优秀青年教师、高端人才发展党员工作制度》，印发《关于做好校领导联系优秀青年教师、高端人才发展党员相关工作的通知》，加强优秀青年教师、高端人才党员发展工作。9 名中青年教师成为入党积极分子，4 名中青年教师被列为发展对象。

（陈　尘）

【党建研究】

完成2017—2018 年度学校党建课题结题及 2018—2019 年度学校党建研究课题选题开题工作。组织申报 2018 年北京高校党建研究会课题，获重点课题 1 项。

（陈　尘）

【发展党员】

制定 2018 年党员发展计划，核定二级党组织发展党员指标数，督查二级党组织发展党员指标落实情况，指导二级党组织对党员发展工作进行自查。全年发展党员 975 名，其中教职工党员 21 名、学生党员 954 名。

（陈　尘）

宣传思想工作

【概况】

2018 年，学校宣传思想工作围绕学习宣传习近平新时代中国特色社会主义思想和党的十九大精神，贯彻全国和北京市教育大会精神、全国高校思政会精神，对标“十三五”规划、“双一流”建设，立足新形势新任务，探索新方法新手段，加强工作机制和制度建设，提升宣传思想工作创新能力和工作水平，为推动学校事业发展提供舆论支持和精神动力。

（沈　岩）

【理论学习】

推动学校学习宣传贯彻党的十九大精神工作方案全面落实，牵头贯彻落实全国和北京市教育大会精神、习近平总书记“5·2”“5·4”等讲话精神，先后印发学习贯彻全国教育大会精神工作方案、宣讲对谈工作等 5 个文件，持续推进习近平新时代中国特色社会主义思想学习宣传贯彻。

把校党委理论中心组学习作为领导干部思想政治建设的重要平台，以学习研讨为主要形式强化学习效果，坚持务虚务实相结合，推动理论学习与解决实际问题相结合。全年组织校党委中心组学习 13 场次，专题学习 6 次，先后有 40 余人次作交流发言。党政主要领导发表署名文章 12 篇。

成立北京市习近平新时代中国特色社会主义思想研究中心北京交大研究基地，组织开展习近平新时代中国特色社会主义思想和党的十九大精神相关研究阐释，在《人民日报》《光明日报》等“三报一刊”发表中心署名理论文章 7 篇，形成一批有影响力的理论成果，在北京市 19 个基地中排名前列，获评优秀研究基地。承办第十二届北京中青年社科理论人才“百人工程”学者论坛，200 余名专家学者与会交流探讨。

（沈　岩）

【意识形态工作】

调研拟订意识形态风险评估方案，落细落实校院两级党委领导班子和各级领导干部的意识形态工作责任。先后 4 次向教育部思政司和北京市委教育工委等机构报送意识形态工作报告。开展师生思想动态调查。

出台《北京交通大学新媒体建设与管理办法》《北京交通大学新闻宣传保密管理规定》等文件。配合开展教育部巡视整改，对巡视组反馈的意见加强整改，制定整改措施。

（沈　岩）

【思想政治教育】

牵头进行学校落实《高校思想政治工作质量提升工程实施纲要》的任务分解，明确二级单位工作清单，确保学校思想政治工作“十大育人工程”落实落地。实施“双创计划”，培育一批学校思想政治创新工作室和思想政治工作优秀案例。开展学校思想政治工作专项调研，统筹组织高校思想政治工作创新发展中心、高校思想政治工作中青年骨干队伍建设、第三届全国高校网络教育优秀作品推选展示活动等项目申报工作，全面提升学校思想政治工作质量。宣传部部长蓝晓霞获首批高校思想政治工作中青年骨干队伍建设项目支持。

制作微视频《千面教师》参与教育部新时代教师风采公益广告征集，获全国优胜奖。组织师生集中观看纪录影片《厉害了，我的国》，参观“纪念马克思诞辰200周年主题展”，开展“首都百万师生同上一堂课”和服务首都“四个中心”功能建设“双百行动计划”等活动。选送30余名教师参加中央部委和北京市组织的学习研修培训。

（沈　岩）

【高教学会宣传分会】

中国高等教育学会宣传工作研究分会坚持学术立会，围绕“两论”创新，在资政服务、学术交流和自身建设等方面扎实有效开展工作。主动对接教育部思政司等有关司局，开展高校意识形态风险评估机制预研等3项委托任务，提出咨询建议、服务上级主管部门决策。

举办高校学习宣传贯彻党的十九大精神座谈会和2018年年会暨第二届高校宣传工作创新发展高层论坛，首次组织开展高校宣传工作学术论文和创新案例征集推广。发展40余家新会员，增补常务理事和理事，推动高校宣传工作创新发展。

（沈　岩）

【媒体宣传】

围绕学校中心工作，全年在中央电视台、人民日报、光明日报、新华社、北京电视台等国家重点媒体报道总量10万余字，其中深度报道40余篇次，整版报道11篇次，头版、头条报道19篇次，电视新闻132条，5家以上媒体集中报道13次。

校内外媒体互为补充，宣传师生校友典型事迹50余人。为庆祝改革开放40年制作展出大型学校改革发展成果展览，展示学校40年间取得的突出成绩，校园媒体推出“改革开放40年”系列报道。围绕学习全国教育大会精神、学校本科教学审核评估和重要政策出台，分别以开设专栏的形式开展深度系列报道。

官方微博全年发布2 219条推送，总阅读量7 780.9万人次，互动数（转评赞）近20万人次。其中，70余条微博阅读量超过10万+，2条阅读量突破100万+。在全国高校微博影响力排名中数次进入前20。官方微信粉丝总数达8.48万，较上一年增长24.2%。原创内容占比81.3%。包括今日头条推广等3篇内容10万+，其中1篇20万+。在权威榜单中1次位列全国第9，多次进入全国前30。1篇推送获选人民网“讲好高校故事 传播时代精神”优秀校园新闻作品。入驻微信公众、腾讯内容开发、今日头条、澎湃等新媒体平台。

校园新闻网发布新闻1 800余篇，焦点新闻和教学科研新闻700余篇，总浏览量近200万人次。电视台全年拍摄新闻600余条，累计素材上万分钟，制作电视新闻39期。广播站累计制作130期节目，举办“中华颂·春之声”主题活动。校报全年出版20期。摄影完成各项拍摄任务，向校内各媒体供图2 000余张。

（沈　岩）

【校园文化建设】

加强校园文化软硬件建设，分别完成第三、四、五批校园文化研究课题结题、中期检查和立项申报工作。对标《校园文化建设规划》及《实施方案》，督查校内各单位完成情况，推进规划落地实施。加强宣传和文化阵地日常巡查，建立重要时间节点盯守制度，确保阵地安全。完成2018版学校中英文宣传画册修订再版印刷工作。完成叶恭绰铜像设计制作。

（沈　岩）

统战工作

【概况】

2018 年学校统战工作坚持以习近平新时代中国特色社会主义思想为指导，坚决贯彻落实党中央和北京市委关于统战工作的各项决策部署，围绕学校中心工作，坚持问题导向，加强调查研究，凝聚人心、汇聚力量，服务学校发展。

（王铁江）

【组织领导】

履行党委抓统战工作的主体责任，把统战工作纳入党委重要议事日程，常委会每学期都研究统战工作，制定印发《关于调整中共北京交通大学委员会统一战线工作领导小组成员及明确有关职责要求的通知》和统战相关工作实施方案，对统战工作领导小组和民族宗教工作领导小组进行调整，进一步加强党委的领导，明确具体工作要求。

加强二级党组织统战工作，把统战工作纳入学校职能部门和学院党政领导班子和领导干部工作考核的重要内容，制定《中共北京交通大学委员会关于进一步明确二级党组织统战委员职责　加强基层统战工作的意见》，要求各二级党组织主要负责人兼任统战委员，提升基层统战工作水平。

落实"三个带头"的要求，学校党政领导干部带头学习宣传和贯彻落实统一战线政策法规，带头参加统一战线重要活动，带头广交深交党外朋友，制定《北京交通大学校领导联系民主党派和统战团体及与党外人士交朋友的工作制度》和《关于做好校领导联系民主党派和统战团体及与党外人士交朋友对接服务工作的通知》等文件，加强联谊交友工作。

（王铁江）

【党外知识分子工作】

1 月学校召开党外人士迎新春茶话会，校党委书记曹国永代表校党委讲话，希望学校统战人士继续紧紧围绕党和国家工作大局以及学校建设发展，发挥各自特点和优势，深入开展调查研究，积极建言献策，为改革发展稳定做出重要贡献。

组织党外知识分子认真学习"两会"精神，邀请学校党外代表人士、全国政协委员钟章队教授为统战人士宣讲形势政策，引领党外知识分子立足实际抓好"两会"精神的贯彻落实。

在统战团体中开展"不忘合作初心，继续携手前进"主题教育活动，5 月学校组织各民主党派基层组织、知联会、侨联负责人，各级政协委员、无党派代表人士以及党外青年骨干到中国政协文史馆参观《大道同行——从"五一口号"到协商建国重要史事回顾展》，重温民主党派与中国共产党风雨同舟、精诚合作的优良传统。

开展学习实践活动，引导党外知识分子自觉接受中国共产党的领导。2018 年 10 月，校党委副书记、副校长孙守光带领学校统战人士，赴青岛四方机车厂、威海交大校区、刘公岛爱国主义教育基地学习考察。

（王铁江）

【党外代表人士工作】

加强党外代表人士队伍建设顶层设计，研究起草《中共北京交通大学委员会关于加强新时代党外代表人士队伍建设的实施意见》。

学校推荐的钟章队教授任第十三届全国政协委员，李建勇教授任第十三届北京市政协委员。

推荐党外代表人士到校外参加有关培训，推荐张志力教授参加第八期北京市妇女统战工作培训班，推荐陈立宏、陈曦、岑翼刚 3 位教授参加北京市委教工委举办的 2018 年北京高校党外代表人士高级研修班，推荐夏明超、黄爱玲 2 位教授参加市委教工委和中央统战部一局联合举办的北京高校民主党派组织校级负责人培训班。

学校推荐的党外代表人士钟章队教授受聘首都党外人才高端智库专家。钟章队教授获评 2017 年度北京市无党派人士建言献策优秀成果奖。

（王铁江）

【民主党派工作】

支持和帮助民主党派加强自身建设。及时向民主党派成员传达中央有关统战工作的文件精神，组织学习和座谈，了解他们所关心的热点问题。支持民主党派负责人参加民主党派中央或市委组织的各种报告会、培训班、考察与调研，支持民主党派自身开展的各种公益活动、创建精神文明、敬业爱岗、提高素质的教育活动等。主动与民主党派上级组织加强联系与沟通，推荐学校民主党派成员到党派各级组织和专委会任职、发挥积极作用。

协助民主党派基层组织完成换届选举。1 月，九三学社北京交通大学支社召开全体大会，完成换届选举。学校党委副书记、副校长兼党委统战部部长孙守光充分肯定九三学社交大支社为推动学校和北京市建设发展取得的成绩，希望九三支社进一步加强的思想建设、政治建设和组织建设，最大限度地凝聚共识、人心、智慧和力量，履行好党派职责，立足岗位，服务学校发展，服务国家经济社会发展。

协助民主党派开展考察发展工作。进一步加强与各基层党委的联系与沟通，按计划、保质量地协助民主党派发展新成员。协助各民主党派严格按照民主党派组织发展原则，做好发展对象的物色和选拔工作。对各民主党派组织确定的发展对象，认真听取所在部门党组织的意见，了解发展对象的政治表现和工作情况，严格掌握政治标准，把好质量关。协助九三学社海淀区委调查考核，2018 年 1 月，土建学院教师刘开云被批准为九三社员；协助民建北京市委调查考核，2018 年 7 月，软件学院教授张振江被批准为民建成员；协助农工党北京市委调查考核，2018 年 10 月，计算机学院教师赵宏智被批准为农工党党员。

支持和协助民主党派基层组织开展文化体育活动。6 月，与九三学社海淀区委、九三交大支社联合主办九三学社海淀区委第一届“同心杯”羽毛球大赛，校党委副书记、副校长兼党委统战部长孙守光致开幕辞，中共海淀区委统战部常务副部长刘珍、九三学社北京市委副秘书长郭艺、九三学社海淀区委主委叶培贵等领导出席开幕式。

开展九三学社北京交通大学支社成立三十周年庆祝活动，11 月为 4 位 80 岁以上的高龄社员集体祝寿。

（王铁江）

【民族宗教工作】

校党委在师生中进行马克思主义民族观、宗教观的学习和宣传教育活动，贯彻党的民族宗教政策，传达学习全国民族、宗教工作会议精神，提高师生对宗教工作重要性、复杂性、长期性的认识，增强做好新时期宗教工作的责任感和使命感。

学校编辑印制《高校宗教工作政策与实务——应知应会知识手册》400余份，和《宗教事务条例》《中国共产党统一战线工作条例（试行）》一起，发送到副处以上领导干部、教师党支部书记、本科生和研究生辅导员手中。12月，邀请中央社会主义学院沈桂萍教授来校作民族宗教工作专题辅导报告，引导广大师生学习了解党和国家宗教政策法规，正确认识和对待宗教问题，增强师生抵御和防范校园传教渗透的意识，提高学校宗教工作水平和工作实效。

尊重少数民族学生习惯，尽力为少数民族贫困学生优先提供勤工助学机会及经济资助。关心藏族、维吾尔族学生，为他们创造条件，过好民族节日。根据国家有关政策规定，按时给少数民族教职工发放开斋节补贴；临近毕业，分别召开藏族、维吾尔族学生座谈会、聚餐会。11月8日，召开以“坚定信念，刻苦学习，全面发展，做承担使命担当大任的时代新人”为主题的新疆少数民族学生专题教育大会，通过观看主题教育视频、分管校领导和新疆驻京工作组负责人作专题报告、师生代表经验交流等形式，引导学生遵纪守法、增进“五个认同”，不辜负国家、学校和家人的期许，健康成长成才。

学校民族宗教工作领导小组两次专题会议传达上级专项工作要求、研究部署学校具体工作。组织校内有关单位，牵头撰写有关工作落实情况的报告、学生民族宗教工作总结报告、整改方案、整改报告等材料，协调有关单位认真落实整改举措，进一步加强了学校民族宗教工作。

（王铁江）

【港澳台侨工作】

关心关注港澳台学生的学习生活。学校统战部和港澳台办公室加强沟通，密切联系学校港澳台地区学生和交换生，通过座谈、调研等方式侧面了解学生的思想动态。组织港澳台学生开展多种形式的文化交流活动，开展“一国两制”方针政策的宣传教育，增强他们对祖国的认同感和归属感，维护和促进祖国统一。

校侨联在上级侨联指导和校党委领导下，调动广大归侨、侨眷参与学校改革发展，以“凝聚侨心，汇聚侨智，发挥侨力，维护侨益”为宗旨，在为归侨侨眷服务、为建设和谐校园建言献策等方面取得突出成绩。学校侨联获评“全国侨联系统先进组织”，闫学东教授获评“全国归侨侨眷先进个人”。

1月，十九届中央委员，中国侨联党组书记、主席万立骏和北京市侨联副主席李冬娟分别来校调研指导侨联工作，充分肯定学校侨联工作取得的成绩，强调高校侨联要不断加强与地方侨联和海内外校友组织的联系沟通，要在国内海外并重、老侨新侨并重的基础上，积极拓展海外工作、拓展新侨工作，密切与海外侨胞及其社团的联系，积极为学校引才引智牵线搭桥。侨联成员认真学习贯彻侨联上级领导来校调研重要指示精神，表示要围绕中心，服务大局，不负期望。

11月，组织学校归侨、侨眷一行20余人赴通州参观学习，了解北京城市副中心规划建设情况，感受首都发展时代脉搏。

（王铁江）

纪检监察工作

【概况】

2018 年度学校纪检监察工作和贯彻落实十九届中央纪委二次全会、教育系统全面从严治党工作视频会议和北京市教育系统党风廉政建设工作会议精神，聚焦监督执纪主责主业，完成《北京交通大学 2018 年党风廉政建设工作要点》各项任务。

（翁良姝）

【协助党委推进全面从严治党】

纪委协助党委推进全面从严治党各项工作，通过分解责任、明确责任、检查责任落实形成环环相扣的责任闭环，推动全面从严治党，各项责任落实到位。印发《2018 年党风廉政建设工作要点》，明确全年重点任务，分解党风廉政建设主体责任。4 月 19 日，学校召开 2018 年全面从严治党工作会议，党委书记、纪委书记传达上级全面从严治党会议精神，分析研判形势，总结经验，部署安排全年工作任务，围绕落实党风廉政建设“两个责任”向校院两级党组织、广大党员干部提出要求。全校领导干部分五个层次签订了新一轮的党风廉政建设责任书，压紧压实党风廉政建设主体责任，建立一级抓一级，层层抓落实的党风廉政建设责任制体系。年底结合基层党建工作检查、校内巡察、领导干部述职述廉等工作，对各二级党组织开展全面从严治党、履行党风廉政建设主体责任情况进行监督检查。

（翁良姝）

【建立党风廉政建设制度体系】

通过立、改、废措施，初步形成四个层面的制度规定，初步建立党风廉政建设制度体系：协助党委制定全面从严治党的综合性制度《中共北京交通大学委员会巡察工作办法》《中共北京交通大学委员会关于开展第一轮巡察工作的实施方案》，为校内巡察打好制度基础；制定纪检监察体制机制的程序性制度《中共北京交通大学委员会关于纪检监察部门深化“三转”工作实施意见》《中国共产党北京交通大学纪律检查委员会工作规则》，明确纪委监督执纪问责的主要职责，以及纪委的工作任务、工作职责和工作方法；制定纪委自身建设规范性制度《北京交通大学纪委委员联系基层工作制度》和《2018 年北京交通大学纪委委员调研工作方案》，提高纪检监察工作的理论性和科学化水平；制定廉政档案管理、机要文件借阅、谈话室使用、保密工作等方面的制度规定，规范工作流程。为全校 207 名中层干部设立廉政纸质档案和电子数据库。

（翁良姝）

【专责监督】

全年为 52 名工作调整、评优评奖的干部和教师出具廉政意见。校党委副书记、纪委书记与 6 名拟提任干部，纪委副书记、监察处长与 3 名拟提任干部分别开展任前一对一廉政谈话。

2018 年重点围绕职称评聘、A 类周转房租赁等涉及师生员工切身利益问题开展监督检

查，调查核实后，对存在的问题进行纠正和问责。

对 11 项主责牵头或配合其他单位的整改任务，进行逐项梳理总结，形成巡视整改专题工作汇报。在巡视整改过程中，将整改问题与改进工作相结合，既拿出“当下改”的举措，又形成“长久立”的机制。

（翁良殊）

【巡察工作】

在调研座谈基础上，制定《中共北京交通大学委员会巡察工作办法》和《中共北京交通大学委员会第一轮巡察工作实施方案》，筹备成立了巡察办，成立 2 个巡察组，开展巡察工作人员培训，组织了第一轮对计算机学院党委和校医院直属党支部 2 个单位的巡察工作。

（翁良殊）

【信访与案件查办】

2018 年全年共受理信访 25 件次，涉及违反中央八项规定精神 1 件次、廉洁纪律 11 件次、工作纪律 1 件次、生活纪律 3 件次、其他反映管理问题的 9 件次。全年立案 2 件次，党内警告处分 1 人，党内严重警告处分 1 人。在信访查办过程中，纪委坚持查办问题与廉政教育、规范管理相结合，将工作做实做细。

（翁良殊）

【纪检监察队伍建设】

纪委将 2018 年作为自身建设提升年，以业务培训、参观调研等方式提升纪检干部。履职能力，拓宽干部视野。11 月，校党委副书记、纪委书记郭海带队，校纪委组织纪委委员、二级党组织纪检委员、专职纪检干部共 31 人赴中国纪检监察学院开展为期一周的审查调查业务集中培训。5 月和 12 月，纪委委员两次集体赴中国国家博物馆参观，激发纪检干部的使命感和责任感。6 月至 9 月，专兼职纪检干部赴兄弟院校围绕校内巡查、二级纪委设立等重点工作开展调研，学习经验做法，拓宽思路眼界。

（翁良殊）

保 密 工 作

【概况】

2018 年学校保密工作贯彻落实中央、教育部和北京市委保密工作要求，按照“积极防范、突出重点、依法管理”的方针，规范保密管理、加强技术防范、加大宣传力度、落实保密责任、巩固制度建设、狠抓监督检查，提高学校保密工作能力。7 月 31 日学校通过第三轮武器装备科研生产单位二级保密资格现场审查认定。

（徐　梁）

【保密常规工作】

2018 年 7 月 31 日，学校顺利通过第三轮武器装备科研生产单位二级保密资格现场审查认定。学校认真学习武器装备科研生产单位二级保密资格现场审查认定新标准，邀请国家保密局专家来校进行专题培训，详细解读新标准。召开党委常委会专项研究保密工作 1 次，召开各类保密工作会 20 余次，开展各类检查 9 次，组织有关校领导、中层领导干部、各单位兼职保密员和全体涉密人员进行闭卷考试且成绩良好率达到 93%。学校保密委为全体校领导分别建立《保密工作责任制清单》，并为学校全部二级单位建立《保密“归口管理”主要责任清单》，对保密委成员单位和承接涉密军工项目的学院进行一对一解读。

依据保密资格认定新标准统筹修订学校保密管理规章制度 17 项，新增制度 3 项，延用制度 3 项，合并制度 4 项。重点修订内容为保密工作责任制，归口管理，定密管理，涉密人员管理，新闻宣传管理，监督检查，考核与奖惩，信息系统、信息设备和存储设备管理等八个方面。修订后的全部制度已由保密委工作会议审议通过，于 2018 年 6 月正式实施。学校在重点抓好信息化管理体系、涉密军工项目管理体系、涉密人员管理体系、定密管理体系、新闻宣传管理体系、外事管理体系等六大体系基础上，将国家秘密载体管理、保密要害部位管理、涉密会议管理、外场试验管理和协作配套管理等工作融入其中，强化保密工作责任。

明确“四查三述两报告”的监督检查机制。“四查”即保密委每半年对学校保密工作进行一次全面检查，保密办针对学校保密管理具体工作不定期进行检查或抽查，军工办定期对涉密军工项目组进行检查，涉密单位每季度开展一次保密自查；“三述”即将述职述密纳入有关单位、领导干部和涉密人员年终总结和述职报告中，将保密工作履职情况纳入学校年度考核体系；“两报告”即学校保密委每年专项总结保密工作，向北京市国家保密局等上级单位提交学校保密自查自评工作报告和武器装备保密资格标准落实情况自检报告。学校在经费保障、保密补贴、国有资产管理等方面全面落实保密工作保障。

5 月 29 日召开保密委工作会议，总结 2017 年度学校保密工作，对部署 2018 年度学校保密工作，正式通过修订完成的《北京交通大学保密管理规章制度汇编》。

根据北京市国家保密局下发的保密知识题库，4 月组织有关校领导、中层领导干部、各单位兼职保密员和全体涉密人员进行闭卷考试。12 月学校保密办为保密委成员单位和承接涉密军工项目学院制作《学校保密管理规章制度解读》培训材料，为学校相关部门保密管理

人员和涉密人员订阅2018年度《保密工作》等杂志书籍，作为保密宣传教育的重要资料。

完成年度北京地区武器装备科研生产保密资格单位保密自检，机关、单位保密自查自评，武器装备科研生产单位保密自检，并在全校范围内开展保密自查、抽查工作。学校保密办联合相关单位每学期对各保密委成员单位和承接涉密军工项目学院进行保密检查和专项检查，指导并组织各保密委成员单位和承担军工项目学院每季度开展保密自查。

（徐　梁）

教师思想政治和师德师风建设

【概况】

2018 年学校制定《关于印发〈教师工作部主要职责和人员编制〉的通知》，明确党委教师工作部主要职责和人员编制，统筹教师思想政治和师德建设工作。根据国家和上级部门有关文件，为贯彻落实全国教育大会和全国高校思想政治工作会议精神，落实立德树人根本任务，学校出台了师德师风建设系列文件，完善制度体系和工作机制，开展系列教育宣传实践活动，加强考核把关，规范师德惩处工作，健全师德建设长效机制。

（程晓冬）

【制度和机制建设】

出台《北京交通大学师德建设长效机制实施办法（试行）》，并以此为框架进行总体设计，从教育、宣传、考核、监督、激励、惩处六个方面加强制度体系建设，先后出台《北京交通大学教师行为规范（试行）》《北京交通大学师德“一票否决”实施细则（试行）》《北京交通大学教职工学术不端行为人事处理实施细则》等文件。

建立党委统一领导、党政齐抓共管、部门分工合作、院系具体落实、教师自我约束的领导体制和工作机制。成立师德建设委员会，总体负责学校师德建设工作；成立师德问题处理委员会，专门负责师德问题的受理与查处。各二级党组织设立师德建设工作小组，在师德建设委员会指导下，落实学校师德师风建设中的各项具体工作，在师德处理委员会指导下，负责组织师德考核及处理涉及师德师风问题的相关事务。

（程晓冬）

【师德教育宣传表彰】

组织开展系列教育实践活动，选树优秀典型，加强宣传引领，引导广大教师积极自觉践行新时代“四有”好老师和“四个引路人”的要求。

完善新教师入职培训，专设师德师风教育模块，开展专题讲座。加强理想信念教育，弘扬爱国奋斗精神，组织学习全国优秀教师黄大年、朱英国、曲建武、李芳、郑德荣等先进事迹。增设“马克思主义宗教观和无神论”专题教育环节。

开展全校教师行为规范大讨论活动，并在此基础上研究制定《北京交通大学教师行为规范》。组织全校开展做新时代“四有”好老师和“四个引路人”学习实践活动。组织全校骨干教师学习全国教育大会精神。开展师德建设长效机制贯彻落实情况自查活动。开展学校新出台师德建设三个文件的解读和宣传，在学校官网、官微进行广泛宣传，并向各学院发放文件材料。

开展北京交通大学优秀教师、优秀教育工作者，智瑾奖优秀教师、宝钢奖优秀教师评选活动，通过“弘扬高尚师德、潜心教书育人”为主题的教师节表彰大会，集中宣传先进个人和先进集体。

（程晓冬）

【师德考察监督惩处】

把师德考察贯穿到教师职业发展的全过程，根据《北京交通大学拟聘师资思想政治表现考察办法（试行）》，严格教师入职思政关、师德关，将思想政治作为首要审查标准，采用谈话、阅档、外调等多种方式，全面考察拟聘人员的政治态度、理想信念、遵纪守法、道德情操等情况。对所有拟聘用人员实行考察"全覆盖""凡进必考、凡聘必考"。坚持师德师风是评价教师队伍素质的第一标准，在教师考核、职务晋升、岗位聘用、评优奖励、人才推荐等过程中严把思政关、师德关，对存在违反师德行为的，严格实施"一票否决制"。将思想政治要求、职业道德和学术道德要求，明确列入职称评审、岗位晋级、考核等文件中。

按照教育部《新时代高校教师职业行为十项准则》《教育部关于高校教师师德失范行为处理的指导意见》《北京交通大学师德"一票否决"实施细则（试行）》，对违反师德师风问题，严肃查处，实施"一票否决"。

（程晓冬）

学生工作

【概况】

2018 年度学校学生工作以习近平新时代中国特色社会主义思想为指导，全面贯彻党的十九大精神和全国教育大会精神，围绕学校“十三五”规划和年度工作要点，以价值引领为重点，推动 OBE 理念融入教育全过程，提升大学生思想政治教育质量。

（曲　斌）

【体制机制建设】

在工作层面，深化和完善本科生思想政治教育“四个平台建设”（本科生德育成长平台、本科生学业与全面发展平台、本科生事务管理服务平台、队伍建设与机制保障平台）。在学生层面，以全国教育大会精神为指导，完善本科生综合素质培养体系建设。

（曲　斌）

【学生工作队伍建设】

学校本科生专职辅导员 61 名，本科生兼职辅导员 6 名，本科生班主任 516 名。继续实施 “学年末网上测评、自然年末能力考察”的辅导员两段制量化考核体系，全角度考察辅导员职业能力。完成“深度辅导”专题培训和新上岗辅导员岗前资格培训，北京各高校参训辅导员共计 117 名，培训满意度 100%。辅导员队伍建设相关经验作为单篇简报报送中央教育工作领导小组。建艺学院辅导员陈劲松获第十届全国高校辅导员年度人物提名奖。

（曲　斌）

【思想政治教育】

深入实施《北京交通大学学生系统学习宣传贯彻党的十九大精神实施方案》，开展各类宣讲活动 100 余次。制定并实施《关于在全体本科生中深入开展“弘扬爱国奋斗精神、建功立业新时代”活动的实施方案》，以马克思诞辰 100 周年、改革开放 40 周年等为契机，组织 4 800 余人次参观“伟大的变革——庆祝改革开放 40 周年大型展览”“党的十九大精神宣讲团首场报告会”等 10 余场主题教育。通过新生入学教育、毕业生主题教育、日常思想教育，贯彻落实习近平新时代中国特色社会主义思想，将社会主义核心价值观教育和中国梦教育贯穿始终。

推进“五星文明宿舍”创建。与后勤集团联动，发挥公寓自律会、公寓临时党支部的自主育人功能，优化宿舍打分“精确到人”机制。严格实施宿舍表现鉴定机制，将其作为入党积极分子发展入党、预备党员转正的重要依据，作为重要荣誉评选的前提条件。制定宿舍文明公约，开展“宿舍讲堂”，营造积极健康向上的宿舍文化氛围，两个学期分别评选出 250 间、203 间五星级文明宿舍。

加强网络思想政治教育。加强以“北京交通大学 VKe 微信公共平台”为主的网络思想政治教育平台建设，平台关注人数最高为 8.4 万余人，本年度推送图文 523 篇，阅读总量近 55.5 万人次，转发总量逾 2.3 万次。搭建集舆情采集、监测、上报于一体的舆情信息管理系

统，制作各类网络舆情产品 719 期次，在教育部平台上报送信息 2 110 条，及时发现处置校内突发事件 7 起。

完成 2018 级校内新生军训，将入学适应教育、军事理论课教学、国防教育培养融于其中。加大征兵宣传力度，共完成 38 名学生应征入伍和 38 名大学生士兵退伍返校工作。组织承办全国 2018 年度军事课教学展示（战场医疗救护）活动。学校获评北京市征兵工作先进单位，经管学院本科生张超获评 2018 年度北京市优秀退役大学生士兵。

（曲　斌）

【学生党员教育管理】

制定并落实《北京交通大学本科生党支部、团支部、班级协同工作制度》，发挥党支部的政治核心作用，明确要求学生评优评先需由党支部出具思想政治表现考察意见。开展“传承红色基因·领航美好新时代”本科生党员暑期学习实践周活动，全体 558 名本科生党员暑期提前返校参加。坚持“一评一会一督导”述职评议工作模式，督导工作实现全覆盖。在传统评定先进党支部和优秀党员的基础上，增设特色评选项目。共有 30 个本科生党支部参加北京高校红色“1+1”示范活动，软件学院本科生低年级党支部获评二等奖，4 个本科生党支部获三等奖，5 个本科生党支部获优秀奖，学校获优秀组织奖。

（曲　斌）

【学风建设与学业辅导】

启动实施本科生学业能力提升计划，继续实施“基础课论坛–专业课论坛”，共开展各类课程辅导 185 场，覆盖学生群体 2.9 万余人次。继续加强学校学业辅导网络直播间、学业辅导“V 课”制作中心建设，共开通网络直播 14 期，录制“V 课”17 次，吸引 4 万余人次参与。组织各类朋辈帮扶活动 168 场，覆盖 8 710 人次。全年开展学风宣讲 194 余场，覆盖近 3 万人次。

（曲　斌）

【综合素质培养与荣誉体系】

继续在 2018 级新生中实施《北京交通大学本科生综合素质培养实施方案》，各部门、学院共开设综合素质课程 237 门次，实现学生参与全覆盖。建立健全本科生综合素质培养专家委员会，发挥专家对综合素质培养的研究、咨询和指导作用。面向全体学生设计并发放了《综合素质培养成长手记》，引导学生开展自我评估。《产出导向，反向构建新时代学生综合素质培养体系，探索大学生思想政治教育质量提升新路径》获评第五届首都大学生思想政治工作实效奖一等奖。扩大荣誉体系的覆盖范围和影响区域，组织“荣誉答辩季”，所有专项奖学金均采取答辩评选，在两个月内累计组织公开评审会 80 余场，6 000 余名学生参与其中。在秋季学期集中组织本科生最高荣誉知行奖学金、“周恩来班”答辩会，在春季学期组织“榜样宣讲季”，连续召开 3 场宣讲会。运输 1501 班获评 2018 年北京高校“我的班级我的家”十佳示范班集体。

本科生 1 721 人次获各类荣誉称号，6 350 人次获各类奖学金，其中 10 人获知行奖学金（本科生），10 人获知行奖学金（本科生单项），132 人获得国家奖学金，奖学金获奖比率为 55.7%（人次）。学校发放各类奖学金、集体奖励 1 149.43 万元。严肃违纪处理工作，给予 68 名本科生开除学籍、留校察看、记过、警告等处分。

（曲　斌）

【心理健康教育】

开设大学生心理健康教育类课程 11 门，其中理论课 9 门、实践课 2 门，覆盖学生 5 149 人。完成个体咨询 2 471 人次，开设 13 个团体咨询小组，为 200 余名学生提供 6～16 周咨询服务。完成新生的心理健康普查工作和 6 次全体学生心理排查工作，处理重点个案 58 人，危机事件 52 起。完成各种心理培训、督导、工作坊 14 期，指导各类团学社班组织开展素质拓展近 20 次，举办第 15 届大学生心理健康文化月、第 12 届心理健康文化宣传周，举办团体心理沙龙 9 期。完成北京高校心理素质教育基地培训任务，培训人员 150 多人。学校获评 2015—2018 年度全国大学生心理健康教育工作先进集体。

（曲　斌）

【学生资助与少数民族学生教育管理】

认定家庭经济困难本科生 3 167 人，为 3 182 名学生提供勤工助学岗位，家庭经济困难本科生获得各类资助 4 185.15 万元。面向家庭经济困难新生制定“知行交子成长计划”帮扶方案，开展“资助育人·文化艺术进校园”，举办“助学·励志”困难学生就业招聘会。丰富资助荣誉体系，创新“自强之星”答辩形式，设立自强奖学金，增加社会实践奖学金–勤工助学专项。依托少数民族专职、兼职辅导员，加强内派教师管理，全面加强包括预科学生在内的少数民族学生教育管理工作。《精心搭建三个资助育人平台，全面实施交子素养提升工程》获评首批全国高校思想政治工作精品项目。学校获评全国学生资助工作优秀单位案例典型、第五届全国“助学·筑梦·铸人”主题宣传活动优秀组织奖、中国宋庆龄基金会第三届中国海油大学生志愿服务队优秀奖。资助中心林芳获评“全国百名优秀学生资助工作者典型”。

（曲　斌）

【国防生培养】

向部队输送毕业国防生 75 名。深入加强国防生军政训练、日常管理、文化活动等工作。组织开展学习贯彻党的十九大精神系列主题教育，邀请黄河和马誉炜等专家开展讲座，完成 36 课时的思想政治专题教育。创办“两微一端”，制作微信推送 37 期。建立训练督导、理论学习、文化活动等小组，开展形式多样文体活动。完成《军事法》《军事思想》等 70 余课时军政课程的学习训练。组织 250 余人次参加历时 2 个多月的暑期军政训练，完成主校区、威海校区、海滨学院新生军训带训任务。在驻京高校和内蒙古大学等 12 所签约高校暑期基地化训练中，各项评比均名列前茅，在暑期军政基础训练中总评成绩优异。涌现出获得“知行–亮剑奖学金”的 2015 级国防生陈宸、获得“砺剑奖学金”的袁占慧等 15 名国防生先进个人和 8 个国防生先进集体。

（曲　斌）

共青团工作

【概况】

2018 年，学校共青团贯彻落实全国高校思想政治工作会议精神、全国教育大会精神、团的十八大精神，贯彻《关于进一步加强和改进学校共青团工作的若干意见》精神，围绕共青团“凝聚青年、服务大局、当好桥梁、从严治团”四维工作格局，推进各项改革措施细化落实，努力做团员青年成长成才的引路人和好伙伴，在学校思想政治工作和“大思政”工作格局中发挥生力军作用。

（任一豪）

【组织建设】

在党组织领导下做好“推荐优秀团员作为入党积极分子人选”工作，注重教育引导，促进学生主动学习党史党章，协助党支部做好发展对象的考察工作。将“推优入党”纳入新生入学教育，持续开展“对话信仰，思想领航”入党宣讲，面向全体 2018 级本科生宣讲入党相关内容。

推行《北京交通大学本科生党支部、团支部、班级协同工作制度》，以党建带团建，使党建和思想政治工作更加贴近实际、贴近生活、贴近学生，提升学生自我管理水平，促进学生思想政治工作深入开展。

增加对团支部的发展性资源支持，结合团支部等级评估，实施基层团组织“活力提升”工程，对学院团委破解基层团建重点难点问题立项进行总结评估，完成首批 19 个子项目的结项验收，形成工作规范。

评选 2017—2018 学年“北京交通大学五四奖章”人选，开展“厉害了，我的国”和“春风化雨四十载，韶光奋进正当时”主题团日活动，开展 2017—2018 学年团员教育评议和“英才奖”候选人推荐工作，开展 2017—2018 学年团支部等级终期评估工作，开展“中国梦”主题教育和社会主义核心价值观教育系列活动，推荐参评“2017—2018 年度首都大学、中职院校‘先锋杯’优秀团支部、优秀基层团干部、优秀团员”竞赛评选，开展 2018—2019 学年团支部等级中期评估工作。

通过答辩评选出“十佳团日活动”与“十佳团支部书记”，为广大青年树立学校基层团支部与团支部书记的先进典型，传递榜样力量。

（任一豪）

【网络思想引领】

持续建设交大共青团团属主要新媒体平台“交大伴读小书童”，2018 年共推送文章 350 篇、累计阅读量近 32 万次，营造积极正向的校园网络文化环境，加强网络思想引领。建设交大企业号“青春交大”栏目，全年单篇文章最多阅读人数 2 126 人。举办团聚宣传人宣传技能培训班，打造全校 400 余人的网络宣传员队伍。

（任一豪）

【主题教育】

以改革开放40周年重大历史节点为契机，举行“纪念‘一二·九’运动83周年暨庆祝改革开放40周年”主题升旗仪式和主题合唱比赛，开展主题宣讲、征文、知识竞赛、“交大青年说”演讲比赛、“红潮澎湃”先锋论坛、文思读书会等系列活动。(组织全校团员青年开展“厉害了我的国”及“春风化雨四十载，韶光奋进正当时”主题团日活动，带领广大青年深入了解改革开放以来国家的巨大变化，牢固树立“四个自信”和“四个认同”。)

围绕学习习总书记“7·2”重要讲话精神和团的十八大精神开展各类主题教育活动，下发《关于深入学习领会习近平总书记“7·2”重要讲话精神切实抓好团的十八大精神学习宣传贯彻工作的通知》。邀请北京团市委副书记郭文杰为我校共青团干部做团十八大精神专题报告，结合团日活动发动各级团组织开展学习实践。在团校新任团支部书记培训班和精英训练营中增加学习团的十八大精神主题理论授课。开展“中国梦”主题教育和社会主义核心价值观教育系列活动，举行纪念五四运动99周年主题升旗仪式、颁奖典礼和“交大论坛”辩论赛等活动。

推进“青年马克思主义者培养工程”。完善院级团校、新任团支部书记培训班、精英训练营三级学生骨干培养体系，举办第二十八期团校暨第十二期精英训练营，带领全校学生骨干成员赴威海进行全封闭式集中培训。面向全校2018级本科生、研究生新任团支部书记开展第二十八期团校暨第七期新生团支部书记培训班。

2017—2018学年，全校评选出甲级团支部54个、乙级团支部136个、英才奖18人、优秀团干部602人、优秀团员1 331人以及十佳团支部书记、十佳主题团日活动等。学校1个学院团委获评“北京市五四红旗团委”，25个团支部获评首都大学、中专院校“先锋杯”团支部，获评“北京市优秀共青团干部”1人、“北京市优秀共青团员”1人、“先锋杯”优秀基层团干部25人、“先锋杯”优秀团员25人、北京市“三好学生”40人，获评北京市“优秀团干部”13人，13个团支部获评北京市“先进班集体”。

(任一豪)

【青年群体特点调研】

测评团员青年对共青团开展活动的满意度，开展“我校学生对共青团工作满意度调研”、持续开展“2018—2019学年秋季学期学生活动满意度调研”。准确把握新形势下青年思想动态、行为特点与发展诉求，开展“00后特点调研”。全年累计开展调研5次，覆盖近5 000人次，形成报告共计14 500字，为学校共青团科学决策提供支撑，有效推动共青团改进工作方式、提升工作效果。

(任一豪)

【社会实践】

举办“知行杯”社会实践调研大赛。组织“青年中国行”暑期社会实践活动暨微纪录作品大赛，全校共组队380余支，参与人数达3 400余人，足迹遍布全国26个省市，更有实践团远赴英美及一带一路沿线国家开展暑期社会实践。校团委获评2018年全国大中专学生志愿者暑期“三下乡”社会实践活动优秀单位、2018年全国大学生“一带一路”暑期社会实践专项行动优秀组织单位和2018年“青年服务国家”首都大中专学生暑期社会实践先进单位。1支团队评获2018年全国大中专学生志愿者暑期“三下乡”社会实践活动“推普脱贫攻坚”专项行动优秀团队。在全国“三下乡”社会实践“千校千项”评选活动中，获评强

国一代新青年 1 人、匠心传播好作品 1 个、最具影响好项目 1 个。在“青年服务国家”首都暑期社会实践评选活动中，2 支团队入选百强团队，8 支团队获优秀团队称号，16 人分别获评先进工作者和先进个人，8 支团队入选“乡村振兴青年作为”首都阳光使者专项百强团队。在“翼互联，享智慧”首都大学生暑期社会实践专项活动中，1 支团队获二等奖。在全校各单位组织开展的各类社会实践中，111 支团队获校级社会实践优秀团队一、二、三等奖及优秀奖，40 名教师获评校级社会实践先进工作者或优秀指导教师，837 名学生获评校级社会实践先进个人。

（任一豪）

【志愿服务】

推动大学生志愿服务制度化、日常化、便利化，组织学生参加 2018 年中非合作论坛北京峰会、第 38 届北京马拉松、“伟大的变革”庆祝改革开放 40 周年大型展览等大中型志愿活动 30 项、93 次，全校累计开展志愿服务项目 113 项、参与志愿者 10 914 人次、累计志愿服务时长达 65 231 小时。学校获评“2018 年中非合作论坛北京峰会志愿服务优秀组织单位”，校青年志愿者服务团获评“2017—2018 年北京马拉松优秀年北京马拉松优秀志愿者团体”，7 名同学获评“2018 年中非合作论坛北京峰会志愿服务优秀志愿者”，6 名同学获“2018 年春季音画梦想优秀志愿者”称号。

（任一豪）

【科技创新创业】

积极开展“百科英雄会”百科知识竞赛、大创宣讲会、大创作品实物展、“知行杯”创新创业计划大赛、简历求职大赛、学术型创新社团联盟建设和全国科普日系列活动。举办就业、求职、创业沙龙 8 场，名企参观、科技类场馆参观 7 场。在“创青春”全国大学生创业大赛中，学校获铜奖 1 项。在“创青春”首都大学生创业大赛中获金奖 1 项、银奖 3 项、铜奖 3 项。

（任一豪）

【文化艺术教育活动】

排演话剧《茅以升》，弘扬交大精神，面向 2018 级本科生举行迎新专场演出 3 场，为新生上好思政课，引导学生自觉践行社会主义核心价值观，赴江苏南通汇演取得良好社会反响。学生艺术团排演大型声乐套曲《长征组歌——红军不怕远征难》，弘扬长征精神，实现新生入学教育全覆盖。

继续开展“走进国家大剧院”等活动，面向师生发放演出门票共 80 余场次、2 800 余张。开展“高雅艺术进校园”“民族艺术进校园”活动 4 场次：邀请中国广播艺术团、海文越剧团、北京民族艺术团来校演出，举办 2018 年校园公益巡演《你好，音乐剧!》专场演出，提升学生艺术素养。继续开展高水平人文社科讲座“明湖讲堂”，邀请著名红学家、87 版《红楼梦》编剧周岭做讲座。发挥艺术团在提升学生艺术修养方面的引领作用，学生艺术团举办“大师与少年”北京交通大学交响乐团与意大利音乐家专场音乐会、“千里同音”交响乐团合唱团专场音乐会、“弦舞”民乐团舞蹈团专场演出、管乐团主题音乐沙龙。

打造特色文化品牌，营造良好校园文化氛围。举办校园歌星大赛、“天之交子”风采展示大赛、2018 届本科毕业生晚会、“团聚今夜”社团盛典等活动。举办北京交通大学“新时代·新青年·新梦想”2018 届本科毕业生晚会。

（任一豪）

【学生会组织与学生社团】

加强学生会、研究生会自身建设，推动学生会组织改革，发挥推动大学生思想政治教育、服务大学生全面发展的重要作用。修订《北京交通大学学生社团管理规定》《北京交通大学学生社团考评办法》，规范学生社团登记和年检制度，引导学生社团规范发展，全校有 212 家学生社团成功注册并开展活动。

学生会：举办北京交通大学学生会第六期骨干培训学校、第六届“我是辩手”新生辩论赛和“寻找·设计我最美的交大”校园文化产品设计大赛。举办四六级模拟考试 2 次，参加人数 2 500 余人；开展红果园论坛近百场，覆盖全校近 7 000 名本科生。学生会微信平台关注量达 28 984 人、总阅读量 754 601 次、转发 52 797 次。举办清明节主题文化活动和端午节主题文化活动。成立学生选书委员会，举办校领导与学生代表面对面交流座谈会、“权益月”主题教育活动、“温暖衣冬”爱心传递活动、校园学生跳蚤市场。开展“交大实惠”推介活动。

研究生会：召开学校第十次研究生代表大会，选举产生北京交通大学第十届研究生委员会委员。举办第二十八届“慧光杯”研究生学术文化节，承办“身边的榜样”国家奖学金获得者经验分享会。举办“知行杯”研究生体育文化节、趣味运动会和素质拓展等体育活动；承办“师生情”研究生毕业生晚会、“研究生英语文化之夜”等大型文艺活动。举办第三十届研究生干部理事大会暨骨干培训会。经营新媒体平台，研究生会微信平台作为一个较为年轻的宣传平台，关注量 1 787 人、总阅读量 24 869 次、转发 1 463 次。开展“众里寻 Ta”研究生交友活动、北京中医药大学进高校合作义诊、“宿舍安全周”活动。组织“关爱敬老院孤寡老人”“关爱自闭症儿童”“温暖衣冬”志愿服务活动。

学生社团联合会：依托“百团大战”社团招新、“奔跑吧，交子”户外运动挑战赛、“五四游园会”、社团文化月、第九届“团聚今夜”社团盛典等活动，为学生社团搭建展示平台。规范社团活动审批流程，提升社团活动质量。完善社团考评体系，举办“明星新秀社团答辩会”。打造 Lamp 音乐联盟、阿卡贝拉、齐悦相声社和 DC 街舞社的专场演出、绿色之家的“绿色宿舍”活动、自行车协会的骑行北京、山盟社户外文化节、健美操协会健美操大赛、羽毛球乒乓球等协会的“院际杯”大赛、机器人协会的虚拟方案设计大赛、推理社的校园寻宝等社团文化品牌。

学生科学技术协会：组建学术型创新社团联盟，协助教务处举办大创实物展、大创宣讲会、“交通未来”北区赛评审、“创青春”首都大学生创业大赛，组织选手参加“交通·未来”大学生创意作品大赛决赛，举办“企业行”名企参观系列活动、北京交通大学学生创业训练营、第三届简历求职大赛、创业沙龙、第二十届校百科知识竞赛、“创新引领时代，智慧点亮生活”——全国科普日、创新创业计划大赛，对多个科研类社团进行采访、开设“竞赛说”采访栏目，营造学术科技氛围，促进优良学风建设。

知行—特色理论学习研究会：开展“提案中国”——提案大赛、第八届“知行杯”社会实践调查大赛、“改革开放 40 周年”征文活动、交大诗词大会、课堂宣讲、“红潮澎湃”先锋论坛——《学习习近平的七年知青岁月》主题论坛。

青年志愿者服务团：组织海洋馆、汽车博物馆、化工博物馆和天文馆志愿服务活动，

举办“雷锋月”“捐衣捐物”“银杏书签”“天阶接访”志愿活动，举办“12·5志愿嘉年华”，举办“音画梦想”和“蓓蕾花开”志愿活动，打造青团品牌志愿活动，举办“帮扶飞行英勋闻叔叔”活动，为中非合作论坛北京峰会、北京马拉松等活动招募志愿者。

（任一豪）

工 会 工 作

【概况】

2018 年学校工会学习贯彻十九大和全国教育大会精神，在校党委的领导下服务主业、服务发展、服务广大教职工，助推学校事业发展。

（武慧姣）

【教代会工作】

1 月 5 日，学校举行第七届教职工代表大会暨第十二届工会会员代表大会第五次全体会议，会议听取宁滨校长的学校年度工作报告、关忠良副校长所做的学校年度财务工作报告，审议了教代会工会年度工作报告、提案工作委员会工作报告。大会增选孙守光、徐晓玉为校工会委员会委员。第十二届校工会委员会第五次会议选举孙守光为校工会主席，徐晓玉为校工会副主席。

1 月 23 日，举行第七届教职工代表大会暨第十二届工会会员代表大会第六次全体会议，会议代表听取了孙守光副书记所做的《关于周转房租赁工作的指导意见及租赁实施细则的说明》，各代表团进行了讨论，校工会汇总意见建议据实转交学校相关部门。

10 月 31 日，校党委转发《关于筹备召开北京交通大学第八次教职工代表大会暨第十三次工会会员代表大会的通知》，双代会换届工作正式启动。11 月中下旬，22 个二级工会单位分别进行了各单位二级教代会代表、学校双代会代表、二级工会委员会的选举工作。全校共选举产生第八届教代会暨第十三届工代会代表 307 名，分属 13 个代表团。

12 月 20—21 日，举行学校第八届教职工代表大会暨第十三届工会会员代表大会，会议听取并审议了《大会筹备报告》《代表资格审查报告》、校长宁滨所做的学校工作报告、副校长关忠良所做的《学校财务工作报告》、副书记孙守光所做的《工会工作报告》、提案委员会主任邵春福所做的《提案工作报告》，并书面审议了《工会财务工作报告》和《工会经费审查委员会工作报告》。大会选举产生了新一届教代会常设主席团和新一届工会委员会、工会经费审查委员会。第八届教代会常设主席团第一次全体会议选举孙守光为教代会常设主席团主任，王志海为副主任；第十三届工会委员会第一次全体会议选举孙守光为工会主席，王雪松为工会常务副主席，周俞波、徐晓玉为工会副主席，裴丽为工会兼职副主席；第十三届工会经费委员会第一次全体会议选举孙蓝烽为主任，周阳为副主任。

上一年度教代会提案 12 件，10 月底全部承办完成，促成了家属区道路修整、幼儿园教室扩建等工作，促进了智慧校园、智慧教室等工作的持续推进。

（武慧姣）

【青年教师与女教职工工作】

3 月，举办全校女教工才艺大赛、猜谜、女性健康有奖知识竞赛等“三八”妇女节系列活动。全年举行女教工厨艺体验活动、女性化妆、亲子活动、参观等 10 余项活动，近 500 人次女职工参加。

10 月，与教师发展中心合作，组织学校第十二届青年教师教学基本功比赛，全校青年教师参与比例达 90%以上，经各教学单位初赛，31 位选手进入学校复赛和决赛，评选出一等奖 6 名、二等奖 6 名、三等奖 19 名、优秀教案奖 6 个。

（武慧姣）

【师德建设和“三育人”工作】

建艺学院张纯、运输学院刘仍奎、语传学院姜玉珍、法学院王世海等 4 位教师荣获 2018 年北京市师德先锋称号。

7 月，评选出 2018 年校“三育人”教书育人先进个人 20 名，管理服务育人先进个人 17 名，先进集体 5 个，“三育人”先进个人标兵 1 名。名单如下：

教书育人先进个人（20 名）：

汝宜红　都　平　李一玫　徐晓峰　陈梅倩　黎　琳　曹艳梅　张兴华　陈绍宽
冀振燕　宋　颖　张　澎　贺振欢　唐　芬　张　驰　赵谡玲　祝　瑛　刘　伟
张莉莉　孙延涛

管理服务育人先进个人（17 名）：

徐春玲　邱　丹　曲永政　李继红　聂　颖　宋　巍　由凤玲　刘利强　王延超
王舒驰　孙娟娟　张　华　汤　斌　彭　烜　韩柏涛　黄　晨　郭　栋

“三育人”先进集体（5 个）：

后勤集团饮食服务中心
机电学院《机械原理》课程教学团队
电气学院电工基地教学团队
理学院《几何与代数》课程组
校医院口腔科

“三育人”先进个人标兵（1 名）：

汝宜红

（武慧姣）

【文化体育活动】

举办教职工第三十五届田径运动会，并与运动会结合举办广播操比赛和一分钟踢毽子、一分钟跳绳、平板撑三项非田径项目比赛，以及教职工羽毛球赛、乒乓球赛、网球赛、登香山比赛等赛事。新成立教职工足球协会和象棋协会并举办比赛。

举办各类讲座，组织春秋游、植树，组织教职工合唱团排练演出。

利用教职工之家场地全年共举办各类兴趣班、讲座、训练、比赛近 80 个班次，参与人数达近 3 000 人次，各二级工会共预约各类场地近百次，活动参与人数在 4 000 人次以上。先后举办了书法、素描、油画、水彩、乒乓球、台球、太极剑、太极扇、古琴、马头琴、瑜伽、舞蹈、剪纸、绳艺、茶艺等培训班。

（武慧姣）

【暖心工程】

新年组织书画协会成员为学校家属区书写春联，下乡为郊区村民书写赠送春联。五一和春节慰问学校 23 位市级及以上劳模，组织劳模专项体检、劳模疗休养。慰问献血职工、暑期和寒假在岗职工和工会退休职工，护士节慰问校医院护士。慰问威海校区职工；组织优秀教职工北戴河暑期疗休养活动。组织新入职和新退休职工活动。表彰 52 名从事教育工作满三十年职工。为 2 498 名教职工及家属办理 2019 年北京市公园年票，采取会员本人承担 50%、校工会承担 20%、二级工会承担 30%、会员家属全自费的原则，投入工会经费 9.32 万元。组织银行、通信、汽车服务、美容、家装等社会企业进校园优惠便民服务近 10 次。

针对全校教职工提供心理、法律方面一对一免费咨询服务，截至 11 月底，为 20 余名教职工提供了 40 多次的心理咨询服务，为 20 余名教职工提供了法律咨询服务。

学校投入 18.33 万元为全校 4 583 名教职工投保《重大疾病互助保障计划》，投入 277 万余元为全校 3 844 名教职工体检。

探望困难职工 10 人，共补助金额 2 万元；申请校爱心基金 6 人次，共计 11.5 万元。申请北京市爱心基金 3 人次，共计 4 万元。完成教职工互助保险赔付 11 人次，共计 9.73 万元。共计办理发放教职工困难补助 127 人次，金额 16.2 万元。全年共计办理教职工京卡 538 人次，至 2018 年底在职教职工办理京卡总数达到 4 184 人。截至 2018 年底，京卡赠送医疗二次报销 847 人次，共计 10.53 万元。

全年共计为 1 042 名职工发放了生日蛋糕兑换券（200 元标准），慰问了 128 名生子职工（200 元标准），慰问了 52 名新婚职工（200 元标准），共计支出 24.44 万元。

（武慧姣）

【工会组织建设】

3 月，召开校工会委员会扩大会议，研讨工会工作和职工之家的建设与管理工作。

7 月，完成《高校基层管理人员的诉求分析》课题。

9 月，启动全校二级工会教职工小家验收工作，针对场地、经费、文体、特色、创新等方面综合考评，电信学院、计算机学院、经管学院、土建学院、机电学院、电气学院、语传学院、软件学院、建艺学院、法学院、远程学院、后勤集团、校医院、图书馆、威海校区 15 个二级工会教职工小家被评为校级优秀。

学校工会先后赴北大、北航、中国农大等高校调研学习；安徽省教育工会、内蒙古自治区教育工会、广东工大等上级领导和高校同仁先后到来校考察调研。

在北京市总工会 2017 年度基层工会重点工作考评工作中，北京交通大学工会考评结果为优秀等级；计算机学院、经管学院、机电学院、语言学院、建艺学院、后勤集团 6 个工会职工小家获评北京市总工会暖心驿站。

学校评选出 2018 年度工会综合考评奖 11 个、优秀工会小组 37 个、优秀工会干部 71 人、优秀工会工作者 168 人、教职工之友 16 人，具体名单如下：

2018 年度工会综合考评奖（11 个，排名不分先后）：

电信学院、计算机学院、经管学院、土建学院、机电学院

电气学院、语言学院、建艺学院、法学院、后勤集团、威海校区

2018 年度优秀工会小组（37 个）：

电信学院：光波技术研究所工会小组、国家电工电子教学基地工会小组、运输自动化科学技术研究所工会小组

计算机学院：信息所工会小组、基础教学基地工会小组

经管学院：机关工会小组

运输学院：系统科学研究所工会小组、交通工程系工会小组

土建学院：岩土系工会小组、院机关工会小组

机电学院：动力与能源工程系工会小组、材料科学与工程研究中心工会小组

电气学院：电工电子教学基地工会小组、新能源研究所工会小组

理学院：生命科学与生物工程研究院工会小组

马克思学院：学院机关工会小组

语言学院：英语系工会小组

法学院：院机关工会小组

建艺学院：建筑系工会小组

软件学院：行政工会小组

远程学院：培训工会小组

校医院：内科、健康管理中心工会小组

图书馆：采编部工会小组、咨询部工会小组

后勤集团：幼儿教育中心工会小组、楼宇服务管理中心工会小组小组、校园服务管理中心工会小组、知行大厦工会小组

资产公司：思源公司工会小组

校机关：档案馆工会小组、思政中心工会小组、学校办工会小组、招生就业处工会小组、研究生院工会小组

国家重点实验室：安全评估研究中心工会小组

威海校区：校区办/人事工会小组、教务/基础部/实验中心工会小组

2018 年度优秀工会干部（71 人，按姓氏笔画排序）：

丁金凤　王　宇　王俊峰　王　莹　王　康　公维红　文映春　方宇鹏　左映娟
申振明　田永静　白延雷　丛培慧　刘更新　刘国忠　刘　洵　刘　颖　关红怡
孙卫青　孙文博　孙冬梅　孙　鹏　孙慧环　李世珍　李绍斌　李继红　杨　蔚
吴　琼　邱　成　何永淼　何志涛　何　青　宏　宇　初汉明　张红卫　张若达
陈士谦　陈　尘　陈宇飞　陈志伟　陈劲松　陈畅伟　陈　博　邵春福　林晓亮
周达天　周　阳　周　倩　郑　兰　郝志如　胡　健　段春荣　养雪琴　姚思洋
徐　民　徐　鹏　殷辰堃　高永峰　郭祎华　黄　津　崔迎春　崔雅楼　康　俊
商丽媛　董乐贤　董玲玲　董敬祝　董　瑞　韩　超　潘显钟　薄燕军

2018 年度优秀工会工作者（168 人，按姓氏笔画排序）：

于　雄　卫振林　马　帅　马英新　马　梅　王　丹　王世海　王冰玉　王利利
王　欣　王美好　王晓丹　王爱国　王　悦　王　娟　王　颖　王新羿　王新婷
王翠肖　孔　飞　左　珂　田英杰　田宝伟　四兵锋　白　婧　成喜雨　毕　斐
曲丹儿　曲立忠　曲　斌　吕芳青　朱生福　朱永德　乔海英　任　俊　刘万成
刘文超　刘冬薇　刘　延　刘杜娟　刘　丽　刘丽莎　刘丽娟　刘建京　刘思月
刘美琴　刘语佳　刘　艳　刘晓锐　刘　彪　刘　铭　刘　寞　刘慧敏　汤　斌
孙玉洁　孙　玥　孙晓丽　孙萍萍　孙　媛　阴　猛　杜红庆　杜秀霞　杜迎雪
杜　欣　李一帆　李白玉　李　冰　李克平　李杨波　李丽丽　李金慧　李建伟
李洋颀　李凌宇　李润梅　李　梅　李　鸽　李鹏翔　李　蕾　杨亚丹　杨春和
邱瑞昌　何　琳　沈　伟　沈　岩　沈喜生　宋光森　张天飏　张云鹏　张　驰

张　纯　张　京　张　曼　张　敏　陈力铭　陈广华　陈玉娟　陈永发　陈　刚
陈　羽　陈启刚　陈彦文　陈　婷　邵小桃　武慧姣　范玮玮　范　玲　周　兴
周建勤　周艳茹　周　婉　郑可欣　官　科　承向军　孟庆杰　项雪峰　赵　冉
赵海莲　赵舒婷　赵　睿　郝建芳　洪丽平　祝晓文　姚志刚　姚学庆　贺　阳
秦　莹　耿　聪　聂冰川　聂　侨　夏　杨　晏　曦　徐东亮　徐　丽　徐　薇
高振宇　郭　栋　郭思林　郭　瑞　郭　静　唐　芬　常笑薇　章卫红　盖玉苑
梁凤波　梁东升　董亚兴　董　惟　敬嵛瑗　蒋双月　蒋尧珍　韩小娜　韩娉婷
温俊英　温　馨　谢东繁　靳小燕　满鹤楠　褚晓添　蔡云鹏　蔡永林　翟美云
黎　琳　滕　竹　冀　娜　穆海冰　戴江雯　魏泽崧

2018 年度教职工之友（16 人，按姓氏笔画排序）：

于亚光　马　强　王虹英　司银涛　杜永平　李　彤　李宏林　杨晓晖　张　力
和敬涵　赵　岚　聂　磊　唐　涛　黄晓慧　解　郁　裴劲松

（武慧姣）

老干部与离退休工作

【概况】

2018 年学校离退休工作处贯彻落实上级部门有关加强离退休工作的要求，把政治建设放在首位，加强思想建设和党组织建设，认真落实好政治待遇和生活待遇，增强精准服务意识，做好服务管理工作，引导老同志发挥优势和作用，为学校事业改革发展增添正能量。

截至 2018 年年底，学校有离退休教职工 1 888 人，其中离休干部 58 人，退休教职工 1 830 人；90 岁以上 41 人，80 岁以上 574 人，70 岁以上 1 010 人；全年退休 78 人，离休 2 人，去世 29 人，净增 51 人。离退休党员 898 人，占离退休职工总数的 47.56%，分布于 16 个党支部。离退休人员相关情况数据详见表 5、表 6、表 7。

表 5　离退休人员按行政级别分类一览表

类别	正局	副局	正处	副处	正科	其他	小计
离休/人	2	8	3	30	0	15	58
退休/人	5	9	67	77	89	1 583	1 830
合计/人	7	17	70	107	89	1 595	1 888

表 6　离退休人员按技术职称分类一览表

类别	正高	副高	中级	初级	其他	小计
离休/人	8	18	15	5	12	58
退休/人	223	542	354	113	598	1 830
合计/人	231	560	369	118	610	1 888
百分比/%	12.24	29.66	19.54	6.25	32.31	100

表 7　离退休人员按年龄段分类一览表

类别	90 岁及以上	80～89 岁	70～79 岁	60～69 岁	60 岁以下	小计
全部人员	41	533	436	693	185	1 888
百分比/%	2.17	28.23	23.09	36.71	9.80	100
其中党员	29	328	197	290	54	898
百分比/%	3.23	36.53	21.94	32.29	6.01	100

（陈志新）

【党建工作】

把学习贯彻习近平新时代中国特色社会主义思想和党的十九大精神作为首要政治任务，通过专题辅导报告、集中培训、支部学习、发放学习资料、送学上门等方式，组织老同志开展学习。增强“四个意识”，坚定“四个自信”，引导老同志从政治上思想上行动上同以习近平同志为核心的党中央保持高度一致。

组织开展离退休党支部换届，将2个离休支部合并为1个。通过换届选齐配强支部书记，一批党务经验较为丰富、年龄相对较小的老同志担任支委工作，除个别支部外，支委年龄普遍在70岁以下，改善了队伍结构。对新一届支部书记、支委开展为期三天的集中培训，培训内容包括习近平新时代中国特色社会主义思想和党的十九大精神、离退休党支部工作实务、案例教学。“七一”前夕，组织大型文艺演出“讴歌新时代，共筑中国梦”庆祝建党97周年暨改革开放40周年。

根据北京市文件，从2018年1月起，为离退休党务工作者发放工作补贴。推荐党组织和党员参与学校评优，离退休党委被学校党委授予先进基层党组织，刘文英、路加栓、康敬东、李国国4名离退休党员、郭家松（在职）被评为优秀党员，刘凤珍被评为优秀党支部书记，陈志新被评为优秀党务工作者。

（陈志新）

【落实两项待遇】

落实政治待遇。定期到老战士、离休老干部、老专家、老教授和老工人家中走访慰问，邀请老同志参加学校工作会议等重要会议。4月3日请学校全国政协委员钟章队教授做全国“两会”精神辅导报告。6月4日余祖俊副校长主持召开退休教职工社会养老保障并轨政策宣讲会，从2018年6月起学校退休教职工养老金由“央保中心”发放。11月27日，与老教授协会共同承办中国老教授协会报告会，由中国人民大学金灿荣教授作“当前国际形势的不确定性与中美关系的未来态势”专题讲座。与软件学院党委共同开展“把耳朵叫醒”关爱老年人听力健康活动。制作优秀党日视频《没有共产党就没有新中国》被北京市教育工委评为三等奖。

落实生活待遇。元旦春节、“七一”、重阳节等重要节日，走访慰问患病、困难老党员、老同志，离休干部慰问全覆盖，日常看望因病住院的老同志，走访慰问人数累计达到400人次以上。对44位因重病造成生活困难的老同志进行帮扶资助，发放资助金19.79万元。春节看望身患重病的105位老同志，发放慰问金5.25万元。为574名80岁以上老同志发放慰问金28.7万元。开展“敬老月”活动，投入专项经费20万元，为近1 000名老同志做肺功能检测和中医体质辨识；配合校医院组织夕阳红健康讲座6场次，健步走2次，全年共计2 000人次参加活动。各二级单位通过组织茶话会、座谈会、参观游览及走访慰问活动，主动关心关爱老同志，营造敬老爱老助老良好氛围。

组织开展文体活动。举办离退休教职工秋季运动会，1 200余名老同志参加。春游、秋游活动各1次，赴红螺寺、黑龙潭、西山国家森林公园、野鸭湖湿地公园、北宫国家森林公园、西山大觉寺等地参观游览，共2 000余人次参加。组织各社团开展社团日活动，共计千人参加。组织离退休教职工合唱团参加北京市文艺汇演，木兰队参加北京高校老同志健身项目展示活动获“阳光风采奖”，松柏书画社钱万里、林玳玳、石峻晨参加北京市 “翰墨颂改革 丹青绘盛世”书画展分获一、二、三等奖。开展校内书画、摄影、剪纸展。组织两次棋牌类、室内小球比赛，包括象棋、麻将、乒乓球、台球比赛，活跃老同志生活。组织离退休老同志“享寿生日会”，为学校200名70岁以上逢五、逢十的离退休教职工举办庆生祝寿活动。

（陈志新）

【关工委工作】

全年组织关工委委员和二级关工委副主任学习讨论 10 余次。所有二级学院都建立关工委，研究思考网络新媒体环境下大学生思想政治教育的有效途径，发挥老同志在理想信念教育、思想品德教育和大学生党建工作中的优势开展党史校史铁路史教育、以学校历史文化和校史人物感染大学生。北京交通大学关工委获评“北京教育系统关心下一代工作先进集体”。

以立德树人为根本任务，以“人生大课堂”为载体，开展社会主义核心价值体系教育，全年为学生讲课和座谈近 20 次。以“名师面对面”为载体，帮助大学生在基础课学习中释疑解惑，全年为学生举办讲座 3 次。在 2018 级本科新生入学教育中，第一次将中国铁路史作为教育内容，由张其坤分 6 个场次为 3 000 余名新生做了《中国铁路史发展概要》讲座。松柏书画社的老同志利用每周六休息时间为学生书画社会员辅导。

关工委与大学生自强社联合举办捐献军训服装活动，共收到学生捐赠军训衣物 4 677 件，获北京教育关工委“北京高校军训服装捐赠工作先进集体”。

编写简报 7 期，2018 年获评“北京教育系统关工委信息宣传工作先进单位”，陈志新被评为“北京教育关工委信息宣传工作先进个人”。

作为组长单位，承办北京教育关工委第一协作组 2018 年年会，北京教育关工委主任张雪，副主任韩景阳、刘超美以及 13 所高校关工委负责人和秘书长与会。

（康敬东）

【老教授协会】

1 月 10 日，北京交通大学老教授协会召开第三届会员大会进行换届选举，190 余名会员参加会议。协会会长谈振辉作工作报告，大会通过老教授协会章程，选举产生 11 名第三届理事会成员，分别是邝明、刘文英、关惠峰、李志斌、张家栋、杨飞、杨翠兰、郭海云、谈振辉、高娅丽、蒋学清。谈振辉任第三届老教授协会会长，郭海云任秘书长。2018 年发展新会员 18 人，会员总数 300 人。

3 月 29 日邀请全国政协委员、北京邮电大学教授孟洛明做“两会”精神辅导报告。5 月 18 日参观北京汽车集团有限公司越野车分公司和北京燕京啤酒集团公司；10 月 14 日参观北京磁浮交通发展有限公司。10 月 29 日参观中国科学院大学（怀柔校区）、两弹一星展览馆。编写完成《老有所为、老有所忆、老有所乐汇编文集Ⅲ》20 多万字。

老教授们发挥自身专业、智力优势，通过担任本科教学督导员、参与研究生课程建设和教改项目评议、参与科研项目等，继续为学校建设贡献智慧和力量。

（杨翠兰）

【老年大学】

2018 年老年大学开设《书法中级班》《美术中级班》《手工编织班》，学员 180 余人，举办《国画创新与发展》《素描概论》《怎样画速写》《正确掌握笔法是写好书法的重要基础》等讲座。

（李永学）

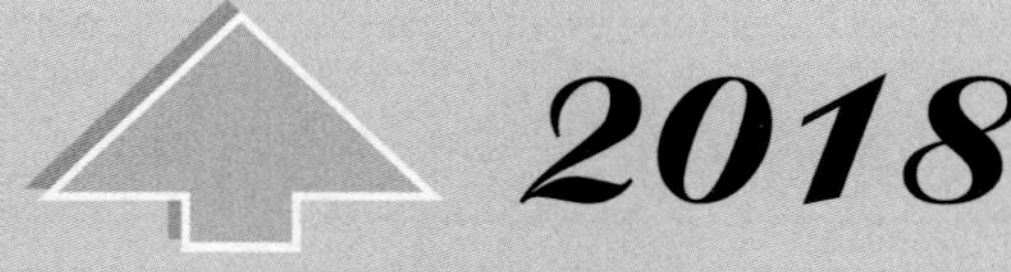

人 才 培 养

研究生教育

【概况】

2018 年，研究生院贯彻全国教育大会精神，根据学校“十三五”发展规划、世界一流学科建设方案以及 2018 年人才培养工作会议要求，坚持以提高研究生教育质量为核心，全面推进学校“双一流”建设。以立德树人为根本，深入推进实施学校一流研究生教育建设计划，推进优质核心课程建设，构建质量监控与保障体系，全面实施博士招生申请考核制，健全学位授权点评估及动态调整机制，建立常态化导师培训机制，全面落实导师立德树人职责，完善培养基地建设管理机制，获批工程博士专业学位授权类别，获全国研究生教育成果一等奖。

（孙　强　彭　杉）

【招生工作】

2018 年，学校全日制硕士研究生计划招收 3 300 人，实际招收 3 297 人，其中学术学位招收 1 809 人、专业学位招收 1 488 人；非全日制硕士研究生计划招收 1 150 人，实际招收 752 人；博士研究生计划招收 520 人，实际招收 520 人，其中学术学位招收 505 人、专业学位招收 15 人。2018 年接收推荐免试研究生人数 1 426 人。

5 月，经教育部批准，学校获得工程博士专业学位授权。通过“申请考核制”招生选拔，共招收工程博士生 15 名，其中电子与信息领域 8 名，先进制造领域 7 名。

学校获评北京市全国硕士研究生招生考试工作先进单位。

（肖　艳）

【培养工作】

2018 年，北京交通大学毕业全日制研究生 3 211 名，其中博士 339 名，硕士 2 872 名。截至年底全日制在校研究生 11 012 人，其中博士生 2 853 人、硕士生 8 159 人。2018 年春季，共开设全日制硕士生课程 602 门次、博士生课程 50 门次。2018 年秋季，共开设全日制硕士生课程 870 门次、博士生课程 87 门次。

加强课程管理制度化建设，制定《北京交通大学研究生优质核心课程建设管理办法》《北京交通大学研究生课堂教学秩序管理办法》，修订《北京交通大学研究生课程管理规定》和《研究生教育教学事故认定和处理办法》。以制度建设为抓手，促进教风和学风建设，建立常态化教学秩序检查、过程评价和结果评估三位一体的课程质量保障机制。

推进研究生拔尖创新人才培养特区建设。按学校“双一流”建设方案和“十三五”规划要求，总结前期试点经验，出台《北京交通大学研究生拔尖创新人才培养特区建设实施办法》，明确特区建设要求和规范，推进博士生培养模式改革。本年度重点建设“轨道工程”“电气工程”两个培养特区。

梳理总结学校研究生教育教学成果，组织教学成果奖申报。高自友教授团队完成的“优势学科交叉、特色平台支撑——交通行业高水平博士研究生培养模式探索与实践”成果获“第三届中国学位与研究生教育学会研究生教育成果奖”一等奖。

根据国务院学位办通知要求，对学校全部 19 个全日制工程硕士专业学位研究生培养方案进行修订。新方案进一步突出“思想政治正确、社会责任合格、理论方法扎实、技术应用过硬”的全面育人观。通过开设“工程伦理”课程、设置人文素养课程模块、增加创新创业学分要求、纳入“学期教育计划”内容等措施，加强工程硕士研究生综合素养教育，更好地适应国家经济社会发展对高层次应用型人才的新需求。制定“电子与信息”和“先进制造”工程博士培养方案，突出解决复杂工程技术问题、进行工程技术创新、组织实施高水平工程技术研发三大能力的培养。

夯实课程基础，全面加强研究生优质核心课程建设。出台管理办法，明确课程建设目标、建设内容，2018 年立项建设 58 门研究生优质核心课程，对 2017 年立项建设的 64 项优质核心课程项目进行了中期检查和结题验收。研究生教育教学研究与改革项目立项 28 项。校出版基金资助出版研究生教材 1 本。

“研究生创新研究基金项目”立项 206 项，其中Ⅰ级 162 项、Ⅱ级 44 项，资助总额 294 万元。

配合国家铁路局组织落实高铁工程学系列教材编写工作。学校具体承担 10 本教材建设任务。对接国家铁路局相关部门明确总体要求，落实各教材编写负责人，明确教材编写目标和内容，服务学科教授，推进教材编写工作。通过多本教材的编写构建高铁工程学学科教材体系。

落实学校关于博士、硕士研究生培养过程质量监控和研究生学术例会制度等相关文件要求，强化研究生培养过程管理，提高研究生培养质量。2018 年硕士公开答辩人数 766 人，末位延期 65 人。研究生整体学术风气更加端正，导师对研究生的指导与交流的实效性增强，研究生对待学位论文的重视程度明显提升，研究生全周期培养过程监控体系框架初步建立。

设立专项课题开展研究生培养过程和质量监控管理信息系统建设和研究生自助服务系统开发，提升服务水平。研究生培养过程和质量监控管理系统完成系统需求分析与设计，博士研究生培养过程管理系统和研究生自助服务系统展开试运行。

对接国外优质资源，开展国外高水平期刊主编“进校园”、国外优秀师资“进课程”活动。在学校国际学术交流基金资助博士生出国访学、参加国际会议和资助研究生国际会议宣读论文基础上，组织研究生参加高水平大学国际访学夏令营。在中欧工程教育联盟（SEEEP）框架下，主办博士生国际暑期学校。推进国际组织实习项目建设，制定研究生阶段培养方案，拓展研究生赴境外交流途径。2018 年国家公派研究生项目录取研究生 81 人，其中攻读国外硕士学位 3 人、攻读国外博士学位 4 人、赴国外联合培养 74 人。学校资助博士研究生出国访学 53 人，资助研究生参加国际会议 132 人，资助 114 名研究生在高水平国际会议上宣读论文。

完善研究生奖学金体系，修订《北京交通大学知行奖学金（研究生）评选办法》，增设“知行奖学金（研究生）”提名奖，每年评选人数由 10 人增至 20 人，其中知行奖不超过 10 人。全年为 9 587 名研究生发放各类助学金累计 7 200 万元，发放各类奖学金共计 8 865.6 万元。256 名研究生获得 2018 年研究生国家奖学金，其中博士研究生 82 人、硕士研究生 174 人；10 名研究生获得 2018 年度“知行奖学金（研究生）”，5 名研究生获得“知行奖学金（研究生）”提名奖。

明确激励导向，建立教师激励机制，调动广大教职工参与研究生教育教学的积极性和创造性，出台《北京交通大学研究生教育教学奖励办法》，提高对教师教学投入和取得教学成果的奖励力度，引导教师投身教学工作。

第十五届全国研究生数学建模竞赛学校获得一等奖 1 项、二等奖 5 项、三等奖 19 项和优秀组织奖。

（林　葵）

【专业学位培养】

继续统筹落实全日制和非全日制研究生教育协调发展，进一步完善非全日制专业学位研究生学籍管理、教务管理流程及体系，全面加强教学质量监控。加强存量在职专业研究生培养及学位论文撰写过程质量监控。

组织修订非全日制工程专业学位研究生培养方案，坚持“一个原则、两个导向、三个突出”的基本要求，优化非全日制研究生培养结构。开展非全日制专业学位研究生排课工作，2018 年春季共开设非全日制专业学位研究生课程 165 门，秋季共开设课程 210 门；继续对全校所有非全日制研究生的课堂教学秩序进行不间断检查，通过优化检查管理体系、建立二级检查制度、完善约谈沟通机制、重点督查问题课堂、定期发布检查通报，不断完善教学质量监控，切实保障非全日制研究生课堂教学秩序。

加强存量在职专业学位硕士研究生培养，强化过程管理。2018 年开设在职专业学位研究生课程 76 门和 65 门。制定《关于在职专业学位研究生更换导师相关事宜的通知》《北京交通大学关于提高在职专业学位研究生培养质量及加强学位论文质量过程控制的规定》《北京交通大学在职专业学位研究生申请延长最长学习年限实施细则》，规范在职专业学位研究生更换导师的程序，保障学位论文质量，完善在职专业学位硕士研究生退学程序。

制定《北京交通大学关于加强研究生联合培养基地建设的管理办法》，新增联合培养基地 17 个，稳定联系的联合培养基地达 81 个，累计派出研究生 350 人次，参与的校内导师 170 人共 210 人次，参与的基地导师 205 人。

（蓝　宏　李俊阳）

【学位工作】

2018 年召开 4 次校学位评定委员会全体会议，共授予硕士学位 4 257 人，博士学位 334 人。其中，1 月 19 日第十四届校学位评定委员会第二次全体会议审议通过 510 人授予硕士学位，56 人授予博士学位。4 月 12 日校学位评定委员会第三次全体会议审议通过 1 184 人授予硕士学位，34 人授予博士学位；6 月 21 日校学位评定委员会第四次全体会议审议通过 2 238 人授予硕士学位，124 人授予博士学位；10 月 10 日第十四届校学位评定委员会第五次全体会议审议通过 325 人授予硕士学位，120 人授予博士学位。

根据《北京交通大学优秀博士、硕士学位论文评选办法》，经过学院推荐和专家评审，第十四届校学位评定委员会第四次全体会议审议，评选出 2017—2018 学年校级优秀博士学位论文 17 篇和优秀硕士学位论文 100 篇。做好各类学会优秀博士学位论文推荐工作，获评中国复合材料学会优秀博士学位论文 1 篇、获评中国力学学会优秀博士学位论文 1 篇、博士学位论文获评北京图象图形学学会优秀博士学位论文 2 篇。

根据《北京交通大学研究生发表高水平论文奖励办法》，2018 年奖励高水平论文 932 篇，其中 An1 类论文 57 篇、An2 类论文 230 篇、An3 类论文 310 篇、An4 类论文 208 篇、An5

类论文 113 篇、As 类论文 14 篇。

根据《北京交通大学学位论文质量后评估实施办法》，通过教育部学位中心抽检平台进行评审，覆盖全部学位点，以及包括在职专业学位硕士（单证）在内的所有类型研究生学位论文，抽检 2017 年博士学位论文 67 篇，硕士学位论文 229 篇，均没有出现“存在问题学位论文”。在全校范围内开展学位论文买卖、代写行为专项检查工作。

1 月启动教师申请招收 2019 年博士研究生的资格审核。通过招生资格审核的博士生导师 659 人次（647 人），其中具有博士学位 641 人次，占总人数的 97.27%；正高级职称 478 人，占总人数的 72.53%。副高级职称 181 人，占总人数的 27.47%。2018 年新增硕士生导师 62 人，其中具有博士学位 61 人、占通过教师人数的 98.4%，兼职硕导 6 人。

制定《北京交通大学关于全面落实研究生导师立德树人职责的实施细则》，以导师立德树人职责为核心，全面规范导师指导行为。组织各学院开展专题培训，深入学习实施细则，全面梳理落实导师立德树人职责各项举措。出台了《北京交通大学研究生导师培训管理办法》，规范导师培训内容、组织形式与考核方式。成立“知行”导师学校，建立常态化导师培训机制。2018 年完成新增博士生导师培训，68 位博士生导师参加培训。组织学院实施导师培训 21 场，参与导师 1 162 人次。

开展学位授权点合格评估与专项评估工作，建立学位授权点自我评估及动态调整常态化机制。上报教育部 49 个学位授权点自我评估合格名单，动态调整撤销 1 个二级学科硕士学位授权点和 7 个硕士专业学位领域。组织建筑学硕士、艺术硕士和金融硕士等 3 个学位授权点参加教育部专项评估，并主动撤销 1 个专业学位领域招生资格。新增工程博士和新闻与传播硕士 2 个专业学位类别学位授权点。根据教育部要求，开展工程博士、硕士专业学位授权点对应调整工作，将学校现有 14 个工程硕士领域对应调整到 8 个硕士专业学位类别，2 个工程博士领域对应调整到 3 个博士专业学位类别。

（劳群芳）

【研究生思想政治教育与党建工作】

加强理想信念和核心价值观教育。以全覆盖、制度化、重实效为原则，加强科学道德和科研诚信教育。将学习《高等学校预防与处理学术不端行为办法》纳入新生教育，校院两级进行学术道德宣讲。实施研究生学术诚信承诺制度，2018 级研究生 100%签订《研究生遵守学术道德规范承诺书》。组织研究生参加全国科学道德和学风建设宣讲教育报告会，组织师生在校内同步收看。举办研究生科学道德和学风建设宣讲教育主题月活动，开展“身边的榜样”国家奖学金获得者经验分享会，举办北京交通大学处理学术不端细则及案例展，制作发放《科学道德和学风建设学习题库》。举办第三届交通大学“榜样的力量”巡讲报告会。开展第七届研究生“样板宿舍”评比活动。开展 2018 年北京交通大学研究生优秀基层组织创建展示活动。结合学校“一张表”，加强研究生诚信档案建设。印发《关于做好 2018 届毕业研究生主题教育工作的通知》，增强研究生感恩意识和社会责任感。以“永远跟党走，永远交大人”为主题，举办 2018 届“师生情”研究生毕业晚会。组织两次校级优秀毕业研究生、优秀毕业研究生干部及北京市优秀毕业生评选工作。开展“法律咨询坊”等志愿服务活动，百余名研究生参与世界运输大会志愿服务工作等大型活动，通过志愿服务增强了社会责任感。

继续实施研究生党员教育培训工程。参与制定《北京交通大学 2018 年学生党员先锋工程实施计划》，做好研究生党支部建设和党员教育工作。重点加强体验式教育，校院两级共组织 23 次红色体验式实践教育，637 人次研究生党员骨干参与。面向毕业研究生党员开展“五个一”主题教育活动，组织开展体验式教育、党课、为母校做一件实事等。组织收看全国人大会议开幕式，学习讨论政府工作报告，参加在线学习答题活动。第一期北京高校学习习近平新时代中国特色社会主义思想博士生宣讲团成员开展 2 次校内宣讲，4 名研究生党员骨干入选第二期宣讲团，4 名研究生入选北京高校研究生党员骨干培训班。联合组织部将学生党员纳入在线学习系统，丰富培训教育渠道和路径。各学院组织研究生党员教育，举办“七一”表彰颁奖典礼、邀请院领导对支部书记进行专题培训、开展红歌比赛等。累计开展院级党员骨干培训 143 次、党员教育 120 场、16 377 人次。重点推进各学院落实《北京交通大学关于加强研究生党支部建设的实施意见》，组织召开研究生党支部建设工作交流会，将研究生党建工作在基层落地落实、向纵深发展。部分学院探索研究生党支部设置模式改革。制定《研究生党支部书记培训方案》，通过专家讲座、团队训练、实务培训等模块，校院两级开展培训 32 学时。组织红色“1+1”活动，共 43 个研究生党支部开展了 31 项活动，其中 10 项活动获评北京市三等奖和优秀奖，学校获得优秀组织奖。将参观纪念马克思诞辰 200 周年及庆祝改革开放 40 周年主题展览、观看“首都百万师生同上一堂课”、《厉害了，我的国》等活动，作为党支部活动的重要内容。将党支部工作与学风建设、就业工作、科技志愿服务等相结合，研究生党支部开展集体学习 1 526 次、交流研讨 1 023 次、党员活动 1 492 次，党支部书记讲党课 456 次。

推进研究生学期教育计划。与图书馆联合组织开展数据库培训及专利培训，校院两级累计开展科学道德和学风建设宣讲教育 233 学时。举办“研究生心理健康教育周”活动，分 4 场对全体 2018 级研究生进行心理健康教育培训，面向心理委员开展 3 次专业培训，1 名研究生获评“全国百佳心理委员”，协助心理中心面向 2018 级研究生开展心理普查及个体咨询，举办 2 期“众里寻 Ta”研究生交友活动，校院两级共开展心理健康相关教育 84 学时。校院两级共开展职业发展相关教育 345 学时。举办“研究生安全教育培训周”活动，分 4 场面向全体 2018 级研究生进行安全知识培训，各学院与研究生新生 100%签订《安全责任书》，组织 2018 级研究生参加安全知识在线培训考试，制作并发放《研究生安全教育知识手册》，校院两级共开展安全相关教育 79 学时。

做好研究生网络思想教育。利用研究生微信平台，开展网络思想政治教育，推送 165 期、346 项图文消息，总阅读量 260 472 次，朋友圈转发 8 900 次。加强“知行”论坛舆情信息收集、研判分析和舆论引导，编辑《研究生网络舆情分析报告》53 期。在知行论坛研究生科学道德和学风建设专版发布正能量帖子 220 篇，引导研究生舆论，加强宣传教育。

加强研究生思想政治教育队伍建设。加强辅导员队伍建设，强调理论培训与工作实践相结合，构建分层次、多形式、重实效的专兼职辅导员培训体系。累计选派 45 人次参加教育部、省市级线上线下培训，分专题组织 2 次校内集中培训、7 次沙龙培训，面向 114 名研究生兼职辅导员设计并实施模块化系列课程，高艳副校长颁发聘书并做首场培训，邀请校内外专家分 9 讲开展培训及专题研讨。各学院辅导员针对全日制研究生开展深度辅导，全年共 10 563 人次。完善《研究生专职辅导员考核办法》，重点加强辅导员工作实效考核及兼职辅导员聘期考核。研究生辅导员中 11 人次获得校级及以上荣誉称号。建艺学院陈劲松获评第十届全国高校辅导员年度人物提名奖。与研究生院联合制定《北京交通大学关于全面落实研

究生导师立德树人职责的实施细则》，推动各学院构建研究生导师与研究生辅导员的沟通联动机制，并制定具体的落实措施与工作计划。聘任 133 名 2018 级研究生班主任，评选 13 名优秀毕业班班主任。加强对校研究生会、研究生公寓文化建设委员会、伙食建设委员会等研究生骨干队伍的工作指导。校院两级分别开展研究生骨干培训。

做好研究生安全稳定工作。编印《2018 年北京交通大学研究生安全稳定教育工作手册》。每月编制《学生各类情况报告》，排查各类研究生特殊情况，突发事件联合相关部门及时处理。持续做好宿舍消防安全教育工作，全年共组织 8 次安全卫生检查。举办交通安全、消防安全知识教育展。在全校研究生范围内开展心理危机排查与辅导工作，印发《关于做好研究生特殊情况排查工作的通知》。多途径发布假期安全提示，共 7 次，实施假期研究生出行情况登记备案制度。全年执行重要时间节点安稳信息“零报告”105 天。

（胡　滢　秦乐乐　秦　莹　李兴友）

【研究生学术创新与实践】

实施研究生未来领军人物计划。校院两级组织 23 期未来领军人物计划体验式教育培训、累计培训研究生骨干 637 人，赴徐工集团、中铁五局、宁夏建投等企事业单位调研实践，前往遵义会址等红色教育基地体验式教学。设立研究生创新创业工作坊，举办 2 期工作坊培训班，邀请 5 名企业高管、创投人士作为导师，累计开展 9 讲校内课程培训、2 次企业体验式教学，300 余人次研究生参加。

开展研究生综合素质教育计划。举办 12 场“院士校园行”和 108 场“与大师面对面”名师讲坛。严格按照《北京交通大学“与大师面对面”名师讲坛活动管理办法》审批。分 4 期组织 60 余人听中国科学技术信息所院士报告。举办第二十八届“慧光杯”研究生学术文化节系列活动，面向校内外征稿共 687 篇、评选出优秀论文共计 204 篇。举办第十五届研究生英语文化之夜活动。组织研究生参加全国大学生英语竞赛、第十三届研究生电子设计竞赛等各级各类科技竞赛。累计 310 人次获得北京市级以上竞赛荣誉，学校获得第十三届研究生电子设计竞赛全国总决赛、华北赛区优秀组织奖。以“爱国·励志·求真·力行”为主题开展研究生暑期社会实践，66 支研究生科技服务团、1 000 余名研究生结合专业特长开展科技服务、志愿服务。2 个社会实践团入选北京市“双百行动计划”，获评首都大学生暑期社会实践优秀团队 3 个、优秀个人 3 名。选拔 3 名博士生参加教育部“蓝火计划”博士生工作团，学校获得教育部“蓝火计划”博士生工作团优秀组织奖。充分利用校内实践平台，2018 年担任助管、助教研究生共 2 430 人次，其中助教 1 326 人次、助管 1 104 人次。

（秦　莹　秦乐乐　胡　滢　李兴友）

【研究生事务管理】

加强研究生思想动态、实际需求及教育规律调查分析，面向研究生新生、毕业生开展专题调查，开展寒暑假研究生思想动态调查。参与学校研究生相关管理制度和工作报告，修订《北京交通大学进一步加强研究生“三助一辅”工作实施办法》，参与撰写《北京交通大学关于 2018 年进一步加强人才培养工作的若干意见》、学校“双一流”建设进展报告、研究生教育质量年度报告和就业质量报告等，完成《学生手册（研究生）》修订工作，对《北京交通大学研究生奖励实施细则》等文件进行修订完善。

评选出 124 名“北京市普通高等学校优秀毕业生”、262 名“北京交通大学优秀毕业生”、77 名“北京交通大学优秀毕业生干部”，1 061 人获得“三好研究生”等 3 项荣誉称号，252 人分别获得宝钢、智瑾等 31 项专项奖学金。

解决研究生实际困难，发放思源助学金、临时困难补助 5 万元。

（秦　莹　胡　滢　秦乐乐　李兴友）

本、专科教育

【概况】

2018 年，学校以本科教学审核评估为契机，坚持“以评促建、以评促改、以评促管、评建结合、重在建设”的工作方针，突出问题导向，梳理和查找问题，有序整改，提升人才培养质量。2018 年 1 月 3 日，学校按照“管、评、办分离”原则成立教学质量监控与评估中心，主要工作包括质量监控与评估以及教师发展。

（岳　冶　李巍巍）

【本科教学工程】

5 月 4 日，学校召开人才培养工作会议，会议主题为：以本科教学审核评估为契机，坚持立德树人根本任务，强化人才培养中心地位，完善协同育人机制，深化内涵建设和改革创新，全面提升一流人才培养能力。宁滨校长作题为《以审核评估为契机，进一步加强内涵建设全面提升一流人才培养能力》的工作报告。

2018 年，学校投入本科教学专项经费 3 000 余万元。学校争取到中央教育教学改革专项、“双一流”引导专项建设拔尖创新人才培养专项、北京市共建人才培养类项目、北京市“双培计划”项目等资金 5 000 余万元。

获国家级教学成果二等奖 3 项；获北京市教学成果奖特等奖 1 项、一等奖 10 项、二等奖 17 项，共计 28 项。新增 5 门国家级精品在线开放课程，35 门课程在“爱课程”网站“中国大学 MOOC”上线。第十一届全国大学生创新创业年会，学校获评“我最喜爱的项目”1 项、“优秀论文”2 篇。

新一届教育部高等学校教学指导委员会评选，学校共入选 31 名教师、获得 34 个席位，范围涉及 26 个教学指导委员会，其中主任 2 位、副主任 7 位、秘书长 3 位。

（李玮洁　岳　冶）

【专业建设】

组织全校各专业开展对照《普通高等学校本科专业类教学质量国家标准》自查工作并撰写总结报告，查找专业现存不足，制定整改计划和进一步工作方案。以教育部实施“六卓越一拔尖”人才培养计划 2.0 为契机，制定学校实施方案，培育和建设一流专业。

2018 年，电子科学与技术、自动化专业通过 2017 年教育部工程教育专业认证（有效期 6 年），车辆工程、建筑学、软件工程、通信工程、环境工程等 5 个专业完成认证专家入校考查工作，其中软件工程、环境工程专业为首次认证。截至年底，学校 12 个专业通过工程教育认证，进入全球工程教育“第一方阵”，在全国高校中认证专业数量排名并列第 10。

（岳　冶）

【培养模式】

推进课程思政与思政课程建设。研究制定《北京交通大学关于加强课程思政建设的工作方案》，要求教师把社会主义核心价值观融入教学全过程，发挥课堂育人功能。组织专业导论课“课程思政”建设教学院长集体备课会议，各学院从专业导论课入手，嵌入“课程思政”育人元素；组织各学院开展“课程思政”示范课程建设工作，选择有水平、有经验的教师在部分专业课中建设“课程思政”功效的课程，第一批已建设 11 门。抓好思政课程建设，立项支持思政课程教学改革项目 2 项。

继续推进“新工科”项目的实施与推进，2018 年学校获批国家级新工科研究与实践项目 3 项。

持续推进课堂教学模式改革，学校新建 30 间智慧教室，基于智慧教室开展“翻转课堂教学建设与教学模式改革”教学改革项目 21 项。

继续推行辅修专业和双学位制度。2017—2018 学年，学校在计算机科学与技术、信息与计算科学、金融学、法学与会计学 5 个专业设置辅修学位，共录取学生 331 人；组织实施北京市“双培计划”，与北京信息科技大学、北京工业大学等 6 所高校开展联合培养，2017—2018 学年接收双培学生 124 名。

（岳　冶）

【培养方案】

2018 年，学校组织全面梳理 2016 版本科人才培养方案中的问题，修订出版 2016 版本科人才培养方案中文版与外文版。全面梳理课程简介和教学大纲。做好 2016 版培养方案配套中英文版课程大纲和简介登记备案，上传至教务处网站，便于师生查阅使用。

（秦彦平）

【课程建设】

立项建设 64 门在线开放课程，详见表 8。学校建设的“数字信号处理”“数字电子技术基础”“模拟电子技术”“微机原理与接口技术”“电路”5 门课程入选教育部 2018 年国家级精品在线开放课程。

表 8　2018 年在线开放课程一览表

序号	学院	课程名称	课程负责人
1	电信学院	学业及职业生涯规划与设计	孙文博
2	电信学院	现代控制理论（A）	张　勇
3	电信学院	微电子器件与技术基础	李修函
4	电信学院	铁路信号基础	王海峰
5	电信学院	信号检测与传感器技术	袁　雪
6	电信学院	模拟集成电路设计	李力南
7	电信学院	计算机控制系统	张三同
8	电信学院	数字图像处理基础	黄琳琳
9	电信学院	微波技术基础（A）	陈美娥
10	电信学院	模拟集成电路设计	刘章发
11	电信学院	集成电路工艺原理	李修函
12	电信学院	信号和信息处理综合专题	彭亚辉
13	计算机学院	Python 语言程序设计	鲁凌云

续表

序号	学院	课程名称	课程负责人
14	计算机学院	C 语言程序设计	魏慧琴
15	计算机学院	计算机硬件实验	周　围
16	经管学院	供应链管理	李伊松
17	经管学院	采购管理	徐　杰
18	经管学院	物流系统分析	傅少川
19	经管学院	物流成本管理	易　华
20	经管学院	现代流通学	唐孝飞
21	经管学院	绿色物流	章　竟
22	运输学院	网络营销	孙熙安
23	运输学院	移动商务应用开发	曾　进
24	运输学院	电子商务专业实习	孙熙安
25	运输学院	管理理论与方法	汪晓霞
26	运输学院	营销管理	姜秀山
27	运输学院	计算机网络与互联网	李春艳
28	运输学院	道路工程材料	张兴强
29	运输学院	交通工程概预算	张兴强
30	运输学院	交通工程导论	姚恩建
31	运输学院	道路工程	姚恩建
32	运输学院	交通化学与危险品运输	钱大琳
33	运输学院	管理信息系统	钟　雁
34	土建学院	土木工程建设法规	潘　雨
35	土建学院	岩石力学	刘保国
36	土建学院	桥梁工程（B）	卢文良
37	土建学院	道路工程	冯瑞玲
38	土建学院	铁道工程概论	沈宇鹏
39	土建学院	地下工程（A）	贺少辉
40	土建学院	弹性力学及有限元	余自若
41	土建学院	建设项目规划与管理	姚锦宝
42	土建学院	工程地质	王连俊
43	土建学院	结构力学 2	刘保东
44	机电学院	计算机控制技术	王爽心
45	机电学院	信号与系统（A）	杨江天
46	机电学院	轨道车辆工程	柳拥军
47	机电学院	机械制造技术基础（B）	刘月明
48	机电学院	轨道车辆电力电子技术	吴　鑫
49	机电学院	列车空气动力学概论	丁莉芬

续表

序号	学院	课程名称	课程负责人
50	电气学院	计算机网络与通信技术	刘　彪
51	电气学院	现代控制理论（B）	陈　杰
52	电气学院	嵌入式系统	王保华
53	电气学院	接触网原理与技术	刘文正
54	电气学院	科研方法论	刘文正
55	电气学院	传感与检测技术	曾国宏
56	电气学院	电子工艺实习	徐建军
57	电气学院	电气控制与 PLC	徐建军
58	电气学院	信号与系统（B）	邱瑞昌
59	电气学院	电气工程导论	和敬涵
60	语言学院	初级综合英语	吴晓春
61	语言学院	英语词汇学	杨若东
62	理学院	数学分析Ⅰ	宋诗畅
63	理学院	数学分析Ⅱ	宋诗畅
64	理学院	数学分析Ⅲ	宋诗畅

（秦彦平）

【课程平台】

推进课程平台建设，推进所有课程使用课程平台，2018 年学校共 3 922 个课堂使用课程平台，课程平台上课程被访问总数达到 1 413 898 人次。详见表 9。

表 9　2018 年课程平台使用情况一览表

课程平台课堂数	课程被访问总数	添加教学材料总数	课程讨论区发文总数	课程作业总数
3 922	1 413 898	27 026	9 738	3 698

（秦彦平）

【教材建设】

经学院推荐、教材出版基金管理工作办公室组织专家评审、教材出版基金管理工作领导小组决定，学校确定 16 本教材为 2018 年教材出版基金资助教材，详见表 10。

表 10　2018 年教材出版基金资助教材一览表

序号	学院	教材名称	作者姓名	类别
1	经管学院	企业资源计划（ERP）案例汇编	常　丹	本科生教材
2	土建学院	道路景观与环境设计	秦晓春	本科生教材
3	机电学院	工程热力学知识点与典型例题	何伯述	本科生教材
4	理学院	概率论与数理统计难点解析与一题多解	桂文豪	本科生教材
5	理学院	统计实验	桂文豪	本科生教材

续表

序号	学院	教材名称	作者姓名	类别
6	理学院	近代物理实验	陈云琳	本科生教材
7	理学院	统计机器学习讲义	孔令臣	本科生教材
8	法学院	交通运输法案例教程	李巍涛	本科生教材
9	语言学院	学术英语高级教程	周红红 贾洪雅	研究生教材
10	电信学院	先进视觉检测网络及其应用	郑东耀	专著
11	经管学院	股权众筹的运作机理及其风险研究	刘德红	专著
12	经管学院	反垄断和解的法经济学分析	王　超	专著
13	经管学院	京津冀城际铁路票制票价研究	邱　奇	专著
14	经管学院	金融集聚的外部辐射效应研究	叶蜀君	专著
15	土建学院	跨座式单轨交通应急轨道梁研究	朱尔玉	专著
16	马克思主义学院	生态文化论	路日亮	专著

根据学校国际化战略布局，2018 年出版 5 本俄文系列教材，详见表 11。

表 11　俄文系列教材一览表

序号	学院	书名	作者
1	机电学院	动车组工程	丁莉芬
2	机电学院	动车组装备	刘志明
3	机电学院	动车组传动与控制	宋雷鸣
4	机电学院	动车组牵引与制动	彭俊彬
5	机电学院	动车组制造工艺	宋永增

（柴　莹）

【教学改革】

经教师个人申请、学院推荐、学校组织答辩、专家组综合评议，学校共批准 48 项 2018 年教改项目，其中综合类 11 项、内涵建设类 8 项、实践类 5 项、课堂教学模式改革类项目 24 项。

（柴　莹）

【实践教学】

2018 年，学校建设教学实验室项目 22 项，投入建设资金 1 393 万元。“轨道交通列车运行控制虚拟仿真实验项目”入选教育部首批国家级仿真实验教学项目；“高速动车组检修工艺虚拟仿真实验项目”“高速铁路网行车组织全过程管控一体化虚拟仿真实验项目”获北京市推荐参评国家级虚拟仿真实验教学项目评选。

学校全面推进创新创业教育改革，落实学生创新创业能力培养。2018 年组织申报创新创业教育通识课程和专业课程 16 门，纳入 2019 年春季学期开课计划。组织举办“专利申请专题讲座”“大创宣讲会”“人工智能发展动态”等创新创业教育系列讲座 31 场，参加学生 8 747 人次。修订《北京交通大学大学生创新创业训练计划项目管理办法》。启动第二届“创新创业种子培养计划工程”试点班学生选拔工作，本年度选拔试点学生 11 名。自 2018 年 12 月起，新建成的创新创业学分认定系统、创新创业教育中心网站正式投入使用。

学校实施第 8 届“3+1+2”产学联合人才培养试点项目，最终选拔 12 名学生入选本届项目试点。

（王　伟）

【科研训练与学科竞赛】

2018 年，学校 2017 年大学生创新创业训练计划项目结题 552 项，其中国家级 91 项、北京市级 100 项。2018 年大学生创新创业训练计划项目共立项 951 项，其中国家级 101 项、北京市级项目 110 项，参与学生 2 657 人，指导教师数 408 人。学校举办大创计划十周年回顾展暨 2017 年大学生创新训练计划项目作品展示及现场交流活动，共展出 113 项优秀大创实物类作品，全面评价 2017 年大创项目实物作品。

在教育部、科技部主办的第十一届全国大学生创新创业年会上，北京交通大学 3 篇论文、1 项作品获选以报告形式在年会上交流，论文《(3+1) 维非线性发展方程精确解的多样性》《DIQ－SQ 为第三组分的高效率三元有机太阳能电池》获“优秀论文”奖，创新项目“双边轮式斜拉索桥检测机器人”获“我最喜爱的项目”奖。

完善学科竞赛平台体系，修订《北京交通大学本科生学科竞赛建设与管理办法》，新增认定本科生学科竞赛项目 30 项。2018 年 12 月，学校新建成本科生学科竞赛系统并投入使用。通过培育和选拔，本科生学科竞赛全年共获国家级奖项 128 项，北京市级奖项 377 项，其中国家级一等奖 9 项、二等奖 35 项、三等奖 84 项；北京市一等奖 67 项、二等奖 119 项、三等奖 191 项。第十七届全国大学生机器人大赛获一等奖，中国智能制造挑战赛总决赛获 1 项特等奖、4 项二等奖，第 43 届 ACM 国际大学生程序设计竞赛亚洲区域赛获 1 枚金牌、4 枚银牌、5 枚铜牌，美国大学生数学建模竞赛获 19 项一等奖、63 项二等奖，第四届中国“互联网+”大学生创新创业大赛获 1 项铜奖。

（张　瑜）

【毕业设计】

学校承担北京市教育委员会“实培计划”毕业设计（创业类）项目，完成 2017 年立项的 29 项项目中期培训、结题答辩、项目成果总结工作，组织 2018 年新立项项目 26 项。

2018 届本科生毕业设计（论文）管理工作继续强化过程管理，完善信息化管理，全面使用论文查重系统。本届毕业设计（论文）的选题中，工程设计占比 51.72%，理论研究占比 29.31%，软件开发占比 10.21%，试验研究占比 1.83%，其他占比 6.91%（如表 12 所示）。从毕业设计（论文）题目的来源看，导师科研项目占比 43.41%，导师自拟占比 31.00%，工程实际占比 18.83%，其他占比 6.75%（如表 13 所示）。经过答辩考核，最终成绩 A+占比 14.96%，A 占比 21.66%，B+占比 27.63%，B 占比 14.24%，C+占比 9.37%，C 占比 7.90%，D+占比 2.79%，D 占比 0.99%，F 占比 0.45%（如表 14 所示）。

表 12　2018 年毕业设计（论文）题目类型统计表

理论研究		工程设计		软件开发		其他		试验研究		总计	
数量	百分比/%	数量	百分比/%	数量	百分比/%	数量	百分比/%	数量	百分比/%	数量	百分比/%
1722	51.72	976	29.31	340	10.21	230	6.91	61	1.83	3 329	100

表 13　2018 年毕业设计（论文）题目来源统计表

导师科研项目		导师自拟		工程实际		其他		总计	
数量	百分比/%	数量	百分比/%	数量	百分比/%	数量	百分比/%	数量	百分比/%
1 445	43.41	1 032	31.00	627	18.83	225	6.75	3 329	100

表 14　2018 年毕业设计（论文）成绩统计表

项目	A+	A	B+	B	C+	C	D+	D	F	合计
人数	498	721	920	474	312	263	93	33	15	3 329
百分比/%	14.96	21.66	27.63	14.24	9.37	7.90	2.79	0.99	0.45	100

（张　瑜）

【教务管理】

完成新生学籍管理、在校生学籍信息维护、学籍异动管理、学籍注册等学籍管理日常工作，完成转专业、学业警示、留级、退学、毕业等学籍管理专项工作，完成学生中英文成绩单、在校证明制作、证书证件发放与补办等服务性工作。

完成 2019 届应届本科毕业生推荐免试研究生工作，739 名学生获得推荐免试研究生资格。继续推进辅修专业、双学位工作，2018 年共计完成 375 人报名选拔录取工作。经管学院、法学院、语言学院、计算机学院、理学院 5 个学院共开设会计学、金融学、法学、英语、传播学、计算机与信息技术、信息与计算科学 7 个双学位专业，在读学生 982 人。2018 年 161 人获得双学位，22 人获得辅修证书。

完成新教务系统主要模块的建设。继续推进学籍、培养方案模块建设；优化排课方案，完成全年本科生近 4 900 个课堂和研究生 3 400 余个课堂的课表安排；完成本科生、学生活动、考试、培训、会议等教室的 16 000 余条使用申请的审批工作。

（王佳琦　常　欢）

【质量监控】

围绕教育部本科教学审核评估参与起草审核评估自评报告，协助做好专家进校考察的各项准备工作，接待专家访谈 10 余次。分析专家组评估反馈意见，制定相应整改方案并逐步落实。完善管理制度，起草《北京交通大学本科教学督导工作管理办法》等教学管理文件。

推进校院两级督导机制建设。成立包含专业建设负责人、教学系主任、课程负责人、校外同行、企业专家等参与的院级督导组，明确了教学督导专家督教、督管、督学的工作职责，设立校院两级督导工作秘书处，负责协助督导组开展日常工作。校院两级督导相互配合，对全校本科教学质量进行检查、督导、评估、指导和反馈，保障本科教学质量。根据审核评估专家的反馈意见，积极拓宽督导队伍来源渠道，增加督导人数，提高督导工作待遇。2018 年经学院推荐、质量监评中心选聘，组成了包含校级督导 21 人、院级督导 212 人、评估专家 10 人的校院两级督导队伍，为提高学校教学质量提供有力支持。

何世伟、王志海获评第十四届北京市教学名师奖，于永光、郭盛获评第二届北京市高等学校青年教学名师奖。根据学校职称评聘工作的要求，组织开展了对 2018 年 190 名教师的本科人才培养质量评价工作，评价结果作为职称评审的重要参考依据。全年共评选出优秀主讲教师 32 名，优秀实验指导教师 1 名，并对称号已满三年的教师进行了认定，秋季学期配合教务处完成优秀主讲教师提名资格审核和考察工作。

修订完善本科教学听课制度，推进学校领导、督导、学院全面参与听课，促进课堂教学质量提升。全年校领导听课 32 次，校级督导听课 664 次。组织校院两级督导对课程教学资料进行检查，校级督导全年抽查 94 个课堂的教学日历、电子课件及教案，抽查 22 个课堂的考试试卷。春季学期抽查 12 名学生进行毕业设计中期答辩，期末听取了 180 名学生毕业现场答辩。

继续推动使用电子化阅卷系统，2018 年 9 月功能优化升级为新系统，全校大部分学院的期中考试和期末考试已采用阅卷系统。在 2018 年 12 月的期末考试中，使用电子化阅卷的课程达到 80 余门，涉及考生 43 000 余人，覆盖 50%的课程和 82%的考生。数理基础课程的月考、部分研究生的公共课也使用该系统，学校威海校区同步使用系统阅卷。

（李巍巍　竺超今）

【教师发展中心】

2018 年，学校教师发展中心继续推进 14 个学院（部）分中心的建设工作，开展校院两级的教师教学发展活动。全年共组织开展 5 期培训班（3 期 ISW 培训班、2 期 FDW 培训班）、4 期青年教师教学研修班、6 期教学工作坊、11 次教学讲座、13 次教学社群活动，全年累计活动 51 次，参与教师达 1 140 人次。选派教学促进师、骨干教师 39 人次参加校外各种教学发展研修班和培训活动。立项支持 7 个教学促进师基金项目。与校工会、人事处联合举办第十二届青年教师教学基本功比赛，评选出 1 等奖 6 名、二等奖 6 名、三等奖 19 名。

教师发展中心与加拿大布鲁克大学、台湾大学、山东大学等学校合作，举办 5 期 ISW、FDW 等系列培训。2018 年学校共有 18 名教师获得 ISW 培训引导员资质，其中 2 名同时具有 FDW 培训者 trainer 资质。学校已取得 ISW 培训资质，可以为学习合格者颁发国际认证证书，引导员数量居国内高校前列。

自 2017 年起，学校规定凡教师申请职务晋升，均必须到教师发展中心参加培训并通过考试，教师发展中心在广泛调研基础上设计了系统全面的培训体系，全力开展培训工作。2018 年共有 215 位教师参与培训并获得认定。

教师发展中心加强与兄弟院校的交流和沟通。10 月 13 日至 14 日，教师发展中心在第五届“高校教学发展网络”（CHED）年会上做专题报告 3 场，12 月 21 日，教师发展中心副主任董俊在北京高校教师发展联盟 2018 年年会上做专题发言。本年度接待北京化工大学、北京联合大学、中国人民解放军陆军装甲兵学院交流访问。受邀为北京化工大学、华北电力大学、北京印刷学院、沈阳科技大学、黄淮学院等高校开展新教师培训。

（刘亚蕾）

【高职教育】

清河高职学院 2018 年继续面向高中毕业生招收新生 168 人，在校生共计 456 人。2018 年清河高职学院设有 4 个专业（交通运营管理、汽车检测与维修技术、计算机应用技术、机电一体化技术（汽车方向）。

清河高职学院 2018 届高职毕业生共有 193 名，就业率达 92.75%。继续推荐 15%的优秀应届毕业生，参加北京市和交大本校的专升本考试，共计录取学生 15 名，录取比例 7.8%，分别进入北京信息科技大学的工商管理和车辆工程等专业。

（赵　宏）

远程与继续教育

【概况】

2018 年学校远程与继续教育工作对接行业及国家经济社会发展需求，服务国家重大战略，努力融入学校“双一流”建设，打造特色鲜明的学历及非学历教育品牌。

全年成人高等教育招生录取本、专科学生 3 519 人（其中本科 2 119 人、专科 1 400 人），毕业学生 3 257 人（其中本科 2 124 人、专科 1 133 人），在籍学生 6 249 人（其中本科 4 312 人、专科 1 937 人）；网络教育招生录取本、专科学生 33 455 人（专升本 14 808 人、专科 18 647 人），毕业学生 24 151 人（其中本科 9 584 人、专科 14 567 人），在籍学生 87 358 人（其中本科 37 994 人、专科 49 364 人）。全年成人高等教育、网络学历教育总计招生 36 974 人，毕业 27 408 人，在籍学生 93 607 人。攻读高等教育自学考试专业的学员 10 336 人，毕业学生 4 305 人。

（温俊英　许桂琴　王利平　唐志明）

【成人学历教育】

截至年底，学校在全国各地建立的成人教育校外教学站（点）共计 12 个。成人教育专业设置如表 15 所示。

表 15　成人教育专业设置一览表

层次	专业名称	层次	专业名称
本科	交通运输	专科	计算机应用技术
本科	计算机科学与技术	专科	交通运营管理
本科	通信工程	专科	道路桥梁工程技术
本科	自动化	专科	汽车检测与维修技术
本科	土木工程		
本科	电气工程及其自动化		
本科	车辆工程		
本科	会计学		
本科	工商管理		
本科	物流管理		
本科	英语		
本科	机械工程		

（许桂琴）

【网络教育】

截至年底，学校在全国各地区建立的现代远程教育学习中心有 61 个。网络教育专业设置如表 16 所示。

表 16　网络教育专业设置一览表

层次	专业名称	层次	专业名称
本科	计算机科学与技术	专科	城市轨道交通运营管理
专升本	会计学	专科	计算机应用技术
专升本	车辆工程	专科	交通运输管理
专升本	电气工程及其自动化	专科	铁道工程技术
专升本	自动化	专科	铁道交通运营管理
专升本	通信工程	专科	道路桥梁工程技术
专升本	计算机科学与技术	专科	道路养护与管理
专升本	交通运输	专科	旅游英语
专升本	工商管理	专科	汽车检测与维修技术
专升本	土木工程	专科	铁道供电技术
专升本	物流管理	专科	铁道机车
专升本	机械工程	专科	铁道信号自动控制
专升本	数字媒体艺术	专科	

（许桂琴）

【高等教育自学考试】

学校高等教育自学考试在吉林、河北、内蒙古、新疆和海南 5 个省市自治区开考。设有独立本科 13 个专业，专科 11 个专业。自学考试专业设置如表 17 所示。

表 17　自学考试专业设置一览表

层次	专业	层次	专业
独立本科	人力资源管理	专科	物流管理
独立本科	交通（铁路）运输	专科	人力资源管理
独立本科	物流管理	专科	交通（铁路）运输
独立本科	铁道财务会计	专科	机车车辆
独立本科	运输工程	专科	劳动社会保障
独立本科	旅游管理	专科	铁道工程
独立本科	采购与供应管理	专科	采购与供应管理
独立本科	电气工程与自动化	专科	中小企业经营管理
独立本科	项目管理	专科	交通运输
独立本科	中小企业经营管理	专科	铁道财务会计
独立本科	计算机应用软件	专科	铁道运输管理
独立本科	工程管理		
独立本科	销售管理		

（唐志明）

【培训工作】

全年共举办各类培训 116 期，培训 8 939 人次；组织各类审核和考试 48 954 人次，完成培训和考试 57 893 人次。

2018 年新开设的特色培训班有：中国铁路沈阳局集团公司财务专业人员精准培训班、中国城市轨道交通全自动运行系统高级研修班、中国铁路沈阳局集团公司信息技术提高培训班、北京市保密业务培训班、中国铁路总公司安全监察局电务监察培训班、中国铁路昆明局集团公司新任职领导人员岗位培训班、青藏集团公司首届中青年干部培训班、中国铁路昆明局集团公司经营管理和财务管理人员培训班、中铁建保密专业培训、中国铁路哈尔滨局集团公司优秀青年集体负责人培训班、沈阳局集团公司科学技术研究所中青年科技人才培训班、尼泊尔铁路建设规划与管理研修班、波黑铁路升级改造项目研修班、古巴交通领域公共政策设计与规划研修班、叙利亚交通运输研修班等。

2018 年培训情况具体见表 18。

表 18　2018 年培训情况统计表

序号	分类	项目名称	期次	人数
1	铁路系统培训	北京大型养路机械段（通信专业）培训班	3	120
2		兰州局集团公司职教干部培训班	1	51
3		太原局集团有限公司高铁信号管理和专业技术人员培训班	1	52
4		沈阳局集团公司 2018 年专兼职师资培训班	3	195
5		神朔劳动作业安全培训	3	150
6		兰州局集团公司优秀师资技能提升培训班	2	128
7		呼和浩特局集团公司高技能人才培训班	1	51
8		中国铁路太原局集团有限公司标准编写人员强化培训班	1	68
9		铁路电务系统专兼职师资专业技术培训班	1	42
10		中国铁路太原局集团有限公司法律事务培训班	2	90
11		沈阳局集团公司 2018 年职教主管领导干部培训班	2	120
12		成都高铁客运乘务培训	1	48
13		哈尔滨局集团有限公司通信高技能人才培训班	1	51
14		哈局电务处信号班组长培训班	1	55
15		太原局集团有限公司物流营销新业务培训班	1	40
16		太原铁路局高速铁路现场信号设备维修岗位技能强化培训班	4	294
17		中国铁路总公司劳卫部车辆专职师资培训班	3	217
18		沈阳局集团公司财务专业人员精准培训班	1	50
19		兰州局集团公司职教管理干部培训班	1	54
20		兰州局集团公司高铁房建综合维修人员培训班	1	50
21		广铁信号高技能人才培训班	2	130
22		神朔调度、运输部培训班	3	112
23		太原局现代物流作业人员培训班	1	40
24		太原局集团公司 2018 年职教系统专职师资培训班	2	90

续表

序号	分类	项目名称	期次	人数
25	铁路系统培训	中国铁路广州局集团有限公司电务高铁新技术培训班	2	120
26		中国城市轨道交通全自动运行系统高级研修班	1	49
27		兰州局集团公司2018年优秀班组业务辅导员培训班	2	123
28		兰州局集团公司优秀技教员培训班	2	129
29		太原局集团公司经营开发管理培训班	3	135
30		成都局货运管理人员培训班	1	50
31		中国铁路沈阳局集团有限公司信息技术提高培训班	1	50
32		中国铁路总公司劳动和卫生部机务专职师资培训班	3	266
33		呼和浩特局集团公司电务系统关键岗位高技能人才培训班	1	50
34		神朔铁路分公司信息通信段NBU	1	7
35		呼和浩特局集团有限公司铁道信号专业技术人才培训班	1	50
36		中国铁路郑州局集团有限公司职教专职师资培训班	1	58
37		郑州局集团公司2018年职教主管领导培训班	1	58
38		中国铁路总公司供电专职师资培训班	3	219
39		中国铁路太原局集团有限公司安全管理培训班	2	100
40		太原局集团公司动车组、客车新技术培训班	1	46
41		中国铁路总公司安全监察局电务监察培训班	1	56
42		中国铁路总公司社保处长培训班	1	68
43		太原局集团公司非运输系统安全生产管理培训班	3	135
44		中国铁路昆明局集团有限公司新任职领导人员岗位培训班	1	62
45		太原局集团公司2018年职教管理人员培训班	1	45
46		太原局集团公司专业骨干人才培训班	2	160
47		神朔电务专业培训	1	50
48		中国铁路青藏集团有限公司首届中青年干部培训班	1	50
49		昆明局集团公司经营管理和财务管理人员培训班	1	61
50		呼和局集团公司通信干部培训班	1	49
51		哈尔滨集团公司优秀青年集体负责人培训班	1	69
52		哈尔滨集团公司可视化教材开发强化培训班	1	46
53		哈尔滨局电务系统高技能人才培训班	3	174
54		沈阳局集团公司科学技术研究所中青年科技人才培训班	1	51
55		神朔安监系统培训班	1	30
		小计	88	4 914
56	其他企业培训	交大思诺列控培训班	2	70
57		北京市政四公司机房	1	40
58		轨道交通通信、信号师资培训班	1	24
59		全国轨道交通运营管理师资培训班	1	83

续表

序号	分类	项目名称	期次	人数
60	其他企业培训	城轨信号工程设计师资培训班（南京运校）	1	41
61		北京市保密业务培训班	1	308
62		中铁建保密专业培训	2	211
63		北京地铁通号公司培训	1	30
小计			10	807
64	涉外培训	尼泊尔铁路建设规划与管理研修班	1	19
65		波黑铁路升级改造项目研修班	1	20
66		尼泊尔铁路中国标准研修班	1	19
67		老挝铁路技术海外培训班	1	50
68		古巴交通领域公共政策设计与规划研修班	1	25
69		叙利亚交通运输研修班	1	22
小计			6	155
70	社会培训	会计中级职称考前辅导	1	83
71		高级会计人员继续教育	3	1 074
72		中初级会计人员继续教育	5	1 865
小计			9	3 022
2018 年培训项目合计			116	8 939
73	各类社会审核及考试	会计中级职称审核	1	3 960
74		全国二级注册建筑师资格考试审核	1	1 200
75		北京市二级建造师执业资格考试审核	1	4 400
76		社会工作者职业水平考试审核	1	3 000
77		注册计量师资格考试（一级、二级）审核	1	1 800
78		一级建造师执业资格考试审核	1	3 600
79		注册城乡规划师职业资格考试审核	1	2 000
80		北京市部分系列初级专业技术资格考试（纸笔考试）审核	1	1 600
81		造价工程师职业资格考试审核	1	3 000
82		经济专业技术资格考试审核	1	3 000
83		一级注册消防工程师资格考试审核	1	3 000
84		咨询工程师（投资）职业资格考试	1	1 320
85		无线电招聘考试	1	80
86		北京市二级建造师执业资格考试	1	1 320
87		计算机技术与软件专业技术资格（水平）考试（上半年）	1	1 200
88		注册计量师资格考试	1	1 320
89		专职工会社会工作者职业水平考试	1	510
90		国家铁路局装备中心考试	1	124
91		国家局工程质量监督中心考试	1	85

续表

序号	分类	项目名称	期次	人数
92	各类社会审核及考试	国管局财务司会计领军人才考试	1	650
93		一级建造师资格考试	1	1 320
94		执业药师资格考试（药学、中药学）	1	1 320
95		注册城乡规划师职业资格考试	1	1 320
96		中央机关及其直属机构录用公务员公共科目笔试	1	1 320
97		北京市各级机关考试录用公务员公共科目笔试	1	1 320
98		托福、GRE 考试	61	5 185
2018 年审核、考试合计			86	48 954

（刘海燕）

【留学服务】

2018 年新增 9 个高端国际合作项目，包括美国的佛罗里达大学、凯斯西储大学、迈阿密大学、康涅狄格大学、得州农工大学、马萨诸塞大学阿默斯特分校、特拉华大学和法国的格勒诺布尔–阿尔卑斯大学。开拓招生渠道，挖掘优质生源，全年招生 212 人。留学服务方面，本科和研究生项目通过签证的学生 70 余人，涉及美国、加拿大、澳大利亚、荷兰等国家。

（李亚春）

招生与毕业生就业创业工作

【概况】

2018 年学校招生与毕业生就业创业工作贯彻“招生培养就业一体化”工作机制，推进学校综合改革及“十三五”规划相关工作任务。

（王顺淞）

【高考招生工作】

2018 年学校招生总规模 4 400 人，其中本科招生计划 4 200 人，高职计划 200 人。实际录取本科 4 064 人，其中本部校区 3 464 人（含香港地区 4 人、台湾地区 6 人）、威海校区 600 人。高职 200 人。录取一年制新疆预科生 28 人。具体见表 19 和表 20。

表 19　2018 年本科招生类型及录取人数

类型	国家专项	南疆计划	民族班	西藏内地班	新疆高中班	预科转入	本科其他非定向	合计
计划人数	260	3	55	26	31	27	3 798	4 200
录取人数	260	3	54	26	31	27	3 663	4 064

表 20　2018 年本科统招各类型人数

类型	本部中外专业	威海校区	本部艺术类	艺术团	运动队	自主招生	高校专项	保送生	港澳台	其他	合计
计划人数	180	600	80	40	40	210	161	4	10	2 473	3 798
录取人数	180	600	80	14	22	162	107	4	10	2 484	3 663

2018 年各省生源总体充足。本部艺术类在北京、黑龙江、广东，威海艺术类在北京、山西、河南出现报考不足；新疆国家专项、内蒙古和海南民族班以及西藏内地班首轮投档生源不足。因考生“所报专业已满且不服从专业调剂”的情况，一些地区通过征集志愿完成计划，另有一些地区征集后仍然生源不足计划撤回。其他类型录取时零星出现投档考生不服从调剂退档又征集的情况。上海、浙江、山东、海南 4 个改革省区普通类生源充足且生源质量较好，录取考生分数排名均有所提升。海南首次增加民族班招生，录取生源不足计划撤回。高水平艺术团和运动队录取人数少于上年。

威海校区计划净增 200 人，录取时除山西、云南外各省首轮投档生源充足，个别省区存在投档考生外语分低不符合录取要求退档的情况。

本科新生情况：本部校区男生 2 121 人，占本部总数的 61.23%；女生 1 343 人，占 38.77%；男女比例约 3:2。威海校区男生 344 人，占威海总数的 57.33%；女生 256 人，占 42.67%；男女比例约 4:3。本部新生平均年龄约 18.6 岁，新生年龄范围在 15 岁到 25 岁之间。威海校区新生年龄范围在 16 岁到 25 岁之间，新生平均年龄 18.54 岁。全校有 12.77%的新生是少数民族，总计 519 人。威海校区共有来自 13 个民族的少数民族新生 53 人，占 8.83%。由于部分省份户籍不分农村与城镇，根据现有可判别数据统计农村学生占比 21.83%。

新生报到情况：本科应报到 4 064 人，实际报到 4 013 人，报到率 98.75%，有 51 人未报到（本部 17 人，威海校区 34 人）。专科应报到 200 人，实际报到 167 人，报到率 83.50%，有 33 人未报到。

本科录取考生分数情况：普通理工类专业与往年相比，录取线高于当地重点线的水平继续呈现上升趋势，文史类总体比去年略微下降。2018 年理工类录取线平均高于重点线 110.93 分，理工类 22 个省的录取线有所提高，高于 100 分以上的有 20 个省，其中河北、黑龙江、陕西、新疆 4 个省区高于当地重点线上分数超过 140 分。文史类录取线平均高于重点线 70.88 分，高于重点线 80 分以上的省区一共有 9 个省区；本部中外专业各省录取最低分平均高于重点线 87.54 分，除天津外，各省区录控线差均有不同幅度的增长；威海校区中外专业各省录取最低分平均高于重点线 51.93 分。

本年度学校招生政策保持基本稳定有微调。设北京交通大学、北京交通大学（中外合作专业）、北京交通大学（威海校区）三个招生单位。本科招生总规模增加 200 人，继续实施大类招生培养方案。学校本部电子信息类（通信与控制）新增信息工程专业；计算机类中信息安全（保密技术）专业更名为保密技术；文科试验班类（语言与传播）（含英语、西班牙语、葡萄牙语、传播学）拆分为外国语言文学类（含英语、西班牙语、葡萄牙语）和新闻传播学类（含传播学、网络与新媒体），新增网络与新媒体专业。

2018 年学校继续全面实施基本以学院为招生单位的大类招生培养方案。学校本部除中外合作办学、艺术类等招生外，招生专业类共 14 个，包括电子信息类（通信与控制）、计算机类、经济管理试验班、交通运输类、土木类、机械类、电气类、理科试验班类、外国语言文学类、新闻传播学类、建筑类、电气工程及其自动化（新能源国际班）、软件工程、法学。大类专业分流时，除外国语言文学类、新闻传播学类、建筑类、设计学类入学后分流，经济管理试验班第 3 学期分流外，其余大类专业在第 2 学期进行分流。

继续对自主招生的选拔方式、评价标准和考核内容及方式等方面内容进行探索，优化自主招生报名结构，按照“思源计划”和“知行计划”两种报名通道进行报名，满足不同需求学生的报名意愿，实行多轮次评审，对试点学院的考核方式更加科学灵活，确保公平公正，便于挑选出有利于学校培养的、有学科特长和潜质的考生。

实施阳光工程，规范各类招生。细化、完善招生实施方案，规范工作程序和流程，明确各类录取要求，严格考核录取管理，修订各类招生管理文件，明确责任清单，严格规范测试过程。在特殊类选拔考试中，评审专家均通过抽签确定，艺术类阅卷、艺术团及运动队考核每个项目均有多位评审专家且一半以上为校外人员；自主招生实行专家和考生双随机确定；各类考核过程实行全程摄像。对各类不符合报名选拔条件的，随时发现随时取消资格。扩大信息公开的范围，延长公开的时限。各类招生计划、招生项目、程序、选拔标准、测试合格标准、优惠分值、初审及认定结果、高考录取结果报考各类型录取人数、分数等情况均通过学校招生网站、学校信息公开专网以及“阳光高考”平台向社会公布，以微博、微信、短信形式通知考生查询方式，接受社会的监督，确保招生的公平公正。

开展招生宣传，做好服务考生工作。编印各类招生宣传资料、协办五所高校联合招生新闻发布会，举办校园开放日，延长高考咨询电话时间，从高考咨询、高招录取到暑假期间，

均安排值班人员接听考生咨询电话。开通各省区咨询手机号码。派出招生宣传组深入中学进行招生宣传。发布2部招生宣传片《5.25 盎司的重量》《梦想，从不遗忘任何人》，视频在网络总浏览量合计超过10万次。推动各学院网站高考招生板块建设，提高微信、微博的推送数据与质量，在各类媒体宣传。截至2018年8月份，招生办公室微博粉丝量达到7 762，录取期间总访问量达到23.39万次。招办微信粉丝量22 648，推送招生宣传图文300余篇，图文页阅读总量达50余万次。在全国各地约60多家媒体发布学校招生信息。27个招生宣传联络组京外宣传出行总人数331人，其中教师270人、学生61人，京外出行期间总计工作1 785天，走访地区达318个，走访和参加咨询活动的中学达760所，开展大型咨询102场，。京内招生宣传活动为期2个多月，从4月份到6月底高考志愿填报结束，校内各单位33名老师共参加大型咨询会12场，参与中学咨询活动23场，咨询周活动工作量达51小时。

威海校区招生宣传，实行本部与威海校区“双管齐下”的策略，各类招生材料中均包含威海校区的宣传信息，还专门设计制作威海校区招生指南读本。高考咨询高峰期，加强对各宣传组在各地区咨询情况的了解，及时向宣传组通报当地政策和考生分数的最新情况。

（王顺淞）

【就业工作】

截至2018年10月31日，学校共有毕业生6 540名，其中博士毕业生254名，硕士毕业生2 774名，本科毕业生3 319名，高职毕业生193名。本科毕业生就业率为98.13%，硕士研究生就业率为99.64%，博士研究生就业率为98.82%，高职毕业生就业率为92.75%。2018届毕业生中，西部地区就业331名，地方选调生14名，应聘村主任、村支书助理10名，应征入伍6名，自主创业12名，志愿服务西部1名。

2018届本科毕业生深造率达到56.16%，出国（境）深造学生中，进入QS世界前100名院校深造比例为53.48%。在2018届签约就业的毕业生中，到国有企业就业的本科毕业生比例为58.08%，毕业研究生比例为55.69%；到国家重点领域就业的本科毕业生比例为68.70%，毕业研究生比例为65.74%；到涉及“一带一路”、高铁走出去等轨道交通行业就业的本科毕业生比例为32.44%，毕业研究生比例为19.34%。就业主体除轨道交通特色行业外，本科毕业生在信息技术、建筑、金融等行业，毕业研究生在信息技术、金融、教育、建筑、电力、军工等行业的就业比例较高。毕业生具体流向见表21～表24。

表21 本科毕业生签约地区流向一览表

地区	北京市	上海市	广东省	东北三省	西部地区	其他沿海地区	其他	总计
人数	353	20	87	37	203	150	121	971
比例/%	36.35	2.06	8.96	3.81	20.91	15.45	12.46	100.00

表22 本科毕业生签约单位性质流向一览表

单位性质	国有企业	民营企业	部队	党政机关	三资企业	教育单位	地方基层项目	科研单位	志愿服务西部	总计
人数	564	244	50	22	45	31	9	5	1	971
比例/%	58.08	25.13	5.15	2.27	4.63	3.19	0.93	0.51	0.11	100.00

表 23　毕业研究生签约地区流向一览表

地区	北京市	上海市	广东省	东北三省	西部地区	其他沿海地区	其他	总计
人数	1 658	46	161	26	128	476	184	2 679
比例/%	61.89	1.72	6.01	0.97	4.78	17.77	6.86	100.00

表 24　毕业研究生签约单位性质流向一览表

单位性质	国有企业	民营企业	三资企业	教育单位	党政机关	科研设计单位	地方基层项目	总计
人数	1 492	550	263	128	114	111	21	2 679
比例/%	55.69	20.53	9.82	4.78	4.26	4.14	0.78	100.00

2018 年实施“人才合作伙伴拓展工程”，用人单位入校举办招聘会共计 651 场，其中专场招聘会 621 场，行业类、地区集团类中等规模招聘会 26 场，大型双选会 4 场，首次举办文科及基础学科双选会、家庭经济困难学生双选会以及大型实习双选会，累计接待进校招聘单位 1 990 家，发布用人单位的招聘需求信息 7 529 条。

实施“重点领域引航工程”，引导毕业生到重点领域和基层就业，支持学生到国际组织实习任职。组织学生实践团赴泰国、老挝“一带一路”调研，组织学生赴雄安新区走访，举办基层就业创业先进典型事迹宣传和基层工作毕业生岗前职业能力培训，举办首期国际组织人才训练营。2018 年共有 4 名学生赴雄安新区工作，4 名优秀本科毕业生保送国际组织专项免试攻读研究生，5 名学生有国际组织实习经历，到基层工作毕业生人数逐年上升。

以学生职业生涯发展为主线，按照低年级、高年级、入职前等阶段，点面结合地开展本科生职业发展引领计划。出台《北京交通大学研究生职业能力提升计划》（招就通〔2018〕6 号），从职业定位、求职技巧和职场思维三方面开展研究生职业能力提升计划。共举办就业指导类项目 100 场，覆盖五千余名学生。同时，搭建“一网三系统”就业信息服务平台，使用人单位招聘需求与学生的求职意向个性化精准匹配，“就业管理系统”“就业微信平台”“学校企业号就业创业版块”等平台，为毕业生精准推送求职信息 3 850 余条。调查显示，2018 年我校本科毕业生就业满意度 98.09%，毕业研究生就业满意度 98.65%。

对应届毕业生、用人单位、毕业校友进行问卷调查，形成《2018 届毕业生就业质量年度报告》《2014—2018 届毕业生就业状况统计报告》《2018 年用人单位调查报告》《2018 年校友职业发展状况调查报告》。五本报告从就业结果、求职过程、教育培养、就业服务、职业发展情况、用人单位评价等方面进行了翔实分析，反馈至招生、教学培养部门及各学院，建立招生、培养与就业多向沟通的信息反馈渠道。

（梁妍娇）

【创业工作】

进一步明确创业休学学生的申请流程、创业项目评估标准及复学审核要求。组织创业沙龙、创业培训、创业训练营等活动，参与人数达千余人次。加大创业师资培训力度，组织参加 KAB、高校创业指导师、创新创业导师专题培训班等师资培训 30 余人次。举办第九届大学生创业项目选拔大赛，评选创业团队一等奖 2 支、二等奖 3 支、三等奖 2 支，获奖团队入驻大学生创业园进行孵化。

举办首届“知行杯”创新创业计划大赛，海淀校区和威海校区学生共有 226 个团队报名，185 个团队提交最终的比赛材料，1 000 余名学生参与。评选创业团队一等奖 1 支、二等奖 2 支、三等奖 4 支。博士生白冰作为负责人的创业项目《光子人工智能芯片》获第四届中国“互联网+”大学生创新创业大赛全国总决赛银奖，获市级比赛季军。

（严伟恒）

体 育 工 作

【概况】

2018 年学校体育工作贯彻国务院办公厅《关于强化学校体育促进学生身心健康全面发展的意见》和教育部《高等学校体育工作基本标准》，强化体育课和课外锻炼，促进学生身心健康，完成各项工作目标。

（郑　超）

【体育教学】

2018 年，体育部完成 430 个教学班、10 922 余人的教学任务，在 2018 级新生中试行校园乐跑。采用基于“互联网+”思维的现代教学手段，使课外体育锻炼与课堂教学有效融合。沿用 2016 版体育类培养方案，《体育Ⅰ》必修课采用 5 级制计分办法，体育类选修课采用二级制计分办法，学生在校期间 4 个学期内要修完体育类课程。

建立和完善校院两级本科体育教学督导机构。根据《北京交通大学本科教学督导工作管理办法》，设立体育部督导工作秘书处，建立体育部督导组，制订学期督导工作计划，结合学期教学安排，制订课堂听课、专项检查、指导和评价等质量监控工作计划。2018 年体育部领导和督导听课 51 门次。

鼓励教师进行体育教学改革和研究。2018 年体育部新增校级教改项目（A 类）2 项：吴惠主持的《基于 Windows10 下体质测试管理数据库软件的学生体质健康评价机制研究》，别春香主持的《高校体育教学质量监控多维评价机制的实践研究》。体育部教师公开发表论文 10 篇，其中 CSSCI 论文 2 篇。

加强师资队伍建设，培养青年教师综合能力，提高教师教学技能水平。赵暘获北京市高校青年教师《体育职业梦想》演讲比赛一等奖。史硕获学校第十二届青年教师教学基本功比赛二等奖。

（郑　超）

【学生体质健康测试】

完善体质健康测试系统，建立学生体质健康评价、分析数据库，开通体质测试数据网络或手机查询系统，推广互联网 + 体育锻炼，实现体质测试数据共享。实现体育课内外融合，促进学生体质健康的提升，2018 年学校学生体质测试合格率为 90.77%、优秀率为 0.87%、良好率为 6.76%。

（郑　超）

【群众体育】

上半年举办万人综合性运动会，下半年举办万人体育节。举办 2018 年学校教工 35 届学生 55 届运动会，组织以“三走”为主题的全校学生体育竞赛活动，开展学生体育“学院杯”评比表彰活动，参与运动会和体育节的师生达到 50%以上。

开展全国亿万学生阳光体育运动。2018 年普通学生体育社团代表队代表学校参加全国和北京市各级各类体育竞赛，获第十三届中国大学生体育舞蹈锦标赛冠军 4 项、亚军 5 项、季军 3 项，获北京市冠军 7 项、亚军 5 项、季军 10 项。体育舞蹈队在首都高校 2018 年体育舞蹈比赛中实现七连冠。

（郑　超）

【竞技体育】

学校高水平运动队参加世界、全国和北京市各级各类体育竞赛，获 2018 年世界大学生跆拳道公开赛冠军 2 项、亚军 4 项、季军 2 项，获全国亚军 2 项、季军 3 项，北京市冠军 15 项、亚军 29 项、季军 30 项。

7 月 19 日至 21 日，学校承办海峡两岸（北京）体育交流运动会男子排球比赛，16 支高校男子排球队参加比赛。

12 月 17 日学校举行高水平运动队冠军榜登榜仪式，共有 16 名运动员登榜。

（郑　超）

2018

学科、科研与社会服务

学科建设

【概况】

2018 年学校学科建设工作主要包括：完善学校“双一流”建设有效机制，做好学科的常态化自我评估，完善“双一流”引导专项实施体系，完善教师晋级考核评价标准，激发高层次人才对学科建设的引领作用，多方筹集学科建设资源等。

（喻秋梅）

【学科国际排名】

工程学、材料科学及计算机科学 3 个学科继续稳居 ESI 排名前 1%，其中工程学排名前 1.1‰。电气与电子工程，计算机科学与信息系统，机械、航空与制造工程，数学，物理学与天文学，统计学与运筹学 6 个学科进入“QS 世界大学学科排名”世界顶尖学科。交通运输工程、通信工程、土木工程、仪器科学、控制科学与工程、机械工程、计算机科学与工程、电力电子工程、管理学、冶金工程、能源科学与工程、经济学、数学、纳米科学与技术等 14 个学科入围上海软科世界一流学科排行 400 强，其中交通运输工程学科排名世界第 1 位，通信工程学科排名世界第 25 位，土木工程学科排名世界第 33 位。28 个学科上榜 2018“中国最好学科排名”，其中交通运输工程排名全国第 1，信息与通信工程排名全国第 8，土木工程排名全国第 10。计算机科学、工学、材料科学入围 U.S.News 发布的 2019 年分学科领域排名。计算机科学、工程与技术、物理科学、商科与经济学等 4 个学科入围 THE 发布的 2019 世界大学学科排名。

（喻秋梅）

【“双一流”引导专项管理工作领导小组成立】

7 月，成立学校“双一流”引导专项管理工作领导小组，完善管理机制，强化对“双一流”建设工作的组织和领导，做好“双一流”引导专项项目资金的论证、编报、组织实施等工作。

（喻秋梅）

【按学科配置二级、三级教授岗位】

7 月，根据学校“双一流”建设实施方案，以及“十三五”事业发展规划、“十三五”学科建设专项规划和队伍建设专项规划，综合考虑学校各学科发展目标、现有发展条件和“十三五”期间承担学科建设任务情况，将学校“十三五”期间教师岗位中的教授二级岗位、教授三级岗位按照学科进行配置，并出台《北京交通大学“十三五”期间按学科配置教授二级、教授三级岗位方案及申报推荐程序》。

（喻秋梅）

【完善“双一流”和特色发展引导专项资金管理办法】

4 月，根据《财政部　教育部关于印发〈中央高校建设世界一流大学（学科）和特色发展引导专项资金管理办法〉的通知》以及学校专项资金的管理要求，修订出台《北京交通大学建设世界一流大学（学科）和特色发展引导专项资金管理办法》，推进学校优势特色学科建设及发展，规范世界一流大学（学科）和特色发展引导专项资金的使用和管理，提高资金使用效益。

（喻秋梅）

【第四轮学科评估结果分析总结】

从学科、学院、学校三个层面分别完成第四轮学科评估结果分析总结。整理与挖掘第四轮学科评估结果数据，完成《北京交通大学第四轮学科评估结果总体分析报告》。学校 9 月召开暑期工作会聚焦学科评估与“双一流”建设，分析一流学科存在的问题，研究解决方案，提出推进“双一流”建设的思路与举措。

（喻秋梅）

【与北京市共建一流学科】

参与北京市一流学科建设，向北京市教委提交《北京市与中央高校共建一流学科建设计划书》，编制完成北京市“双一流”建设项目概算，12 月取得北京市 1 000 万元“双一流”建设经费支持。参与北京市市属高校共建，与北京物资学院签约，依托学校系统科学、交通运输工程、管理科学与工程 3 个一级学科和北京物资学院管理科学与工程学科开展共建。

（喻秋梅）

自然科学研究

【概况】

2018 年学校科学技术工作按照学校“十三五”规划、综合改革主要任务要求，继续实施创新驱动发展战略，加强学校科技创新能力建设，完成学校 2018 年主要科研任务，助推学校“双一流”建设工作。

（郭玉宝　许　娟）

【科研项目与经费】

新增科研项目 2 275 项，合同经费 9.56 亿元，其中纵向项目经费 5.51 亿元，横向项目经费 4.05 亿元。

新增国家重点研发计划立项项目（课题/任务）96 项，合同经费 20 808.78 万元。新增国家重点研发计划重点专项主持项目 2 项，主持课题 14 项；国家重点研发计划政府间国际科技创新合作重点专项主持项目 2 项。

新增主持国家自然科学基金项目 112 项，资助直接经费 9 848.61 万元，间接经费约 1 950 万元，总经费 1.18 亿元。主持国家重大科研仪器研制项目（自由申报）3 项，国家杰出青年科学基金项目 1 项，优秀青年科学基金项目 4 项。国家自然科学基金重大项目课题 1 项，重大研究计划项目重点支持类项目 1 项。新增高铁联合基金项目 3 项，重点项目 4 项。

新增国家铁路局科技计划批复立项 16 项，资助经费 470 万元；中国铁路总公司科技计划立项 29 项。

新增北京市自然基金资助 17 项，资助经费 318 万元；重点研究专题 1 项，资助经费 200 万元；海淀联合基金 1 项，资助经费 30 万元；轨道交通联合基金 5 项，资助经费 137.5 万元。北京市科委项目立项 14 项，资助经费 1 490 万元；北京市教委项目立项 16 项，资助经费 1 575.15 万元。

2018 年教育部拨付基本科研业务费 3 798 万元。

其他省、部、直辖市等纵向项目立项 117 项，资助经费 2 833.5 万元。

本年度新增 100 万及以上各类项目情况详见表 25～表 30。

表 25　2018 年新增 100 万及以上国家科技计划一览表

序号	项目名称	负责人	单位	类别	合同金额/万元
1	基于动态间隔的运能可配置列车运行控制系统技术	蔡伯根	电信学院	项目牵头	3 374
2	建筑垃圾精准管控技术与示范	任福民	土建学院	项目牵头	1 924
3	应用于高速列车的大容量超导变压器的研发	方　进	电气学院	项目牵头	2 380
4	面向印尼高速铁路的移动通信网络理论技术研究与示范应用	艾　渤	国家重点实验室	项目牵头	478

续表

序号	项目名称	负责人	单位	类别	合同金额/万元
5	建筑垃圾资源环境属性与处置技术体系研究	任福民	土建学院	课题主持	344
6	列车运行状态全息化自主感知技术研究	王　剑	电信学院	课题主持	705
7	公共路权导向运输系统安全保障理论与标准体系研究	曹　源	电信学院	课题主持	248.5
8	臭氧前驱体及光化学烟雾仪器集成及监测仪平台构建开发	周　围	计算机学院	课题主持	150
9	中医药大数据挖掘研究与创新应用	于　剑	计算机学院	课题主持	702
10	伪造图像与伪造数据的特征指标分析技术与检测系统研究	倪蓉蓉	计算机学院	课题主持	346
11	建筑垃圾全过程实时监测与智能管控技术集成与示范	毕　军	运输学院	课题主持	490
12	面向运能动态配置的调度决策与智能运维技术研究	赵　鹏	运输学院	课题主持	428
13	铁路客货运效益与服务水平提升技术	何世伟	运输学院	课题主持	1 608
14	城市地下大空间施工重大风险耦合演变机理及安全评价体系	黄明利	土建学院	课题主持	277
15	重载铁路耐磨钢轨钢的组织性能关系及损伤机理研究	高古辉	机电学院	课题主持	266
16	动力电池管理系统精准评价技术	孙丙香	电气学院	课题主持	882
17	高精度、高可靠电池管理系统关键技术研究	张彩萍	电气学院	课题主持	2 150
18	车载中心化的动态间隔控制及测试验证技术研究	唐　涛	国家重点实验室	课题主持	534
19	营运车辆运营保障多源数据挖掘应用关键技术研究	沈　波	电信学院	参加	120
20	中速磁浮运行控制系统关键技术研究和装备研制 1－4	刘湘黔	计算机学院	参加	200
21	高速铁路成网条件下运输需求预测应用技术研究	任　爽	计算机学院	参加	106.71
22	研究诉讼财产保全智能评估及预警技术－任务	万怀宇	计算机学院	参加	116.4
23	中医药大数据中心与健康云平台构建	韦世奎	计算机学院	参加	100
24	轨道交通车站噪声及电磁辐射传播机理与控制技术研究	尹　辉	计算机学院	参加	329
25	成网条件下高速铁路能力计算与利用技术研究	陈军华	运输学院	参加	106.71
26	运输组织与综合安全保障一体化基础理论研究	刘　军	运输学院	参加	100
27	在途运行智能调度技术研究	孟令云	运输学院	参加	102
28	高性能低能耗纯电动轿车底盘及整车开发	耿　聪	机电学院	参加	194
29	高端装备典型构件用特殊钢的示范应用研究	惠卫军	机电学院	参加	155
30	面向重卡用燃料电池系统集成与控制	刘　杰	机电学院	参加	100

续表

序号	项目名称	负责人	单位	类别	合同金额/万元
31	混合动力发动机整机设计与集成开发	宁 智	机电学院	参加	100
32	增程式燃料电池轿车整车能量管理及车载供氢系统氢电安全监测系统研究	张 昕	机电学院	参加	162.5
33	燃料电池公交车电－电深度混合动力系统平台及整车开发	田 颖	机电学院	参加	194.4
34	车载储能系统集成关键技术研究	张维戈	电气学院	参加	153
35	复杂环境下行车设备材料性能劣化机理、服役能力建模与线路检测技术研究	魏秀琨	国家重点实验室	参加	135
36	路网图定能力动态评估及运维动态配置理论、面向开放市场的调度指挥与 运维协同优化技术	许心越	国家重点实验室	参加	427
37	城轨车站设备材料性能劣化机理、服役能力建模及车站导向通行能力提升技术研究与示范	魏秀琨	国家重点实验室	参加	100

表 26　2018 年新增 100 万及以上国家自然科学基金项目一览表

序号	项目名称	项目来源	负责人	学院	合同总金额/万元
1	基于高精度结构光的高速铁路轮轨动态接触姿态检测系统	国家重大科研仪器研制项目（自由申报）	高 亮	土建学院	858.46
2	基于断层扫描和机器视觉的多芯光纤综合参数三维测试仪研制	国家重大科研仪器研制项目（自由申报）	裴 丽	电信学院	708
3	面向光纤激光的超宽带波长自适应高精度单频激光线宽测试仪	国家重大科研仪器研制项目（自由申报）	延凤平	电信学院	830
4	轨道交通运输管理	国家杰出青年科学基金	杨立兴	国家重点实验室	245
5	电力电子系统电磁兼容	优秀青年科学基金项目	李 虹	电气学院	130
6	毫米波天线与阵列	优秀青年科学基金项目	李雨键	电信学院	130
7	高维数据表示	优秀青年科学基金项目	景丽萍	计算机学院	130
8	出行行为复杂性分析与建模	优秀青年科学基金项目	闫小勇	运输学院	130
9	城市群综合交通系统设计与运营优化研究	重大项目课题	吴建军	国家重点实验室	336.4
10	大数据环境下汽车共享出行管理优化与智能服务	重大研究计划（重点支持）	孙会君	运输学院	240
11	面向高速铁路典型场景业务与应用的新一代移动通信理论与关键技术研究	高铁联合基金	艾 渤	国家重点实验室	229
12	城区高铁大直径盾构隧道施工智能控制理论与关键技术	高铁联合基金	袁大军	土建学院	229

续表

序号	项目名称	项目来源	负责人	学院	合同总金额/万元
13	高速列车齿轮箱轴承服役性能演化与疲劳可靠性研究	高铁联合基金	王　曦	机电学院	229
14	面向社会热点事件感知的异构多源社会媒体大数据分析	重点项目	桑基韬	计算机学院	277
15	数据驱动的地铁无人智能驾驶基础理论与技术	重点项目	侯忠生	电信学院	283
16	高速列车运行风险评估及调控基础理论与方法	重点项目	秦　勇	国家重点实验室	284
17	大数据环境下的智慧物流优化理论与方法	重点项目	华国伟	经管学院	235

表 27　2018 年新增 100 万及以上北京市科技项目一览表

序号	项目名称	项目来源	负责人	学院	合同总金额/万元
1	通信资源受限场景下车辆自组网通信技术研究	北京市科委	闻映红	电信学院	100
2	图谱化深度学习技术研究及应用验证	北京市科委	于　剑	计算机学院	200
3	国家经济安全预警工程北京实验室	北京市教委	李孟刚	经管学院	420
4	科研项目－北京实验室－城市轨道交通北京实验室－自动可控列控安全计算机的研发及 FAO 互联互通平台关键技术研究	北京市教委	唐　涛	国家重点实验室	300
5	几何机器人科学艺术综合展演	北京市科委	姚燕安	机电学院	150
6	有机/无机杂化高效钙钛矿电池材料与器件稳定性研究	北京市科委	梁春军	理学院	400
7	高速移动场景下高可靠传输与移动性资源管理技术研究	北京市科委	艾　渤	国家重点实验室	100
8	车载动力锂离子电池衰退机理及健康状态诊断方法研究 2018	北京市教委	张维戈	电气学院	100
9	科研项目－北京实验室－城市轨道交通北京实验室－下一代列控系统仿真平台搭建	北京市教委	李开成	电信学院	240
10	北京实验室－城市轨道交通北京 北京实验室－列控系统信息安全渗透测试及风险评估关键技术研究	北京市教委	步　兵	国家重点实验室	160
11	400 km/h 高速列车受电弓滑板材料应用特性研究	北京市教委	翟洪祥	机电学院	100
12	基于碳化硅功率器件的轨道交通变流器研制－器件驱动与保护技术研究	北京市科委	郭希铮	电气学院	100
13	基于碳化硅功率器件的轨道交通变流器研制	北京市科委	刁利军	电气学院	220

表 28　2018 年新增 100 万及以上其他部市级项目一览表

序号	项目名称	项目来源	负责人	学院	合同总金额/万元
1	高寒高海拔地区中小跨径公路钢桥设计研究与工程示范应用	其他部市	倪永军	土建学院	134.5

续表

序号	项目名称	项目来源	负责人	学院	合同总金额/万元
2	全球范围内轨道交通创新支撑能力布局及技术现状研究	其他部市	秦　勇	国家重点实验室	200
3	青年千人—王熙（2018）	其他部市	王　熙	理学院	100
4	深圳港集装箱近距离内陆港体系运营模式研究	其他部市	李红昌	经管学院	200
5	乌江生态旅游廊道（风景道）工程可行性研究报告编制及发展研究	其他部市	余　青	经管学院	225.78
6	智能安防中的视频数据保护及跨时空跨媒体信息关联技术研究	教育部	郎丛妍	计算机学院	155
7	重载公路货运通道改建时梁式桥设计与加固方法和路桥过渡段不均匀沉降处治技术研究	其他部市	倪永军	土建学院	110

表 29　2018 年新增 100 万及以上横向项目课题一览表

序号	项目名称	项目来源	负责人	学院	合同总金额/万元
1	交大－诺森项目联合转化研究创新中心	横向项目	黄家强	理学院	2 000
2	重组腺病毒初免－加强型呼吸道合胞病毒疫苗	横向项目	何金生	理学院	2 000
3	城市配网超导输电关键技术研究及示范应用（标段一）	横向项目	戴少涛	电气学院	866
4	神华重载铁路货车状态检修成套技术研究及装备研制－状态修诊断决策综合判别模型及系统研究	横向项目	余祖俊	机电学院	785.9
5	百万千瓦级核电机组多相无刷励磁机及旋转整流系统的电磁暂态仿真、故障特征及动模实验研究	横向项目	郝亮亮	电气学院	750
6	新建格尔木至库尔勒铁路格尔木枢纽地区ITCS 系统 GPS 测量、数据处理和验证	横向项目	王　剑	电信学院	410
7	神华重载铁路货车状态修诊断决策综合判别系统研究	横向项目	张　宁	计算机学院	341
8	神华重载铁路货车状态检修成套技术研究及装备研制—铁路货车零部件失效规律研究	横向项目	蒋增强	机电学院	339.16
9	苹果园综合交通枢纽工程邻近地铁 1 号线苹果园站及两端区间既有线结构及轨道工前及工后安全性评估	横向项目	彭　华	土建学院	303.5
10	无缝线路位移实时观测与智能管理系统	横向项目	张德华	土建学院	298
11	209P 转向架焊接构架裂纹问题的线路载荷谱测试、线路动应力测试及结构优化改进	横向项目	李　强	机电学院	269.999 977
12	京张高速铁路八达岭长城站结构安全监测	横向项目	张顶立	土建学院	251
13	人工智能在图像文字识别领域应用	横向项目	孙永奇	计算机学院	248
14	成都地铁线网运营信息分析系统（NOIS）软件开发合同	横向项目	唐金金	运输学院	245
15	交大椿树电力电子研究所计划项目Ⅱ期	横向项目	孙　湖	电气学院	240

续表

序号	项目名称	项目来源	负责人	学院	合同总金额/万元
16	车载列控系统电磁环境与电磁干扰监测系统	横向项目	闻映红	电信学院	238
17	雪城围墙、门楼稳定性安全性评估及布达拉宫墙体材料劣化影响研究	横向项目	常　鹏	土建学院	230.15
18	铁路动车组驾驶适应性测试项目	横向项目	郭　名	经管学院	230
19	中国交建马来西亚东海岸铁路项目运营及维护管理方案研究	横向项目	李海鹰	国家重点实验室	222.96
20	唐山市中心城区环线（二环路）工程上跨津山铁路斜拉桥及T构桥转体施工监测及称重试验	横向项目	肖　宏	土建学院	217.5
21	下一代地铁列车全碳化硅辅助变流器研制	横向项目	方晓春	电气学院	210
22	2017年北京地铁运营三分公司10号线动态地图自主化维修服务项目合同	横向项目	焦风川	机电学院	206.481 6
23	大功率牵引、辅助系统控制技术与应用合作	横向项目	周明磊	电气学院	200
24	600公里时速高速磁浮车地无线通信系统方案设计及核心设备研制—漏缆方案	横向项目	李旭	电信学院	200
25	CBD慢行交通系统改善方案研究项目	横向项目	宋丽英	运输学院	198
26	基于浦镇庞巴迪China monorail Ⅱ车型跨座式单轨交通系统轨道梁的研究	横向项目	朱尔玉	土建学院	196
27	高速公路污水处理	横向项目	李德生	土建学院	195.372
28	航班大面积延误场景下的旅客流向与动态需求预测方法研究	横向项目	林友芳	计算机学院	192.8
29	云南省综合交通运输体系发展研究	横向项目	邵春福	运输学院	190
30	低温平台控制系统	横向项目	戴少涛	电气学院	188
31	电磁兼容性能测试－CRCC全项认证测试	横向项目	闻映红	电信学院	181.402 5
32	电动汽车用维修开关及连接器合作合同	横向项目	张宁	校内其他部门	180
33	北京2022年冬奥会及残奥会延庆赛区高山滑雪中心、雪车雪橇中心及配套基础设施项目风洞试验	横向项目	李　波	土建学院	178
34	CRH380BL疲劳可靠性长期跟踪试验	横向项目	杨广雪	机电学院	176.85
35	出口型动车组拖车构架强度试验	横向项目	邹　骅	机电学院	176
36	交通公众宣传教育咨询服务	横向项目	贾俊芳	运输学院	175
37	CRH380BG高寒动车组转向架动应力长期服役性能跟踪测试	横向项目	杨广雪	机电学院	172.957 6
38	时速250公里中国标准动车组构架静强度及疲劳强度试验	横向项目	丁莉芬	机电学院	169
39	阿尔茨海默病检测试剂盒研发	横向项目	何金生	理学院	166
40	清华园隧道智能建造系统的开发与应用	横向项目	张顶立	土建学院	150
41	合肥市轨道交通5号线列车振动对中国科学院量子信息重点实验室精密仪器影响研究	横向项目	刘卫丰	土建学院	148

续表

序号	项目名称	项目来源	负责人	学院	合同总金额/万元
42	兰州交通大学机电学院轨道车辆综合实验平台建设项目二次招标	横向项目	张新华	机电学院	148
43	侧墙型材部件疲劳性能研究	横向项目	杨广雪	机电学院	147
44	高速列车本构安全系统化分析、评估和设计理论方法	横向项目	王艳辉	国家重点实验室	145
45	阿富准铁路 S2 标风吹雪路基先导试验工程	横向项目	白明洲	土建学院	135.9
46	软弱围岩大断面铁路隧道全断面法施工关键控制技术研究	横向项目	何　平	土建学院	135
47	复杂地质特长深埋大跨铁路隧道安全快速修建关键技术研究	横向项目	王永红	土建学院	130
48	智能波束管理研究	横向项目	沈　超	国家重点实验室	123.6
49	高速列车谱系体系关键技术研究－高速列车谱系化评估体系与型式试验验证技术	横向项目	王文静	机电学院	122
50	高性能耐候钢在海启高速公路的应用示范研究	横向项目	杜进生	土建学院	121
51	海关智能填报与归类技术研究与原型系统开发	横向项目	林友芳	计算机学院	120
52	机车直驱永磁系统控制软件	横向项目	王琛琛	电气学院	120
53	亚热带山区公路边坡生态修复和景观融合技术研究	横向项目	秦晓春	土建学院	115.632 075
54	深圳地铁 11 号线轨道动力学特性及减振产品效果测试试验	横向项目	辛　涛	土建学院	107
55	本市交通重点行业风险评估经费	横向项目	李　娟	运输学院	103
56	霍林郭勒市城市交通标识和交通工程规划	横向项目	邵春福	运输学院	103
57	曲阳至黄骅港高速公路曲阳至肃宁段项目工字钢－混凝土组合连续梁全过程性能控制及优化方法研究	横向项目	韩　冰	土建学院	100
58	复杂地质条件下特大断面浅埋隧道近接施工技术研究	横向项目	谭忠盛	土建学院	100

表 30　2018 年新增 100 万及以上国防军工项目一览表

序号	项目名称	项目来源	负责人	学院	合同总金额/万元
1	***自主协同组网与调控关键技术研究	红果园省部级“四总部”	荆　涛	电信学院	100
2	***多稳态软体机器人	红果园省部级“四总部”	姚燕安	机电学院	100
3	***现实遥操作技术研究	红果园省部级“四总部”	王纪武	机电学院	150
4	×××技术研究	红果园国家级科技委、后勤保障项目	韦世奎	计算机学院	100

续表

序号	项目名称	项目来源	负责人	学院	合同总金额/万元
5	超高**地面**系统	红果园国家级科技委、后勤保障项目	姚燕安	机电学院	500
6	***地面无人系统	红果园国家级科技委、后勤保障项目	姚燕安	机电学院	120
7	***压力波动抑制技术研究	红果园国家级“科工局”	李国岫	机电学院	180
8	***回油控制技术研究与试验验证	红果园国家级“科工局”	李国岫	机电学院	115
9	“***”在专用移动通信平台的应用	红果园省部级“企事业”	张宏科	电信学院	215
10	***算法自定义设计与评测方法	红果园省部级“企事业”	何永忠	计算机学院	200
11	***机构模拟负载台研制	红果园省部级“企事业”	延　皓	机电学院	287
12	××–××型号控制系统部分软件单元测试	红果园省部级“企事业”	沈海阔	机电学院	105
13	***框架软件技术开发	红果园省部级“企事业”	沈海阔	机电学院	100
14	***大气环境模拟用高压大功率电源控制及触发系统	红果园省部级“中心”	郝瑞祥	电气学院	190
15	***结构分析及评估技术咨询	红果园（横向项目）	杨维国	土建学院	188
16	基于流程控制的***设计分析	红果园（横向项目）	杨立新	机电学院	370
17	非接触测温之***热防护和冷却结构设计研究	红果园（横向项目）	杨立新	机电学院	296

（王延超　刘君亮　杨　恒　郭玉宝　林子斌　龚伯锋　张　勋　刘　畅）

【科技成果与奖励】

杨庆山教授等主持成果“大型屋盖及围护体系抗风防灾理论、关键技术和工程应用”获得国家科技进步奖二等奖。

主持成果获教育部高等学校科学研究优秀成果奖（科学技术）2 项，其中高自友教授等主持成果“大城市复杂交通流特性分析及管控策略研究”获自然科学奖一等奖，李德才教授等主持成果“耐酸碱、高速、分瓣式磁性液体旋转密封关键技术与应用”获技术发明奖一等奖；主持成果获北京市科学技术奖 3 项；主持成果获中国铁道学会科学技术奖 6 项；主持成果获其他学会科学技术奖 1 项（详见表 31）。

高亮荣获 2018 年度何梁何利基金科学与技术进步奖。

陈征获第二十一届茅以升北京青年科技奖。

刘军、李开成、任尊松获第十四届茅以升铁道科技奖。

表 31　2018 年获奖成果统计表

序号	奖励类别	奖励名称	申报形式	成果名称	学校排名	学校第 1 完成人及排序	获奖等级
1	国家级科技奖	国家科学技术进步奖	主持	大型屋盖及围护体系抗风防灾理论、关键技术和工程应用	1	杨庆山（1）	二等
2	省部级科技奖	高等学校科学研究优秀成果奖（科学技术）自然科学奖	主持	大城市复杂交通流特性分析及管控策略研究	1	高自友（1）	一等
3		高等学校科学研究优秀成果奖（科学技术）技术发明奖	主持	耐酸碱、高速、分瓣式磁性液体旋转密封关键技术与应用	1	李德才（1）	一等
4		教育部高等学校科学研究优秀成果奖（科学技术）自然科学奖	参加	复杂环境下交通系统运行可靠性与网络演化研究	5	姚锦宝（4）	二等
5		教育部高等学校科学研究优秀成果奖（科学技术）进步奖	参加	复杂应用场景下射频识别天线设计及其定位技术	2	赵军辉（2）	二等
6		北京市科学技术奖	主持	城市暗挖隧道穿越基础设施关键技术及应用	1	房　倩（1）	三等
7		北京市科学技术奖	主持	可重构多模态移动机器人设计技术与应用	1	姚燕安（1）	三等
8		北京市科学技术奖	主持	响应范围可调的倍增型有机光电探测器的制备及机理研究	1	张福俊（1）	三等
9		北京市科学技术奖	参加	城市轨道交通自主化全自动运行系统关键技术及工程示范	2	唐　涛（2）	一等
10		北京市科学技术奖	参加	科学益智互动节目《正大综艺·脑洞大开》及配套图书	2	陈　征（2）	三等
11		北京市科学技术奖	参加	基于名老中医临床诊疗数据的知识发现方法学及应用示范	5	周雪忠（4）	三等
12		北京市科学技术奖	参加	国家光伏先进技术“领跑者”基地实证平台开发与应用	5	无	三等
13		西藏自治区科学技术奖	主持	西藏古建筑木结构受力性能与监测技术研究及工程应用	1	杨　娜（1）	二等
14		浙江省自然科学奖	参加	基于性能的不确定非线性系统分析与控制	2	柳向斌（4）	二等
15		重庆市自然科学奖	参加	恶劣环境下光纤微结构的传感机理研究	2	娄淑琴（5）	二等
16		甘肃省科技进步奖	参加	第三系富水弱胶结粉细砂岩隧道修建技术及应用	5	王秀英（12）	一等
17		上海市科技进步奖	参加	电动汽车智能充换储一体化电站关键技术与工程应用	6	张彩萍（6）	二等

续表

序号	奖励类别	奖励名称	申报形式	成果名称	学校排名	学校第1完成人及排序	获奖等级
18	社会力量科技奖	中国铁道学会科学技术奖	主持	高速铁路周界入侵检测技术	1	余祖俊（1）	一等
19		中国铁道学会科学技术奖	主持	综合费用型货物列车编组计划编制技术的研究	1	胡思继（1）	二等
20		中国铁道学会科学技术奖	主持	空调客车整备检修地面电源节能监测与预警技术、装置和系统	1	张和生（1）	三等
21		中国铁道学会科学技术奖	主持	基于数据驱动的铁路管理与发展规划决策研究	1	鲁晓春（1）	三等
22		中国铁道学会科学技术奖	主持	复杂环境下铁路站房深基坑安全控制新技术研究	1	蔡国庆（1）	三等
		中国铁道学会科学技术奖	主持	铁路基础工程岩溶处置关键技术研究	1	白明洲（1）	三等
		中国铁道学会科学技术奖	参加	高海拔低氧自然环境铁路运营卫生关键技术及应用	4	郭　名（5）	特等
		中国铁道学会科学技术奖	参加	时速350公里复兴号动车组转向架研制	8	无	特等
		中国铁道学会科学技术奖	参加	铁路工程高强钢筋试验研究与应用	6	朱尔玉（13）	一等
		中国铁道学会科学技术奖	参加	高寒地区高速铁路桥梁服役性能评估及运营维护技术	2	战家旺（2）	二等
		中国铁道学会科学技术奖	参加	路网运输能力评测关键技术研究	2	何世伟（2）	二等
		中国铁道学会科学技术奖	参加	高速铁路工程质量管理体系与绩效评价方法研究	2	李清立（3）	二等
		中国铁道学会科学技术奖	参加	开行3万吨重载列车关键技术研究——大秦线开行3万吨组合列车运输组织方案研究	2	唐金金（4）	二等
		中国铁道学会科学技术奖	参加	高速铁路无砟轨道长波不平顺检测与维护技术研究	2	高　亮（4）	二等
		中国铁道学会科学技术奖	参加	BHP公司40 t轴重矿石车关键技术研发及应用	2	王文静（11）	二等
		中国铁道学会科学技术奖	参加	青藏铁路格尔木至拉萨段供电运营关键技术研究	3	吴振升（2）	二等
		中国铁道学会科学技术奖	参加	动车组运用维护技术研究——动车组健康管理及运维决策系统研究	6	刘　峰（13）	二等
		中国铁道学会科学技术奖	参加	自备铁路车辆全过程管理技术与应用	4	郎茂祥（5）	三等
		中国智能交通协会科学技术奖	主持	城轨网络化运营评估优化关键技术及辅助决策系统研制	1	刘　军（1）	一等
		中国汽车工业科学技术进步奖	参加	节能与新能源汽车能源系统测评关键技术及应用	3	张彩萍（4）	一等

续表

序号	奖励类别	奖励名称	申报形式	成果名称	学校排名	学校第1完成人及排序	获奖等级
		中国公路学会科学技术奖	参加	交通运输物流信息交换基础网络与应用服务技术研发及应用	3	刘志硕（4）	三等

3个项目通过科技成果鉴定（详见表32）。

表32　2018年科技成果鉴定项目统计表

序号	成果名称	申报形式	学校第1完成人	批准并组织鉴定部门	鉴定日期	成果评价	证书号
1	大容量空冷汽轮发电机热交换与热控制关键技术研究与应用	主持	李伟力	中国机械工业联合会	2018年5月17日	国际领先	JK鉴字〔2018〕第2087号
2	高层建筑地震损伤分析与控制研究及工程应用	参加	徐龙河	天津市科学技术评价中心	2018年4月24日	国际领先	津科成鉴字PJ（2018）036号
3	复杂环境深厚软土超大规模深基坑综合技术研究及应用	参加	崔江余	北京市住房和城乡建设委员会	2018年8月3日	国际先进	京建科鉴字〔2018〕第042号

（马　跃　何笑冬）

【科研论文与学术活动】

2018年中国信息研究所公布的论文统计结果中，2017年SCIE收录北京交通大学论文1194篇，全国高校排名第61位；EI收录期刊论文1 619篇，全国高校排名第32位；CPCI-S（ISTP）收录会议论文593篇，全国高校排名第21位。国内检索系统收录论文934篇，全国高校排名第91位（详见表33）。王江锋发表的论文 *Modeling Travel Time Reliability of Road Network Considering Connected Vehicle Guidance Characteristics Indexes* 获评"中国百篇最具影响国际学术论文"。

2018年度基本科学指标数据库ESI累计收录学校高被引论文 120篇。2018年累计新增63篇。

2018年全校教师、学生发表科技论文5 943篇，其中期刊4 960篇、会议826篇、报纸74篇、合集83篇，出版著作156部（详见表34）。

表33　2018年公布的学校科研论文检索收录引用及全国高校排名情况一览表

年	SCIE/排名	EI/排名	ISTP/排名	国内检索/排名	SCI被引篇数/次数/排名
2017	1194/61	1619/32	593/21	934/91	7009/53752/78

表34　2018年教师、研究生发表科技论文著作情况一览表

年	期刊/篇	会议/篇	报纸/篇	合集/篇	著作/部
2018	4 960	826	74	83	156

2018年12月21日，召开北京交通大学科学技术协会成立大会暨第一次会员代表大会，

通过《北京交通大学科协章程》，选举产生北京交通大学科协第一届委员会成员及常务委员会成员。宁滨当选第一届北京交通大学科协主席，孙守光当选常务副主席，高艳、关忠良、余祖俊当选副主席，荆涛当选秘书长，白明洲、秦思阳当选副秘书长。科协秘书处挂靠科技处。

承办“MSTA（Major Science and Technology Affairs）”大家系列科技讲座第三期，由墨子号量子卫星首席科学家、中国科学院院士潘建伟和中国科学技术大学教授卢征天做主题演讲。承办 2018 年全国铁路科普日启动仪式。

组织师生赴中国科技馆参观“全国科普日北京主场活动”。继续在北京市青少年科技创新大赛设立“北京交大思源科技创新奖专项奖”，评选专项奖 10 项。

由北京交通大学承担的创新方法工作专项项目“10 000 个科学难题——交通运输科学卷”2018 年通过结题验收，图书《10 000 个科学难题 • 交通运输科学卷》2018 年 11 月出版发行。

学校主办、承办高水平国际学术会议 10 场（详见表 35）。

表 35　2018 年主办、承办高水平国际学术会议一览表

序号	会议名称	时间	地点
1	2018 IEEE 7th Data Driven Control and Learning Systems Conference（DDCLS'18）	2018 年 5 月 25—27 日	恩施
2	随机优化国际研讨会	2018 年 6 月 20—22 日	北京
3	统计学习与优化国际研讨会	2018 年 6 月 24—26 日	北京
4	2018 IEEE International Conference on Logistics，Informatics and Service Sciences（LISS’2018）	2018 年 8 月 3—6 日	多伦多
5	2018 Industrial Economics System and Industrial Security Engineering（IEIS’2018）	2018 年 8 月 3—6 日	北京
6	The 14th IEEE International Conference on Signal Processing（ICSP）	2018 年 8 月 12—16 日	北京
7	第六届运输与时空经济论坛	2018 年 10 月 12—14 日	北京
8	3rd International Symposium on the Future of Renewable Energy	2018 年 11 月 4—6 日	北京
9	第十届亚太机器学习会议（ACML18）	2018 年 11 月 14—16 日	北京
10	高速铁路高校联盟大会	2018 年 11 月 26 日	杭州

（马　跃　刘　蓉　何笑冬）

【知识产权与成果转化】

2018 年专利申请 762 项，比上年增长 28.3%，其中申请发明专利 606 项。专利授权 332 项，比上年增长 8.5%，其中发明专利授权 236 项，授权美国专利 1 项。计算机软件著作权登记 119 项，比上年增长 75%（详见表 36）。专利实施转化 30 项，合同金额 477.05 万元。其中专利转让 26 项，合同金额 377.05 万元；专利许可 4 项，合同金额 100 万元。

“一种分瓣式磁性液体密封装置”（201110240451.9）获第五届北京市发明专利奖一等奖。

获批 2018 年北京市知识产权运营试点单位。获批北京市高校院所专利运营办公室建设。

推进国家专利导航（高校）研究和推广中心的建设工作，主办首期高等学校知识产权专

员培训班，承办国家知识产权局“2018《高等学校知识产权管理规范》贯标培训班”，培训学员来自近200所高校、累计450余人。

表36　2018年专利申请、专利授权和计算机软件著作权登记统计表

序号	单位	申请专利				授权专利				软件登记
		发明	实用新型	外观设计	总数	发明	实用新型	外观设计	总数	
1	电气学院	79	17	0	96	28	8	0	36	20
2	电信学院	118	11	0	129	59	9	1	69	34
3	国家重点实验室	49	1	0	50	26	0	1	27	5
4	机电学院	128	18	0	146	67	28	0	95	1
5	计算机学院	26	2	0	28	16	2	0	18	24
6	经管学院	5	5	0	10	0	2	0	2	1
7	理学院	22	2	0	24	16	0	3	19	0
8	软件学院	8	0	0	8	1	0	0	1	5
9	土建学院	118	64	29	211	15	38	1	54	13
10	运输学院	53	6	0	59	8	2	0	10	16
11	建艺学院	0	1	0	1	0	1	0	1	0
合计		606	127	29	762	236	90	6	332	119

（王欣　郭英）

4月北京交通大学科技处被教育部科技司和中关村管委会联合认定为“中关村国家自主创新示范区高校技术转移办公室”，11月北京交大创新科技中心获批北京市科技成果转化平台建设专项，学校基本具备了与市场机制相适应的技术转移体系基础。

土建学院朱尔玉教授“装配式单轨交通系统技术包”方案通过价值评估和国资委员会审议，该项技术经评估机构评估，价值人民币3 198万元，作价入股后，获得91.37%股份。

举办和参加各类校企、校地对接活动50余场次，与广州智能装备集团、中兴通讯、青岛四方、武汉铁路局、武汉地铁、长沙轨道交通集团等企业，以及威海市、南通市、长沙市、扬州市、惠州市、滁州市、唐山市等政府科技部门互访互通，加强校企技术交流，促进成果转移转化。

协同发起“首都高校技术转移联盟”并当选副理事长单位；加入“京津冀科研院所联盟”并当选副理事长单位；与中国铁路京藏集团等5家企业建立产学研合作关系，获企业产学研支持经费近千万元。组织参加中国国际工业博览会、中国国际高新技术成果交易会、中国高校科技成果交易会等高水平综合性展览会，获多项组织奖及成果奖。

（杨恒）

【学术期刊】

《北京交通大学学报》复合影响因子为0.876，在429种综合性科学技术类期刊中位列第45位，获评2018年度“中国高校优秀科技期刊”。

（孙中悦）

人文社会科学研究

【概况】

2018 年学校人文社会科学研究工作以创建“双一流”的相关要求为导向，加强基础研究、重视应用研究，在科研成果获奖、重大项目立项、高端智库培育以及专家建议获批方面取得突破。

（迟琳琳）

【科研项目】

人文社会科学新增科研项目 404 项，其中纵向项目 262 项，横向项目 142 项；新增人文社会科学项目合同经费 8 035.89 万元，其中纵向合同经费 4 738.49 万元，横向合同经费 3 297.4 万元。

获批国家社科基金项目 7 项，其中重大招标项目 1 项、重点项目 1 项；教育部人文社会科学项目 9 项；北京市社科基金项目 24 项，其中重点项目 6 项；中央其他部门社科项目、省市自治区项目、其他省部及企事业单位委托项目等 400 余项。启动 2018 年度学校基本科研业务费人文社科专项申报评审工作，共计立项 41 项。

（迟琳琳）

【科研成果】

组织完成征集高校社科文库、教育部人文社科研究项目成果摘报、国家社科基金成果要报、教育部专家建议等工作，组织撰写的 3 篇专家建议获国家领导同志批示，6 篇专家建议获省部级领导同志批示，组织撰写的 19 篇专家建议入选相关部委成果要报。

组织申报第十五届北京市哲学社会科学优秀成果奖，学校限额申报的 12 项成果中有 6 项成果获奖。

2018 年发表 SCI 检索论文 25 篇，SSCI 检索论文 15 篇，A&HCI 检索论文 2 篇，CSSCI 论文 116 篇，出版专著 26 部。

学校社科处被授予“北京市社会科学基金项目优秀二级管理单位”荣誉称号。

（迟琳琳）

【科研基地建设】

2 月，“北京市习近平新时代中国特色社会主义思想研究中心北京交通大学研究基地”由北京市委宣传部批准，是北京市习近平新时代中国特色社会主义思想研究中心首批 19 个研究基地之一；7 月，学校举行研究基地揭牌仪式暨工作推进会。

4 月，北京市哲学社会科学“北京物流信息化研究基地”举行第一期建设考察验收会，验收成绩优秀。“北京交通发展研究基地”2005 年成立以来连续三个建设周期被评为优秀研究基地，成为首批获得免检资格的研究基地之一。

11 月，学校举行北京交通大学国家经济安全研究院揭牌仪式暨国家经济安全研究院理事会成立大会。

12 月，北京市哲学社会科学“北京交通发展研究基地”进入中国智库索引（CTTI）高校百强智库 A 级榜单；学校北京市哲学社会科学“北京物流信息化研究基地”、国家经济安全研究院、中国马克思主义与文化发展研究院正式成为 CTTI 来源智库。

（迟琳琳）

【社科期刊】

2018 年《北京交通大学学报》（社会科学版）出版 4 期，发表论文 73 篇，多篇文章被中国人民大学复印报刊资料等全文转载，在 2018 年 3 月中国人民大学发布的“复印报刊转载指数排名研究报告”中《北京交通大学学报》（社会科学版）全文转载率在高等院校总排名位居 64 位，入选“复印报刊资料重要转载来源期刊（2017 年版）”。

《北京交通大学学报》（社会科学版）的期刊复合影响因子在全国 625 种综合性人文、社会科学期刊中位列 12 位，被评定为“2018 年度中国人文社会科学期刊 AMI 综合评价”A 刊扩展期刊，获年度中国科技论文在线优秀期刊一等奖。

（迟琳琳）

科技平台与团队建设

【概况】

2018 年，学校共有省部级以上科研平台（自然科学类）52 个，其中包括国家重点实验室 1 个，国家工程研究中心 1 个，国家工程实验室 6 个（其中 5 个参加），国家能源研发中心 1 个，国家国际科技合作基地 2 个，轨道交通安全协同创新中心 1 个，国家认可实验室 4 个，国家大学科技园 1 个，教育部重点实验室/工程研究中心 9 个，北京实验室 2 个，北京市重点实验室/工程技术研究中心 17 个，交通运输行业重点实验室 2 个，其他省部级科研平台 5 个（详见表 37）。

表 37　2018 年省部级及以上科研平台（自然科学类）统计表

序号	实验室名称	批准时间	依托单位
1	轨道交通安全协同创新中心	2013 年	北京交通大学
2	轨道交通控制与安全国家重点实验室	2006 年	国家重点实验室
3	轨道交通运行控制系统国家工程研究中心	2008 年	电信学院
4	下一代互联网互联设备国家工程实验室	2008 年	电信学院
5	国家能源主动配电网技术研发中心	2013 年	电气学院
6	轨道交通控制与安全国际合作联合中心	2016 年	国家重点实验室
7	轨道车辆运用工程国际科技合作基地	2018 年	机电学院
8	高速铁路系统试验国家工程实验室（参与）	2007 年	铁科院、北京交大
9	城市轨道交通列车通信与运行控制国家工程实验室（参与）	2016 年	国家重点实验室
10	城市轨道交通系统集成国家工程实验室（参与）	2016 年	机电学院
11	城市轨道交通系统安全保障国家工程实验室（参与）	2016 年	运输学院
12	城市轨道交通工程建设工艺与技术国家工程实验室（参与）	2016 年	土建学院
13	电磁兼容国家认可实验室	2006 年	电信学院
14	结构强度检测国家认可实验室	2006 年	机电学院
15	软件测评国家认可实验室	2008 年	计算机学院
16	轨道交通移动通信国家认可实验室	2015 年	国家重点实验室
17	国家大学科技园	2006 年	资产公司
18	全光网络与现代通信网教育部重点实验室	2002 年	电信学院
19	发光与光信息技术教育部重点实验室	2005 年	理学院
20	城市交通复杂系统理论与技术教育部重点实验室	2008 年	运输学院
21	城市地下工程教育部重点实验室	2009 年	土建学院
22	载运工具先进制造与测控技术教育部重点实验室（B）	2009 年	机电学院

续表

序号	实验室名称	批准时间	依托单位
23	隧道及地下工程教育部工程研究中心	2006年	土建学院
24	电力牵引教育部工程研究中心	2006年	电气学院
25	高速铁路网络管理教育部工程研究中心	2007年	计算机学院
26	轨道车辆可靠性与检测技术教育部工程研究中心	2007年	机电学院
27	教育部 铁道部基础数据平台	2007年	经管学院
28	城市轨道交通北京实验室	2012年	国家重点实验室
29	国家经济安全预警工程北京实验室	2017年	经管学院
30	城市轨道交通自动化与控制北京市重点实验室	2001年	电信学院
31	通信与信息系统北京市重点实验室	2001年	电信学院
32	现代信息科学与网络技术北京市重点实验室	2001年	计算机学院
33	新能源汽车动力总成技术北京市重点实验室	2011年	机电学院
34	轨道工程北京市重点实验室	2011年	土建学院
35	物流管理与技术北京市重点实验室	2008年	经管学院
36	结构风工程与城市风环境北京市重点实验室	2013年	土建学院
37	交通数据分析与挖掘北京市重点实验室	2013年	计算机学院
38	微细尺度流动与相变传热北京市重点实验室	2014年	机电学院
39	水中典型污染物控制与水质保障北京市重点实验室	2015年	土建学院
40	智能交通数据安全与隐私保护北京市重点实验室	2016年	计算机学院
41	北京市城市交通信息智能感知与服务工程技术研究中心	2012年	国家重点实验室/运输学院
42	北京市轨道交通线路安全与防灾工程技术研究中心	2013年	土建学院
43	北京市轨道交通电气工程技术研究中心	2013年	电气学院
44	北京市轨道交通电磁兼容与卫星导航工程技术研究中心	2014年	电信学院
45	北京市高速铁路宽带移动通信工程技术研究中心	2015年	计算机学院
46	城市轨道交通CBTC系统北京市高等学校工程研究中心	2010年	电信学院
47	北京交通大学铁路货物装载加固技术研究与咨询中心	2009年	运输学院
48	城市交通北京技术转移中心	2006年	资产公司
49	教育部战略研究培育基地——北京交通大学行业特色研究型大学发展战略研究中心	2009年	发展规划处
50	文化部民族民间文艺发展中心数字文化研究基地	2012年	计算机学院
51	交通运输基础设施安全风险管理交通运输行业重点实验室	2015年	土建学院
52	综合交通运输大数据应用技术交通运输行业重点实验室	2017年	运输学院

（朱　珊　于　欢）

【轨道交通安全协同创新中心】

11月16日通过教育部组织的建设期绩效评估，考察成绩优秀；完成绩效考评办法修订及信息平台考评模块升级；继续强化核心技术骨干的国际专题研修和培训，6月至7月，中心派出安全评估、轨道线路、动车组、通信信号等领域的 12 名青年技术骨干教师赴英国两周培训；拓展国际交流合作范围，提升合作水平，11 月，与俄罗斯、瑞典有关大学、企业等开展交流，形成合作共识。

（原思成）

【“两个中心”建设】

国家轨道交通安全评估研究中心建设项目可行性研究报告等 2015 年 5 月在国家发改委主任办公会研究通过，因首都功能定位的调整，安评中心可行性研究报告批复暂缓办理。2018 年，多次积极主动向国家发改委汇报安评中心进展情况，依据北京市总体规划，结合学校新校区建设，将中心建设地点变更为交大新校区，并完成楼体设计及平台布置方案，推进安评中心建设项目可行性研究报告批复工作。

国家轨道交通技术教育与服务中心围绕“一带一路”建设和铁路“走出去”战略实施的境外重点规划、重点项目、重点工程开展技术教育涉外高端研修及相关的咨询交流等服务工作，全年完成非学历来华短期研修培训项目 26 项。服务国内轨道交通行业人才培养及政策研究，完成交通部政策研究项目“城市轨道交通运营安全关键工种培训制度研究”，编写“城市轨道交通运营关键岗位从业人员培训教材”2 项，编制的《城市轨道交通人才培养规划（2016—2020 年）》获得行业认可并正式发布，在 2018 年城轨交通行业人才培养论坛和校企合作研讨会上为学校赢得“中国城市轨道交通行业人才培养突出贡献奖”。开展交通行业国际联合科研工作，全年完成交通运输部战略规划政策项目“交通运输国际组织高层次人才培养路径研究”1 项、国家铁路局科研项目“支撑铁路‘走出去’战略实施的对外教育培训体系和协作机制的研究”1 项、完成教育部科学事业费重大项目“高校开展服务‘一带一路’科技合作模式与机制研究”1 项，参与国家重点研发计划战略性国际科技创新合作重点专项“‘一带一路’陆路通道国际联运研究与交流中心”项目成为轨道交通行业重要智库。

（原思成　王德芳）

【新增平台】

新增 1 个国家级科研平台、1 个北京市国际科技合作基地。北京交通大学牵头建设的“轨道车辆运用工程国际科技合作基地”获科技部批复认定。学校牵头建设的“轨道交通运营国际科技联合研究中心”获北京市科委批复认定。

（朱　珊　于　欢）

【平台评估】

学校牵头建设的“轨道工程北京市重点实验室”在北京市科委组织的实验室建设三年绩效考评中获评优秀。

（朱　珊　于　欢）

科技产业

【概况】

2018 年度学校科技产业工作以改革创新为动力，以实现效益为目标，以文化建设为载体，推动学校科技产业发展，确保国有资产保值增值。

（赵　冉）

【企业管理】

规范清理，把控风险，实现国有资产保值增值。推进所属企业体制改革，全面调研梳理所投资企业，理清产权关系、资产情况、经营状况，根据梳理结果经董事会、股东会决定确定退出企业，经 30 多次宣传、沟通，7 个企业已基本达成退出意向，具体工作按法定程序推进。

抓实内控评价，把控防范风险。结合学校内部控制风险评估工作，配合安永公司对公司内部控制风险开展评估，先后 4 次召开专题会议讨论安永公司提出的整改意见，对《投资项目立项决策流程》《投资协议签订流程》《投资项目退出流程》《所属企业“三重一大”决策流程》《所属企业董监高的选拔和任命程序》等内部控制风险重要文件进行分析评估，形成资产公司内部控制风险评估意见建议。聘请第三方机构，对控股企业的财务情况进行年度审计，出具《专项审计报告》。

多部门协同，促进科技成果转化。深入学院、教师发现可转化成果并为教师科技成果作价入股提供设立企业的商务服务；与科技处、国资处紧密配合，做好科技成果作价入股的评估、合作企业选择、入股、划转等工作并及时办理产权登记。2018 年，作价入股设立 2 个企业、新设立 1 个企业，为 3 位教师成果作价入股提供商务服务。3 个新设立企业产权登记材料已报出。

实现国有资产保值增值。截至 2018 年 12 月 31 日，实现投资收益比上年减少 220.74 万元，增幅−18.57%。为学校基金会争取企业捐赠 15 万元。公司所有者权益 19 376.37 万元，比年初增加 467.84 万元，增幅 2.47%。净资产收益率 5.16%，国有资产保值增值率 102.47%。

（赵　冉）

【产业结构】

资产经营公司为北京交通大学直接投资的国有独资公司。截至 2018 年 12 月 31 日，资产经营公司直接投资以及授权管理的企业共 26 家。其中直接投资企业 25 家，25 家企业中持股 50%（含 50%）以上的企业 7 家，持股 50%以下的企业 18 家。25 家企业注册资本 80 259.34 万元。

企业以学校优势学科为依托，以铁路、电力和轨道交通为特色，所投资企业中已具有一批具有自主知识产权的科技型企业，其中：科技型企业 16 家，服务型企业 9 家。涉足轨道交通、电子信息、计算机软件、交通运输、电力电气、勘察设计、工程监理、编辑出版、光电子及新材料等行业。

主要产品有：出版物，杂志，印刷品，设计监理，平面无线调车系统，CBTC 等铁路信号系统系列产品及模块、配套软件，微机联锁系统、行包、集装箱安全系统、客票系统，铁路车站 GSM－R 室内信号覆盖系统设计和施工、GSM－R 运维支撑系统、远程视频会议室网络等。

（赵　冉）

【国家大学科技园建设】

根据科技部国家大学科技园审核评价标准，以提升科技园双创能力、资金支持能力为重点，增强科技园孵化功能为目标，通过董事会决议，启动北京交大铁科科技园有限公司股权改造工作。

加强与其他企业以及地方政府合作，拓展孵化空间。合作完成交大知行大厦孵化场地的招商工作，引进孵化企业 9 家，并对孵化场地设施进行升级改造。与山东蓝海领航产业园建设有限公司就交大孵化器在山东济南章丘区建立分园达成合作协议，双方共同在章丘设立山东北交蓝海领航孵化器有限公司，以众创空间运营为主，同时开展产业孵化及成果转化落地业务。

推进留学人员创业园和大学生创业园建设，为入园企业提供服务。新引进 3 家留学人员企业，协助 3 家在园企业获得海外学人中心共计 30 万元的企业开办费。加强与工商部门联系，为入园企业注册提供绿色通道。完成第八届创新创业大赛入园企业入驻，并为入驻企业提供咨询、辅导、培训等服务。组织大学生创业企业参加嘉善创新创业大赛、中国海创大赛等赛事，帮助其对接投资机构、寻找合作伙伴、拓展市场。

（赵　冉）

【科技大厦物业管理】

整改、完善管理，做好出租房屋委托经营。持续推进房屋出租整改，进一步完善出租管理程序、流程、核算等，物业公司入围中央国家机关 2018—2020 年度物业管理服务定点采购目录和北京市市级行政事业单位 2018—2019 年度物业服务定点政府采购目录。完成科技大厦 20 464.74 平方米、科教楼 6 696.48 平方米招租，为学校取得房租收入 5 759.65 万元。

（赵　冉）

教职工队伍建设与管理

队伍建设

【概况】

2018 年学校人事人才工作贯彻全国教育大会精神和中共中央《全面深化新时代教师队伍建设改革的意见》《关于分类推进人才评价机制改革的指导意见》精神，落实学校“十三五”规划目标和折子工程等工作要求，各项工作扎实推进。1 人获国家杰出青年科学基金资助，4 人获国家优秀青年科学基金资助。深化学校评价制度改革，出台《关于完善北京交通大学教师职务晋升评价的指导意见》《北京交通大学思想政治工作和党务工作队伍专业技术职务评审办法（试行）》《教育管理研究系列职务申报条件（修订）》《北京交通大学教师系列岗位晋级聘用申报条件（修订）》《关于 2018 年专业技术职务晋升、岗位晋级评聘工作的通知》等系列文件。

截至 2018 年底，教职工总数 2 972 人，其中专任教师（包括教师系列、双肩挑人员、师资博士后）1 790 人、专职研究人员 48 人、实验技术人员 113 人、管理与服务人员 682 人、其他专技人员 322 人。专任教师中，具有博士学位人员 1 418 人、占 79.2%，具有正高级职称人员 494 人、占 27.6%，具有高级职称人员 1 277 人、占 71.3%，具有一年及以上海外经历人员 872 人、占 48.7%。

（程晓冬　郭　栋）

【人才培养与引进】

杨立兴获得杰出青年基金项目资助，闫小勇、李雨键、李虹、景丽萍等 4 人获得优秀青年基金项目资助。

推荐于永光、董海荣、姚燕安、林晓言、吴建军等 5 人为“长江学者”特聘教授候选人；推荐杨冬、熊轲、何睿斯、上官伟、曹源、房倩、曹志刚、孙会君等 8 人为“长江学者”青年学者候选人。推荐李强、蔡伯根、石志飞、刘伊生等 4 人为 2018 年享受政府特殊津贴人选；推荐董春娇为国家“千人计划”青年项目候选人；推荐朱晓宁为国家“万人计划”教学名师候选人；推荐杨冬、熊轲、房倩、曹源、许寅、孟令云、上官伟、张彩萍、韦世奎、唐爱伟、郭烁等 11 人为国家“万人计划”青年拔尖人才候选人。

在校内外调研的基础上，对校内人才育引政策进行梳理，出台《北京交通大学“卓越百人计划”实施办法（2018 年修订）》。根据该办法，高亮入选“卓越百人计划”第一层次，闻映红、蔡伯根、柯燎亮、余祖俊、艾渤、秦勇、宁滨、杨立兴等 8 人入选第二层次，蔡国庆、方进等 2 人入选第三层次，李孟刚、张星臣、于永光、吕兴、梁春军、贾利民等 6 人入选第四层次。配套出台《北京交通大学高端人才周转房租赁实施细则》，高端人才单独切块房源、单独排队选房，7 月份完成高端人才周转房租赁的选房工作。

审批师资补充人员 87 人，其中具有博士后经历人员 37 人、占 34%，具有海外学习和工作经历 64 人、占 59%。

规范聘用、考核、管理等工作，吸引更多海内外杰出学者来校服务。聘任非全职高层次人才 113 人，其中顾问教授 6 人、讲座教授 3 人、兼职教授 101 人、“海外学者短期聘任计划”3 人。非全职高层次人才主要来自海内外科研院所、高校和企业。

学校举办首届国际青年学者“知行”论坛，邀请到来自麻省理工学院、剑桥大学、帝国理工学院等世界一流大学和科研机构的 50 位青年学者。通过专题报告、与学院座谈交流、参观考察等多种形式，开阔学术视野，促进合作交流，加强海内外优秀青年人才对学校的了解，2 名参会学者申请并入选学校“卓越百人计划”第四层次，多名学者同学院和团队保持联系。

2018 年，获得国家留学基金委出国研修资助项目数量位于全国高校前列。学校 3 个月及以上公派教师出国研修项目录取 65 人，其中获得国家全额资助 44 人、获得学校与国家留学基金委共同资助（1:1 配套）13 人、学校公派审批 9 人、获得外方资助 5 人。为配合北京交通大学兰卡斯特大学学院建设工作，继续以学校公派出国研修的形式，选派 5 个专业的 7 名教师赴兰卡斯特大学培训。派出 63 名中青年骨干教师赴国外一流高校或研修机构，其中国家公派 37 人，学校公派配套方式（1:1 配套）13 人，学校公派资助方式 10 人，自费公派 3 人。学校选派的 67 名中青年骨干教师学成回校服务。学校共批准 40 人在职攻读学位（31 人攻读博士学位、9 人攻读硕士学位）；13 人在职考取博士研究生；3 人取得博士学位。

表 38　2018 年选派出国研修人员名单（三个月及以上，不含博士后）

序号	单位	姓名	派出类别	性别	国别	留学身份	期限/月	出国时间
1	电信学院	朱明强	国家公派	男	美国	访问学者	12	2018.8.31
2	电信学院	尹逊和	学校公派	男	英国	访问学者	11	2018.1.8
3	电信学院	钱满义	学校公派	男	英国	访问学者	10	2018.9.30
4	计算机学院	王　东	国家公派	男	美国	访问学者	12	2018.7.10
5	计算机学院	牛温佳	国家公派	男	美国	访问学者	12	2018.8.9
6	计算机学院	韦世奎	国家公派	男	美国	访问学者	12	2018.12.15
7	计算机学院	周　围	学校公派	女	美国	访问学者	12	2018.8.29
8	计算机学院	高　博	学校公派	男	英国	访问学者	10	2018.9.30
9	计算机学院	姜文红	学校公派	女	英国	访问学者	10	2018.9.30
10	计算机学院	倪蓉蓉	学校公派	女	加拿大	访问学者	12	2018.12.28
11	经管学院	蔡　芸	国家公派	女	美国	访问学者	6	2018.7.21
12	经管学院	陈怡宁	国家公派	女	英国	访问学者	12	2018.8.22
13	经管学院	刘铁鹰	国家公派	男	新加坡	访问学者	12	2018.8.29
14	经管学院	赵　杨	国家公派	男	美国	访问学者	12	2018.8.31
15	经管学院	武　文	国家公派	男	美国	访问学者	12	2018.12.17
16	经管学院	任　旭	国家公派	男	美国	访问学者	6	2018.12.28
17	经管学院	杨　旭	学校公派	男	美国	访问学者	12	2018.9.3
18	经管学院	张　娜	学校公派	女	英国	访问学者	12	2018.9.17
19	经管学院	魏　炜	学校公派	男	英国	访问学者	10	2018.9.30

续表

序号	单位	姓名	派出类别	性别	国别	留学身份	期限/月	出国时间
20	经管学院	张霖琳	学校公派	女	英国	访问学者	10	2018.9.30
21	经管学院	杜　晖	学校公派	男	美国	访问学者	6	2018.12.10
22	经管学院	王馨迪	学校公派	女	美国	访问学者	6	2018.12.10
23	运输学院	杨　凯	国家公派	男	澳大利亚	访问学者	12	2018.4.15
24	运输学院	王　莹	国家公派	女	荷兰	访问学者	12	2018.9.7
25	运输学院	张　琦	国家公派	女	美国	访问学者	12	2018.9.17
26	运输学院	朱思聪	国家公派	男	英国	访问学者	12	2018.12.30
27	运输学院	张　琦	学校公派	女	德国	访问学者	3	2018.9.7
28	土建学院	刘　佩	国家公派	女	美国	访问学者	12	2018.7.24
29	土建学院	郗艳红	国家公派	女	美国	访问学者	12	2018.8.18
30	土建学院	程志宝	国家公派	男	意大利	访问学者	12	2018.12.16
31	土建学院	周岩梅	学校公派	女	美国	访问学者	12	2018.8.25
32	土建学院	孙晓静	学校公派	女	英国	访问学者	12	2018.8.26
33	土建学院	蔡伟伟	学校公派	男	英国	访问学者	10	2018.9.30
34	土建学院	赵寰宇	自费公派	男	德国	访问学者	6	2018.4.1
35	土建学院	姚锦宝	自费公派	男	荷兰	访问学者	12	2018.7.20
36	机电学院	银了飞	国家公派	男	美国	访问学者	12	2018.11.12
37	机电学院	杨　超	国家公派	男	德国	访问学者	12	2018.11.12
38	机电学院	张竹茜	学校公派	女	美国	访问学者	12	2018.12.26
39	电气学院	王琛琛	国家公派	男	美国	访问学者	12	2018.8.31
40	电气学院	焦超群	国家公派	男	美国	访问学者	9	2018.11.27
41	电气学院	黄　辉	国家公派	女	美国	访问学者	12	2018.11.28
42	电气学院	张立伟	国家公派	男	意大利	访问学者	12	2018.12.10
43	电气学院	李　艳	学校公派	女	德国	访问学者	6	2018.8.2
44	理学院	潘升勇	国家公派	男	英国	访问学者	12	2018.9.6
45	理学院	倪旭敏	国家公派	男	美国	访问学者	12	2018.10.28
46	理学院	富　鸣	国家公派	男	美国	访问学者	12	2018.11.28
47	理学院	曹鸿钧	国家公派	男	美国	高研学者	6	2018.12.30
48	理学院	张　超	国家公派	女	美国	访问学者	12	2018.12.30
49	语言学院	黄彪文	国家公派	男	澳大利亚	访问学者	12	2018.9.1
50	语言学院	刘艳平	学校公派	女	美国	访问学者	12	2018.9.1
51	语言学院	时凌	自费公派	女	葡萄牙	博士生	12	2018.9.10
52	软件学院	张顺利	国家公派	男	美国	访问学者	12	2018.10.21
53	软件学院	高睿鹏	国家公派	男	美国	访问学者	12	2018.12.29
54	建艺学院	王　征	国家公派	男	美国	访问学者	12	2018.11.29
55	建艺学院	石　彭	学校公派	男	英国	访问学者	10	2018.9.30

续表

序号	单位	姓名	派出类别	性别	国别	留学身份	期限/月	出国时间
56	建艺学院	陈泳全	学校公派	男	美国	访问学者	12	2018.12.6
57	国际教育中心	邢海伶	学校公派	女	新加坡	访问学者	3	2018.6.19
58	国家重点实验室	倪旻明	国家公派	男	加拿大	访问学者	12	2018.5.6
59	国家重点实验室	牛　勇	国家公派	男	芬兰	访问学者	12	2018.10.3
60	心理中心	鲁小华	国家公派	女	美国	访问学者	12	2018.11.3
61	信息中心	李珊娜	学校公派	女	美国	访问学者	12	2018.3.26

组织 2017 年新入职的青年教师 78 人参加岗前培训。根据北京市统一部署，学校 2018 年秋季组织教师资格认定工作，新认定 93 人具有高等学校教师资格，为 3 名丢失证书的教师补办教师资格证。

全年接受各类国内访问学者 16 人，为他们办理相关研修手续。为 2017 年接受的 12 名国内访问学者办理相关结业考核手续。

（张　艺　程晓冬　张守一）

【岗位设置与聘用】

7 月份出台《关于完善北京交通大学教师职务晋升评价的指导意见》《北京交通大学思想政治工作和党务工作队伍专业技术职务评审办法（试行）》《教育管理研究系列职务申报条件（修订）》《北京交通大学教师系列岗位晋级聘用申报条件（修订）》《思想政治理论课教师职务晋升评聘办法（试行）》《关于 2018 年专业技术职务晋升、岗位晋级评聘工作的通知》等系列文件。以坚持“德才兼备、以德为先”、围绕“学科建设”、强化“教书育人”，突出“分类评价”、注重“质量、实绩和贡献”为基本原则和导向，全面修订教学科研型、教学为主型教师的职务晋升评价标准，完善教授二级、三级岗位申报条件，落实思政党务工作队伍“双线晋升”，出台职称评审办法，实施单列指标、单设标准、单独评审；制定适应思想政治理论课教师职业特点评审办法。深化学校评价制度改革，完善评聘工作机制。

2018 年全校各级各类专业技术职务晋升、岗位晋级共申报 377 人。经学校专业技术职务岗位评聘委员会审议通过 262 人，建艺学院教师高级职务晋升委托外评通过 4 人。

正常晋升共设高级岗位 148 个（正高 49 个、副高 99 个），各级岗位共申报 226 人，通过 155 人，其中通过正高级 38 人（含委托代评 1 人）、副高级 79 人（含委托代评 3 人）、中级 38 人。

破格晋升共设岗 11 个，申报 12 人，通过 11 人（正高 5 个、副高 6 个）。

岗位晋级共设教授二级岗 14 个，教授三级 34 个，副高级一、二级岗位 107 个。共申报 139 人，共通过 100 人，其中二级岗通过 11 人、三级岗通过 28 人，其他各级岗位通过 61 人。

表 39　2018 年专业技术职务晋升人员名单

序号	工号	姓名	单位（按教学单位）	系列	职称	受聘岗位	受聘岗位时间	备注
1	7959	郑东耀	电信学院	教师	教授	教授四级	2018.12	

续表

序号	工号	姓名	单位（按教学单位）	系列	职称	受聘岗位	受聘岗位时间	备注
2	8346	袁　雪	电信学院	教师	教授	教授四级	2018.12	
3	8366	宋　飞	电信学院	教师	教授	教授四级	2018.12	
4	8400	董　平	电信学院	教师	教授	教授四级	2018.12	
5	8416	霍　炎	电信学院	教师	教授	教授四级	2018.12	
6	8647	彭亚辉	电信学院	教师	教授	教授四级	2018.12	
7	8442	曹　源	电信学院	教师	教授	教授四级	2018.12	破格晋升
8	7845	杜　晔	计算机学院	教师	教授	教授四级	2018.12	
9	8408	李浥东	计算机学院	教师	教授	教授四级	2018.12	破格晋升
10	8300	徐金安	计算机学院	教师	教授	教授四级	2018.12	
11	8490	王公仆	计算机学院	教师	教授	教授四级	2018.12	
12	6140	李卫东	经管学院	教师	教授	教授四级	2018.12	
13	6381	李远慧	经管学院	教师	教授	教授四级	2018.12	
14	6440	周建勤	经管学院	教师	教授	教授四级	2018.12	
15	8110	阮　加	经管学院	教师	教授	教授四级	2018.12	
16	8289	姚立杰	经管学院	教师	教授	教授四级	2018.12	
17	6262	乐逸祥	运输学院	教师	教授	教授四级	2018.12	
18	7499	张晓东	运输学院	教师	教授	教授四级	2018.12	
19	8012	杨小宝	运输学院	教师	教授	教授四级	2018.12	
20	8088	李得伟	运输学院	教师	教授	教授四级	2018.12	
21	8119	王子洋	运输学院	教师	教授	教授四级	2018.12	
22	5838	王秀英	土建学院	教师	教授	教授四级	2018.12	
23	7740	李伟华	土建学院	教师	教授	教授四级	2018.12	
24	8213	蔡小培	土建学院	教师	教授	教授四级	2018.12	
25	7016	陈　琪	机电学院	教师	教授	教授四级	2018.12	
26	7562	李翠伟	机电学院	教师	教授	教授四级	2018.12	
27	8384	刘建强	电气学院	教师	教授	教授四级	2018.12	
28	8473	佟庆彬	电气学院	教师	教授	教授四级	2018.12	
29	7436	张　斌	理学院	教师	教授	教授四级	2018.12	
30	8163	张　超	理学院	教师	教授	教授四级	2018.12	
31	8350	刘　斌	理学院	教师	教授	教授四级	2018.12	
32	8687	吕　兴	理学院	教师	教授	教授四级	2018.12	破格晋升
33	7526	李效东	马克思主义学院	教师	教授	教授四级	2018.12	
34	7925	郝潞霞	马克思主义学院	教师	教授	教授四级	2018.12	
35	7275	邵钦瑜	语言学院	教师	教授	教授四级	2018.12	教学为主
36	8688	苏林森	语言学院	教师	教授	教授四级	2018.12	

续表

序号	工号	姓名	单位（按教学单位）	系列	职称	受聘岗位	受聘岗位时间	备注
37	8186	陶　杨	法学院	教师	教授	教授四级	2018.12	
38	8622	郭　烁	法学院	教师	教授	教授四级	2018.12	破格晋升
39	8401	孙　伟	建艺学院	教师	教授	教授四级	2019.01	委托外评
40	8801	何睿斯	国家重点实验室	教师	教授	教授四级	2018.12	破格晋升
41	5948	田宝伟	学生工作部	心理教师	教授	教授四级	2018.12	
42	7599	陈　霞	电信学院	教师	副教授	副教授三级	2018.12	
43	8143	崔　勇	电信学院	教师	副教授	副教授三级	2018.12	
44	8593	余晶晶	电信学院	教师	副教授	副教授三级	2018.12	
45	8627	郑晶晶	电信学院	教师	副教授	副教授三级	2018.12	
46	8750	王洪超	电信学院	教师	副教授	副教授三级	2018.12	
47	9066	权　伟	电信学院	教师	副教授	副教授三级	2018.12	
48	8937	柴　铭	电信学院	教师	副教授	副教授三级	2018.12	
49	8002	刘美琴	计算机学院	教师	副教授	副教授三级	2018.12	
50	8114	刘　强	计算机学院	教师	副教授	副教授三级	2018.12	
51	8155	彭双和	计算机学院	教师	副教授	副教授三级	2018.12	
52	8767	任　爽	计算机学院	教师	副教授	副教授三级	2018.12	
53	8906	李　强	计算机学院	教师	副教授	副教授三级	2018.12	
54	8933	张　喆	计算机学院	教师	副教授	副教授三级	2018.12	
55	9076	原继东	计算机学院	教师	副教授	副教授三级	2018.12	破格晋升
56	9167	王　晶	计算机学院	教师	副教授	副教授三级	2018.12	
57	8450	杜英歌	经管学院	教师	副教授	副教授三级	2018.12	
58	8769	赵颖斯	经管学院	教师	副教授	副教授三级	2018.12	
59	8849	武　文	经管学院	教师	副教授	副教授三级	2018.12	
60	8885	于林月	经管学院	教师	副教授	副教授三级	2018.12	
61	8893	刘海鑫	经管学院	教师	副教授	副教授三级	2018.12	
62	8901	高升好	经管学院	教师	副教授	副教授三级	2018.12	
63	8913	祁继鹏	经管学院	教师	副教授	副教授三级	2018.12	
64	9069	杨叶飞	经管学院	教师	副教授	副教授三级	2018.12	破格晋升
65	9073	焦敬娟	经管学院	教师	副教授	副教授三级	2018.12	破格晋升
66	9085	黄安强	经管学院	教师	副教授	副教授三级	2018.12	
67	9090	方　雯	经管学院	教师	副教授	副教授三级	2018.12	
68	7781	郭建媛	运输学院	教师	副教授	副教授三级	2018.12	
69	8014	熊志华	运输学院	教师	副教授	副教授三级	2018.12	
70	8474	王　莹	运输学院	教师	副教授	副教授三级	2018.12	
71	8748	王　莉	运输学院	教师	副教授	副教授三级	2018.12	

续表

序号	工号	姓名	单位（按教学单位）	系列	职称	受聘岗位	受聘岗位时间	备注
72	8919	王志美	运输学院	教师	副教授	副教授三级	2018.12	
73	9077	王　力	运输学院	教师	副教授	副教授三级	2018.12	
74	9116	姚向明	运输学院	教师	副教授	副教授三级	2018.12	
75	8678	郗艳红	土建学院	教师	副教授	副教授三级	2018.12	
76	8734	程志宝	土建学院	教师	副教授	副教授三级	2018.12	
77	8968	朱　力	土建学院	教师	副教授	副教授三级	2018.12	
78	9217	汤笑之	土建学院	教师	副教授	副教授三级	2018.12	破格晋升
79	8781	王耀东	机电学院	教师	副教授	副教授三级	2018.12	
80	8787	刘　超	机电学院	教师	副教授	副教授三级	2018.12	
81	8918	孙作宇	机电学院	教师	副教授	副教授三级	2018.12	
82	9106	于文波	机电学院	教师	副教授	副教授三级	2018.12	
83	9092	严林博	机电学院	教师	副教授	副教授三级	2018.12	
84	9204	董立静	机电学院	教师	副教授	副教授三级	2018.12	破格晋升
85	7561	张秀敏	电气学院	教师	副教授	副教授三级	2018.12	
86	8561	张　钢	电气学院	教师	副教授	副教授三级	2018.12	
87	8652	罗国敏	电气学院	教师	副教授	副教授三级	2018.12	
88	8912	鲍　谚	电气学院	教师	副教授	副教授三级	2018.12	
89	8075	郑　凯	理学院	教师	副教授	副教授三级	2018.12	教学为主
90	8882	连　超	理学院	教师	副教授	副教授三级	2018.12	
91	8916	王　恺	理学院	教师	副教授	副教授三级	2018.12	
92	9132	张瑞丽	理学院	教师	副教授	副教授三级	2018.12	
93	9198	乔　泊	理学院	教师	副教授	副教授三级	2018.12	
94	8277	宋　颖	马克思主义学院	教师	副教授	副教授三级	2018.12	
95	8528	王永凤	马克思主义学院	教师	副教授	副教授三级	2018.12	教学为主
96	7362	莫永谊	语言学院	教师	副教授	副教授三级	2018.12	
97	7398	赵海燕	语言学院	教师	副教授	副教授三级	2018.12	
98	7627	马　莉	语言学院	教师	副教授	副教授三级	2018.12	
99	8545	刘　凯	语言学院	教师	副教授	副教授三级	2018.12	
100	8878	刘晓燕	语言学院	教师	副教授	副教授三级	2018.12	
101	8789	鲍　鹏	软件学院	教师	副教授	副教授三级	2018.12	
102	8972	高睿鹏	软件学院	教师	副教授	副教授三级	2018.12	破格晋升
103	8959	陈泳全	建艺学院	教师	副教授	副教授三级	2019.01	委托外评
104	9133	姚轶峰	建艺学院	教师	副教授	副教授三级	2019.01	委托外评
105	9104	耿　涵	建艺学院	教师	副教授	副教授三级	2019.01	委托外评
106	6276	杨　杨	体育部	教师	副教授	副教授三级	2018.12	

续表

序号	工号	姓名	单位（按教学单位）	系列	职称	受聘岗位	受聘岗位时间	备注
107	7798	程晓卿	国家重点实验室	教师	副教授	副教授三级	2018.12	
108	8772	王义惠	国家重点实验室	教师	副教授	副教授三级	2018.12	
109	8951	王志鹏	国家重点实验室	教师	副教授	副教授三级	2018.12	
110	8725	张大林	安评中心	教师	副教授	副教授三级	2018.12	
111	8766	王洪伟	安评中心	教师	副教授	副教授三级	2018.12	
112	8859	褚立东	语言学院	教师	讲师	讲师三级	2018.12	
113	5966	卢燕飞	电信学院	实验技术	研究员	正高四级	2019.1	申报时无外语成绩，2019 年 1 月达到外语水平要求后正式任职
114	8585	聂　颖	校医院	卫生技术	主任医师	正高四级	2018.12	
115	7403	王浩业	计算机学院	思政党务类教师	副教授	副教授三级	2018.12	
116	6404	陈劲松	建艺学院	思政党务类教师	副教授	副教授三级	2018.12	
117	7942	李小红	土建学院	专职研究	副研究员	副高三级	2018.12	
118	6730	倪平浩	电气学院	实验技术	高级实验师	副高三级	2018.12	
119	7839	黎妹红	保密学院	实验技术	高级实验师	副高三级	2018.12	
120	7303	刘江涛	基建处	工程技术	高级工程师	副高三级	2018.12	
121	6393	李歆丽	信息中心	工程技术	高级工程师	副高三级	2018.12	
122	70165	杜　华	思政中心	新闻出版	副编审	副高三级	2018.12	聘用制
123	7804	崔　雁	图书馆	图书档案	副研究馆员	副高三级	2018.12	
124	8074	赵淑敏	财务处	会计	高级会计师	副高三级	2018.12	
125	8301	崔惠景	校医院	卫生技术	副主任技师	副高三级	2018.12	
126	8874	于海妹	运输学院	思政党务类教师	讲师	讲师三级	2018.12	聘用制
127	8876	李　瑞	计算机学院	思政党务类教师	讲师	讲师三级	2018.12	聘用制
128	8857	赵　健	法学院	思政党务类教师	讲师	讲师三级	2018.12	聘用制
129	8883	常扬帆	土建学院	思政党务类教师	讲师	讲师三级	2018.12	聘用制
130	70442	张玉梅	安评中心	专职研究	助理研究员	中级三级	2018.12	聘用制
131	8875	许华婷	计算机学院	实验技术	实验师	中级三级	2018.12	聘用制
132	8829	肖建军	电信学院	实验技术	实验师	中级三级	2018.12	聘用制
133	70570	陈风明	建艺学院	实验技术	实验师	中级三级	2018.12	聘用制
134	8820	陈宇飞	机电学院	实验技术	实验师	中级三级	2018.12	聘用制
135	8856	范书成	语言学院	实验技术	实验师	中级三级	2018.12	聘用制
136	8817	王光宇	信息中心	工程技术	工程师	中级三级	2018.12	聘用制
137	70691	罗　宇	经管学院	工程技术	工程师	中级三级	2018.12	聘用制
138	8675	尚　玥	社科处	新闻出版	编辑	中级三级	2018.12	聘用制
139	8852	韩　榕	宣传部	新闻出版	编辑	中级三级	2018.12	聘用制

续表

序号	工号	姓名	单位（按教学单位）	系列	职称	受聘岗位	受聘岗位时间	备注
140	70672	方翔宇	图书馆	图书档案	馆员	中级三级	2018.12	聘用制
141	70180	李　瑶	图书馆	图书档案	馆员	中级三级	2018.12	聘用制
142	8782	孟文君	图书馆	图书档案	馆员	中级三级	2018.12	聘用制
143	8672	刘　敏	档案馆	图书档案	馆员	中级三级	2018.12	聘用制
144	8943	梁　莉	财务处	会计	会计师	中级三级	2018.12	聘用制

表 40　2018 年专业技术职务晋升人员名单

序号	工资号	单位	姓名	系列	职称	职称时间	备注
1	6422	统战部	赵庆先	教育管理研究	副研究员	2018.12	
2	6147	保卫处	丁鹏玉	教育管理研究	通过副研究员评审，但暂无合格外语成绩，1年内取得后，再予任职		
3	6041	发展规划处	沙　迪	教育管理研究	副研究员	2018.12	
4	6158	教务处	魏旺强	教育管理研究	副研究员	2018.12	
5	70528	宣传部	安　薇	思政党务类教师	讲师	2018.12	聘用制
6	8692	宣传部	张博宇	思政党务类教师	讲师	2018.12	聘用制
7	8864	研工部	秦乐乐	思政党务类教师	讲师	2018.12	聘用制
8	8825	土建学院	郝建芳	教育管理研究	助理研究员	2018.12	聘用制
9	8824	机电学院	刘冬薇	教育管理研究	助理研究员	2018.12	聘用制
10	70513	机电学院	谯　丽	教育管理研究	助理研究员	2018.12	聘用制
11	70484	机电学院	李璐琳	教育管理研究	助理研究员	2018.12	聘用制
12	8886	保密学院	胡程程	教育管理研究	助理研究员	2018.12	聘用制
13	70594	学校办	马相阳	教育管理研究	助理研究员	2018.12	聘用制
14	8853	宣传部	孙全学	教育管理研究	助理研究员	2018.12	聘用制
15	8684	宣传部	高默咛	教育管理研究	助理研究员	2018.12	聘用制
16	8805	研究生院	张　越	教育管理研究	助理研究员	2018.12	聘用制
17	8869	招生就业处	唐　薇	教育管理研究	助理研究员	2018.12	聘用制
18	8858	招生就业处	李一帆	教育管理研究	助理研究员	2018.12	聘用制
19	8794	科技处	许　娟	教育管理研究	助理研究员	2018.12	聘用制
20	8813	科技处	张　勋	教育管理研究	助理研究员	2018.12	聘用制
21	8868	人事处	贠小琴	教育管理研究	助理研究员	2018.12	聘用制
22	8867	国资处	赵　琳	教育管理研究	助理研究员	2018.12	聘用制

表 41　2018 年专业技术岗位晋级人员名单

序号	工号	姓名	单位（按教学单位）	受聘岗位	聘岗时间
1	126	蔡伯根	电信学院	教授二级	2018.12

续表

序号	工号	姓名	单位（按教学单位）	受聘岗位	聘岗时间
2	1159	丁慧平	经管学院	教授二级	2018.12
3	6064	张润彤	经管学院	教授二级	2018.12
4	6222	何世伟	运输学院	教授二级	2018.12
5	7455	刘保国	土建学院	教授二级	2018.12
6	5815	李　强	机电学院	教授二级	2018.12
7	8409	李伟力	电气学院	教授二级	2018.12
8	6054	张希清	理学院	教授二级	2018.12
9	7459	卢　苇	软件学院	教授二级	2018.12
10	7856	杨立兴	国家重点实验室	教授二级	2018.12
11	7997	艾　渤	国家重点实验室	教授二级	2018.12
12	8376	赵友平	电信学院	教授三级	2018.12
13	6190	王志海	计算机学院	教授三级	2018.12
14	7782	倪蓉蓉	计算机学院	教授三级	2018.12
15	1092	施先亮	经管学院	教授三级	2018.12
16	1000	郭雪萌	经管学院	教授三级	2018.12
17	6102	李雪梅	经管学院	教授三级	2018.12
18	8294	程小可	经管学院	教授三级	2018.12
19	8318	姚恩建	运输学院	教授三级	2018.12
20	8329	闫学东	运输学院	教授三级	2018.12
21	8917	姜　锐	运输学院	教授三级	2018.12
22	582	杨松林	土建学院	教授三级	2018.12
23	6089	梁青槐	土建学院	教授三级	2018.12
24	7388	齐梅兰	土建学院	教授三级	2018.12
25	7605	黄海明	土建学院	教授三级	2018.12
26	8220	陈铁林	土建学院	教授三级	2018.12
27	6070	李国岫	机电学院	教授三级	2018.12
28	6136	宁　智	机电学院	教授三级	2018.12
29	7278	姚燕安	机电学院	教授三级	2018.12
30	5842	吴命利	电气学院	教授三级	2018.12
31	7277	王　玮	电气学院	教授三级	2018.12
32	1296	郝荣霞	理学院	教授三级	2018.12
33	5991	郑神州	理学院	教授三级	2018.12
34	8078	张福俊	理学院	教授三级	2018.12
35	8153	陈云琳	理学院	教授三级	2018.12
36	6181	刘秀萍	马克思主义学院	教授三级	2018.12
37	6458	吴　昊	国家重点实验室	教授三级	2018.12

续表

序号	工号	姓名	单位（按教学单位）	受聘岗位	聘岗时间
38	7430	董海荣	国家重点实验室	教授三级	2018.12
39	7916	徐　猛	国家重点实验室	教授三级	2018.12
40	8546	刘　一	计算机学院	副教授一级	2018.12
41	6452	翟高寿	计算机学院	副教授一级	2018.12
42	6448	刘湘黔	计算机学院	副教授一级	2018.12
43	8121	赵建东	运输学院	副教授一级	2018.12
44	7983	张秀丽	机电学院	副教授一级	2018.12
45	7976	焦超群	电气学院	副教授一级	2018.12
46	425	宁　涛	电气学院	副教授一级	2018.12
47	7481	武　清	理学院	副教授一级	2018.12
48	8212	彭继迎	理学院	副教授一级	2018.12
49	5663	刘岚岚	理学院	副教授一级	2018.12
50	7322	牛　原	理学院	副教授一级	2018.12
51	6200	王建荣	语言学院	副教授一级	2018.12
52	5997	郑　翔	法学院	副教授一级	2018.12
53	5768	侯君吉	体育部	副教授一级	2018.12
54	8077	熊　磊	国家重点实验室	副教授一级	2018.12
55	7579	郭　勇	电信学院	副教授二级	2018.12
56	6080	李玉菊	经管学院	副教授二级	2018.12
57	8162	江　辉	土建学院	副教授二级	2018.12
58	6468	刘　磊	土建学院	副教授二级	2018.12
59	8080	沈宇鹏	土建学院	副教授二级	2018.12
60	6117	宋志坤	机电学院	副教授二级	2018.12
61	6759	宋泾舸	机电学院	副教授二级	2018.12
62	8237	万良霞	理学院	副教授二级	2018.12
63	6047	朱圣芝	理学院	副教授二级	2018.12
64	8357	文卫华	语言学院	副教授二级	2018.12
65	7511	冯　蕾	语言学院	副教授二级	2018.12
66	7668	李文华	法学院	副教授二级	2018.12
67	7522	张红卫	建艺学院	副教授二级	2018.12
68	7686	岳　强	电信学院	讲师一级	2018.12
69	9124	唐源洁	运输学院	讲师一级	2018.12
70	9141	员丽芬	运输学院	讲师一级	2018.12
71	6785	吴　鹄	理学院	讲师一级	2018.12
72	8947	张顺利	软件学院	讲师一级	2018.12
73	8260	孔令波	软件学院	讲师一级	2018.12

续表

序号	工号	姓名	单位（按教学单位）	受聘岗位	聘岗时间
74	7873	张博明	语言学院	讲师二级	2018.12
75	8363	梁　静	语言学院	讲师二级	2018.12
76	8422	赵　术	语言学院	讲师二级	2018.12
77	8483	张笑寒	语言学院	讲师二级	2018.12
78	8393	王珍娜	语言学院	讲师二级	2018.12
79	8553	赵　挺	语言学院	讲师二级	2018.12
80	9187	李　畔	语言学院	助教一级	2018.12
81	5030	张　伟	资产公司	副高一级	2018.12
82	6470	刘春梅	校医院	副高一级	2018.12
83	5872	唐　宏	信息中心	副高二级	2018.12
84	5931	赵　樱	审计处	副高二级	2018.12
85	5748	王星华	图书馆	副高二级	2018.12
86	6618	吴振惠	审计处	副高二级	2018.12
87	5708	孙伟娜	校医院	副高二级	2018.12
88	6911	王爱国	后勤集团	中级一级	2018.12
89	3923	崔雅楼	后勤集团	中级一级	2018.12
90	8751	石艳丽	图书馆	中级一级	2018.12
91	6670	杨少慧	图书馆	中级一级	2018.12
92	8030	张　彦	图书馆	中级一级	2018.12
93	7814	郭凤芹	图书馆	中级一级	2018.12
94	5008	白江涛	资产公司	中级二级	2018.12
95	3517	李　爽	后勤集团	中级二级	2018.12
96	70524	周润卿	审计处	中级二级	2018.12
97	7014	蒲孝文	电气学院	中级二级	2018.12
98	7606	罗　平	图书馆	中级二级	2018.12
99	7607	郑　雁	图书馆	中级二级	2018.12
100	6679	高爱军	图书馆	中级二级	2018.12

（程晓冬）

【职员职级晋升】

开展七级以下职员职级晋升工作。学校管理岗位人员继续参加职员职级评定，学校统筹聘用制人员与事业编制人员在职员晋升申报、审批上同等对待，待遇仍按聘用制人员管理规定执行。

经个人申报、单位推荐和学校审批，共 63 人进行了职员职级晋升（具体见表 42），其中晋升七级职员 28 人、晋升八级职员 24 人、晋升九级职员 11 人。

表 42　2018 年职员职级晋升名单

序号	姓名	工作单位	原岗位职级	新聘岗位职级	定级时间
1	姚　远	学校办	聘用制八级职员	聘用制七级职员	2018.8
2	董　雪	教务处	聘用制八级职员	聘用制七级职员	2018.8
3	刘君亮	科技处	聘用制八级职员	聘用制七级职员	2018.8
4	秦乐乐	研究生院	聘用制八级职员	聘用制七级职员	2018.8
5	黄　后	研究生院	聘用制八级职员	聘用制七级职员	2018.8
6	李俊阳	研究生院	聘用制八级职员	聘用制七级职员	2018.8
7	张守一	人事处	聘用制八级职员	聘用制七级职员	2018.8
8	金　妍	国资处	聘用制八级职员	聘用制七级职员	2018.8
9	段　冰	发展规划处	聘用制八级职员	聘用制七级职员	2018.8
10	衡　飞	国际处	聘用制八级职员	聘用制七级职员	2018.8
11	张　欣	国际处	聘用制八级职员	聘用制七级职员	2018.8
12	唐　薇	招生就业处	聘用制八级职员	聘用制七级职员	2018.8
13	李一帆	招生就业处	聘用制八级职员	聘用制七级职员	2018.8
14	董　瑞	计算机学院	聘用制八级职员	聘用制七级职员	2018.8
15	赵宏伟	计算机学院	聘用制八级职员	聘用制七级职员	2018.8
16	李　娟	经管学院	聘用制八级职员	聘用制七级职员	2018.8
17	刘人元	经管学院	聘用制八级职员	聘用制七级职员	2018.8
18	王　黛	运输学院	聘用制八级职员	聘用制七级职员	2018.8
19	于海妹	运输学院	聘用制八级职员	聘用制七级职员	2018.8
20	赵俊铎	运输学院	聘用制八级职员	聘用制七级职员	2018.8
21	常扬帆	土建学院	聘用制八级职员	聘用制七级职员	2018.8
22	李　直	机电学院	聘用制八级职员	聘用制七级职员	2018.8
23	郑志炜	理学院	聘用制八级职员	聘用制七级职员	2018.8
24	王筱依	语言学院	聘用制八级职员	聘用制七级职员	2018.8
25	郑立乔	远程学院	聘用制八级职员	聘用制七级职员	2018.8
26	张　艳	档案馆	聘用制八级职员	聘用制七级职员	2018.8
27	王丽娟	安评中心	聘用制八级职员	聘用制七级职员	2018.8
28	王德芳	技术教育与服务中心	聘用制八级职员	聘用制七级职员	2018.8
29	汤　嫣	宣传部	聘用制九级职员	聘用制八级职员	2018.8
30	图尔贡·麦提萨比尔	学生处	聘用制九级职员	聘用制八级职员	2018.8
31	张　瑜	教务处	聘用制九级职员	聘用制八级职员	2018.8
32	孙　鹏	教务处	聘用制九级职员	聘用制八级职员	2018.8
33	岳成龙	教务处	聘用制九级职员	聘用制八级职员	2018.8
34	岳　冶	教务处	聘用制九级职员	聘用制八级职员	2018.8
35	刘菁华	人事处	聘用制九级职员	聘用制八级职员	2018.8

续表

序号	姓名	工作单位	原岗位职级	新聘岗位职级	定级时间
36	张　巍	人事处	聘用制九级职员	聘用制八级职员	2018.8
37	申屠利条	国资处	聘用制九级职员	聘用制八级职员	2018.8
38	邓昌黎	国资处	聘用制九级职员	聘用制八级职员	2018.8
39	郑　凯	国际处	聘用制九级职员	聘用制八级职员	2018.8
40	刘安宇	外联处	聘用制九级职员	聘用制八级职员	2018.8
41	杨　陟	外联处	聘用制九级职员	聘用制八级职员	2018.8
42	马　帅	电信学院	聘用制九级职员	聘用制八级职员	2018.8
43	徐文强	运输学院	聘用制九级职员	聘用制八级职员	2018.8
44	潘茜茜	土建学院	聘用制九级职员	聘用制八级职员	2018.8
45	张雯溥	机电学院	聘用制九级职员	聘用制八级职员	2018.8
46	李洋颀	机电学院	聘用制九级职员	聘用制八级职员	2018.8
47	马　坤	理学院	聘用制九级职员	聘用制八级职员	2018.8
48	郭馨蔚	法学院	聘用制九级职员	聘用制八级职员	2018.8
49	张洵滔	后勤集团	聘用制九级职员	聘用制八级职员	2018.8
50	孙　鹏	后勤集团	聘用制九级职员	聘用制八级职员	2018.8
51	赵　楠	后勤集团	聘用制九级职员	聘用制八级职员	2018.8
52	刘丽娟	后勤集团	聘用制九级职员	聘用制八级职员	2018.8
53	杨金京	组织部	聘用制人员	聘用制九级职员	2018.7
54	安若琳	电信学院	聘用制人员	聘用制九级职员	2018.7
55	童　雪	计算机学院	聘用制人员	聘用制九级职员	2018.7
56	路　硕	经管学院	聘用制人员	聘用制九级职员	2018.7
57	唐　琦	运输学院	聘用制人员	聘用制九级职员	2018.7
58	邱瑞辰	土建学院	聘用制人员	聘用制九级职员	2018.7
59	褚文杰	机电学院	聘用制人员	聘用制九级职员	2018.7
60	李文洁	机电学院	聘用制人员	聘用制九级职员	2018.7
61	孙　玥	电气学院	聘用制人员	聘用制九级职员	2018.7
62	田霖鹏	理学院	聘用制人员	聘用制九级职员	2018.7
63	魏俊晓	语言学院	聘用制人员	聘用制九级职员	2018.7

（杨昭军）

【博士后工作】

学校共有 15 个一级学科设立博士后流动站，分布在工、理、经济、管理和人文学科门类。2018 年，新入站博士后共 54 人，其中全职博士后 45 人（师资博士后 36 人、学科博士后 9 人）、在职博士后 1 人、企业博士后 8 人。2018 年出站博士后 44 人，其中全职博士后 36 人（师资博士后 31 人、学科博士后 5 人）、在职博士后 4 人、企业博士后 4 人。新增 3 家企业博士后工作站与学校流动站合作培养博士后。2 名博士后获批国家留学基金委出国项

目。共31人获得博士后基金资助，其中2人获特别资助、29人获面上资助（一等资助7人、二等资助22人）。

表43　2018年获博士后基金资助人员名单表

序号	资助编号	姓名	学科	资助等级	资助金额/万元
1	2018T110040	王玉青	物理学	特别	15
2	2018T110041	牛　勇	信息与通信工程	特别	15
3	2018M630065	曾德麟	工商管理	一等	8
4	2018M630066	安　娜	马克思主义理论	一等	8
5	2018M640057	徐　然	建筑学	一等	8
6	2018M640058	林　帅	交通运输工程	一等	8
7	2018M640059	殷　怡	交通运输工程	一等	8
8	2018M640060	蔡伟伟	环境科学与工程	一等	8
9	2018M640061	张姗姗	工商管理	一等	8
10	2018M631321	刘双花	艺术学	二等	5
11	2018M631322	谷梅梅	数学	二等	5
12	2018M631323	木　仁	系统科学	二等	5
13	2018M631324	谢　君	机械工程	二等	5
14	2018M631325	赵宇琼	仪器科学与技术	二等	5
15	2018M631326	陈奇芳	电气工程	二等	5
16	2018M631327	武蓓蕾	信息与通信工程	二等	5
17	2018M631328	原继东	计算机科学与技术	二等	5
18	2018M631329	于博雅	建筑学	二等	5
19	2018M631330	王海涛	土木工程	二等	5
20	2018M631331	韩　晓	管理科学与工程	二等	5
21	2018M641170	安桥石	物理学	二等	5
22	2018M641171	冯博昊	信息与通信工程	二等	5
23	2018M641172	张致远	计算机科学与技术	二等	5
24	2018M641173	马小平	交通运输工程	二等	5
25	2018M641174	张　蕫	交通运输工程	二等	5
26	2018M641175	贾方旭	环境科学与工程	二等	5
27	2018M641176	李　曼	管理科学与工程	二等	5
28	2018M641177	董雪璠	管理科学与工程	二等	5
29	2018M641178	栾　静	管理科学与工程	二等	5
30	2018M641179	童丽静	工商管理	二等	5
31	2018M641180	张霖琳	工商管理	二等	5

（沙　龙）

教职工服务与管理

【概况】

2018 年，学校根据上级部门部署，推进事业单位工作人员养老保险制度改革，完成在职人员养老保险按实扣缴、退休人员转至中央国家机关事业单位养老保险管理中心（简称“央保中心”）发放养老金。经学校研究决定，提高在职人员基础绩效工资标准，人均月增资 1 585 元。

（刘宏波）

【薪酬工作】

全年共发放在职职工工资 101 193 万元，其中基本工资及政策性补贴 27 886 万元、基础绩效 22 508 万元、其他绩效 37 128 万元（含 2017 年年终绩效 7 692 万元）、住房补贴（含校内房补）2 019 万元、聘用制人员工资 11 652 万元。

核拨 2017 年年终绩效 7 692 万元。其中弹性绩效、弹性绩效浮动部分及聘期考核增资 5 928 万元，科技及人文社科类奖励 771 万元，校机关平均奖励绩效 993 万元。

2018 年 1 月 1 日共为 2 646 名教职工正常增加薪级工资，人均月增资 93 元。2018 年 12 月共为 222 名专业技术职务晋升晋级人员调整工资（2019 年 1 月兑现），人均月增加国拨工资 738 元。

7 月为 4 676 人发放防暑降温费，总金额为 112 万元。

2018 年春节为高层次人才、党外人士及生活困难的遗属和特殊困难人员共 26 人开展送温暖活动，金额 25 000 元。

全年共发放离休人员工资 855 万元，退休人员 2018 年 1 月至 5 月工资 6 551 万元。

为 16 名遗属发放遗属补助 6 万元，依据中共北京市委组织部等相关文件，补发离休干部遗属补助 6.9 万元。为去世职工 33 人发放抚恤金 256.34 万元、丧葬补助费 16.5 万元。

全年为教职工缴纳保险情况见表 44。

表 44　2018 年为教职工缴纳保险情况表

保险种类	单位缴费比例	个人缴费比例	缴费金额（单位+个人）/万元		合计	备注
			事业编制职工	聘用制职工		
事业单位养老保险	20%	8%	8 713.29	—	8 713.29	自 2018 年 6 月开始正式缴纳；聘用制不缴纳
养老保险	19%	8%	80.57	2 550.55	2 631.12	事业编制只有 23 名合同制工人缴纳

续表

保险种类	单位缴费比例	个人缴费比例	缴费金额（单位+个人）/万元		合计	备注
			事业编制职工	聘用制职工		
医疗保险	10%	2%+3 元	—	1 337.11	1 337.11	事业编制不缴纳
失业保险	0.8%	农业户口不缴纳；非农业户口 0.2%	520.21	75.40	595.61	所有职工均缴纳
工伤保险	0.4%	不缴纳	208.09	65.93	274.02	所有职工均缴纳
生育保险	0.8%	不缴纳	—	88.63	88.63	事业编制不缴纳
总计	事业编制 1.2%；聘用制 31%	事业编制 0.2%；聘用制：农业 10%+3 元、非农业 10.2%+3 元	9 522.16	4 117.62	13 639.79	

根据教职工 2017 年收入情况重新核定保险缴费基数。为新入校及调入事业编职工 70 人（包括博士后 24 人）办理失业保险及工伤保险的新增及转入手续；为新入校聘用制职工 68 人办理养老、失业、工伤、医疗、生育保险；为调出、退休等事业编制职工及解除劳动合同的聘用制职工 54 人办理社保减员。为 1 名教职工办理职工保险外省转入转移接续业务。为 2 名教职工办理医疗门（急）诊费报销的相关手续。为 51 名教职工办理产前检查费用的报销和生育津贴的申领。为 1 名教职工办理工伤认定、劳动能力鉴定、待遇核定及领取的手续。为 6 名合同制工人办理退休审批手续以及退休待遇的核定领取手续。与各二级单位核对 2017 年 7 月至 2018 年 6 月期间应返还学校的经费自筹人员保险费用，反馈财务处，便于资金核对。

稳步推进事业单位工作人员养老保险制度改革。2018 年 5 月，完成养老保险首次征缴确认工作及退休人员信息确认工作，自 2018 年 6 月起，学校开始正式缴纳事业编制人员养老保险，退休教职工养老金同时转至央保中心发放。自 2018 年 12 月起，对在职事业编制教职工养老保险个人缴纳部分在工资条按实扣缴。

（刘宏波　沈峥）

【增加基本离退休费】

根据国家文件自 2018 年 7 月起提高离休人员基本离休费标准，人均月增 597 元。退休人员由央保中心调整待遇，自 2018 年 1 月起执行，人均月增 292 元。

（刘宏波）

【合同管理及考核】

与新入校的 74 人签订聘用合同，其中非升即走合同 66 人、一般合同 8 人。根据职员职级晋升和专业技术职务晋升晋级、岗位变动等完成合同变更工作。全年共解除或终止聘用合同 30 人；为 20 位内部调动教职工、13 位借调教职工办理相关手续。

完成校内各单位新签订劳动合同人员 61 人的审批和入校报到程序，为 20 名聘用制人员办理解聘手续。完成校内各单位新签订劳务派遣合同人员 99 人的审批和入校报到程序，为 46 人办理解除劳务派遣手续。

2018 年度全校纳入教职工考核范围 3 094 人（不含组织部负责考核人员，含学校聘用制及人才派遣人员 640 人、师资及项目博士后 55 人）。因劳保、待岗等原因未参加考核人员 17 人，实际参加考核 3 077 人。参加考核人员中，考核结果优秀 445 人（占 14.5%）、合格 2 625 人（占 85.3%）、基本合格 4 人（占 0.1%）、不合格 2 人（占 0.06%）、暂不确定考核等次 1 人（占 0.03%）。

完成 2015—2018 年聘期考核与新一轮聘任工作。参加聘期考核共 519 人（含聘用制职工 68 人），其中考核称职 513 人、暂认定称职 4 人、基本称职 2 人。参加“非达即走”考核 2 人，均达到相应职务业绩申报条件。

完成 2013—2016 年聘期考核中“暂认定称职”1 人的重新认定，认定结果为称职。完成 2014—2017 年聘期考核中“暂认定称职”3 人的重新认定，认定结果为称职。

（杨昭军　程晓冬）

【服务教职工工作】

协助教职工解决北京户口。受理 6 人解决配偶两地分居申请，向教育部上报材料；完成 24 名京外生源应届毕业生的落户工作，通过教育部留学服务中心解决派遣和落户共计 9 人。办理 52 人延聘手续和 67 人退休手续。

（杨　华）

【聘用制人员管理】

严格控制单位自筹聘用的用工规模。根据学校相关要求，严格控制单位自筹聘用方式，对于二级单位自设岗位原则上都要求按照人才派遣方式用工，特殊情况才可允许；梳理年底劳动合同到期人员 24 人，到期后均转为人才派遣方式聘用。截至年底，全校单位自筹聘用其中签订劳动合同人员 82 人，劳务派遣人员 238 人，返聘人员 72 人，其他从业人员 21 人。

（杨　华）

发展规划与战略研究

发展规划、综合改革与战略研究

【概况】

2018 年，学校发展规划、综合改革与战略研究工作认真落实学校年度工作要点和折子工程要求，推进“十三五”规划和综合改革任务以及中期总结评估、开展发展战略研究，完成各项专项任务。

（沙　迪）

【发展规划和综合改革】

联合学校办，将“十三五”规划和综合改革的主要指标任务纳入学校年度重点工作和折子工程。

开展规划和综合改革任务完成情况的中期总结评估工作。对“十三五”以来学校在国内外高校中的发展状况、自身三年发展状况等进行了多维度比较分析，总结经验，寻找差距和不足，形成“十三五”中期总结评估报告，为下一阶段学校发展提供借鉴和参考。组织各部门梳理学院和部处 2018 年度指标和任务的具体完成情况，并将其作为年度考核的重要依据。

联合研究生院和人事处向教育部综合改革司报送学校 2018 年两项教育重点工作开展情况，分别为“完善加快‘双一流’建设的有效机制”和“推进教师考核评价制度改革”，并于 6 月底和 11 月底分别对两项任务进行了中期进展情况梳理和年终总结。联合人事处向教育部政法司上报学校在改进高校教师职称评审机制方面的经验和做法。

（沙　迪）

【战略研究】

全年编发《高教信息》10 期，依托《高教信息》平台组织发布专项研究报告 21 篇，内容涉及排名分析、本科教学改革、“双一流”建设等。编发《高教快讯》49 期，内容涉及国内外高等教育及科技政策、国内外高等教育改革、行业发展前沿、区域发展动态、国内外大学排行情况等，及时为学校决策提供相关资讯。编发《发展规划与战略研究专报》13 期，围绕国家战略规划与科技前沿、“双一流”建设，学科评估、本科人才培养、高校新一轮机构改革、校舍面积指标核算、本科招生计划、交叉学科建设、学校排名与学科数据表现等当前高等教育和学校发展的热点难点问题，展开调研与分析，完成 13 篇研究报告，供领导决策参考。

完成学校在 QS、U.S.News、THE 和上海软科四大排名机构的基本数据填报，配合教务处完成“高等教育质量检测国家数据平台”的填报，及时整理和发布各大排行榜公布的排名情况。

组织基地研究人员开展专项研究，并向教育部科技委提交专家建议 3 篇：《关于进一步加强学风教育、规范学位论文扉页声明的政策建议》《京津冀交通一体化协同立法问题研究》《推进高等教育服务中非合作的若干建议》。

完成教育部科学事业费 2017 高校重大科技战略和政策研究项目《高校开展服务“一带

一路”科技合作模式与机制研究》的研究工作。完成科技委项目《新时代高校加强重大共性关键技术和颠覆性产业技术研究的新理念新思路新模式新计划新行动战略研究》子课题研究，提交子课题研究报告。

承办教育部科技委“战略研究基地建设与管理暂行办法”修订会。参加教育部科技委举办的“人工智能与未来教育”科技前沿与战略圆桌会议、2018 年教育部科技委全会、教育部战略研究基地 2018 年工作总结暨交流会等。开展“一带一路”等热点问题研究，扩大学校影响力，北京交通大学成为中国高等教育学会“一带一路”研究分会理事单位。

就“十三五”规划实施与评价、“十四五”规划制定、学术委员会建设、课程思政等议题参加各级各类学术峰会和研讨会，赴多所高校进行调研。

（沙　迪）

2018

国际交流合作与港澳台工作

国际交流合作与港澳台工作

【概况】

2018 年国际交流与合作与港澳台工作紧紧围绕学校重点工作，成立金砖国家交通大学校长联盟、推进高速铁路高校联盟、中国–东盟轨道交通教育培训联盟，完成北京交通大学兰卡斯特大学学院增设 200 名招生计划工作等重要工作，合作交流、外专引智、涉外办学、因公出国（境）、港澳台工作等取得显著进展。推进“放管服”改革，推动引智项目成果导向改革并优化对外交流和出境业务流程，完成《北京交通大学外国文教专家引智项目管理办法（试行）》《北京交通大学教职工因公临时出国（境）管理办法》等文件的制定修订工作。统筹谋划来华留学与出国留学，主动服务国家“一带一路”沿线国家人才培养，拓展高水平招生及派出项目，提升留学生培养质量，营造跨文化交流氛围。

（范　磊）

【国际及港澳台交流合作】

全年共与 24 个国家和地区的 52 所高校和机构签署 57 份合作协议，接待 39 个国家和地区的 252 个团组 2 381 人次的短期访问。接待乌拉圭东岸共和国副总统露西亚 • 托波兰斯基、巴基斯坦前教育部和科技部部长阿塔 • 拉曼、中国–东盟中心秘书长陈德海等政府官员和知名教授。学校因公出国（境）820 人次，其中党政干部 176 人次，教职工 644 人次。共有 19 个校级代表团出国（境）执行工作访问、参加国际会议及学术交流等任务。

2018 年，学校主办和承办国际学术会议 17 场，包括第七届中国铁路系统安全框架研讨会、2018 年亚洲机器学习会议、第十四届国际电子电气工程师协会信号处理国际学术会议、第八届物流、信息化与服务科学国际学术年会、第五届产业经济系统与产业安全工程国际学术年会、第三届新能源的未来国际研讨会、图论与组合国际学术会议、第五届铁路运营管理研究国际研讨会、ICTTS2018 交通运输研究国际会议、第六届运输与时空经济国际会议等。

5 月，校长宁滨应邀出席第十届世界高速铁路大会并发言，期间成立高速铁路高校联盟，宁滨任主席。11 月，学校举办高速铁路高校联盟大会，来自美、俄、英、法等 10 国家和地区的 40 多名嘉宾参会，就联盟规章、联盟工作指导小组、科研课题项目等内容进行讨论。

7 月，学校主办第三届中国–东盟轨道交通教育培训联盟年会暨服务“一带一路”项目推介会，来自泰国、马来西亚、柬埔寨和老挝等东盟国家以及我国轨道交通行业高校、职业技术类院校和企业等 40 家单位的 120 余名代表与会。期间北京交通大学与泰国东北皇家理工大学、马来西亚敦胡先翁大学签署合作协议。本次活动被列入“第十一届中国–东盟教育交流周”七大特色交流活动之一。

11 月，第五届中俄交通大学校长论坛期间，举行首届金砖国家交通大学校长联盟研讨会，成立金砖国家交通大学校长联盟，北京交通大学当选为中方主席。

本年度学校招收全日制港澳台地区学生 8 人。在校港澳台地区学生共计 54 人，其中学历生 13 人、交换生 41 人，获得教育部港澳台侨学生奖学金 4 人。举办“2018 京港普通话研习营”“2018 两岸大学生研习营暨青年领袖论坛”“海峡两岸大健康产业发展系列研讨活动”“海峡两岸人工智能学术夏令营”等品牌活动。承办“首届两岸大学生职业技能大赛”建筑艺术赛项，该活动被列为北京市对台交流活动重点品牌。承办“海峡两岸大学生运动会”男子排球赛项，接待台湾师生 113 人，活动得到国务院台湾事务办公室的肯定。获批教育部港澳台办“王宽诚教育基金会”会议资助项目 1 项。

（刘　欢　赵　睿）

【引智项目】

2018 年，教育部和国家外国专家局资助高校国际化示范学院推进计划、高等学校学科创新引智计划、高端外国专家项目等外专引智项目 138 项，国拨经费共计 1 485 万元，其中高校国际化示范学院推进计划（“111 计划”）1 项、高等学校学科创新引智计划 5 项、高端外国专家项目 12 项、国家重大科技专项 1 项、“一带一路”教科文卫引智计划 1 项、海外名师项目 5 项、“111 计划”培育项目 1 项、学校特色聘专项目 112 项。2018 年学校国拨经费引智项目资助情况详见表 45。2018 年学校配套经费共计 1 067.5 万元，增设“双一流”优势特色学科引智课程体系建设配套项目和引智合作项目配套项目共 86 项，新增配套经费 194 万元。2018 年通过引智项目共邀请外国专家来华 444 人次，其中外籍院士 6 位。

表 45　2018 年度学校国拨经费引智项目资助情况一览表

项目类别	名称	学院
示范学院推进计划	汉能新能源学院	电气学院
“111 计划”	轨道交通控制与安全学科创新引智基地	国家重点实验室
	风敏感基础设施抗风减灾学科创新引智基地	土建学院
	主动配电网大数据分析与处理学科创新引智基地	电气学院
	信息与交通运筹学学科创新引智基地	理学院
	高速铁路高效运营与安全保障学科创新引智基地	运输学院
“一带一路”教科文卫引智计划	“一带一路”智慧轨道交通	国家工程中心
国家重大科技专项	新西兰－BUCKLEY－博士	电气学院
高端外国专家项目	基于未来城市、健康环境与高质设计的中美城市规划系统比较研究	建艺学院
	智慧交通与智慧城市协同发展	
	“清洁、经济、安全”智能电网领域聘请外国专家团队特色项目	电气学院
	轨道交通超导电力技术开发与研究	
	智能电网保护与控制联合交流	
	大数据分析的研究与应用	软件学院
	云数据存储管理的研究与应用	
	支持铁路信号应用的无线技术	电信学院
	美国－VALAVANIS KIMON PANOS－博士	国家重点实验室
	英国－CLIVE ROBERTS－博士	
高端外国专家项目	大数据时代的多媒体计算与内容安全	计算机学院
	多能谱 CT 及心肌功能应用的关键技术前瞻性研究	

续表

项目类别	名称	学院
海外名师项目	LIOU JUIN JIE	电信学院
	Gerhard Wäscher	机电学院
	GE，QIAODE JEFFERY	
	Raoul Bunshoten	建艺学院
	Wing－Ki Liu	理学院
“111 计划”培育项目	交通引领发展经济学学科创新引智基地（培育）	经管学院
学校特色聘专项目	交通事故的管控方法研究等	

（张　欣）

【外籍教师聘用与管理】

2018 年，学校聘请长期外籍教师 21 人，其中语言外籍教师 9 人、专业外籍教师 10 人、外籍行政人员 2 人。全年办理长期外籍教师及家属许可通知、工作许可、居留许可 36 人次，办理在职外籍教师工作许可及居留许可延期 22 人次。办理高层次人才认定函 8 人次。协助完成外籍教师聘用合同拟定及续聘工作。学校顺利完成北京市外籍教师参与中小学英语教学改革项目的交大附小、农科院附小和交大附中分校 3 所项目校共计 4 名外籍教师的招聘与管理工作。

（宋永华　梁燕馨）

【中外合作办学】

2018 年，学校有 5 个中外合作办学项目和 3 个涉外办学机构。北京交通大学兰卡斯特大学学院增设 200 名招生计划已经获得教育部批复。与美国罗彻斯特理工学院合作举办信息管理域信息系统项目通过教育部评估。

（李哲谦）

【孔子学院】

2018 年学校在巴西、美国和比利时的三所孔子学院共有学员 6 512 人，举办活动共计 108 场，参加人数达 13 727 人次。10 月，北京交通大学与波兰华沙理工大学共同申办的波兰华沙理工大学孔子学院获孔子学院总部/国家汉办正式批准。

按期召开三所孔子学院理事会。全年接待美国孔子学院 17 人、巴西孔子学院 19 人学生来华夏令营团组，接待巴西孔子学院 9 人教育工作者来华团组。参加第 13 届孔子学院大会。

（王子君）

【因公出国（出境）管理】

完善“教职工因公出国（境）管理系统”，开发“教职工因公出国（境）线上请假系统”，12 月起在经管学院试点运行。利用微信等新媒体手段引导教职工遵守上级关于因公出国（境）的各项规定。

（王基逢）

【留学生教育与管理】

2018 年，学校来华留学总规模达到 2 218 人，来自 125 个国家。其中长期生 1 346 人，占比 60.7%。长期生中学历生 969 人，占比 72%；学历生中研究生以上层次 557 人，占比 57%。2018 年入学新生 453 人，“一带一路”合作国家新生约占 60%。全年授予学位总数达到 138 人，其中来华留学学士学位 65 人、硕士学位 69 人、博士学位 4 人。留学生学生总规模排名前五位的国家为肯尼亚、蒙古、俄罗斯、法国、美国。

各学院留学生规模稳定增长。本年度获得各类奖学金留学生人数达到 886 人，其中中国政府奖学金 515 人、孔子学院奖学金 14 人、北京市政府奖学金 167 人、中国企业奖学金 100 人、北京交通大学奖学金 27 人、外国企业奖学金 28 人。

推进学校优势特色学科全英文授课项目建设，现有英文授课项目 17 个，其中硕士项目 9 个，分别为土木工程、电气工程、城乡规划学、物流工程、计算机技术、交通运输工程、电子与通信工程、软件工程、MBA；本科项目 8 个，分别为车辆工程、轨道交通信号与控制、通信工程、土木工程（铁道工程）、电气工程及其自动化、工程管理、交通工程、软件工程。2018 年，共计 350 名本科生、硕士生在英文授课项目中学习。

在“中俄交通学院”框架下，全年共有 167 名俄罗斯留学生在校学习。中俄交通学院圣彼得堡国立交通大学双学位项目 33 名学生完成在北京交通大学的汉语预科和专业学习，在中俄交通大学校长高峰论坛中担任中方代表团的志愿服务工作。俄罗斯籍博士生卡季娅作为 22 名受邀报告人之一，参加纪念改革开放四十周年“学在中国”全国来华留学博士生论坛，用中文做学术报告，受到好评。

学校与中国铁建股份有限公司、中国路桥工程有限责任公司等企业，吉林铁路职业技术学院、山东职业学院等院校建立轨道交通专业校外实训基地，参加短期、半年期与一年期实习、实训学生超过 150 人。

全年开展主题文化实践及文体活动 45 场。对不同留学生群体开展有针对性的心理咨询 347 人次。举办第八届国际文化周，组织“一带一路”国际人才培养主题论坛、“感知中国—无人驾驶”等系列活动。组织留学生参加全球能源互联网发展合作组织、联合国人居署等国际组织的论坛及圆明园志愿服务工作，参加抖空竹、全民阅读接力朗诵大会等社区活动。

俄罗斯籍土木工程专业本科生斯捷潘获 2018 中国政府优秀来华留学生奖学金；学校获得第三届“留动中国——在华留学生阳光运动文化之旅”北京赛区第一名。在 2018“我与北京”主题征文比赛中，15 名学生分别获得一、二、三等奖及优秀奖，2 名指导教师获奖，学校获得最佳组织单位奖。在第四届在京外国人篮球赛中，学校留学生篮球队获亚军。

（王子君）

【在校生出国（出境）留学交流】

全年全校共派出（出国、出境）学生 1 728 人，其中赴海外长短期学习 1 165 人次，本科生占 50%、硕士生占 15%、博士生占 35%；毕业出国留学学生 563 人。国家和学校资助公派研究生 180 人，国家优秀本科生项目派出 41 人，参加学术会议 238 人次，参加交流及联合培养 512 人，参加寒暑期交流项目 320 人。学生前往国家和地区近 50 个。组织实施与瑞典皇家理工学院、美国南加州大学、英国伯明翰大学、法国中央理工大学联盟、比利时鲁汶大学等本科、硕士联合培养项目，与德国达姆施塔特工业大学、巴西坎培纳斯大学等交换项目，以及与兰卡斯特大学、牛津大学等短期访学项目。开拓新的留学渠道，学生可前往美国华盛顿大学、密歇根州立大学和澳大利亚阿德莱德大学等高水平院校交流。

（王子君）

2018

国有资产管理

财务工作

【概况】

2018年是学校财务工作的“会计制度建设年”。学校财务工作坚持服务改革、保障重点、转变作风、务求实效的工作原则，严守财经纪律底线，加强财务管理和会计核算工作，全面履行财经管理和服务职能，提升财务管理能力和工作效率，优化服务流程和服务水平，促进并保障学校各项事业快速健康发展。

（晏　曦）

【财务收支状况】

2018年学校收入总额287 348万元，比上年273 022万元增加14 326万元，增加5.25%。其中，财政补助收入113 003万元，事业收入132 528万元，经营收入8 193万元，其他收入33 624万元。2018年财政补助收入中，教育补助收入105 454万元，科研补助收入797万元，其他补助收入6 752万元；财政补助收入占总收入39.33%，是学校办学经费的主要来源。2018年事业收入中，教育事业收入69 677万元，科研事业收入62 851万元；教育事业收入占总收入24.25%，是学校经费来源的重要组成部分。2018年学校支出总额288 563万元，比上年256 281万元增加32 282万元，增加12.60%。其中，工资福利支出99 327万元，商品和服务支出119 152万元，对个人和家庭的补助支出35 497万元，其他资本性支出30 352万元，经营支出4 235万元。商品和服务支出占总支出的比例为41.29%，主要是学校教学科研中发生的日常公用支出；工资福利支出占总支出的34.42%。

2018年末，学校资产总额808 611万元，比年初796 868万元增加11 743万元。负债总额47 307万元，比年初55 983万元减少8 676万元。净资产总额761 304万元，比年初740 885万元增加20 419万元。

（晏　曦）

【财务管理体制】

学校财务处作为学校的一级财务机构，统一组织和管理学校的财务工作，规范完成学校会计核算工作。学校对部分二级单位施行会计委派，包括远程与继续教育学院和校医院。选聘2位财务处会计人员在威海校区开展财务工作，其中1人担任财务部主任。

坚决贯彻执行中央八项规定精神，按照校党委要求，严控一般性支出，强化零基预算原则，“三公”经费零增长。为保障综合体育馆和新建住宅等重大项目的实施，遵照党委常委会优化支出结构、按70%从严控制公用支出的会议精神，通过预算分阶段拨款和从严从紧控制预算续拨等举措，2018年学校节约预算资金约8 000万元，通过清理专项预算结余，收回沉淀预算资金1.3亿元。

持续强化预算工作对学校事业发展规划、年度重点工作的保障责任，坚持“保人员、保运转、保重点、保安全、促发展”的预算原则，贯彻落实中期财政规划的总体思路和编制方法，持续推动学校项目库系统建设。引导校内各单位以“十三五”规划为依据编制学校综合预算，为重大项目编制三年滚动预算。推行预算绩效管理，明确专项支出绩效目标，确保绩效目标与项目内容密切相关。按照上级部门改革要求和学校内部管理需要，开展财务分析工作，为领导决策提供思路和依据。按照教育部要求，完成学校2017年财务管理状况自评工作。完成学校参加泰晤士世界大学排名所需各学科投入经费的数据分析统计工作。根据本科教学审核评估工作安排，完成学校2015年至2017年本科教学经费支出数据分析和评估报告工作。完成基于分配因素的学校2018年财政拨款分析。按照校长指示精神，对《国务院办公厅关于进一步调整优化结构　提高教育经费使用效益的意见》（国办发〔2018〕82号）文件内容逐项研究讨论，结合学校的实际情况，提出财务管理优化结构提高效益的建议。

按照国办发〔2018〕82号文件精神，推进改善基本办学条件专项资金项目库管理信息系统的建设和上线使用，落实健全预算审核机制、扩大项目支出预算评审范围、加强预算执行事中监控、硬化预算执行约束、实施大额资金流动全过程监控、有效防控经济风险等文件要求。

增强学院、科研团队和科研项目三级财务助理体系的服务能力，通过培训、学习、答疑等多种形式，推动学院（科研团队和项目）财务助理队伍从“建起来”到“起作用”。截至2018年年底，学院、相关部处及科研团队在岗财务助理27人，二级核算管理模式初步建成，报销周期缩短。

严格按照国家信息公开条例及教育部高等学校财务信息公开办法的相关规定，在学校信息公开网上做好财务信息公开工作，通过多种媒介和渠道在校内外主动公开财务信息，依法依规受理依申请公开事项。

（晏　曦）

【会计基础核算】

学校全面实施公务卡管理，规范完成会计核算。截至年底，累计办理公务卡2 713张，基本完成校内各单位申办公务卡工作。严格按照《财政部 中国人民银行关于加快推进公务卡制度改革的通知》和《财政部 科技部关于中央财政科研项目使用公务卡结算有关事项的通知》等文件规定，在全校范围内对国家文件要求的17大类强制使用公务卡结算的业务实现全覆盖。

2018年，累计生成145 929份会计记账凭证（同比增长15.86%）、572 311笔会计分录（同比增长11.62%）及2 255 005张附件（同比增长11.15%），累计接收打卡报销单据76 707份（同比增长9.06%），装订存档的会计凭证合计4 422册（同比增长13.21%）。累计发放工资逾6万人次，涉及金额4.9亿元。完成退休人员退休费与央保中心对接、事业编在职人员绩效工资改革和社保费据实扣除等工作。为全校职工办理住房公积金汇缴3.8万人次，汇缴补交金额1.35亿元。办理公积金购房首次支取和退休销户支取人数580人，办理公积金转移、补缴手续60余人。按照工资发放的新标准，调整住房公积金汇缴基数，惠及全校3 176人次。

严格执行国家对各类收费票据的文件规定，规范领用单位票据使用行为，对各类票据分类登记管理，实行票据购领、保管、使用相分离制度，保证各项预算收入的回笼，保证各类票据的安全完整。2018年，学校向上级主管部门申领各类票据超过46.6万份，使用各类票据超过 45.5 万份，较上年同期增长近 25%。

（晏　曦）

【内控体系建设】

根据《教育部直属高校经济活动内部控制指南（试行）》，在已有内控体系建设成果基础上，开展学校内部控制体系深化建设，提升学校财务风险防范能力。学习研究政府会计制度，开展财经制度对标工作，完善学校财经管理制度体系。

5 月，出台新的《北京交通大学财务报销管理办法》及相关细则。就新旧财务报销管理办法发生的变化、出台的背景和具体内容，结合全校师生关心的热点问题，制作常见问题答记者问，经由校内新闻媒介并通过学院财务助理对全校师生进行宣传，完成新旧管理办法在日常核算工作中的过渡。

按照上级主管部门要求，编制学校内部控制报告和内部控制评价报告，组织开展学校内部控制体系运行评价工作，稳步开展日常财务监察工作。

（晏　曦）

【专项资金管理】

加强财政专项资金执行监控和绩效评价机制。当年管理财政专项资金 3.54 亿元，包括 21 个项目大类 2 728 个项目。在教育部发布的《1—12 月教育部直属高校国库资金排名》中，学校财政专项国库资金的执行率为 98.2%，排名第 24 位，执行率较上年大幅度提高，其中改善办学条件、基本科研业务费、教育教学改革、捐赠配比资金、管理改革绩效五大专项全部执行完毕。

组织完成 2019—2021 年度中央高校建设世界一流大学（学科）和特色发展引导专项、中央高校改善基本办学条件专项等财政专项资金的申报和评审工作。对 2017 年专项执行情况进行绩效评价，根据评价结果，对 17 个部门管理的 31 个项目给予绩效奖励，奖金合计 59.91 万元。

（晏　曦）

【科研经费管理】

完善科研经费服务与管理业务流程，提升科研经费服务和管理水平。贯彻落实《关于进一步完善中央财政科研项目资金管理等政策的若干意见》（中办发〔2016〕50 号）精神，配合科研管理部门，继续修订管理制度，改进工作方法，提高服务效率。2018 年，在完善科研间接费用管理、加强科研项目结余资金管理等方面开展大量工作，进一步简政放权、放管结合、优化服务，为科研人员潜心研究营造良好环境。

按照《北京交通大学基本科研业务费管理办法（试行）》规定，2018 年 7 月对 2017 年到期的基本科研业务费项目进行结余清零工作，优化经费资源配置，提速项目执行进度。

（晏　曦）

【资金存放管理】

加强对学校及校属单位银行账户及资金管理。结合学校实际，贯彻落实财政部关于预算单位银行账户管理和资金存放管理的文件精神，依托学校资金结算部和资金池管理模式，优化资金和账户管理方案，为有需求的结算部二级账户升级并纳入学校资金池管理，提高学校资金安全水平，提升对校内开户单位的服务能力。

制定出台《北京交通大学资金存放管理实施办法》，先后于 5 月组织开展定期存款银行竞争性选择评选，于 11 月组织开展新开立党费专用结算账户银行竞争性选择评选，完善学校资金存放管理内部控制体系，规范学校资金存放行为，增强资金存放的透明度和安全性，将学校利益最大化。北京交通大学的资金存放管理模式得到教育部审计组认可，北京邮电大学、北京语言大学、北京中医药大学、中央音乐学院、北京科技大学等兄弟高校与学校交流学习资金存放管理先进经验。

（晏　曦）

【财务信息化建设】

持续提升财务综合信息平台的功能和效率，着手政府会计制度改革的财务系统转换和对接。开展财务系统的升级改造，推进缴费平台系统建设；提升系统运算性能，完成系统网络优化工作；做好学校票据电子化和国家税制改革的财务系统相关准备工作；与业务部门共同推进党费系统和资产系统的信息化建设。

5 月，中央高校改善基本办学条件项目库管理信息系统一期正式上线使用，校内管理部门前置参与，将评审嵌入申报过程，形成各部门联动的工作机制，做好项目的筹划论证、预算申报、预算评审、立项入库等工作，确保项目管理合规高效，提高财政资金执行效率和使用绩效。

（晏　曦）

【财经审计检查及整改】

接受主管部门各类审计检查并推动整改，提高财务管理的规范化程度。2018 年，接受教育部预算执行延伸审计、主要领导任期经济责任审计、武器装备科研生产许可证换证工作现场审查、财政部和科技部专家组对学校落实 50 号文情况的督查、接待网考办代管经费审计和轨道交通安全协同创新中心现场考察等相关工作。10 月 31 日起，学校进入主要领导任期经济责任审计整改期，针对审计发现问题，开展集中整改。

（晏　曦）

【学校财经服务】

先后推行 POS 机、网上缴费平台、微信缴费等多途径收费模式，逐渐减少现金流量，提高学校各类收入的实收率，有效控制资金风险。

年通过建立完善财务助理体系，学校财务服务向二级学院延伸，财务处报销点报销周期缩短为 3～4 个工作日到卡，报销效率提升达 90%；中信银行横向科研经费报销点始终保证 T+1 个工作日到卡的记录，确保在收单次日收到报销款。2018 年，中信报销点完成 15 787 份报销单据的初审和记账工作，发放报销款 5 121 余万元，单据份数和报销金额都较 2017 年呈倍数增长。学校师生普遍认可、反映良好，国务院督查组对学校创新方式服务科研教师的举措给予高度评价。

（晏　曦）

审 计 工 作

【概况】

2018 年学校审计工作完成各类审计项目 120 项，审计资金总额 75.66 亿元，提交审计报告 80 份，出具工程审计意见书 16 份。

（赵　樱）

【工程审计】

完成工程结算审计 60 项，审计金额 2 300.97 万元。2018 年学校在审工程全过程审计 2 项：住宅改造（一期）工程，完成结算审计 14 项，审计金额 35 653.14 万元；新建体育馆项目，完成招标最后阶段的全过程审计，主要是关于清单控制价变动的审计，出具咨询意见 15 份促进综合体育馆建设中的全面造价控制管理。

（赵　樱）

【财经审计】

开展处级领导干部任期经济责任审计 16 项，审计金额 69.72 亿元，其中已审结 4 项，按规定程序向组织部提交审计报告 4 份，向被审计领导干部所在单位送达审计意见（审计处公函）4 份；实施中的经济责任审计项目 12 项，已结束现场审计工作，开始撰写审计报告。

开展预算执行情况审计项目 1 项；完成 140 项国家自然科学基金结题经费审签，审计金额 8 607.20 万元，出具审计报告 1 份；向科技处送达审计意见（审计处公函）；完成横向科研项目经费结题审计 1 项，审计金额 78 万元，出具审计报告 1 份；完成北京交通大学长三角研究院专项审计，审计金额 1.27 亿元，提交审计报告 1 份，提出审计意见及建议 4 条；完成 2017 年 9—12 月，2018 年 1—3 月银行对账单审签，出具审签意见 1 份。

（赵　樱）

【审计专项工作】

牵头完成由审计署、共青团中央指导，审计宣传中心、中国青年报社与北京交通大学主办的“新时代新作为——国家审计走进高校财经法治宣传教育”系列活动。

参加教育部对某高校为期近两个月的巡视组工作。受教育部财务司委托，完成对部直属某高校新校区建设专项审计。受教育部财务司、经费事务监管中心抽调，参加 3 项专项工作：部直属某高校校长经济责任审计，对部直属高校经济责任审计整改情况的专项检查，部直属单位、社会组织经营活动专项检查工作。

（赵　樱）

国有资产管理

【概况】

2018 年学校国有资产管理工作深化改革、攻坚克难、重点工作取得突破，优化职能、狠抓落实、提升管理水平，顺利完成各项工作任务。2017 年 12 月底，学校成立房屋租赁管理办公室，围绕新建周转房租赁、原有周转房（床）使用机制改革开展相关工作。

（申屠利条　落宇杰）

【国有资产管理体制】

出台《北京交通大学企业国有资产管理办法（试行）》《北京交通大学货物和服务采购管理办法》《北京交通大学实验室技术安全管理办法》等 12 个文件。

加强采购管理内部控制，严控政府采购工作风险，简化工作流程，解决用户“来回跑”问题。加强培训宣传，优化采购服务，充分落实“简政放权、放管结合、优化服务”政策的有关要求。

完善经营用房管理机制，统一管理学校对外出租出借房屋。

（申屠利条）

【学校国资委办公室工作】

本年度组织召开学校国资委会议 2 次，先后审议北京交大印刷厂关闭建议方案、北京中铁益安科技有限公司现有用房和人员处理建议方案等 7 个议题。牵头召开红果园宾馆经营管理监管小组会、企业体制改革和出租出借工作等 3 个专项 7 次专题会议。规范国有资产评估及备案工作，完成 28 处房屋租金价值评，完成科技大厦和新建住宅物业财务预算项目检查和审计，按教育部新要求规范科技成果转化评估工作。

向上级主管部门报送国有资产管理报告及各类资产报表。基本完成固定资产管理系统的线上安装调试及相关数据治理工作，为 2019 年政府会计制度改革做好系统保障。

（申屠利条）

【实验室建设与管理】

组织 2017 年实验室安全现场检查整改工作，成立学校实验室安全工作领导小组，建立校、院、实验室三级实验室安全管理体系，30 个整改项基本落实到位。利用“北京交通大学安全知识培训及考试系统”平台，组织 2018 年本科及硕士研究生新生进行实验室安全准入知识网上学习和考试；先后组织 4 次、共计 143 名实验室技术人员和管理人员参加专业学会安全培训；组织开展实验室浓硫酸泄漏应急演练和危化品安全知识宣传。对学校 2015 年至 2018 年间的实验室新建、调整、撤销及使用房间情况进行调查摸底，共调整 12 个实验室，新增 2 个实体实验室。本年度组织实验室安全检查 7 次，在节假日前对各学院实验室进行安全提示并下发通知提出具体要求。

危化品管理平台系统已完成系统网络服务的开通及配置，将实验室危化品采购实验室主任、学院、保卫处审批程序通过信息化手段设置流程，审批完成后才能采购，实现实验室危化品采购流程可追溯。

组织完成2017年度8个项目的实验室研究课题中期检查工作。组织实验技术人员积极参加北京市高等教育学会实验室工作研究分会和技术物资研究分会学术论文征集工作，共收到5篇投稿论文。

（申屠利条）

【设备管理】

新增入账仪器设备及家具共计23 346台件、金额19 199.44万元，相比上年同期新增仪器设备家具审核金额增加约16%，其中新增10万元以上贵重仪器设备197台件、金额7 231.02万元，40万元以上仪器设备48台件、金额3 971.45万元。校内调转仪器设备697台件、金额328.88万元。使用久其系统对图书类资产进行建账管理，审核图书馆录入图书资产共计1 411.02万元。开展学校2018年仪器设备及家具年终盘点工作。报废处置仪器设备及家具4批次、共计4 328台件、金额4 605.52万元，及时完成销账手续和报备手续。

有序推进贵重仪器设备共享。牵头组织完成2017大型科研仪器设备开放共享考核工作，对学校185台件的大型仪器设备使用机时、开放共享服务成效、组织管理及队伍建设等方面进行考核。

（申屠利条）

【招标采购】

全年共执行货物、服务采购项目3 366项，采购金额合计36 358.03万元；委托公开招标301项，委托采购金额23 601.24万元；完成进口免税业务办理合同38项，进口设备及软件53台件，合同金额1 810.97万元，为学校节约关税、增值税共计资金271.5万元。按照财政部要求对进口设备严格履行校内申请、行业主管部门审批、专家论证、报上级部门审批的采购程序，上报备案进口仪器设备总额722万元。配合财务处和科技处共同完成科研项目资金管理等政策落实情况督察工作，详细介绍科研项目涉及的货物、服务采购工作的成效和做法，分析目前采购工作存在的主要问题和原因，并提出整改措施和建议。配合财务处编写2019年北京交通大学设备资料购置项目申报书以及项目支出绩效目标申报表，为学校专项资金项目的落实做好前期规划，保障学校基本办学条件持续改善。

（申屠利条）

【公用房屋管理】

本年度调整公用房屋6次，涉及6个单位，总调整使用面积296.26 m^2。与经管学院、国家工程中心等单位签订科研周转房协议。组织验收包括主校区、东校区、家属区及学苑公寓在内多个区域的工程项目158项，工程大项包括主校区4号、16号、19号公寓大修、食堂改造工程、既有多层住宅增设电梯和辅助工程、新建住宅室内装修工程等。

规范房屋对外出租出借管理。出台学校商业网点布局规划方案及房屋对外出租出借管理办法，全部完成学校房屋出租出借向教育部备案工作。制定学校对外出租出借房屋招租、合同签订和租金审核流程，指导受委托经营管理单位制定相应管理制度并报国资处审核备案。加强应收实收监督管理，全年审核新签订房屋租赁合同98份，租金收入9 215.27万元。

（申屠利条）

【公有住房管理】

完成86区房屋征收工作。与海淀区政府征收办召开前期工作会5次，对承租户进行深入摸底排查并进行艰难谈判，针对不同类型的承租户制定专项方案，先后约谈 3 次、征求征收意见 2 次。11 月 9 日完成六户被征收签约工作，创造政府征收以来北京市第一个签约率 100%项目，保障学校综合体育馆项目顺利开工。

科技大厦和塔 7 楼不动产证办理推进到权籍调查“一书一函”阶段。科技大厦不动产登记相关材料已提交国管局。与国管局沟通塔 7 楼住宅不动产登记事宜，按照要求将“一书一函”相关材料提交国管局审核。

本年度发放教职工住房补贴 2 249 万元，采暖补贴 1 016.12 万元，物业补贴 739 万元。

完成 A 类周转房教职工申请资格审核工作，累计核验教职工人数超过 1 000 人次，回复学校纪委福利房相关纪律检查书 37 份。

办理校内公有住房继承及法院判决业务 39 笔，校外公有住房变更业务 6 笔，开具住房相关证明 61 份，配合教职工配偶单位完成住房调查业务 21 笔，受理教职工关于福利房相关政策现场咨询 270 余次，提供电话咨询服务 680 余次，完成校内公有住房回购业务 1 笔。

（申屠利条）

【新建周转房租赁】

2018 年 3 月，学校党委全委会原则通过《北京交通大学关于周转房租赁工作的若干意见》，确定周转房租赁工作的基本原则、工作机制以及有关要求。6 月出台《北京交通大学关于周转房租赁工作的若干意见》《北京交通大学周转房租赁实施细则》《北京交通大学原有周转房（床）使用机制改革实施细则》《北京交通大学高端人才周转房租赁实施细则》4 个文件。房屋租赁办完成新建周转房房屋测绘、租金评估、租赁申请、资料审核、现场选房、房屋装修、地下车位收费评估、室内装修预验收、空气质量检测、签约验房及办理入住等工作。与建信住房服务（北京）有限责任公司对接交大新园周转房租赁经营管理工作，做好新园周转房租赁经营管理，维护正常租赁秩序，保证租金收取，做好新园物业管理与服务。针对租户提出的装修整改问题，以及租户对室内做适当装修的需求，协调施工单位予以解决。

（落宇杰）

【原有周转房（床）使用机制改革】

学校多次召开周转房租赁工作会议，专题讨论原有周转房使用机制改革有关问题。8 月启动原有周转房使用机制改革，房租租赁办完成原有周转房（床）租住人员信息确认、承诺书签订以及腾退手续办理等工作。截至 2018 年底，共登记备案承诺书 419 份，办理原有周转房腾退手续 47 人，办理原有周转床腾退手续 161 人。对于个别不能从工资中扣除租金的教职工，通过电话进行租金催缴；对于近 50 位在使用机制改革后没有资格租赁的租户，上门送达腾退住房告知书。11 月，与后勤集团完成 20 号楼、21 号楼楼宇管理工作交接，对空置原有周转房（床）开展查验、清理、门锁更换等工作。

（落宇杰）

【让渡使用权福利房信息登记备案】

在完成新建周转房选房后，开展让渡使用权福利房信息登记与备案工作，录入、核对、修改 400 余条电子信息，在 MIS 系统公布。完成 90 余份让渡合同的审核与备案。

（落宇杰）

【地产管理】

完成教育部、国管局交办的土地统计和上报工作。

（申屠利条）

【人防工程管理】

完成 12 号楼人防宿舍的清退工作和八教地下室封闭管理后续工作；组织开展地下空间安全使用网上培训。更新科技创业大厦人防工程平时使用证。与相关单位重新签订新修改的《北京交通大学地下空间安全使用责任书》。收缴人防使用费共计 6.52 万元。处理九教地下室漏水险情，协助计算机学院完成后续修缮工作。

（申屠利条）

【校属企业资产运营监管】

对 7 家拟关停注销企业进行清算，对 3 家转让退出企业多次发送退股函，基本完成 2 家企业的股权划转，完成 2 家科技成果作价入股企业股权划转。启动学校所属企业体制改革，成立改革领导及工作机构，完成企业摸底工作。对校属企业全面收取资产占用费。

（申屠利条）

办学条件保障

图 书 工 作

【概况】

2018 年图书馆读者服务工作、文献资源建设、数字信息化建设、管理工作等继续稳步提升，各项工作完成了计划和目标，获批“高校国家知识产权信息服务中心”。

（高爱军）

【馆藏资源】

全年共完成 1 956.8 万元图书经费的文献采购。新增纸本文献 63 849 册、电子资源 158.8 万册。图书馆馆藏总量 1 188.738 6 万册，其中纸本文献 239.618 6 万册，订购中外文网络数据库 60 个平台、225 个子库，电子图书 214.47 万册，中外文电子期刊 4.15 万种。

（高爱军）

【读者服务】

2018 年全年接待读者 112.8 万人次。外借图书 172 599 册，其中网上续借 33 600 册，还书 140 517 册，预约借书 725 册。新生转库 9 367 条，手工新建读者数据 278 条，处理各种有名单读者数据变更 325 条，处理读者延期 98 条。接收中文新书 40 365 册、外文新书 1 216 册，装订图书 190 册。

办理离校手续 6 814 人次（本科生离校 3 761 人次、研究生离校 3 053 人次）。办理签协议离校手续 175 人次。共收缴纸版学位论文 10 038 册、工程硕士论文 111 册、博士后出站报告 51 册，审核电子版学位论文 3 464 人次。送缴采编部纸版学位论文 2 846 册（硕士论文 2 684 册、博士论文 162 册），国家图书馆纸版学位论文 3 388 册（硕士公开论文 3 059 册、博士论文 329 册），中国科学技术信息研究所纸版学位论文 3 064 册（硕士论文 2 778 册、博士论文 286 册），CNKI3241 册（硕士论文 2 828 册、博士论文 413 册）。

完成文献传递申请 882 篇，完成查收查引计 1 473 人次、39 674 篇。为科技处提供 SCIE、SSCI 预检索 2 次。2018 年完成查新项目 105 个，其中校内服务 87 项、校外服务 18 项，按查新目的统计：科研立项 9 项、鉴定验收 19 项、奖励申报 21 项、研究生开题 56 项。

全年咨询部完成本科生、研究生文献检索课教学任务共计 43 次，计 688 学时、2 452 人次。全年组织 35 次各类数据库讲座，培训人数 1 680 人次。举办文献传递、专利信息检索、本科生专利信息检索与专利申请流程基础知识专题讲座、研究生专利信息检索培训。采用微信公众号同步完成培训信息的更新与发布。

通过 BAILS 馆际互借平台发送请求 963 册、接收请求 580 册。联合体馆际借阅证出借 62 人次。4 月 23 日至 5 月 31 日举办 BALIS 馆际互借服务宣传月活动，开展参观北京师范大学图书馆、“BALIS 馆际互借系统使用方法”专场讲座、BALIS 馆际互借宣传展示、现场咨询、问卷调查等活动，在 BALIS 宣传月评比中获得满分，获 2018 年度 BALIS 馆际互借先进集体二等奖。

2018 年度试用中文数据库 30 个、英文数据库 27 个，共计 57 个，确保电子数据库资源稳定运行。

完成 CADAL 服务中心在线咨询及数据审核工作，开展校内 CADAL 数据库使用推广，组织 2 次 CADAL 数字图书馆新用户注册有礼活动，CADAL 数字图书馆数据调用量 29 万次，对馆藏文献资源形成有效补充。

调整馆藏布局，完成 60 万册书刊、321 组书架的调整工作。开馆服务时间拓展为 105 小时/周，图书借阅服务时间提高至 98 小时/周，在全馆设置中英文新标识提供引导，设立新书专架。学校将东校区分馆一层闭架库 1 置换给后勤集团幼儿园，东校区科教楼地下二层、地上一层平房置换给图书馆并进行相应改造，置换增加面积可多放图书 10 万册。

加强微信公众平台与图书馆官网图书荐购栏目建设，建立中文图书的多渠道读者荐购系统，与学校学生会联合成立学生选书委员会，推进学生参与新书的选购工作。

完成 primo 系统升级，完成 3 698 篇学位论文的线下转换及发布。利用新媒体推广图书馆文献信息资源和阅读文化，完成图书馆微信号推送 120 篇。

服务本科教学评估、学科评估、专业认证，为车辆工程、建筑与艺术专业、软件工程和通信工程联合专业认证、土建学院环境工程专业认证提供支撑材料，为专家进馆考察提供服务。

启动“北京交通大学学术信息数据支撑平台”一期建设，建立学校科研产出仓储管理平台，对科研产出做集中展示、一站式检索。完成教务处、科技处、社科处提交的教师 2017 年学术论文的的收录清洗及整理工作，共涉及八大类数据库（SCIE、SSCI、EI、CPCI–S、CPCI–SSH、CSSCI、CSCD、北大核心）2 452 条记录，已完成学校 1973 年以来约 17 万条学术成果的梳理。

4 月成立北京交通大学知识产权信息服务中心，12 月申报高校国家知识产权服务中心，完成《北京交通大学专利创新整体情况分析报告》。

（高爱军）

【学术科研与文化建设】

加强特藏文化建设。2018 年完成 27 位交大历史学人的人物小传，收集其相关著作和文章。完成民国铁路期刊创刊号、坦赞铁路研究资料等自建全文特藏资源进入 digitool 平台工作。完成铁路记忆口述史——坦赞专题的拍摄、6 万文字文稿校对以及《轨迹：北京交通大学铁路教育者印象之“坦赞铁路”口述实录》图册设计排版样稿校对工作。挖掘学校现有双一流学科和特色学科的历史发展脉络，策划特藏专题展览 2 期，分别为：“从坦赞铁路看‘一带一路’”“校史印记根脉传承——馆藏本校教学资料展览”。完成特藏资源微信推广 16 期，总点击量 24 000 余次。

推进阅读推广活动。围绕北京交通大学第十五届“书香杯”文化周，以世界读书日为契机，开展阅读文化活动。线下活动包括：一封家书“书香杯”征稿、“谁言今人不能诗——当代诗词的众生相”古典文学座谈会、国学常识问答、“新时代·新阅读·新未来”主题海报设计大赛、“你我共读·网络漂流”美文朗读征稿活动等活动；线上活动包括：好书推选、“书香杯”优秀获奖作品展播、你我共读网络漂流作品展播等活动，完成阅读微信推广 39 期，总点击量 24 346 余次。

（高爱军）

出版工作

【概况】

出版社现设有理工分社、社科分社、基础教育分社、少儿分社、数字产业中心和 1 个社外合作事业部。2018 年共出版图书 1 120 种，其中新书 360 种、重印书 760 种。生产码洋 1.3 亿元，销售码洋 1.18 亿元，销售实洋 3 999 万元。

（刘　洵）

【生产经营】

2018 年，出版社扩大出版内容范围，大力发展各类图书、音像、电子出版物和网络出版物；在完善组织结构的基础上，按照学科分类引导走图书出版专业化、规模化、精品化之路。完成国家出版基金资助项目 3 项，新申报国家出版基金资助项目 3 项。获评物华图书奖二等奖 1 项。设立少儿分社，发展少儿版块，开拓少儿图书市场。完成对基础教育分社合作模式的调整，规范中小学教辅系列图书的生产、销售和仓储。

结合国家出版“走出去”战略，依托学校优势特色学科和自身资源，推进与施普林格出版集团合作的“高铁技术系列丛书”出版工程，出版图书 3 本。

设立数字产业中心，促进数字产业发展。出版社被新闻出版署选为知识服务模式（综合类）试点单位、首批 ISLI 国家标准应用试点单位。“基于 ISLI 标准的图像识别关联技术”获评第八届数字出版博览会创新应用奖。国家文化产业发展专项资金支持项目、国家新闻出版改革发展项目“ISLI 国际标准应用示范——基于媒体融合的 M+Book”项目完成结项验收。

在学校信息中心支持下，新开发了出版社官方网站，确保出版社对外宣传平台的安全稳定，并依托此平台成功申请增值电信业务经营许可证。

（刘　洵）

网络与信息系统建设及管理

【概况】

2018 年学校信息工作巩固落实推广各项信息化建设成果，大力推进智慧校园的软、硬件建设，从顶层推动学校整体信息化建设发展。

（王　芳）

【信息化规划与规范建设】

制定《北京交通大学数据资源交换与共享管理规定》实施细则，推动全校数据资源的有机集成和有效共享；落实《北京交通大学信息化建设管理规定》，规范学校信息化项目建设和信息设备采购。

（王　芳）

【校园网建设】

实施数字化校园基础设施建设二期（总经费 678.7 万元）。对教学区有线网接入、汇聚、核心交换机和网络布线进行升级改造，实现有线网络千兆到桌面。

贯彻落实中央发布的《推进互联网协议第六版（IPv6）规模部署行动计划》，全面落实教育部 IPv6 建设工作。2018 年完成校园信息资源和应用系统 IPv6 升级，包括基本网络服务系统和校园信息系统，在校园网范围内逐步实现 IPv6 访问优先。

（王　芳）

【高性能计算平台和云平台建设】

持续优化高性能计算平台，优化排队算法，支持重点科研项目。2018 年用户数为 992 个，比上年增加 30%，完成作业 8 887 个，比上年增加 17.6%。

科教云平台上线，进一步扩大云服务器平台的规模和使用范围。虚拟服务器总数达 700 台，其中 500 多台用于支持学校教学科研。

（王　芳）

【智慧校园建设】

挖掘数据潜力，深化数据中心和大数据中心的应用。“一张表”系统面向全校师生试运行。

推进学校办公自动化网上审批和流程优化工作，“北京交通大学一站式”平台上线。

（王　芳）

【移动互联技术应用】

北京交通大学官方微信小程序“交大魔盒”上线，为全校师生提供常用查询功能。目前移动门户包含 69 个功能，微信企业号有 96 个子栏目，关注人数 40 752 人，2018 年新增 6 795 人，日均访问量 15 000 人次，全年抓取信息近 4 000 条，人工发布信息 800 余条。

（王　芳）

【技术支持与信息服务】

全年为4.7万校园网用户、5.67万一卡通用户提供各类业务技术支持和咨询服务。校园一卡通系统完成小额支付2 195万次，支付金额1.3亿元。微信支付系统完成小额支付14万次，支付金额超过500万元，比上年增加100%。

通过多种措施保障网络安全。学校共有信息系统774个，新增备案系统105个，清理信息系统37个。坚持常态化的漏洞扫描和Web应用扫描机制，发布信息安全通报31期。

（王　芳）

档 案 工 作

【概况】

2018 年学校档案工作进一步加强基础工作，强化档案公共服务，推进档案信息化建设和史志编研。本年度档案馆 1 人被评为教育部直属高校档案协会档案工作先进个人。

（高　杰）

【综合档案】

全年接收文书、教学、科技、基建、财会、照片、出版物等综合档案共计 8 395 卷，其中文书档案 1 525 卷，研究生科技档案 3 199 卷，会计档案 3 074 卷，科研档案 303 卷，照片档案 293 卷（4 876 张），出版物 1 卷。全部整理、编目、排列、上架，并编制完成本年度案卷目录、卷内文件目录等多种档案检索工具。

为学校教学、科研、基建、财务审计、编史修志，为学生求职、求学、出国、落户、政策房申请、学历认证等各项工作共提供档案证明材料 7 470 余卷，利用人次 2 380 余人。

为 995 名出国学生提供本科生和研究生的毕业证、学位证、成绩单、高考证明以及其他学历证明的英文翻译工作。为教育部学位认证中心、全国就业指导中心等认证机构及用人单位进行学历认证共计 669 项。

（韩　莹）

【人事档案】

2018 年共接收新生档案 7 469 卷，其中本科生 3 464 卷，研究生 4 005 卷；向用人单位转递学生档案 5 478 卷，其中本科生 2 506 卷、研究生 2 972 卷。

接收组织部、人事处和其他学院单位归档材料 7 931 份，为学校组织部、人事处、纪委等部门提供档案借阅查阅 568 人次。

为配合房屋租赁工作，完成 140 多名退休老干部职务任免种类、任免时间和工人职级查询以及与现在职级的对应认定和信息核对工作。

接待校外用人单位人事部门查阅档案 354 人次，为学生提供成绩单复印、出生证明、亲属关系证明及其他有关人事档案的证明 310 人次。

（周亚俊）

2018 年档案管理情况统计如表 46、表 47 所示。

表 46　2018 年度接收档案统计表

类别＼年限	本年归档数	其中			本年续卷数	其中		
		永久	长期	短期		永久	长期	短期
文书档案	1 126	137	989		399	59	340	
财会档案	3 074		3 074					
科研档案	303	97	206					

续表

类别		本年归档数	其中永久	其中长期	其中短期	本年续卷数	其中永久	其中长期	其中短期
基建档案	项目卷								
	蓝图								
	底图								
	设备								
照片	卷数	293		293					
	（照片：4 876 张）								
研究生档案		3 199		3 199					
本科生论文									
出版物		1	1						
教材									
合计		7 996	235	7 761		399	59	340	
销毁档案									
人事档案		2018 年度馆藏 35 964 卷							
死亡档案		2018 年度馆藏 871 卷							

表 47　2018 年度馆藏档案统计表

类别		此前历年总卷数	其中永久	其中长期	其中短期	2018 年度馆藏卷数	其中永久	其中长期	其中短期
文书档案		31 098	5 399	22 502	3 197	32 623	5 595	23 831	3 197
财会档案		25 862	187	48	25 627	28 936	187	3 122	25 627
科研档案		4 436	548	3 879	9	4 739	645	4 085	9
基建	项目	2 134	1 099	1 035		2 134	1 099	1 035	
	（蓝图：8 107 张）					（蓝图：8 107 张）			
	（底图：4 497 张）					（底图：4 497 张）			
	设备	1 546	（部门存放，总数不计）			1 546	（部门存放，总数不计）		
照片	卷数	1 489	1 412	68	9	1 782	1 412	361	9
	（照片：16 063 张）					（照片：20 939 张）			
	（底片：3 095 张）					（底片：3 095 张）			
研究生档案		43 217		43 217		46 416		46 416	
本科生论文		761		761		761		761	
出版物		294	122	115	57	295	123	115	57
教材		115		115		115		115	
北京电力高等专科学校移交档案									
文书档案		4 911	1 719	1 596	1 596	4 911	1 719	1 596	1 596

续表

类别 \ 年限	此前历年总卷数	其中			2018 年度馆藏卷数	其中		
		永久	长期	短期		永久	长期	短期
财会档案	1 247	368	692	187	1 247	368	692	187
照片档案	72	72	（照片：1 761 张）		72	72	（照片：1 761 张）	
合计	115 636	10 804	73 913	30 625	124 031	11 220	82 129	30 682
人事档案	2017 年馆藏 34 800 卷				2018 年馆藏 35 964 卷			
死亡档案	2017 年馆藏 838 卷				2018 年馆藏 871 卷			
备注	1. 表中数据 124 031=11 220（永久）+82 129（长期）+30 682（短期） 此数据不包括设备档案、人事档案、死亡档案； 2. 2018 年馆藏总数 160 866 卷=124 031+35 964（人事档案）+871（死亡档案） 另有照片 20 939 张，底片 3 095 张，蓝图 8 107 张，底图 4 497 张							

（韩　莹　周亚俊）

【档案管理信息化】

与信息中心合作，实现毕业生档案转递的信息化查询。研发并开通档案馆微信公众号，设置毕业生档案查询栏目。档案室及时上传转档信息，毕业生可通过计算机和手机第一时间查到档案状态。查询关注需要身份验证，仅毕业生本人和管理员可见，保证信息的安全性。

（任　平）

【档案库房建设】

新建标准档案库房 1 间，面积 40 平方米，内置密集架 4 列，主要用作学校中层领导干部人事档案的存放。

（李志军）

【校史博物馆】

2018 年校史馆接待新生参观、校友返校、优秀大学生夏令营、校外来访等各类参观活动共 257 批、6 400 余人。选拔和培训校史讲解志愿者 46 人，完成 2018 年本科新生和研究生参观校史馆工作。通过主办校史知识竞赛对学生进行校史教育。

完善校史博物馆基础建设，及时更新和充实展出内容。增加宁滨院士照片、高亮教授获得国家科技进步奖照片、知名校友郭竹学照片，更新人物标牌 2 个。

5 月，参加“全国高校文博场馆志愿服务与社会教育论坛暨优秀讲解案例展示活动”，刘尚昆同学获讲解展示活动志愿者组二等奖。10 月，参加“第四届高校博物馆馆长论坛暨 2018 京津冀高校博物馆优秀讲解案例展示活动”，李斯乔同学获得优秀讲解案例展示活动三等奖。

（高　琦）

【史志工作】

编纂完成《中国铁路志·建设分志·线路卷（送审稿）》175 万字，通过专家评审，并进行修改完善。首次讲授的《中国铁路史发展概要》作为本科新生入学教育内容反响良好。

发挥校史资政育人作用，推进校史专项研究，承担的校园文化研究课题在爱路报国主题之下聚焦相关校史人物和校史事件，挖掘考证史料文献，已通过中期检查。

加强与兄弟单位在校史领域的交流。参加学校与故宫博物院等单位联合主办的“纪念郑振铎先生诞辰 120 周年座谈会”，为校领导准备会议交流资料及相关史料素材。与西南交通大学合作的交大湘潭旧址纪念碑碑文已基本定稿。参加“中国高等教育学会校史研究分会第 15 届学术年会”，就校园特色文化景观建设情况进行会议交流。

（高　杰）

【年鉴编纂】

完成年鉴《北京交通大学年鉴》2016 卷、2017 卷的策划组稿、编审校对工作。自 2016 卷起增设“附录”和“索引”，方便读者检索使用；增加组稿初审和筛查环节，建立年鉴微信群组，加强对年鉴工作的指导，提高年鉴质量。选取学校年度大事和亮点工作，向《北京教育年鉴》编报文字条目 19 条、总计 6 000 字，收集上报图片 7 幅。向《中国教育年鉴》编报文字条目 32 条、总计 4 000 字。参加“第九次全国地方专业年鉴暨第二次全国高校年鉴研讨会”，以及北京市方志办、北京市教委教志办组织的年鉴业务培训，提升业务水平和编纂能力。

（高　杰）

后勤管理与服务

【概况】

2018年后勤管理与服务工作围绕“三服务、两育人”的宗旨和建设质量型、平安型、科技型、节约型后勤的目标，坚持“一二四”工作思路（一个确保：确保安全稳定；两个提升：提升经济效益和社会效益；四项措施：队伍建设、加强质检、创新机制、夯实基础），执行新“一体两翼”管理模式（一体：以建设与“双一流”大学相适应的后勤服务保障体系为主体；两翼：对集团所有部门按照经济效益和社会效益分别进行监控与考核），以“品质提升年”为工作主线，提高后勤服务品质，完成学校布置的各项重要工作和年度经济任务。完成后勤集团中层干部换届工作，实现集团各项工作平稳过渡。

（高雅静）

【节约型校园建设】

制定学校二级单位能源指标分解方案，做好节能监管平台数据分析工作。学校被国管局评为2017—2018年公共机构能效领跑者单位，是北京部属院校中唯一的高校。通过教育部、住建部节能专项改造项目验收。完成北京市试点项目——食堂油烟净化的改造项目。

（高雅静）

【后勤信息化】

引进电动汽车充电系统，为师生提供电动车充电服务；建设车牌识别车位锁系统，解决了汽油车占充电车位问题。建设网上车辆预订管理系统。参加未来校园展会，宣传学校智慧后勤建设。引进浴室余热回收项目，在提升洗浴服务品质的同时节约大量热能。

（高雅静）

【安全工作】

推进“一网三联”安全工作管理体系（集团—中心—班组—职工四级安全责任逐级分解防控体系网，联学院、联部处、联学生，建立沟通长效机制）。落实安全责任，开展安全培训，加强重点时期重点部位防控，以高度负责的态度开展防汛、防火、防盗工作，加强安全隐患排查与整改，确保两会等重要时期的安全稳定。配合保卫处组织学生宿舍消防逃生演练，增强学生自救能力。对不符合消防要求的住宿场所和经营网点进行全面清理和改造。全年未发生安全责任事故。

（高雅静）

【规范管理】

在集团内部设立质量监督检查部和中心质量监督员，实现质监检查的全方位、全时段、全覆盖；聘请师生作为外部质量监督员，多渠道收集后勤服务信息，及时改进服务质量。开展骨干人员和技术人员培训近3万余人次。建设青年职工“帮督员”队伍，实现后备干部培养和基层工作水平提高的“双赢”。严格执行各项财经制度，加强财务监管，细化会计核算。加强各项预算编制，规范各类经费执行。规范集团经济合同签订和项目管理。做好各项物资采购及日常管理工作，实施《后勤集团（自有资金）固定资产、货物和服务采购流程》。推进受委托经营管理出租（借）房屋的整改工作，实现房屋出租出借的租赁过程规范化、催款流程标准化，确保房租及临时性场租收入上缴学校，形成闭环管理。完成第六届后勤集团十佳创新项目评选活动，营造激励创新的工作氛围。

（高雅静）

【后勤服务】

合理使用平抑基金，保证食堂饭菜质量和价格稳定。严格落实食品安全制度，全年中心质检部进行微生物检测 1 462 次、理化检测 499 次、餐具化验 819 次。对明湖餐厅、学四餐厅、东区中快餐厅和东区清真餐厅进行装修改造。做好学校各类活动就餐接待，完成相关学院暑期夏令营、服务参会参培、校友返校及海峡两岸排球赛就餐接待等工作。先后到人民大学，北京大学等 7 所高校交流学习，借鉴优秀管理经验和做法。全年未发生食品安全事故。

完成毕业生离校和迎新工作，清扫毕业生房间 2 000 余间。制定学生宿舍调整方案，共增加博士生床位 165 个、硕士生床位 146 个，缓解 2018 年研究生住宿困难情况。自主设计研发新生信息查询系统和手机端公寓管理服务平台，实现宿舍人走断电的安全管理。主校区 18 号楼、22 号楼、学苑 7、学苑 8、东 4 楼、东 5 楼以 95 分高分通过北京高校标准化学生公寓验收。

校园内设置的座椅可供 1 660 人使用。与科技处共同推进学校科技成果实物展示工作。引进清扫保洁车，将机械化和人工清扫结合起来，提高全校道路洁净程度。完成积秀园中牡丹园的建设，打造明湖“碧玉风荷”观赏区。建设“毕业季”“迎新季”等主题景观，提升校园环境的观赏性和文化内涵。

完成幼儿园扩建工作，增加近 30 个名额，有效缓解 2018 年秋季入园难问题，保证学校职工三代子女入园。

开展环境综合整治，营造洁净社区。起草物业费收取标准初步方案。升级改造家属区机动车牌照识别系统，新增电动汽车牌照识别功能。接管新园地下车库及园区车辆管理。

完成 2018 年冬季供暖工作，提前对全校供暖系统进行全面检查维修，提高供暖管网的使用效率和用户的供暖满意度。完成东校区和学苑区 6 台锅炉的低氮改造工作。

（高雅静）

【党群工作】

深入学习贯彻习近平新时代中国特色社会主义思想和党的十九大精神，与后勤实际工作紧密结合，确保学以致用，学有实效。开展党风廉政建设工作，要求党员干部当好廉洁自律的模范。坚持班子成员和支部书记讲党课，组织定期和不定期培训，组织全体党员赴井冈山开展红色教育学习活动。完成后勤集团党支部换届工作。

3 月组织召开职工大会，保障职工在后勤改革与发展中的知情权、参与权和监督权。抓好困难职工帮扶工作和凝聚工程工作。组织丰富多彩的文体活动，获得学校教职工运动会团体总分第一。制作后勤吉祥物小牛并应用到后勤各项活动中去。组织郁金香文化节、果实回馈活动、饮食文化节等十余项活动，将后勤文化与校园文化相融合。以集团“品质提升年”为契机，举办包括“品质提升，从我做起”演讲比赛在内的多项活动。

后勤集团团总支与研工部、土建学院、校学生会、绿色之家社团等学院部处联合开展活动 10 余项。青年志愿者协会在迎新等各项重大工作中发挥积极作用。

（高雅静）

【宣传交流】

加强同全国高校后勤系统的信息交流与沟通。利用自媒体方式进行满意度调查和宣传工作，通过微信、座谈会、满意度调查等多种渠道定期听取师生意见和建议。全年共发表新闻稿 151 篇，其中中国教育后勤协会刊登 9 篇。后勤微信号全年发布图文 28 篇，通知 8 条，图文年度总阅读量达 14 万人次。

（高雅静）

基本建设

【概况】

2018 年学校推进基本建设工作，综合体育馆项目完成开工入场，新校区确定了新的选址、编制了校园总体规划方案，科技创业大厦暨北京 CBTC 研发中心项目决算工作顺利完成，住宅改造一期工程结算工作继续推进，组织实施大修项目 27 个。

（侯育栋）

【基建投资完成情况】

综合体育馆项目总投资 26 335 万元，建设用地面积 16 880 平方米，建筑面积 26 908.5 平方米。经多方沟通取得项目规划许可延期，并提前获批施工许可证。完成体育部小楼拆除、小白楼拆除、水塔拆除等三通一平工作。2018 年 11 月底，建设用地内的 6 位住户同意征收方案并完成腾退。2018 年底工程开始施工，主要进行了场地整理、隔障建设、临建报批搭设等工作。

新校区工作顺利推进，学校了解最新的政策要求，有针对性地开展工作，多次向北京市进行专题汇报，得到了市领导原则同意。同时向教育部汇报项目进展后获得复函，明确继续支持项目推进。在获得上级主管部门和北京市支持的基础上，学校与平谷区密切配合，会同规划国土等部门研究项目选址建设方案，经双方多次协商，初步明确了项目位于鲁各庄的选址方案，并就建设方式和规模等达成初步共识。委托清华大学建筑设计研究院编制了项目总体规划概念性方案，经几轮修改完善，已基本完成。

住宅区改造一期工程，总投资 55 800 万元，建筑面积 12.1 万平方米，可提供 818 套住宅及相关配套。完成道路面层沥青油的铺设，室外工程全部完工。施工结算审计已基本完成。

科技创业大厦暨北京 CBTC 研发中心项目 2018 年完成投资 164 万元。配合财务处完成项目决算工作，项目决算金额 30 062 万元。本项目计划总投资 32 112 万元，节约投资约 6%。

2018 年完成大修项目共 27 项，其中 2017 年跨年项目 6 项、修购项目 13 项、自筹项目 8 项。修购项目预算拨款 3 566.73 万元，共完成 3 586.73 万元。项目明细如表 48 所示。自筹项目完成投资 7 566.99 万元，项目明细如表 49 所示。

表 48　2018 年修购项目明细表

序号	项目名称	完成投资/万元	进展
1	彩钢屋面更换	286.04	结算未完
2	16 号公寓等大修	209.16	结算未完
3	19 号公寓等大修（三期）	343.46	完成
4	4 号公寓等大修	235.46	完成
5	部分教学楼局部修缮	421.00	结算未完
6	土木工程实验中心修缮	231.80	结算未完

续表

序号	项目名称	完成投资/万元	进展
7	电气实验中心修缮	177.01	完成
8	机械工程训练中心房屋修缮	221.00	完成
9	学生四食堂及东区食堂等改造	396.40	施工未完
10	嘉园C座学生公寓等修缮改造（一期）	554.75	结算未完
11	智能技术创客空间建设及周边环境整治	124.60	结算未完
12	教学楼消防改造	189.85	完成
13	部分篮球场、运动场等体育设施改造	196.20	完成
合计		3 586.73	

表49　2018年自筹项目明细表

序号	项目名称	完成投资/万元	进展
1	新建住宅统一装修工程	7 118.65	结算未完
2	既有多层住宅增设电梯	42	完成
3	综合体育馆施工电源改造	13.96	完成
4	第七教学楼第一层（西侧）电力改造及办公环境改造工程	77.59	完成
5	体育部西操场器材储存室新建工程	28.42	完成
6	光波楼加装电梯	46.12	完成
7	新建住宅燃气管道改造工程	26.71	完成
8	锅炉房改造	213.54	完成
	合计	7 566.99	

（侯育栋）

【基建管理】

修改形成《北京交通大学基本建设管理办法（试行）》及配套制度等8项校级制度文件，提请学校党委常委会审议。

规范项目流程和信息化建设，对修购项目管理信息系统申报入库模块进行调试和优化，并应用于2019年修购项目申报入库工作。

（侯育栋）

医疗保健与卫生工作

【概况】

2018 年校医院围绕“三好一满意”活动共完成暖心服务 20 项，开展健康教育和讲座 65 场次，全年共获国家级奖励 1 项、市级 25 项、区级及以下 34 项。被选定为社区合理用药示范创建单位，获北京市全科医生团队优秀奖及健康教育优秀单位、区绩效考核综合第三名、岗位练兵家医团队第一名。搭建威海校区远程视频平台，开展远程会诊及传染病演练。化验室、护理部新开展生物监测工作。全年无甲类传染病发生，完成规范化儿童保健门诊创建和爱婴社区复核工作。全年科研立项共 5 项，在研项目 8 项。

（孔令伟）

【预防保健】

全年报告传染病 14 种，共 455 例，全校无甲类传染病发生，无死亡病例发生。其中传染病应急处理 378 例，全年针对学生、教工、社区居民、流动人口以多种形式、多种途径进行传染病的宣传，发放各种宣传折页、小册子共计 1 600 余份，受益 2 万多人次。免费发放安全套近 5 000 个。

共完成教职工体检体检 6 227 人次，体检后追访重大疾病 200 余人次，发现恶性肿瘤 6 人次，均得到及时治疗。暑假期间完成本科生 3 921 人体检和军训外勤任务。完成研究生复试和新生入学体检 7 605 人次。完成 579 名离退休同志肺功能检测和 534 人次中医体质辨识工作。

儿童计划免疫系统管理 2018 年转入 55 人，在册 152 人。为各类人群接种疫苗 10 472 针次，儿童保健全年新建册 39 人，办理转出 58 人，现在册儿童 214 人。全年儿童体检共 390 人，对 24 例体弱儿进行专案管理。进行 DDST 智力筛查 170 人次，听力监测 189 人。开展婴幼儿先天性心脏病的监测工作，对全部在册儿童进行筛查。对 1 岁以下的儿童进行先天性髋关节发育不良筛查，全年筛查 268 例。举办儿童家庭喂养知识讲座 2 次。发放中医宣传指导单 100 余张。完成计生监督协管的巡视和检查，代表海淀区迎接北京市监督所检查。免费建立《北京市母子健康档案》140 人次，初筛高危 57 人。辖区内共管理孕产妇 117 人次，高危孕产妇 79 人次，产妇产后访视率 98.18%，高危孕产妇管理率 100%，检测率 100%。新生儿管理 119 人，本市户籍新生儿访视率 98.20%。

新发现重性精神疾病 3 例，管理辖区内重性精神疾病 31 人，年内完成随访和社会功能评估 240 余人次，病情稳定率 100%。制作印刷睡眠科普手册 2 000 余份，完成 2 个主题的精防动漫制作。与学校心理咨询中心共同完成大学生心理志愿者培训工作，组织学院职工开展心理团体辅导活动。

（刘红军　卢云涛）

【基本医疗】

2018 年校医院接诊 179 585 人次，其中急诊 15 663 人次。转诊 5 486 人次，转诊率 3.05%。为 798 位师生和居民提供人民医院网上预约挂号服务。院前急救 67 人次，社区出诊上门服务 198 人次。外科开展手术 167 例，口腔科完成 7 颗种植体的手术。70 余种常见慢性病用药实现社区取药。平稳推进电子病历的使用。开展北京市两癌筛查 1 809 人次。选派 2 名医护人员到上级医院进修培训。中、西药房定期开展处方点评并反馈临床，促进社区合理用药。新增信息化硬件设备 24 台件，“新公卫系统”正式上线运行。依托“身边医生”，实现口腔科微信预约挂号。

2018 年校医院获北京市第二届“发现最美的自己”处方点评技能竞赛优胜单位奖，代表海淀区参加北京市决赛获得二等奖。获海淀区非区属社区卫生服务中心绩效考核（2017 年度）业务考核第 3 名，患者满意度第 1 名、职工满意度第 4 名，综合绩效考核第 3 名。

完成业务用房的改造、升级和整修工作。口腔综合治疗台、全自动生化仪等设备安装并投入使用。完成部分科室骨干岗和科主任的选聘工作。举办校医院科研创新暨第三届管理服务学术论坛制定《北京交通大学社区卫生服务中心工作质量绩效考核管理办法》，完善业务工作制度 50 多项。2018 年度开展海淀区区级医学继续教育基地讲座 13 次，院内业务学习讲座 20 次，18 人参加百日岗位练兵活动，继续教育达标率 100%。

门诊报销 10 216 人次，住院报销 897 人次，为离退休患者增加报销钱款打卡 204 人次，2018 年新生公费医疗培训 12 次。

（卢云涛　孔令伟）

【健康促进】

2018 年完成居民健康教育讲座 32 场次、“夕阳红”大讲堂活动 7 场次，完成卫生日活动 33 场次。发放健康教育宣传材料 27 种。完成大学生健康教育课程、大学生青春健康教育课程的授课任务。新发展健康生活方式指导员 5 名。参加海淀区疾控中心组织的健骨操、骨关节活力操推广和比赛，分获二等奖和一等奖。

全年完成高血压患者管理 1 864 人次，规范管理率为 84%；糖尿病患者管理 658 人次，规范管理率 85%；冠心病患者管理 558 人次，规范管理率为 85%；脑卒中患者管理 118 人次，规范管理率 83%。完成高血压、糖尿病慢病随访 7 624 人次。全年完成季度质控四次，累计抽查 1 843 人次。参加海淀区疾控中心慢病科“功能单位健康自我管理经典案例”征集评选活动。电子健康档案累计 35 007 份，其中新建档案 2 075 份。

开展中医适宜技术项目 10 种，康复治疗技术 7 种，制定 7 种慢病管理方案和孕产妇中医健康管理方案。全年印发有中医药内容的文字资料 6 种，播放有中医药内容的音像资料 3 种；宣传栏更新中医药健康教育内容 4 期；开展公众中医药健康咨询活动 2 次；举办中医药健康知识讲座 6 次。完成老年人中医体质辨识工作 788 人，共完成“冬病夏治”贴敷 2 316 人次。

推进海淀区家庭医生免费签约工作，面向教职工和社区家庭发放《海淀区致居民的一封信》8 100 份，完成纸质签约 1 216 份，依托“身边医生”电子签约 1 597 份。完成老年人自理能力评估 1 722 人和健康管理 1 201 人。

2018 年学校累计组织献血 7 次，共有 1 007 人次师生献血，共捐献 232 500 ml 血液。组织 40 余次红十字活动，5 期应急救护培训，685 名师生取得急救员证书。开展同伴教育 10 期、禁毒讲座和外展活动 10 余次。191 位师生成功采集造血干细胞血样。获评 2016—2017 年首都无偿献血先进集体、2017 年度十佳优秀红十字青少年活动奖。

（孙亚慧　康　俊）

安全保卫

【概况】

2018年学校安全保卫工作落实上级有关工作部署，以推进“平安校园”提升工程、提升校园安全保卫工作整体水平为主线，逐级压实工作责任，细化责任清单，强化督查督办，提升师生安全意识和技能，确保校园持续稳定。

（李　京）

【治安管理】

全年共接待各类报案110起，其中盗窃案件发案103起、诈骗案件3起、流氓滋扰案件4起。被盗物品主要集中在电动车、手机及笔记本电脑等贵重物品。查处各类案事件43起、占发案总数的39%，其中移交公安机关处理4起、内部处理39起。帮助师生挽回重大经济损失共计3万余元。

（李　京）

【消防管理】

新增灭火器383具，维修灭火器3 740具，维修更换疏散指示牌381台、应急灯216台、水带100条、消防水枪20支，更换灭火器箱150个，为4个高层学生公寓配备应急消防箱90个，配备消防逃生面具180具，购置消防巡逻车2辆。

全年发布消防安全提示5次，举行消防演练和消防培训10次，用个性化培训方式使10 000余名师生掌握了灭火技能。举办11·9消防宣传日系列活动，组织师生参观中国消防博物馆等公共安全教育基地6次，开展体验式安全教育。

（李　京）

【交通管理】

本年度学校统计在册机动车2 805辆，其中公车72辆、私车2 733辆，与驾驶员逐一签订《交通安全承诺书》。与高校交通安委会签订《承包责任书》，与校内施工单位签订《综合治理责任书》31份。

翻新校园内道路标线6 000余米、车位线44个，新增立体斑马线360米。对85个立桩锁及52个交通标志牌进行翻新维护。更换智能停车管理系统，及时更新数据库。

组织开展4·14、11·25、12·2等交通安全宣传日活动，利用微信公众号推送文章3篇，在学校OA系统发布交通相关安全提示及各类信息26篇。

完成海淀高校交通安全委员会年终验收工作。

（李　京）

【户证管理】

全年管理在校教工和学生集体户口15 774人。本年度迁入3 927人、迁出4 285人，受理身份证2 922人（含威海校区260人），办理居住卡390人。

本年度集体户口师生员工申请身份证、户口借用和迁出、办理居住卡、户籍查询业务全部实现网上申请办理。

（李　京）

【安全教育】

本年度开设《大学生安全教育》选修课 2 期，702 名同学选修并通过考试，通过率 100%。

通过发放材料、网络、张贴等形式进行治安防范宣传活动 20 次，发放各类宣传材料 8 万余张。开展侵财案件安全预警与防范宣传，加强新生入学安全教育，实现新生开学季“零诈骗”目标。

9 月起在大学生安全教育中加入防恐安全教育环节和内容，以讲座、展板、微信公众号推送等方式加强防恐安全教育。

（李　京）

【科技创安】

平台累计接各类报警 311 次，查询监控录像 164 次。共排查摄像机故障 600 余次，排查网络故障 80 余次，维修各类设备 190 余台，更换老化线缆 300 米，视频系统完好率达 95% 以上。

完成安防九期建设。在学苑公寓、图书馆等要害部位及重点区域安装监控设备，要害部位和重点公共区域的监控设备覆盖率达 75%。

（李　京）

对外联络合作工作

【概况】

2018 年，学校对外联络合作工作广泛利用社会各界资源服务学校“双一流”建设，推动校友深度参与学校发展建设，开拓多元筹资渠道，强化校企合作平台建设。

（黄　微）

【校友会】

9 月 7—8 日，举行改革开放 40 周年暨 1977、1978 级入学 40 周年返校系列活动，9 月 7 日举办校友座谈会邀请 40 余位 1977、1978 级校友代表畅谈学校发展、为母校的发展建言献策。9 月 8 日举办 1977、1978 级校友入学 40 周年纪念大会，校长宁滨，王幼君、黄桂兴等校友代表和老校长王金华发言。组织部分校友代表观看并参演了《长征组歌》。采访 40 余位校友及老教师制作“芳华骄子、时代担当”专题片和纪念册。各相关学院组织校友论坛、专场报告、座谈等活动，让校友与在校生面对面交流，分享奋斗历程，传承交大精神。

9 月 15 日，组织 1988、1998、2008 届 2 500 余名本科和研究生校友返校，强化学校与校友之间的联系，发挥学校学科和资源优势，依托校友会为企业家搭建交流平台，举办城市轨道交通校友企业家沙龙系列活动。

开展“师友计划”，2018 年“暑期寻访校友活动”派出海淀和威海校区的 71 组队伍采访 308 名校友，编辑出版《五湖四海交大人——2018 年校友寻访专刊》，为学生搭建与优秀校友沟通的平台。母校与校友的联系常态化，聘任 218 名本科及研究生毕业生为 2018 届校友联络员，形成资源共享、互帮互助的良性循环。分地区建立毕业生微信群，为毕业生加入地方校友会做好铺垫。

联合各地方校友会参与学校招生宣传、招贤纳才、就业服务。赴西安、昆明举办校友子女专场招生咨询会；协调各地方校友会为学校高招咨询组在当地开展工作提供支持。举办校友企业专场招聘会，提供就业和发展契机。帮助毕业生校友实现角色转换，武汉、云南等地校友会开展“双迎新”活动，欢送新生入校，迎接新毕业生到地方工作。

扩展校友网络，成立电气学院院友会；新疆、云南、中国香港地区等地方校友会换届。截至年底，北京交通大学地区、行业、学院 3 类校友组织达 51 个，其中各地校友组织 41 个、行业分会 3 个、学院校友会 7 个（详见表 50）。

表 50　2018 年北京交通大学地区、行业校友组织一览表

序号	校友会	会　长	秘书长
1	北京校友会		韩满怀
2	天津校友会		岳文强
3	长三角校友会	王　峰	顾光明

续表

序号	校友会	会　长	秘书长
4	哈尔滨校友会		刘光泽
5	呼和浩特校友会	王纪杰	王宏斌
6	长春校友会	马树坤	马乐庭
7	石家庄校友会	王岳森	郭　枫
8	河南校友会	臧学运	金智勇
9	山东校友会	狄　威	彭志忠
10	陕西校友会	刘为民	祝　珣
11	武汉校友会	莫小玲	张建予
12	成都校友会	黎　宏	聂朝云
13	西藏校友会	孙玉明	彭措旺杰
14	湖南校友会	李国斌	罗宏波
15	福建校友会	揭柏林	林全金
16	云南校友会	朱秉晓	黄　坚
17	广东校友会	杨智勇	王利明
18	深圳校友会	黄少群	茹　鹏
19	新疆校友会	张　哲	张　宏
20	山西校友会		柳　淳
21	海南校友会		陈宏毅
22	广西校友会	曾宗标	李成宏
23	宁夏校友会	杨　柳	程　辉
24	三亚校友会	郑　中	王　旭
25	温州校友会	胡晓轩	吕　乐
26	杭州校友会	刘荣苗	徐闳财
27	江西校友会	姚伟彪 刘晓丽	
28	汕头校友会		洪岳华
29	重庆校友会	唐照虎	黄　同
30	香港地区校友会	郜春海	张亚梅
31	台湾地区校友会	郑朝钟	林俊荣
32	北美校友会	丁　岩	李　远
33	南加州校友会	杨鸿博	
34	北加州校友会	席敦发	
35	蒙古国留学生校友会	恩和巴雅尔	木　仁
36	华盛顿校友会	梁康之	金泰来
37	加拿大校友会	胡少志	
38	温哥华校友会	李久远	陈凤阳

续表

序号	校友会	会　长	秘书长
39	日本校友会	李扩建	
40	越南留学生校友会	阮陈光	
41	澳大利亚校友会		李建华
42	金融分会	张秋生	崔永梅
43	会计分会	张秋生	屠建平
44	物流分会	刘景福	李　晋
45	电信校友会	唐　涛	孙文博
46	机电校友会	李建勇	邱　成
47	建艺校友会	夏海山	陈劲松
48	经管校友会	张秋生	崔永梅
49	计算机校友会	蔡伯根	董敬祝
50	法学院校友会	单思源	王　莹
51	电气校友会	周　伟	段慧平

开展 2018 年度校友系列活动，举办校友足球赛、篮球赛和银杏大道健步走活动，400 余名校友参加活动，增强校友对学校发展建设的关注和归属感。全年接待非值年校友返校班级近 20 个，返校人数 500 余人。

推动物流、金融和会计校友分会组织高端论坛、校友企业互访等活动；与校友企业联合走访行业企业，借助学校对外合作平台，助推校友企业发展。以校友为联系媒介，拓展学校外部资源，组织走访武汉、厦门地铁及中铁四院等单位商谈合作，参加浙江省智慧交通展等，在人才培养、科研创新等方面推动校地、校企合作。

完成交通大学校友总会理事会换届及相关备案工作，完成校友总会年检、审计、会费收缴，完善相关财务制度。利用新媒体信息平台等针对特定校友群体宣传学校动态，培育文化、树立理念，出版校友刊物《知行交大》15 000 册。

总结和分析校友职业发展状况，通过《北京交通大学改革开放 40 年校友职业发展状况》课题研究，助力学校规划对人才培养的发展战略。

校友信息库有效信息数量达 8 万余条，新增 7 000 条。利用邮件群发系统、短信平台定期向校友发送节日、生日祝福，全年累计发送生日电子贺卡 28 000 余份，发送生日祝福短信 37 000 余条，为校友和应届毕业生办理校友卡近 7 000 张。

（杨　陟）

【教育基金会】

2018 年，基金会全年募得捐款 1 631.25 万元，获得中央财政配比 1 778 万元，投资收入 792.84 万元，筹资总额为 4 202.09 万元，新签捐赠协议 26 项，项目总数达 333 项。

全年累计公益支出 1 774.52 万元，教育基金会联合学生处、学生资助管理中心、研工部共评选奖助学金项目 55 项，奖助金额总计 460.63 万元，共有 685 名学生得到了奖励或资助。支持学校科研建设和学术交流支出 1 282.47 万元。

召开筹资工作推进会，解读学校筹资工作制度和奖励办法，介绍筹资工作经验；与各学院、部处加强沟通走访，对接项目运行情况，解决工作难点问题，共同策划和推进筹款项目的落实。完成 2018 年校内各单位筹资配比奖励工作，涉及 20 个校内二级单位，配比奖励金额达 399.5 万元。

面向全校发布公益项目征集通知，收集报名公益项目 34 份，确定资助项目 7 个，涵盖人才培养、社会公益、文化建设等多方面，资助总额近 70 万元。真爱阅读万里行项目，为云南省 3 所贫困山区小学累计捐赠图书 1 万余册。支持电信学院开展留守儿童关爱活动，为河北省兴隆县学生带去温暖。学长关爱基金项目为 149 名家庭经济特别困难学生全程全额报销回家路费，累计资助 8.4 万元。

结合毕业生离校、校友返校等重要活动，有针对性、有步骤地多次对小额捐赠筹款项目进行推广和宣传。其中银杏树认捐、校友励学金、学长关爱基金等在线项目得到校友广泛认可。微信捐赠平台累计筹款总额达 130 余万元，全年新增小额捐赠者 2 000 余人。

编印《高校基金会捐赠信息动态》《季度捐赠收支报告》等，印制年报、奖学金汇报册等各类宣传册近 10 000 册。基金会官方微信文章阅读量突破 10 万人次，微信公众号传播指数在高校教育基金会类别中位居名列。

召开北京交通大学教育基金会第三届理事会第十一次、第十二次会议暨第四届理事会第一次会议，选举产生了基金会第四届理事会，副校长高艳当选为理事长，郭雪萌当选为秘书长。审议年度工作报告及换届工作报告、财务报告及收支预算、重点工作及投资计划，审议通过《第四届理事会换届工作方案》《第四届理事会选举办法》，修订《教育基金会章程》及有关工作制度。

2018 年度，基金会在基金会中心网 FTI 透明指数排行中，透明指数连续第五年为满分，在全国基金会中位居首位。

2018 年，北京交通大学教育基金会全年捐赠收入 1 631.25 万元（具体如表 51 所示）。

表 51　2018 年北京交通大学教育基金会捐赠收入一览表

序号	捐赠来源	捐赠收入/万元
1	北京世纪瑞尔技术股份有限公司	200.00
2	苏州中来光伏新材料股份有限公司	160.00
3	交控科技股份有限公司	150.00
4	北京晟世天安科技有限公司	100.00
5	欣旺达电子股份有限公司	100.00
6	北京镭嘉商务服务有限公司	70.00
7	高科慕课（北京）教育科技有限公司	50.00
8	太原重工轨道交通设备有限公司	50.00
9	英特尔亚太研发有限公司	44.90
10	株式会社丸和运输机关	36.73
11	北京丰宝恒投资有限公司	30.00
12	北京思源时代科技有限公司	30.00

续表

序号	捐赠来源	捐赠收入/万元
13	无止桥慈善基金（香港）北京代表处	26.48
14	北京好运达智创科技有限公司	22.50
15	北京万海龙图教育咨询有限公司	20.00
16	北京蔚蓝风景文化投资有限公司	20.00
17	克诺尔制动系统亚太区（控股）有限公司	20.00
18	神州高铁技术股份有限公司	20.00
19	张仁增	20.00
20	中信银行股份有限公司总行营业部	20.00
21	中国扶贫基金会	19.30
22	诺基亚通信系统技术（北京）有限公司	18.00
23	桐乡波力科技复材用品有限公司	18.00
24	全校师生	17.01
25	上海智翔信息科技发展有限公司	16.67
26	中国宋庆龄基金会	15.80
27	华夏银行股份有限公司北京分行	15.00
28	香港理工大学专业及继续教育学院	13.32
29	北京茅以升科技教育基金会	13.20
30	何琳	13.16
31	校友及社会各界爱心人士	12.67
32	上海大鲲环保科技有限公司	12.50
33	柴剑	11.45
34	博智深学科技（深圳）有限公司	11.00
35	北京和利时系统工程有限公司	10.00
36	北京尖峰计算机系统有限公司	10.00
37	北京起宏图科技有限公司	10.00
38	杭州坤致投资管理有限公司	10.00
39	华为技术有限公司	10.00
40	刘嘉	10.00
41	深圳市大疆创新科技有限公司	10.00
42	微诺时代（北京）科技股份有限公司	10.00
43	招商银行股份有限公司北京分行	10.00
44	郑州郑赛工程防护有限公司	10.00
45	中国社会福利基金会	10.00
46	中交国际工程咨询有限公司	10.00
47	中国产业海外发展协会	9.50
48	香港铁路有限公司	9.24

续表

序号	捐赠来源	捐赠收入/万元
49	计科 94 级 1－4 班	9.00
50	宝钢教育基金会	8.16
51	中达电通股份有限公司	8.00
52	艾睿（中国）电子贸易有限公司	6.00
53	北京社科赛斯教育科技有限公司	6.00
54	北京顺鑫控股集团有限公司	5.00
55	苏州市中地行信息技术有限公司	5.00
56	通控 84 级全体校友	4.64
57	金帅	3.60
58	北京交大创新科技中心	3.00
59	北京节能与电力技术开发基金会	3.00
60	北京中科睿芯科技有限公司	3.00
61	大信会计师事务所（特殊普通合伙）	3.00
62	高德软件有限公司	3.00
63	中国妇女发展基金会	3.00
64	祁曙光	2.00
65	中物华商集团股份有限公司	2.00
66	土建 84 级 1、3、4 班	2.00
67	中国光华科技基金会	1.20
68	机械 94 级校友	1.00
69	佳木斯建成建筑有限公司	1.00
70	思爱普（中国）有限公司	1.00
71	汪越胜	1.00
72	运输 77、78 级校友	1.00
73	运输 84 级校友	1.00
74	赵鹏、赵子荀	1.00
75	法学院 2008 届校友	0.68
76	王轶民	0.64
77	工业与建筑管理工程系 84－1 班	0.50
78	通控 94 级 8 班	0.50
79	段乐骋等	0.50
80	土建 94 级建筑工程校友	0.50
81	经管 84 级运输经济 1 班	0.50
82	运输 94 级校友	0.50
83	2018 届毕业生	0.41
84	陈一凡	0.30

续表

序号	捐赠来源	捐赠收入/万元
85	耿梅芳	0.30
86	刘楠	0.30
87	南宁	0.30
88	王俊刚	0.30
89	王平	0.17
90	王勇	0.17
91	经管 88、98、08 届校友	0.13
92	刘益辰	0.12
93	陈剑	0.10
94	聂波	0.10
95	王安时	0.10
96	王民哲	0.10
总计		1 631.25

2018 年全年基金会业务活动成本（公益支出）共计 1 774.52 万元（详见表 52）。

表 52　2018 年北京交通大学教育基金会公益支出一览表

序号	项目名称	支出金额/万元
1	SDC2017 北交大赛队教学实践基金	167.39
2	卓越荣创教育基金	135.70
3	物流信息化教育基金	106.48
4	虚拟现实教育应用基金	99.98
5	大数据平台建设基金	78.00
6	语传学院建设发展基金	52.74
7	交控设计创新与学科发展基金	46.49
8	轨道交通通信与控制虚拟仿真实验中心建设基金	39.18
9	世纪瑞尔创新基金	37.62
10	思诺教育基金	36.87
11	太原重工教育基金	35.50
12	长园教育基金	33.98
13	软件学院院长论坛基金	29.83
14	新联铁教育基金	28.32
15	物流信息化学科奖学金	27.10
16	学生竞赛公益基金	24.98
17	思源时代创新研究基金	24.44
18	健康中国教育基金	24.25

续表

序号	项目名称	支出金额/万元
19	人机交互智能处理建设基金	22.63
20	仁德教育基金	20.81
21	无止桥项目基金	20.58
22	克诺尔教育基金	20.00
23	中信银行教育基金	20.00
24	中国扶贫基金会新长城助学金	19.30
25	学生社团发展基金	18.60
26	羽毛球活动专项基金	18.49
27	校友励学金	17.60
28	建筑工业化发展教育基金	16.74
29	软通教育基金	16.68
30	凯华教育基金	16.40
31	宋庆龄基金会中海油助学金	15.80
32	握奇奖教基金	15.18
33	起航奖学金	15.00
34	智翔教育基金	13.98
35	茅以升奖学金	13.20
36	土建学院基金	13.10
37	丸和运输机关留学助学金	12.87
38	沃特玛教育基金	11.96
39	精英领袖交流基金	11.08
40	年度捐赠基金	10.72
41	思源助学金	10.28
42	机械博物馆建设基金	10.03
43	华为奖学金、奖教金	10.00
44	照坤奖学金	10.00
45	雁行北交大助学金	10.00
46	微诺时代教育基金	9.99
47	和利时奖助学金	9.00
48	移动通信学科建设基金	8.94
49	久其软件教育基金	8.84
50	竞业达教育基金	8.65
51	硬脆材料加工技术研究基金	8.47
52	大学生机械博物馆建设基金	8.42
53	台达奖学金	8.00
54	赛迪教育基金	7.86

续表

序号	项目名称	支出金额/万元
55	立思辰教育基金	7.68
56	诺基亚贝尔创新基金	7.52
57	顺鑫农业教育基金	7.17
58	微联教育基金	6.95
59	高水平运动队建设基金	6.91
60	微联素质教育奖助金	6.68
61	欣旺达教育基金	6.61
62	龙图教育基金	6.57
63	运输学院教育基金	6.13
64	经管学院基金	6.09
65	艾睿电子创新奖学金	6.00
66	留守儿童帮扶基金	5.99
67	中国港湾奖助学金	5.90
68	金融学科发展与研究教育基金	5.71
69	金城教育基金	5.63
70	校园文化建设基金	5.51
71	尖峰奖学金	5.00
72	中地行奖学金	5.00
73	都市交通专项奖学金	5.00
74	智诚智达教育基金	5.00
75	天平奖学金	5.00
76	宝钢教育奖	5.00
77	大学生建造节基金	5.00
78	中国产业安全研究中心教育基金	4.96
79	北京校友会基金	4.80
80	大疆教育基金	4.69
81	神州高铁创新创业教育基金	4.43
82	电气学院基金	4.23
83	睿智奖助学金	3.90
84	富国科技教育基金	3.32
85	思源时代教育基金	3.30
86	富碳农业教育基金	3.20
87	土木工程实验中心建设基金	3.09
88	公益阅读万里行基金	3.07
89	天华教育基金	3.02
90	运输与时空经济论坛国际会议基金	3.00

续表

序号	项目名称	支出金额/万元
91	钱仲侯奖助学金	3.00
92	北京节能与电力技术开发奖学金	3.00
93	信科久久学生奖学金	3.00
94	金宝奖学金	3.00
95	校友基金	3.00
96	理学院创新实践与培养基金	3.00
97	方树福堂基金	2.87
98	法语语言文化中心建设基金	2.86
99	教职工英语口语强化培训公益基金	2.81
100	矽创助学金	2.50
101	新兴产业研究基金	2.33
102	万桥教育基金	2.16
103	软件学院建设发展基金	2.15
104	地方校友会助学金	2.00
105	信息化建设基金	1.94
106	CIT 名师大讲堂基金	1.82
107	学生海外交流基金	1.53
108	计算机与信息技术学院人才培养基金	1.50
109	计算机学科建设基金	1.41
110	并购重组促进基金	1.40
111	北美校友会助学金	1.39
112	儒学研究基金	1.30
113	江西校友会助学金	1.20
114	计算机学院素质教育基金	1.15
115	鑫洋泉教育基金	1.13
116	丸和教育基金	1.07
117	建成助学金	1.00
118	思爱普奖学金基金	1.00
119	信号与信息处理学科建设基金－金字塔	1.00
120	乐业助学金	1.00
121	波易达奖助学金	1.00
122	传统文化社团发展基金	0.89
123	学生创新发展基金	0.86
124	公益慈善理论研究基金	0.84
125	校友会金融分会基金	0.80
126	电信学院教育基金	0.67

续表

序号	项目名称	支出金额/万元
127	信号与信息处理学科建设基金－鑫洋泉	0.66
128	产业安全教育基金	0.65
129	数据中心建设基金	0.64
130	桥梁工程学科建设基金	0.62
131	南加州校友会助学金	0.60
132	征图教育基金	0.59
133	飞天诚信教育基金	0.54
134	东方毅法学教育基金	0.50
135	通信信息学科建设基金	0.35
136	杰恩特教育基金	0.23
137	青岛静力教育基金	0.20
138	尚善助学金	0.15
139	中元教育基金	0.08
140	车辆工程学科建设基金	0.02
合计		1 774.52

（黄　晨）

【董事会】

争取外部资源，通过董事会职能及校企战略合作拓展学校横向课题的来源和渠道，全年累计 6 家董事单位及合作企业捐赠资金 387 万元，70 余家董事单位及合作企业开展横向课题 148 项、共计金额 7 287 万元。

强化董事成员单位咨询、审议和指导作用，改革董事会成员进入制度，广泛争取社会支持。及时向董事单位发布学校双一流建设成果、学校第四轮学科评估成果及学校科研项目简报等学校发展近况。

为董事单位搭建平台，通过联动董事单位参加国际国内重要会议、走访调研活动，助力董事单位发展，提升董事单位行业影响力。

建立健全战略合作项目跟踪回访机制，完善沟通联络体系，拓宽董事单位行业类别，集中吸纳城市轨道交通、金融、IT 等行业企业，拟定常态化走访方案，有针对性地开展走访调研工作，以需求为导向为董事单位开展定制化服务。

（包　涵）

【校企合作】

结合国家重大需求与学校学科优势，拓宽合作领域，在联合实验室建设、研究院和研究中心建设、科研项目对接、科技成果转化、人才培养等多方面实质推进，以合作协议签署为开端，落实了一批包括政府经济发展宏观战略规划设计、轨道交通产业园区和物流产业园区规划建设、多层次复合型人才培养、高端智库共建共享等项目，构建校地校企双方科研联合攻关机制、协同创新机制。

精准定位，有针对性地开展与地方政府、企事业单位的合作交流工作，探索学校对外合作的契合点、校企协同发展的共赢点、助力学校发展建设的关键点。与各类型企事业单位开展对接交流、考察调研、互访活动 30 多次，发挥学校管理、信息、运输、物流等优势学科特色，主动对接地方发展规划和企业战略需求，深度参与企业重点、难点项目攻关，以国家发展战略为导向，构建协同创新机制，推动学校外部合作环境建设，提升社会服务能力。

以“搭平台、促交流、谋发展”三个维度深化服务职能，推动校友企业发展、谋求多方共享共赢。组织策划中国城市轨道交通校友企业家沙龙活动，利用学校学科优势为校友企业家搭建交流平台，为城市轨道交通企业与校友企业之间建立沟通的桥梁和纽带，为中国城市轨道交通行业发展助力。

积极探索校企合作全寿命周期管理机制，创新校企合作协议签署全流程管理模式，建立多层次沟通机制，线上、线下结合，点面结合，具体合作由点及面，宏观规划由面到点，确保校企双方权责清晰，横向到底，纵向到边，扎实推进各项合作开展，为后续工作的跟踪推进、全面合作打下良好基础。

草拟校内战略合作协议管理办法，从战略合作协议主责单位、内容、流程三方面出发，自战略合作的前期沟通到协议的签署到协议的落地再到后期全面广泛的合作，建立校企合作协议的全过程跟踪管理体系。

2018 年学校与济南市章丘区人民政府、黔南州人民政府、天长市人民政府、陆军军事交通学院、中国人民解放军九六六零八部队、教育部学校规划建设中心、中车青岛四方机车车辆有限公司、郑州轨道交通有限公司、中国建设银行北京市分行、中国航天科工集团第三研究院、北京市基础设施投资有限公司、亚马逊 AWS、中兴通讯股份有限公司－交控科技股份有限公司、思科（中国）有限公司、圆明园研究院有限公司等 15 家单位签署战略合作协议，累计与学校签订战略合作协议的机构达到 372 家。

（包　涵）

【驻外研究院】

2018 年，长三角研究院纵向科技项目立项 3 项，立项金额 80 万元。人才类项目立项 3 项。申请发明专利 2 项。开展 2 个横向课题项目，合同金额 220 万元。在研横向项目 12 项，金额 2 353.1 万元。充实研究院专家库，各类专家共 138 人入库。

新建北京交通大学长三角研究院马鞍山轨道交通分院，完成载体建设工作。成立阜宁技术转移中心和射阳技术转移中心，全年服务企业 16 家，联合企业申报各类资质、科技、人才类项目 30 个，申请专利 47 个，共计金额 51.43 万元；开展横向合作 6 个，共计金额 120 万元。

与上海交大联合主办“2018 马鞍山轨道交通创新论坛”，80 余位轨道交通领域学者专家参加论坛。

表 53　2018 年长三角研究院新增纵向科研项目一览表

序号	项目名称	级别	类别	项目负责人
1	省基础研究计划（自然科学基金）—青年基金项目	江苏省	纵向	时　玮
2	2018 年度镇江市企业公共服务平台	镇江市	纵向	张　雷
3	产业前瞻与共性关键技术—后资助研发项目	镇江市	纵向	岑翼刚

表 54　2018 年长三角研究院新增人才类项目一览表

序号	项目名称	级别	项目负责人
1	江苏省 333 高层次人才培养工程（第三层次）	江苏省	时　玮
2	江苏省 333 高层次人才培养工程（第三层次）	江苏省	皇甫海文
3	江苏省 333 高层次人才培养工程（第三层次）	江苏省	李　彬

深圳研究院签署专本科合作招生协议 3 份，成人教育函授招生录取 523 人，远程教育招生录取 1 878 人，本专科毕业生 681 人，获优秀毕业生称号 56 人，获评全国优秀校外学习中心。

（张　雷　毕晓敏）

学院工作

电子信息工程学院

【概况】

电子信息工程学院下设 3 个系和 10 个研究所，分别为信息与通信工程系、控制工程系、电子科学与技术系；光波技术研究所、下一代互联网国家工程实验室、现代通信研究所、宽带无线移动通信研究所、网络与安全研究所、电磁兼容研究所、运输自动化科学技术研究所、轨道交通控制研究所、先进控制系统研究所、国家电工电子教学基地。学院设有通信工程、自动化、轨道交通信号与控制、电子科学与技术、信息工程 5 个本科专业。有博士学位授权点 4 个，其中一级学科博士授权点 3 个：信息与通信工程、控制科学与工程、电子科学与技术，二级学科博士授权点 1 个：交通信息工程及控制。工学硕士学位授权点 4 个，其中一级学科授权点 3 个：信息与通信工程、电子科学与技术、控制科学与工程，二级学科授权点 1 个：交通信息工程及控制。2 个专业硕士学位授权领域：电子与通信工程领域、控制工程领域。

2018 年学院有在职教职工 267 人，其中专任教师 204 人，包括中科院院士 1 人，工程院院士 1 人；正高 76 人，副高 124 人，讲师 30 人；专任教师中具有博士学位的占 92.72%。

截至年底，学院毕业学生 1 020 人，其中研究生 476 人（博士生 43 人、硕士生 433 人）、本科生 544 人；招生 1 006 人，其中研究生 539 人学术型博士研究生 66 人，首次招收工程博士 7 人、全日制硕士生 457 人、非全日制硕士生 9 人）、本科生 467 人；在校生 3 669 人，其中研究生 1 550 人（博士生 343 人、硕士生 1 207 人）、本科生 2 119 人。

（董丽敏　刘宾生　高万英　沈燕平）

【党建和思想政治工作】

学院有党支部 59 个，党员 860 人，其中教职工党支部 11 个，党员 149 人；本科生党支部 7 个，党员 120 人；研究生党支部 41 个，党员 591 人。新发展本科生党员 71 人，研究生党员 46 人。

将教师党支部建在研究所上，落实教师党支部书记“双带头人”培育工程，选拔 10 位优秀青年骨干教师担任支部书记并兼任副所长。建立以研究生导师为中心的研究生党建工作新模式，推行博士研究生及其导师建立联合党支部，青年骨干党员教师担任博士生党支部书记的试点工作。本科生党支部由横变纵，保证支部连续性、稳定性。尝试在学生公寓建立临时党支部，通过党员的模范带头作用促进公寓文化建设。

落实“三会一课”制度和“两学一做”专题教育，组织教职工党员赴嘉兴、上海一大会址、西柏坡、雄安新区等地开展体验式教学，观看《厉害了，我的国》等影片，参观纪念马克思诞辰 200 周年、庆祝改革开放 40 周年等大型展览。

2018 年，电子信息工程学院成为教育部首批“三全育人”综合改革试点院系。学院先后举办社会实践、宝钢奖学金、国家奖学金等 10 余场答辩会，覆盖 22 个社会实践团和 127 人次。61 个先进集体获评荣誉称号；195 人次获评先进个人荣誉称号；889 人次获评各类奖学金，高思宇荣获知行奖学金，卓雨馨、雷蕾荣获知行奖学金（单项），宋飞教授和翟建旺同学荣获“五四”奖章；陈思元、卓雨馨、李妍获评校十佳团支部书记，信号 1606 团支部获评首都“先锋杯”优秀团支部，通信 1609 班团支部获评“校十佳团日活动”荣誉称号，电信 1711 班团支部获评“校优秀团日活动”称号。组织新生参加军训活动，获评“学校综合先进单位”荣誉称号；推进征兵工作，5 名学生光荣入伍。

开发大数据系统，创新学业辅导工作体系。实现学业辅导全覆盖。通过签到系统，实现课程签到自动化、数据反馈实时化；实现学业辅导全程化。学院学业指导中心发挥纵向指导作用，撰写学业质量监控报告 32 篇，动态反馈各年级各班学风建设情况。

把握学生工作的前沿和热点，以党建为重点，加强思想引领；进行党支部调整，由横向设置修改为纵向，每个党支部均涵盖由大四至大一年级的班级党员培养教育更具体系、更加连贯。

加强思想引领，利用新媒体平台占领网络新阵地。新建网络平台 1 个，全院正常运行平台 9 个，其中电信学院微信公众号是学院共青团工作的重要宣传平台，“琪人琪语”微信平台将社会主义核心价值观教育落细、落实。

制定《电信学院心理工作实施办法》，对大学生心理问题进行针对性细致化评估和分类，规范各心理问题对应的关爱办法。完善心理个案建档工作，按照《电信学院心理工作实施办法（试行）》要求，对工作中的经典案例记录分析，依托院心理协会举办“step by step 21 天习惯养成”打卡等活动。

学院团委注重培养与国际接轨的人才，其中通信 1609 班雷蕾同学参与多项国际化培养活动：作为中国青年代表参加亚太青年交流计划、2018 东盟贸易与投资峰会（ABIS），参加 2018 一带一路国家大学生科技创新营，；陈诺同学作为中国青年代表参加了由联合国和亚洲发展银行发起主办的亚太青年交流计划。

学院团委依托励志社开展“凌晨四点送温暖活动”，向交大后勤工作者表达心意与敬意；芳华青年志愿者团组织 180 余名团员分别赴铁路危改小区、榆树馆社区等 5 个社区针对共计 15 000 余住户开展垃圾分类宣传的志愿服务活动，开展“绿动春天 · 爱满兴隆”看望兴隆留守儿童、“相聚交大最美银杏季”兴隆留守儿童回访活动以及“芳华情 · 雾灵行”暑期支教活动。院团委开展“青年中国行”暑期社会实践活动，倡导青年走出校园投身社会，通过实践锻炼自我。22 组实践团、286 人参与，足迹覆盖北京、四川、浙江、广东等 10 余个省市。

1 个支部获评北京市“先锋杯”优秀团支部，9 个班级获评校先进班级体，1 个支部获评校优秀团支部；1 人获评北京市优秀学生干部，1 人获评北京市三好学生，1 人获评北京市“先锋杯”优秀团干部，17 人获评北京市优秀毕业生、106 人获评校三好研究生、26 人获评校优秀研究生干部、36 人获校优秀毕业生、9 人获评校优秀毕业生干部、25 人获评校优秀共青团员、14 人获评校优秀团干部、20 人获评校社会实践先进个人；4 人获得华为奖学金、3 人获得智瑾奖学金、8 人获得交控奖学金、10 人获得思诺奖学金、2 人获得中信银行奖助学金、5 人获得交控助学金。

结合两会召开、改革开放 40 周年、纪念马克思诞辰 200 周年等重大事件和重要时间节点开展各类主题教育活动 45 场，覆盖研究生 1 000 余人次。出台研究生党支部调整方案，试点将部分博士生党员纳入教师党支部进行管理和教育。组织研究生党员骨干赴西柏坡、深圳等地开展红色实践教育培训 5 次。

承办“院士校园行”“大师面对面”等各类学术活动39场，内容涵盖行业前沿、社科知识、论文写作方法等。与清华大学自动化系研究生会、中科院自动化所研究生会等高校联合举办自研联学术论坛系列活动。举办电信研究生“企业下午茶”“关于这篇论文我是怎么‘憋’出来的”系列主题微沙龙活动18场。以“增强就业力，提高就业质量”为工作目标，优化研究生就业工作格局，2018年度学院硕士毕业生一次就业率100%；博士毕业生一次就业率97.62%。1名硕士研究生参与“国家新疆西藏招录计划”，赴西藏基层就业。

（李艳涛　韩柏涛　陈　晨）

【教学工作】

自动化（含轨道交通信号与控制）、电子科学与技术专业通过工程教育专业认证。通信工程专业完成第二次工程教育专业认证自评并接受认证专家现场考察。轨道交通信号与控制专业参加卓越计划验收。参与完成学校本科教学审核评估工作。主持项目获国家级教学成果奖二等奖1项，参与申报项目获国家级教学成果奖二等奖2项。主持项目获北京市教学成果奖一等奖2项、二等奖1项，参与项目获北京市级教学成果奖特等奖1项、一等奖2项。9门课在中国大学MOOC平台开课，5门课程在同类课程中排名靠前。修订电子信息类专业卓越人才培养试点班管理办法，选拔121名2017级学生成立虚拟班；完成2016级试点班学生的年度考核工作，组织115名同学补报名。国家级电子信息与计算机实验教学示范中心教学指导委员会召开成立大会。国家级电工电子实验教学中心召开实验室与实验教学工作会议。北京交通大学–鼎阳科技联合实验室、电信学院与集创北方共建的“集成创新联合实验室”举行签约与揭牌仪式。聘请38名企业技术人员担任本科生企业导师。开设14门全英语课程，派出本科生出国交流17人。录取北京工业大学16名、北京建筑大学5名2018级双培新生。组织编写《电信学院本科教学管理文件一本通》，出台《电子信息工程学院关于本科生课程考核的指导性意见》《电子信息工程学院本科教学调课管理办法》《电子信息工程学院本科教学过程质量监控实施办法》《电子信息类专业卓越人才培养试点班管理办法》。组织2017年校级教改项目结题验收会、2017年校级新工科研究与实践项目结题验收会；组织开展2018年校级教改立项和威海校区教改项目立项工作。春季学期共151位教师开设60门课程，秋季学期共114位教师开设56门课程。完成2017级转专业和大类分流工作。

刘颖余晶晶被评为第三十六批校级优秀主讲教师，刘艳被评为第三十七批校级优秀主讲教师；张志远、李海粟、武蓓蕾获2018–2019–1学期本科课程主讲教师资格；张芸被评为2017年个人专项优秀。在学校第十二届青年教师教学基本功比赛中，官科、余晶晶获一等奖，张展获二等奖，卫延获三等奖，张展获优秀教案奖。举办第五届“鼎阳杯”全国高校电工电子教学案例设计竞赛复赛，获得一等奖3项。

接待华东交通大学信息工程学院、五邑大学信息工程学院、北京联合大学城市轨道交通与物流学院、西北民族大学电气工程学院、东北电力大学电气工程学院、西南交通大学信息科学与技术学院等同行来访交流，赴“双培计划”共建高校北京建筑大学指导交流，主办2018年“轨道交通信号与控制专业”教学指导组工作会议。参加中国电子教育学会高等教育分会2018年学术年会暨电子信息类专业教学改革与人才培养机制创新工作经验交流研讨会。参加第三届电工电子在线开放课程建设与应用研讨会。截至年底，本科在校生总人数为2 119人（含留学生21人）；2018届学生584人，其中544人获得毕业证书，543人获得学士学位、37人延期、3人结业；2018级新生总人数467人（含留学生14人）；共接收转专业学生 65 人。2015 级共 124 人获得保研资格，第一类普通选拔推荐 116 人、第二类保留学籍参加支教团项目选拔推荐 1 人、第三类为保留学籍任辅导员项目选拔推荐 3 人、第四类产学联合培养选拔 4 人。学院在 2018 年北京市大学生电子设计竞赛中获得一等奖 6 项、二等奖 11 项、三等奖 17 项，在 2018 年全国大学生智能汽车竞赛华北赛区比赛中获得二等奖 2 项、三等奖 4 项，在 2018 年全国大学生电子设计竞赛模拟电子系统设计专题邀请赛（TI 杯）中获得全国三等奖 1 项，在 2018 年“启诚杯”第七届天津市大学生人工智能电脑鼠竞赛中获得一等奖 1 项、二等奖 4 项、三等奖 1 项。完成 2017 年度 94 个大创项目的结题验收工作，举行电信学院第七届大学生创新创业作品展示及现场交流会，组织 2018 年大创项目开题答辩和中期检查。统筹推进学位点建设。组织校外专家函评，完善学位点自我评估报告，完成牵头 5 个学位点自我评估工作。制定电子与信息工程博士点培养方案，招收第一届工程博士 8 名。落实制订工程类硕士专业学位研究生培养方案的指导意见，修订工程领域的全日制、非全日制研究生培养方案，完善其他培养方案。鼓励年轻教师申请博导资格，2018 年首次申请博士生导师资格教师 19 位，通过资格审核教师 17 位。制定学院落实研究生导师立德树人职责的实施细则，组织有关落实立德树人、处置学术不端方面的导师培训。

组织全日制、非全日制研究生课堂教学秩序检查，开展研究生课程 109 门试卷评估，督促相关老师改进试卷质量工作。获批学校 2018 年研究生优质核心课程项目 7 项，教育教学研究项目 4 项，研究生教学案例开发项目 3 项。培训师资，组织工程伦理、工程经济与项目管理课程建设。研究生教改论文集征稿 12 篇。

推进质量监控，2016 级学硕中期检查，2016 级专硕实践训练考核、2017 级研究生开题。组织春季硕士生答辩，申请答辩 435 人。落实教师对学生的指导，组织 2018 年 4 次学术例会集中检查。每学期末开展博士生学业进度检查，6 月全面开展在学 299 名博士质量监控，清理超期博士。发放博士生培养环节完成情况问卷，初步建立各研究所博士生学业进度台账。

2018 年度毕业博士生 43 名，入选校级优秀硕士学位论文 15 篇，校级优秀博士学位论文入选 3 篇。付俊松、姜有超获知行奖学金。开展研究生学位论文买卖、代写行为专项检查和学位论文质量后评估工作。

2018 年度基本科研业务费项目立项 22 项，组织“研究生创新项目”结题及中期检查 53 项。2018 年通过国家留学基金委派出联合培养研究生 22 人次，通过学校国际交流基金派出联合培养研究生 8 人次，赴境外参加国际会议学生 42 人次。106 篇论文获论文奖励，其中包括 5 篇 An1 区论文、34 篇 An2 区论文及多篇其他分区高水平论文。

申报学校 2018 年培养基地建设项目 8 项，获批 3 项。获批学校 2018 年非全日制、培养基地教育教学研究项目 2 项。2018 年新建立培养基地 5 个。18 人获评北京交通大学联合培养基地优秀实习实践个人，推荐参评第五届“工程硕士实习实践优秀成果获得者”3 名。

（刘宾生　高万英）

【科研工作】

蔡伯根主持“智能车路协同系统仿真方法与测试验证应用关键技术”获中国智能交通协会科学技术奖，娄淑琴参加“恶劣环境下光纤微结构的传感机理研究”获重庆市自然科学奖二等奖，柳向斌参加“基于性能的不确定非线性系统分析与控制”获浙江省自然科学奖二等奖，沈波参加“基于网络的工具研发”获国家某部科学技术进步奖三等奖。

主持国家自然基金重大科研仪器研制项目（自由申报）2 项，主持国家自然基金重点项目 1 项，国家自然基金优青项目 1 项。学院共获批国家自然基金项目 17 项，总经费 2 667 万元。新增科研经费 1.136 3 亿元，主持千万级国家重点研发计划 1 项。SCI 检索论文 229 篇，其中一区论文 23 篇；EI 检索论文 257 篇；ESI 高被引论文 15 篇。授权专利 73 项，其中发明专利 68 项。

（张燕宁）

【学科与平台建设】

城市轨道交通北京实验室通过验收。统筹通信与信息系统和电子科学与技术学科建设，实施“双一流”引导专项建设。填报 5 个学位点信息表。准备新一轮学科评估，进行 4 个学科自检工作，采集学科数据，动态监测学科发展。填报信息与通信工程学科信息采集表，动态监测学科发展。编制 4 个学科建设年报。编制“新一代信息技术与应用”北京高校高精尖学科建设项目规划书。第四轮学科评估，信息与通信工程为 A−，交通运输工程为 A−，电子科学与技术和控制科学与工程为 B−。

（张燕宁　王　琼）

【对外交流与合作】

2018 年学院承担学校丝绸之路项目，招收本硕留学生，学院留学生总数 59 人。完成对越南铁路部门相关管理人员的培训。与新加坡国立大学签署 3+1+1 联合培养协议，与牛津大学彭布罗克学院及剑桥大学菲兹威廉学院签署教师学生寒暑交流项目协议。重建学院英文网站，加强对外宣传。

续申报和推进北京市和科技部国际合作基地、国际合作示范中心。与新西兰惠灵顿大学探讨联合培养项目，与英国卡迪夫、伯明翰，澳大利亚拉伯筹等大学探讨研究生合作办学项目。推进引智项目执行，建立基于引智项目的全英文课程体系，新增英文授课 56 学时。

（刘可欣）

计算机与信息技术学院

【概况】

计算机与信息技术学院有计算机科学系、计算机工程系、信息安全系3个系，信息科学研究所、医学智能研究所2个所，网络管理研究中心1个中心，计算机基础教学基地1个基地，计算机综合实验室1个实验室。学院有信号与信息处理二级学科国家重点学科，计算机应用技术二级学科北京市重点学科，信息安全交叉学科北京市重点学科；有计算机科学与技术、软件工程、控制科学与工程、网络空间安全4个一级学科博士/硕士学位授权点，信号与信息处理二级学科博士/硕士学位授权点，计算机技术、电子通信与工程2个领域工程硕士专业学位授权点；有计算机科学与技术、计算机科学与技术（铁路信息技术）、计算机科学与技术（医学信息技术）、物联网工程、信息安全、保密技术以及计算机科学与技术（中外合作办学）7个专业和方向。学院有“现代信息科学与网络技术”北京市重点实验室、“交通数据分析与挖掘”北京市重点实验室、“智能交通数据安全与隐私保护”北京市重点实验室、“高速铁路网络管理”教育部工程研究中心、文化部数字文化研究基地、铁路信息科学与工程实验室铁道部开放实验室、综合交通大数据应用技术交通运输行业重点实验室、民航旅客服务智能化应用技术重点实验室、国家经济安全预警工程北京实验室9个省部级科研平台。拥有“北京交通大学–中铁信息工程集团”“北京交通大学–英特尔公司”2个国家级工程实践教育中心，拥有“电子信息与计算机”国家级实验教学示范中心、“计算机实验中心”北京市实验教学示范中心、网络管理国家认可实验室。

2018年，学院有在职教职工195人，其中专任教师139人，具有博士学位的占84%；教授41人，研究员3人，副教授67人，副研究员2人，讲师33人，高工8人。博士生导师89人，其中兼职导师16人；硕士生导师143人。

截至年底，学院毕业学生501人，其中研究生251人（博士生19人、硕士生232人），本科生250人。招生767人，其中研究生474人（博士生51人、全日制硕士生337人、非全日制硕士生86人）本科生293人。在校生2 537人，其中研究生1 225人（博士生242人、全日制硕士生807人、非全日制硕士生176人），本科生1 312人。

（陈　伶　樊崇艺　李　斌　何　平　时晓艳　赵宏伟
周　亮　袁中兰　董晓娜　魏　钧）

【党建和思想政治工作】

2018年年底学院有党支部45个，其中教工党支部8个、研究生党支部32个、本科生党支部5个。学院共有党员752人，其中教工党员129人、离退党员6人、学生党员598人、其他离校但组织关系暂存学校的党员19人。全年新发展党员96人，其中新发展教工党员1人、研究生党员45人、本科生党员50人。2018年底，教工党员比例为62.9%，研究生党员比例为42.6%，本科生党员比例为5.8%。

推进党建工作深层次建设，开展党支部书记述职，加强“党支部书记、委员”培训，规范党支部活动。完成后进党支部的帮扶与转化工作。完成学院 60 名失联党员的查找处置工作，建立一人一档。学习贯彻十九大精神、习近平新时代中国特色社会主义思想，组织收看《为你而歌》《榜样 3》专题节目、庆祝改革开放 40 周年大会等，组织集体学习全国教育大会精神、郑德荣等 7 名全国优秀党员事迹，督促教职工党员完成“双报到”工作、长城网月度学习、党员 12 学时线上学习等。邀请学校原副校长宋守信教授为学院系（所、中心）干部及机关人员做培训讲座，主题为“OBE 与执行力”。联合理学院党委、建艺学院党委联合邀请全国政协委员、北京交通大学国家重点实验室钟章队教授为三个学院的中心组成员做两会精神专题辅导报告。邀请中央党校政法部教授王雅琴为学院全体教职工做两会精神宣讲，报告题为《修改完善宪法，加强宪法实施》。组织教职工和高年级博士党员赴国家博物馆参观“真理的力量——纪念马克思诞辰 200 周年主题展览”。组织部分教师党支部联合开展“不忘初心，牢记使命”主题党日活动，赴上海、浙江嘉兴瞻仰中共一大会址和南湖红船。落实全国高校思想政治工作会议精神，形成《计算机学院教师行为规范》，在师德教育方面全面把关。重新修订《学院会议制度》《党委会会议制度》《党政联席会会议制度》《系所工作条例》等制度，并于 11 月底实施。接受学校党委第一巡察组对学院为期 2 周的巡查。实验教学示范中心教师党支部鲁凌云工作室获评“双带头人”教师党支部书记工作室。

依托预备党员素质提升计划等培训体系，组织学生党员、积极分子赴西柏坡、雄安新区、中国国家博物馆等地实践学习。党员暑期社会实践团在学校评比中获一等奖。2018 年本科生毕业就业率 99.6%，签约率 92%，主要流向为国有企业和相关 IT 企业。本科毕业生深造率 56.8%，其中读研 121 人、出国 21 人。校企合作共建成立 2017 级竞业达班。举办第二届北京交通大学“90 校友杯”互联网创业计划大赛，23 支队伍报名参赛，评选出一等奖队伍 1 支、二等奖队伍 2 支、三等奖队伍 3 支。评选“科技之星”7 名，奖励总额 21 000 元。面向全校组织“双创训练营”6 期，参与学生 120 余人次。举办“芯系双创”创新创业系列沙龙 5 期，覆盖学院 2017 级全体本科学生；举办创新创业主题报告 5 场，近 700 人次学生参与。6 支优秀的创新创业团队入驻创客空间，4 支入驻团队参加中国“互联网+”大学生创新创业大赛的选拔，其中 3 个项目在北京市级的选拔中获三等奖。组织全体新生进行专业认知实习，参观走访用友软件园、中关村软件园、亚信科技园等。走访调研长安大学、西安交通大学等高校，围绕学风、党建、创新创业等主题进行交流探讨。建立学生学业成长档案，帮扶学业困难学生。组织策划 13 场“CIT 名师大讲堂”活动，帮助学生了解行业发展，拓宽视野。发挥 CIT 学风宣讲团职能，深化榜样引领作用，围绕保研、就业和出国深造等主题，开展 4 场宣讲活动，覆盖学生 450 余人次。招募朋辈辅导师，开设辅导课程，朋辈辅导形式包括中小型专题辅导课程、线上小课堂、直播课程录制等，全年开设课程 28 门，开展咨询 40 余次，服务学生 800 余人次。2018 年暑期组建“计算机学院赴台湾社会实践团”“计算机学院赴英国社会实践团”开展交流访问。举办“留学沙龙”活动 2 期、“留学训练营”活动 3 期。

学院 15 个研究生党支部（2016 级学硕党支部和 2017 级党支部）参与“红色 1+1”共建活动总计 29 次，学院推荐 4 个支部的红色“1+1”活动参与学校评选，2017 计科 2 党支部参与北京高校红色“1+1”示范活动评选。举办 2018 级研究生新生骨干培训班，培训学员 220 人。2016 级博士党支部获评北京市高校“百个研究生样板党支部”，2 名同学获得北京市三好研究生称号，1 名同学获北京市优秀研究生干部称号，2018 级全体研究生新生学习《北京交通大学处理学术不端行为的办法》，以班级为单位组织签订《学术诚信承诺书》。6 支研究生社会实践队伍暑期赴北京、内蒙古、武汉、深圳、张家口等地 18 个企事业单位开展社会实践，获得校级优秀实践团队一等奖 2 项、二等奖 3 项、三等奖 1 项。鼓励研究生参加“与大师面对面”“院士校园行”等活动，鼓励博士生参加校外全国博士论坛。举办或承办讲座或学术报告类活动共 36 次，参与人次 1 000 余人。配合“慧光杯”学术文化节，开展“人工智能在行业中的应用”计算机学院分论坛。举办第 13 届 IET 全球英语演讲比赛校园赛、API Cloud 联合京东学术报告、中关村杂志社《创业家进校园》等。组织“研究生班级风采大赛”“博士生沙龙”，开展 IT 嘉年华学术文化节、首都国企开放日活动、创业型企业交流、研究生新生素质拓展以及女生节主题活动等 20 余场次大型活动。学院多方拓展资源，走访校友企业，硕士就业率 100%，博士就业率 100%。

（杨晓晖　董敬视　王浩业　杨　茜　董　瑞　原晓敏）

【教学工作】

2018 年计算机科学与技术、计算机科学与技术（铁路信息技术）、计算机科学与技术（医学信息技术）、物联网工程、信息安全、保密技术 6 个专业全部按计算机类招生。2017 级 98 名学生申请转入计算机学院，转入 70 人，转出 2 人。完成 2017 级 302 名学生专业分流。

本年度学院 7 门课程开展双语教学，2 门课程开展翻转课堂，17 门课程参与在线开放课程建设，《算法设计与问题求解》课程在爱课程网站上线，《大学计算机基础》采用“MOOC 学习+SPOC 课堂”的新教学模式，出版教材 4 本，新开设 1 门限选课、3 门任选课。

获 2017 年北京市高等教育教学成果奖 6 项，其中特等奖 1 项、一等奖 2 项、二等奖 3 项。获批 1 项教育部新工科研究与实践项目，7 项教育部产学合作、协同育人项目。学院院级教改项目立项 15 项，开展上水平实验室开放课题研究 7 项，发表教改论文 15 篇。推进人工智能新专业建设，递交新增人工智能专业的申请。

组织大学生学科竞赛活动，ACM-ICPC 国际大学生程序设计竞赛和 CCPC 中国大学生程序设计竞赛获金奖 3 次、银奖 8 次、铜奖 5 次，信息安全竞赛获二等奖 1 项、三等奖 3 项，承办学校第十二届 ACM 大学生程序设计竞赛、第七届新生程序设计竞赛。大学生创新训练计划项目 2017 年结题 62 项，国家级 8 项、市级 8 项；2018 年立项 108 项，87 项通过中期检查。

统筹内外资源，培育教学平台。获得教育部修购项目（160 万元）和学校实验室建设项目（140 万元）支持，建设计算机专业实验室和智能技术创客空间。与 Intel、中兴协力、西普阳光等公司联合共建实验室。

学院教师 1 人获评 2018 年北京市高等学校教学名师，1 人获评校优秀主讲教师。举办 2018 年学院青年教师教学基本功比赛，评选出一等奖 3 名、二等奖 7 名、优秀教案奖 5 个。学院教师发展分中心对新入职的 9 名教师进行微格教学辅导。制定践行学院督导工作计划，完成督导听课、检查教学日历、试卷、毕业设计等工作。

推进《教育部等六部门关于实施基础学科拔尖学生培养计划 2.0 的意见》，创办“IT 菁英班”，首届选拔 41 名学生，开始执行相应培养方案。

与英国兰卡斯特大学合作，完成威海校区计算机科学与技术专业各项教学任务。学院有 11 名本科生参加国际交流。

规范推荐免试生接收工作，提高硕士研究生生源质量。通过直博、本硕博培养一体化思路提高博士研究生生源质量，加强高端人才培养。硕士研究生招生复试过程中采用全程录音录像的方式严抓考风考纪。招收非全日制硕士研究生 86 人。优化《计算机学院硕士研究生导师招收推荐免试研究生指标及录取办法暂行规定》。遴选博士生导师 14 人、硕士生导师 8 人。

推动研究生教学改革，本年度获批校级研究生优质核心课程建设项目 11 项，校级研究生教育教学改革项目 6 项，专业学位研究生教学案例开发项目 2 项，研究生联合培养基地建设项目 6 项，联合培养基地管理类项目 1 项。教学改革研究论文《 “双一流”背景下计算机大类专业高端人才培养综合改革探索》在 2018 年第十二届全国信息与电子学科研究生教育学术研讨会上获特等奖。

2018 年学院研究生获北京图象图形学学会优秀博士论文 2 篇，校级优秀博士论文 3 篇，校级优秀硕士论文 9 篇。获计算机视觉领域顶级会议 CVPR 2018 “Look Into Person”国际竞赛三项人体精细化解析竞赛单元冠军 1 项，IEEE big data CUP 国际竞赛第一名 1 项，中国多媒体大会多媒体前沿技术最佳展示奖 1 项，2018 大数据时代的智慧交通与物流国际会议暨第六届国际决策科学高峰论坛优秀论文奖 1 项。

研究生参与全国高水平学科竞赛，获全国 ACM 程序设计大赛金奖 6 项、银奖 1 项；获“华为杯”中国研究生数学建模竞赛三等奖 2 项。获全国蓝桥杯、信息安全、大数据领域各类竞赛国家级一等奖 1 项、二等奖 2 项、三等奖 7 项。获省部级学科竞赛获一等奖 1 项、三等奖 2 项。博士研究生第一作者发表论文 94 篇，一类论文 87 篇，其中 SCI 29 篇、EI 期刊 22 篇、EI&ISTP 国际会议 36 篇。

落实研究生导师立德树人相关要求，2018 年面向学院全体研究生导师组织业务培训 2 次，发布《计算机学院研究生导师须知》（2018 版）宣传手册，导师立德树人宣传片同步上线。

组织完成信号与信息处理大类专业课程体系规划与调整，修改完善信号与信息处理大类及所有专业硕士专业培养方案。优化课程体系，推进学院研究生教学改革，面向人工智能、大数据、云计算、互联网+等行业发展形势开展的计算机大类硕士专业课程大幅度调整。新开课程 6 门，停开 5 门，建设研究生教学实训平台 1 个，“数据仓库与大数据工程”“并行与分布式计算”获评得校级优秀教改项目。

完善研究生课程学习支持体系。完成研究生课程虚拟实验平台建设，完成对数据仓库与大数据工程、并行与分布式计算、机器学习、机器视觉基础等多门课程的实验支撑，为 300 多名 2017 级学生提供虚拟机实验，服务于课程计算集群建设。研究生入学前培训平台持续运行，2018 级所有本科专业非计算机或软件工程的学生必须参加。

将博士研究生纳入研究生人才培养过程管理与质量监控体系，2017 级以前博士生资格考试完成率 100%，2016 级以前博士生开题报告完成率 96.6%，2015 级以前已开题满 1 年博士生中期进展报告完成率 94.9%。统筹全日制和非全日制硕士研究生课程、环节、过程管理，学位论文质量监控，淘汰分流等质量监控机制，严格执行各环节末位公开答辩制度，2018 年全日制研究生学位授予申请审核通过率 96.1%，环节淘汰率 3.9%；在职专业学位研究生学位授予申请审核通过率 80.1%，总体通过率 75.7%。全面落实面向全体导师和研究生的学术例会制度，启用研究生学术例会管理系统。修订《计算机与信息技术学院研究生奖助金评定体系与管理实施细则》，多方筹资对研究生高水平科研创新、出国访学、高水平论文、高科技竞赛予以奖励。

2018 年组织研究生申报高水平论文奖励共 71 篇，其中 An1、An2 类 19 篇，An3、An4 类 47 篇，中文期刊代表作 5 篇。申报基本科研业务费研究生创新基金 27 项，共计 27 万元。

（李清勇　樊崇艺　何　平　李　斌　时晓艳　林友芳
赵宏伟　袁中兰　周　亮　董晓娜）

【科研工作】

新增科研经费 7 800 余万元，获批国家自然科学基金优秀青年基金 1 项、重点项目 1 项，国家重点研发计划项目课题 11 项。

学院师生共发表 SCI 检索论文 89 篇，An2 类以上论文达 37 篇，11 篇论文进入 ESI 高被引论文。出版学术专著 6 部。

杜晔、黎妹红、韩臻获得国家保密局颁发的保密科学技术奖三等奖 1 项。配合学校完成武器装备科研生产单位二级保密资格现场审查工作及军用信息处理平台方向的武器装备生产许可证换证工作。

开办“知行讲堂”学术活动，出台政策以配套资助的方式鼓励国内学术交流活动。

（李浥东　魏　钧）

【学科与平台建设】

与亚马逊通技术服务（北京）有限公司联合建立“云创学院”推动云计算教学、研究和创新。

计算机科学学科 2017 年 US News 排名进入世界第 69 名，国内排名 16 名。学校计算机科学与信息系统学科位居 QS 世界学科排名前 400 名。

牵头组织完成计算机科学与技术、软件工程 2 个博士学位点和计算机技术专业学位点的自评估总结报告撰写和基础数据上报。协助电信学院完成信息与通信工程博士学位点、电子与通信工程专业学位点自评估总结报告和数据汇总工作。

完成设备验收建账 674 台件，总值 6 453 881.92 元；低值易耗品验收建账 151 件，总值 108 657.2 元。完成学院 2018 年度固定资产清查工作。开展全院大范围实验室安全检查 9 次。

（林友芳　李浥东　魏　钧　张大谦　赵宏伟）

【对外交流与合作】

举办 2018 年亚洲机器学习会议和第 14 届国际信号处理会议。教育部创新引智基地“主动配电网大数据分析与处理创新引智基地”（111 计划）及“计算机外国专家引智项目”共邀请国外/境外专家 35 人次。接待 12 个国家和地区讲学、交流、合作来访 43 人次。

派出 34 个出访团组，其中行政团组 3 个、科研团组 31 个。教师出访国外（境外）一流高校开展合作 29 人次，出国参加国际学术会议 24 人次。派出本科生 15 名，派出研究生 54 名（硕士 15 名、博士生 39 名）。研究生联合培养 30 人，出国深造 1 人。2018 年国际学生毕业 16 人，招收 2018 级全英文硕士项目学生 5 人。

推进研究生人才培养国际化，推出《学院关于设立博士生出国访学基金的决定及管理办法（试行）》。

（李浥东　杨　萌　周　亮）

【校企校友工作】

与用友集团、阅文集团、腾讯等企业深入开展交流与合作，签署各类校企合作协议 2

份。各类捐助款项总计 81.8 万元。

完成 9 月 7 日、8 日 1977 级、1978 级校友入学 40 周年返校纪念活动和 9 月 15 日 1984 级、1994 级、2004 级毕业校友值年返校活动，补充更正校友信息，组织开展校友访谈和问卷调查。

（杨　茜　董　瑞）

【国家保密学院工作】

健全优化实训平台日常运转管理制度，落实安全、保密工作责任制。针对人员管理、场所管理、设备管理规范化要求，制定《平台安全管理制度》《平台安全保密工作实施细则》《应急处置机制》等多项管理规定完善工作流程和工作规范，明确工作标准，提高日常工作效率和水平，促进学院和平台科学发展。2018 年，实训平台轮训在京新任中管干部、中央和国家机关 129 家单位涉密人员、在京中央和国家机关及其所属事业单位新入职人员、北京市直机关处级干部、在京涉密集成甲级资质单位涉密人员、部分中央和国家机关非涉密人员及其他相关人员共计 5 万余人。承办 4 期保密业务专项培训班，500 多名学员接受培训。为各类保密培训提供师资，选派教师担任培训教师 28 人次。与远程学院合作共同承担保密相关培训。

承担教育部保密管理专业教学指导分委员会秘书组工作，推荐新一届保密管理教指分委委员。组织召开新一届教指分委成立大会暨第一次工作会议，起草教指分委工作细则和工作计划等文件。

作为中国保密协会教育分会挂靠单位，推进教育分会各项工作，组织中国保密协会教育分会论坛等活动，被中国保密协会评为 2018 年度优秀分会。

推进保密专业人才培养工作。加强保密专业课程建设，推进“保密知识进课堂”，开设《保密知识概论》本科、研究生全校任选课，选派学院获得“北京市保密宣讲团成员”称号的教师参与课程建设并授课，课程已获批学校研究生优质核心课程建设项目。对已开设的部分保密专业课的教学大纲、课件、讲义、教材等相关课程材料进行修订，并给予经费支持。在保密专业和信息安全专业本科生中继续开展“信息安全竞赛培育项目”，2018 年获得第十一届全国大学生信息安全竞赛二等奖 1 项、三等奖 4 项，第二届“蓝帽杯”全国大学生网络安全技能大赛总决赛二等奖，全国高校“西普杯”信息安全铁人三项赛第一赛区二等奖，第四届全国密码技术竞赛三等奖。组织 2016 级本科生分赴国家保密局中央和国家机关保密技术服务中心、中央和国家机关保密教育实训平台、金城出版社、北京市各区保密局等单位开展暑期实习。推进保密学院实习基地建设工作，与 360 企业安全集团签订共建保密学院实习基地合作协议。每周半天时间专门开展低年级保密专业学生实践教育，包括学习保密主题影视宣传资料、专家报告会和忠诚教育、相关保密单位和场所的参观、拓展训练等，先后组织参观交流活动 7 次。联系安排学生到保密领域相关企事业单位进行毕业设计实习工作。开展 2019 届保密专业本科毕业生、研究生毕业生就业推荐工作，发布 56 家京内单位、40 家京外单位的就业信息。

经由国家保密教育培训基地推荐，主持的国家保密局科研项目获 2017 年保密科学技术奖三等奖。组织学院教师开展 2018 年国家保密局科研项目申报工作，推进承担的国家保密局项目研究。对接企业保密科研需求，与国家电网公司、中国石油天然气股份有限公司、中国银行等单位开展合作，建立“中国银行–北京交通大学金融信息安全”联合实验室。参与

智能交通数据安全与隐私保护北京市重点实验室建设，召开学术委员会会议和学术交流会议各 1 次。参加教育部考试中心国家计算机等级考试一级《网络安全素质教育》科目建设工作，牵头完成大纲、教材、考纲、样题的设计和编写，教材于 2018 年 11 月正式出版。

协助学校保密办做好武器装备科研生产单位保密资格审查认证（第三轮）准备工作。配合保密办对全校涉密计算机、部分非涉密计算机进行保密检查，对保密管理制度进行梳理，提出整改建议，为学校通过军工保密资格认证提供有力支撑。

接待四川大学、天津大学、西北工业大学等兄弟高校国家保密学院师生来访交流，以及湖北省国家保密局、宁夏回族自治区国家保密局等单位来校调研。

韩臻获 2018 年度全国网络安全优秀教师奖，杜晔获 2014—2017 年度北京市保密工作先进个人称号。

（韩　臻　殷小彤）

经济管理学院

【概况】

学院下设经济系、金融系、劳动经济系、会计系、企业管理系、旅游管理系、物流管理系、信息管理系、工程管理 9 个系。学院设立 39 个科研机构从事专门领域的科学研究与社会服务工作。学院有省部级科研平台 5 个：北京市哲学社会科学重点研究基地“北京交通发展研究基地”“北京产业安全研究基地”“北京物流信息化研究基地”，北京市社会科学与自然科学协同创新研究基地“北京人文交通、科技交通、绿色交通研究基地”，北京市重点实验室“物流管理与技术实验室”。

学院设有金融学、经济学、劳动与社会保障、会计学、财务管理、工商管理、市场营销、旅游管理、物流管理、信息管理与信息系统、工程管理、保密管理 12 个本科专业，金融学、产业经济学、国际贸易学、劳动经济学、公共管理、管理科学、物流管理与工程、信息管理、工程与项目管理、会计学、企业管理、旅游管理、技术经济及管理 13 个学术型硕士专业，工商管理（MBA）、金融（MF）、资产评估（MV）、会计（MPAcc）、审计（MAud）、应用统计（MAS）、工业工程（IE）、工程管理（MEM）8 个专业学位品牌，应用经济学、会计学、企业管理、技术经济及管理、旅游管理、管理科学、信息管理、物流管理与工程、安全科学与工程 9 个博士点。开设高级管理者培训与发展中心（EDP）高端培养项目，与美国罗切斯特理工学院联合培养创新与创业硕士（EIV）国际办学项目。

2018 年学院有在职教职工 311 人，其中专任教师 220 人，卓越百人 4 人、国务院学科评议组成员 3 人、教育部教学指导委员会成员 5 人；博士生导师 88 人，硕士生导师 185 人；教授 57 人，副教授 96 人，讲师 67 人；专任教师中具有博士学位的占 84%。

截至年底，学院毕业学生 1 443 人，其中研究生 1 035 人（博士生 63 人、硕士生 972 人）、本科生 408 人；招生 1 491 人，其中研究生 1 148 人（博士生 93 人、硕士生 1 055 人）、本科生 343 人；在校生 4 738 人，其中研究生 3 198 人（博士生 691 人、硕士生 2 507 人）、本科生 1 540 人。

（周　婉）

【党建和思想政治工作】

学院共有 73 个党支部，其中教师党支部 11 个、研究生党支部 58 个、本科生党支部 4 个。在册党员 1 232 人，其中教职工党员 223 人、研究生党员 864 人、本科生党员 115 人，毕业未转出、纳入组织管理和保留党员组织关系 30 人。全年发展党员 113 人，其中教工 4 人、研究生 37 人、本科生 72 人。

制定实施《经济管理学院关于坚持和完善党委会议和党政联席会议制度的实施细则（试行）》，建立完善党政协同工作机制。以习近平新时代中国特色社会主义思想和党的十九大精神为重点，认真开展党委理论中心组学习，学院层面全年组织学习共 10 次。在学院各支部部署开展“对标争先”建设工作，2 个支部获评学校“党建工作样板支部”。发展 2 名青年

教师入党。党员在线学习完成率 98.99%。抓实意识形态阵地管理，经验成果入选学校“网络思想政治工作优秀案例”。围绕全国教育大会精神学习、“新时代新担当新作为”主题宣传教育、“不忘初心 砥砺奋进”主题党日、“弘扬爱国奋斗精神、建功立业新时代”活动等主题，引导开展党员教育和支部活动。

学院以重大历史纪念日为契机，开展思想政治教育工作。组织学生观看《青年马克思》《厉害了，我的国》等红色主旋律电影 10 余部，参观军事博物馆等红色纪念馆、主题展览 10 余次，覆盖学生超过 1 000 人次。以改革开放 40 周年为主题，举行“牢记使命不忘改革初心，经世济民肩负强国之梦”升旗仪式，开展“春风化雨四十载，韶光奋进正当时”主题团日活动，传承红色基因，坚定理想信念，加强青年学生历史责任感使命感。

聚焦时事新闻等学生关注的热点，以“BJTU 经管人”为主要平台，累计发布推送文章 350 余篇，总阅读量超过 15 万次，其中《随手拍|来 pick 你心中的第一名》等 3 篇推送文章阅读量超过 8 000 次，《榜样力量|国家奖学金获得者——王邹》等 14 篇文章阅读量超过 1 000 次。强化榜样示范引领作用，全面提升学思想综合素质。2018 年，学院学生累计 289 人次获评英才奖、校级优秀团干部、校级优秀团员等先进个人，120 个（次）集体获评校级先进集体。

2018 年暑期学院共组建 21 支实践团，带领 160 余名青年赴全国各地开展社会实践。各实践团结合专业，对非物质文化遗产、青年榜样等社会热点和民生问题进行实践调查，其中 4 支团队在学校社会实践评比中获得三等奖。学院联合心理中心开展为期 3 天的低年级学生干部领导力培训实践，参与学生干部 40 余人次，在实践中提升学生干部实践与创新能力。强化第二课堂建设，举办银杏之交、诗词大会等各类活动 10 余场，内容涉及传统文化、摄影宣传等方面，参与学生 600 余人次，提升学生综合素质。

本年度研究生学制年限内班级 77 个，研究生党支部总数 58 个，除非全日制班级外，已实现党支部建在每个班上的目标。开展主题党日 50 场，1 239 人次参加 27 场次骨干培训、4 653 人次参加 10 场次党员教育活动。调动 58 个支部、103 间党员宿舍参加优秀基层组织创建。研究生 1 714 支部获评北京市“百校千组学讲行”示范学习小组、北京市“先锋杯”优秀基层团支部。学院获评北京市三好研究生、优秀学生干部、优秀毕业生等市级荣誉 20 人次，校级荣誉称号 216 人次，校级专项奖学金 13 人次。

学院举办 “与大师面对面”名师讲坛、前沿讲座及素质拓展活动 151 场，参与研究生 7 600 人次，获得学校“慧光杯”学术文化节学院“综合奖”。学院研究生在各项体育赛事活动中取得了优异成绩，新生定向越野赛第一名、知行杯女子篮球赛第二名、新生运动会第三名、校运会综合第四名（女子团体第一名、男子团体第三名），棋类比赛团体第二名等。有针对性开展职业体验日、就业助力计划等经管类特色就业活动。2018 届共 662 名研究生毕业，就业率达到 100%。

（李世珍　张云鹏　刘人元）

【教学工作】

2018 年学院有中国大学资源共享课 5 门：物流学、电子商务、运输经济学、ERP 理论与实践、企业物流管理（网络教育类），均为国家级精品资源共享课；国家级精品视频公开课 2 门：金融与生活、物流与生活；10 门校级优质课程。有国家级精品教材 2 本：《西方运输经济学（第二版）》《物流学》；北京市精品教材 42 本，北京市精品教材立项项目 13 个；9

本教材列入国家“十二五”规划教材。有国家级教学名师 1 人：荣朝和；北京市教学名师 7 人：荣朝和、张明玉、汝宜红、张真继、郭雪萌、马忠、刘伊生；校级教学名师 11 人；校级优秀主讲教师 54 人。有国家级虚拟仿真实验教学中心 1 个。2018 年获北京市教学成果奖一等奖 3 项、二等奖 2 项。学院本科生在各类学科竞赛中获得国家级奖项 30 余项、北京市奖项 10 余项，全年累计 600 余人次在各类学科竞赛中获奖，公开发表专业论文 41 篇。2018 年结题的大学生创新创业项目国家级 7 个、北京市级 8 个、校级 43 个。获评首届大学生创新创业实践联盟年会暨第二届双创实践新技术高峰论坛优秀论文一等奖 1 篇。

通过全国大学生夏令营、推荐免试、本硕博连读、直博、申请考核等创新机制选拔优质生源。在接收免试研究生的专业中，推免生平均比例达到 52.7%。有 88 位博士生指导教师通过 2019 年招生资格审核，新增硕士研究生指导教师 9 名。

全年共有 12 名博士生和 26 名硕士生获得国家奖学金，博士生发表学术论文质量提高，有多篇 As 及 An 论文。有 33 名研究生申报学校的研究生创新项目，共有 18 项Ⅰ类、6 项Ⅱ类项目获准 2018 年立项，总经费 36 万元。

保证学位授予质量，加大高重复率和评审不通过论文的处理力度，有 2 名研究生因评审不同意答辩予以延期毕业。全年共有学术型研究生 234 人获硕士学位，63 人获得博士学位。严格执行学校的研究生学籍管理和学期注册规定，组织 350 多位超过基本修业年限的博士生进行 2 次共计 8 场“超过基本修业年限博士学期汇报”，邀请各学科博士生导师 30 余人次。全年共有 63 名博士生和 2 名硕士生因未按时回校注册或超过学习年限按自动退学处理。

（高桂莲　宋光森）

【科研工作】

学院新增科研项目 238 项，新增合同经费 6 033.72 万元。获批国家自然科学基金项目 8 项，其中重点项目 1 项、面上项目 4 项、青年项目 3 项。获批国家社会科学基金项目 5 项，其中重大项目 1 项、重点项目 1 项、一般项目 1 项、后期资助项目 2 项。

夏梅梅副教授入选科睿唯安（Clarivate Analytics）公布的全球 2018 年“高被引科学家（Highly－Cited Researchers 2018）”名单。

SCI 检索论文 32 篇，SSCI 检索论文 15 篇，EI 检索期刊论文 43 篇。发表 CSSCI 期刊论文 95 篇，会议论文 65 篇，发表报纸类论文 14 篇。出版学术专著 19 部。

1 篇咨询报告《构建铁路高质量发展的体制机制》入选中国国际经济交流中心《要情》，并获相关领导批示；《中国企业兼并重组政策实施情况第三方评估报告》获领导批示；《以创新引领高质量发展的路径和着力点》《克服行业顽疾 推进巡游出租车改革》2 篇专家建议入选北京市社科基金《成果要报》，并获相关领导批示。组织首都高端智库专家撰写的多篇专家建议呈报相关部门，其中 1 篇获领导批示，1 篇专家建议《股市亟待出台应急政策提振信心》入选《人民日报内参》。第六届“运输与时空经济论坛”国际会议 2 项成果《解决发展北京市郊铁路的关键问题》《从精细化管理着手改善北京交通出行》被领导批示；撰写《铁路站车厕所状况专项调查报告》，被国家铁路局市场监测评价中心采纳，获领导批示；《新型城镇化下我国农产品物流系统的三网协同、以无车承运模式为重点推进农产品物流体系创新》，被中国农工民主党中央委员会研究室采纳，获领导批示。

2018 年举办 9 次高水平学术会议，包括：国家自然科学基金重大项目“面向社会、经济与环境协调发展的物流管理”2018 年现代物流管理高层论坛、第 8 届物流、信息化与服务科学国际学术年会简称 LISS 2018）和第 5 届产业经济系统与产业安全工程国际学术年会（简称 IEIS 2018）、会计名家培养工程成果报告会暨结项评审会、第六届“运输与时空经济论坛”国际会议、“一带一路”基础产业论坛——基础设施投资与建设、第十三届中国管理学年会企业并购重组研究分论坛、中国铁道学会经济委员会换届大会暨交通与现代化经济体系研讨会、北京交通大学第五届创新产业论坛。

全年共举办 33 场学术讲座，包括科研工作坊、时空经济沙龙、新时代物流沙龙、会计与金融学术沙龙、大健康产业沙龙、旅游沙龙等系列，讲座嘉宾 30%来自美国、英国、日本等国家和中国香港地区、中国台湾地区，讲座内容涵盖应用经济学、工商管理及管理科学与工程学科的热点前沿研究领域。

【学科与平台建设】

根据学校研究生院学科办要求，学院 4 个一级学科由学科责任教授牵头，找出存在的差距与不足，提出学科进一步发展的对策和具体举措，撰写完成第四轮学科评估结果分析报告。学院 4 个一级学科完成教育部学位与研究生教育发展中心“学科自检平台”2016 和 2017 年度的数据填报工作。

5 月 19 日，2017 中国智库索引（CTTI）智库最佳实践案例评选结果发布，北京交通发展研究基地获“智库最佳管理二等奖”。学院北京物流信息化研究基地一期验收成绩优秀。11 月，北京物流信息化研究基地以省部级重点建设智库的身份，获批收录中国智库索引数据库，参与 2018 年智库候选评奖。

11 月 21 日，举行国家经济安全研究院（简称“国经院”）揭牌仪式暨国家经济安全研究院理事会成立大会，选举产生国经院首届理事会领导 13 人，季晓南任国经院院长、李孟刚任联席院长、李朴民任国经院校外学术委员会主任、关忠良任校内学术委员会主任。

12 月 22 日，北京交通发展研究基地入选 CTTI 高校智库 A 级榜单。由中共中央对外联络部“一带一路”智库合作联盟主任金鑫与北京交通大学经济管理学院党委书记、院长张秋生担任主编，当代世界研究中心联合北京交通大学“一带一路”产业研究院组织相关专家编著的《“一带一路”跨境通道建设研究报告（2017—2018）安全风险研究专辑》蓝皮书正式出版。

（张　蕾）

【对外交流与合作】

5 月 31 日，学院召开第四届国际咨询委员会会议，与会专家聚焦“共享经济”主题，围绕人才培养、科研发展、社会服务、智库建设等议题展开讨论，为学院发展提出意见建议。

承接商务部下达的援外任务，学院 9 月 7—28 日举办塞尔维亚匈塞铁路研修班及“一带一路”沿线国家交通运输、物流和邮政管理研修班，非洲交通部门 13 名处级官员参加研修。

8 月 6 日，2018 年中欧物流、信息化、管理和服务科学博士生院暑期学校完成多伦多大学预定课程，到加拿大不列颠哥伦比亚大学参观学习。

学院 2018 年签署 10 个国际交流项目协议，包括与荷兰阿姆斯特丹自由大学的学术交流协议（2018 年秋季开始派出学生赴荷兰参加交流项目）、与法国昂热高等商学院的学生交换协议、与俄罗斯普列汉诺夫经济大学的合作协议、与摩洛哥高等教育管理学院的协议、与英国利兹大学的硕士项目合作协议、与韩国又松大学的学生交换协议、与巴基斯坦工商管理大学签订合作协议，并接收来自巴基斯坦的交换生，与美国桥水州立大学建立合作关系、拟于2019年秋季开展学生交流，与美国肯塔基大学硕士1+1项目学术协议，拟于2019年秋季派出学院学生去肯塔基大学学习金融硕士项目，签署IMIM联合国际硕士项目附录。

2018年学院共派出241名学生，其中本科生53名，参与本科生交换项目27人、参与本科生2+2联合培养项目13人、本科生参与短期交流项目13人，国家留学基金管理委员会2018年优秀本科生国际交流项目申报方面，学院获批项目6个，2018年被录取5人。本科毕业出国124人。硕士生及博士生派出共64人，包括硕士生交换项目4人、硕士1+1项目8人、短期交流项目7人。2018年研究生公派出国项目中，硕士生、博士生赴国外联合培养21人。派出硕士和博士参加短期国际合作项目或者国际会议20人，毕业出国4人。

全年接待国外来访高校及研修团体11个，共285人。接收境外长期来访交换学生54名。2018年学院新入学留学生82人，在学院学习的交换生和留学生总规模达到217人，其中本科65人、硕士109人、博士18人、普通进修生25人。

10名教师赴境外开展6个月及以上的交流访问。开设全英文或双语授课课程43门。邀请海外教师为本科生、研究生开设全英文课程和讲座156门次。根据学院要求，教师出国访学归来应发表1篇高水平论文，申请1项科研课题，开设1门英文专业课。

2018年教师短期出访68人次，分赴21个国家与地区。邀请境外教授到学院讲学与开展科学研究96人次，为本科生全英语授课8门，共416课时，为硕士全英语授课39门。开展国际主编面对面项目，共邀请41名国外高水平SCI和SSCI的专家教授来学院访问，建立科研联系，对学生进行专业指导。

（周辉宇）

【案例开发与研究】

2017年立项的21个案例项目结题。培育出19篇案例（其中微案例5篇）参加“全国百篇优秀管理案例”评选，推选8位教师为全国百篇优秀案例评审活动评审专家。经相关专家评审，20个案例项目通过立项。2018年共有18篇教学案例获得相关案例奖项和入库中国专业学位教学案例中心与中国管理案例共享中心案例库。其中MPAcc优秀案例奖1篇，全国百篇优秀管理案例奖7篇、获奖数量名列全国第一，学校获第八届全国百篇优秀管理案例评选最佳组织奖。

推进与企业家合作举办案例沙龙的工作，在“管理创新大讲堂”基础上，邀请多位实业界人士深入交流，发挥企业家沙龙的作用和影响；组织老师和企业家深度合作，编写《企业家管理创新大讲堂案例集》。2018年举办案例沙龙20期，举办案例沙龙活动64次。

探索案例沙盒、联合实验室等新的案例教学模式，与澳大利亚新南威尔士大学潘善琳团队紧密联系，积极探索开展案例沙盒等新的案例教学模式。探索与企业共同成立创新实验室等方式来培养人才，为形成学院特色研究生培养模式进行新的尝试；与深圳国际控股有限公司联合举办“深国际杯”北京交通大学经济管理学院第五届案例大赛，学院260余名研究生、本科生报名参加，涵盖各个专业。提升案例大赛与产业界的联系，办成具有影响力和鲜明特色的案例比赛；承办第六届全国管理案例精英赛“森宇双童杯”华北一区晋级赛，为学院代表队取得全国总决赛季军的好成绩提供助力。

开拓案例企业资源，建立多个案例企业基地，包括中国中铁股份有限公司、深圳国际控股有限公司企业案例基地、大信会计师事务所等。与中国企业联合会联合申请成立“北京交通大学管理创新研究院”；丰富案例获得途径，提供教师可触及的案例资源，购买哈佛商学院案例库，继续为 20 余位教师申请中国管理案例共享中心的账号。

（赵晓丽）

【社会服务与校友工作】

2018 年，学院校友数据库新增有效校友信息 2 000 余条，新聘兼职教授 100 余人，新增合作企业 34 家。

举办 2018 年校友毕业值年返校活动，接待校友及家属 500 余人。举办 12 期校友沙龙，5 场校友返校座谈会，1 期“我与银杏有个约定”银杏塑封活动，重点追踪校友 102 人，加强学院与校友、校友与校友之间的联系。先后举办北京交通大学校友总会会计与金融行业年度论坛、会计分会第一届理事会换届大会暨年度主题论坛、第三季行业校友采摘交流会，召开 2018 年行业分会校友年中工作会议、物流分会秘书处工作会议，组织校友和师生赴北京环普国际产业园、京东“亚洲一号”北京智能物流园等企业参观访问，成立北交大经管戈友会，举办两期跑步专题讲座，为行业校友搭建沟通交流的平台。

开展企业家管理创新大讲堂、北京交通大学“一带一路”基础产业论坛、中国铁建高层经济管理人员研修班、“深国际杯”第五届北京交通大学经济管理学院案例分析大赛等活动，推动校企合作，搭建校内外互动的共享服务平台。

学院 2018 年募集基金到账金额 202.62 万元。

（冯　瑶）

【国际认证与战略规划】

2 月，经 AACSB 首次认证委员会投票表决，一致同意接受学院于 2017 年 12 月提交的首次自评估报告（iSER）。学院结合 AACSB 反馈的指导意见制订实施工作改进计划，提交 2018 年度进展报告（iSER Update）。10 月，学院 AACSB 认证导师江怡蒨教授来校指导认证工作。

2 月，学院向欧洲管理发展基金会（EFMD）正式提交 EQUIS Datasheet，3 月 30 日，EFMD 发函通知学院，经 EQUIS 认证委员会审核及投票表决，批准了学院的 EQUIS 认证资质申请。5 月 30 日，学院 EQUIS 认证导师伊志宏教授来学院指导认证工作。7—9 月，学院组织完成 EQUIS 认证自评估报告和学生报告的初稿撰写。

3—4 月，学院就 AoL 课程大纲及总结报告撰写注意事项召开 8 次研讨说明会，共有 115 位教师参加。7—9 月，组织完成 2017—2018 学年受评课程评量工作，共有 131 门参加课程评量，完成 AoL 总结报告共计 174 份。完成 AoL 委员会章程修订、AoL 课程建设管理流程制定、学位论文目标达成情况评价表及实习实践雇主评价表设计等工作。

6 月，学院面向本科、学术型硕士、专业硕士、MBA、博士等 5 个项目的 2018 届毕业生设计发放 AoL 学习目标达成情况在线调查问卷（双语），共收到有效问卷 834 份，并对调查结果进行统计分析。

11 月，学院派 2 位老师赴比利时布鲁塞尔参加在 EFMD 总部举行的 EQUIS 认证培训研讨会。截至 12 月，学院完成 EQUIS Datasheet 中师资、项目、财务、科研等相关数据的更新，并完成 EQUIS Datasheet 相关数据的信息化校验。

编撰完成季度工作报告（中英文版）四份，共计 6 万余字。组织国际认证专家咨询会近 20 次，邀请 7 位专家来校指导国际认证工作。10—12 月，Davies Howard Arthur 作为学院聘请的国际认证顾问两次访校指导认证工作，并为学院“愿景使命工作坊”的建立和实施提供支持。12 月，AACSB 主席兼 CEO Tom Robinson 访问学院，对 AACSB 认证工作提出建议。

（曹卫兵）

【品牌营销】

2018 年光明日报、新华社、科技日报、人民日报网、人民铁道网、中国交通报等 30 余家国家和行业重点媒体，以及学校新闻网、微信公众号等对学院重大活动、重点人物、重要成果、特色工作宣传报道 300 余次。全年完成重大活动报道 10 余场，教师学术观点与重要成果宣传 20 余人次。共接待媒体记者 100 余人次。学院官方微信平台推出专题策划近 10 期，其中单篇阅读量最高达 10 000+。学院英文网站发布重点报道近 20 条。学院获评 Eduniversal 世界优秀商学院位列中国大陆商学院第 10 名。学院获评腾讯网 2018 年度“品牌价值商学院”，EDP 项目获评“杰出价值高管培训项目”。

（李世珍）

【信息化服务】

完成数据治理及数据服务项目。完善大数据治理机制，制定大数据服务战略，建立学院数据服务体系。建立学院财务、科研、教师一张表，国际认证信息服务等大数据分析平台，为学院决策提供数据支持及辅助分析服务。

完成学生综合服务平台二期项目。联合学院团委建立学生时间管理应用模块，为社团学生开展学生综合服务平台培训，基于学生反馈对时间管理模块进行改版升级。

完成学院业务数字化转型服务项目。整合技术资源，提升对外宣传及交流能力，对学院门户网站进行改版升级，实现门户网站自动翻译功能，可提供英文以及俄文自动翻译服务。完成教师社会实践业务的数字化搭建及部署工作。完成教职工简历的集成与整合。

完成学院案例库建设项目，包括学院教学案例、企业案例资源、学院案例管理相关文件的管理及授权使用、案例分析及案例知识分享等，学院案例库建设项目已进入上线试运行阶段。

11 月 2 日，学院信息化协同管理应用案例在致远互联第八届协同应用大赛中，获最佳协同管理应用奖。11 月 27 日，学院信息化办公室主任苟娟琼教授及罗宇、李亚军老师受邀参加第九届中国商学院信息化论坛，苟娟琼教授发表《知识协同平台助力学生个性化成长》主题演讲。

7 月 20 日，学院与深圳市蓝凌软件股份有限公司合作签约，成立知识管理及创新实验室。学院基于蓝凌公司捐赠的知识管理协同平台软件完成教师知识协同服务项目预研工作。

（罗　宇）

交通运输学院

【概况】

2018 年交通运输学院下设运输管理工程系、交通工程系、交通信息管理工程系、城市轨道交通系、物流工程系及系统工程与控制研究所、系统科学研究所。建有北京交通大学铁路货物装载加固技术研究与咨询中心、北京交通大学铁路危险货物运输研究实验室、城市交通智能系统与安全技术工程中心、中国综合交通研究中心、交通运输国家级教学示范中心、交通运输国家级虚拟仿真实验教学中心、北京交通大学中国城市研究中心、北京交通大学滴滴共享交通大数据中心、交通系统科学与工程研究院、高速铁路运营管理技术实验室、交通运输部–综合交通运输大数据行业重点实验室，参与“轨道交通控制与安全”国家级重点实验室建设。

学院在聘教职员工 193 人，其中专兼职管理岗位人员 31 人、教学科研岗位教职员工 156 人、交通运输实验中心 6 人。学院有教授 67 人（含业务关系在院但人事关系不在院教授 19 人），副高职称教职工 89 人（含业务关系在院的国家重点实验室教师 11 人），讲师或中级职称人员 34 人。全院有博士学位的授课教师 166 人，占专任教师总数的 87.8%。

学院 2018 年毕业学生 825 人，其中研究生 461 人（博士生 49 人、硕士生 412 人）、本科生 364 人。招生 797 人，其中研究生 441 人（博士生 62 人、硕士生 379 人）、本科生按交通运输大类招生 356 人。在校学生 2 833 人。其中本科生 1 617 人（含双培生 91 人）、博士生 309 人、学术硕士研究生 638 人、全日制专业硕士研究生 269 人。

（王立娟　赵俊铎　任国睿）

【党建和思想政治工作】

2018 年学院有 43 个党支部。党员 859 人，其中教职工党员 118 名、学生党员 718 人。全年发展党员 95 人，其中本科生 58 人、研究生 37 人。

组织教职工专题学习两会精神、习近平总书记在北京大学考察时在师生座谈会上重要讲话精神、学校 2018 年全面从严治党工作会议精神、宪法和监察法和全国教育大会精神。组织国务院《政府工作报告》在线学习答题，观看“首都百万师生同上一堂课”电视授课，组织参加学校“学习十九大，永远跟党走”知识竞赛，参观“纪念马克思诞辰 200 周年主题展览”，观看《为你而歌》和《榜样 3》电视专题片。参观红色教育基地、主题展览，观看红色专题片、纪录片、电影，支部书记讲党课，开展“不忘初心·砥砺奋进”主题党日活动。开展“弘扬爱国奋斗精神、建功立业新时代”主题党日活动。组织师生参观“改革开放四十年大型成就展”。开展“新时代新担当新作为”主题宣传教育活动。举行学院庆祝建党 97 周年暨表彰大会，教育党员不忘初心、牢记使命。

修订《交通运输学院党委会会议制度》和《交通运输学院党政联席会会议制度》。制定《交通运输学院在重大问题上把好政治关管理办法》《交通运输学院领导班子成员联系师生党支部和联系群众制度》《交通学院党委在干部队伍、教师队伍建设中发挥主导作用的办法》，发挥党委在职称评聘、人才引进、评先评优、典型宣传等方面的审核把关作用。加强学院领导班子成员与学院师生的沟通联系，每周三下午为院班子成员接待日。加强师德师风建设，成立学院师德建设工作小组，组织研究生导师培训、学术道德与学风建设专题培训、名师讲堂等活动。

加强党支部规范化建设，完善党支部信息和支部基础数据，支部手册记录规范化、“三会一课”制度化。学院分党校先后组织第 73 期、74 期党课发展对象培训班、入党积极分子培训班，共培训发展对象 189 人，培训入党积极分子 253 人。规范党员发展流程，严把入口关，推选过程公开。建立困难党员台账，开展困难帮扶，组织了“共产党员献爱心捐款”。开展“对标争先”工作，科学所教师党支部成功入选教育部首批“全国党建工作样板支部”，支部书记孙会君教授获批创建学校“双带头人”教师党支部书记工作室。

开展党支部书记集中轮训，1 位教师党支部书记赴江西干部管理学院参加教育部选调的教师党支部书记“双带头人”培训，1 位教师党支部书记赴江苏淮安恩来干部学院参加学校组织的暑期体验式教学，1 位教师党支部书记参加学校基层党建工作定期交流暨教职工党支部书记交流研讨，5 位教师党支部书记参加全国高校基层党支部书记学习贯彻党的十九大精神专题网络培训班，2 位教师党支部书记参加在国家教育行政学院举办的学校第四期教职工党支部书记集中培训。开展党支部书记和支委培训，33 人赴井冈山红色教育基地开展主题实践教学培训活动。

学院组织全体党员观看教育部部长陈宝生的全国教育大会精神辅导报告视频。组织学院副教授以上职称的教师、讲师中的党员教师 121 人通过集中学习、观看视频和开展座谈的形式进行学习贯彻全国教育大会精神教育培训。对党支部书记（包括新生党支部书记）分批进行党务知识培训。组织本科生党员暑期学习实践周教育活动，党支部书记和支委 16 人赴天津周恩来邓颖超纪念馆和平津战役纪念馆开展实践教育活动。面向全体新生开展入党启蒙教育，引导新生树立正确的入党动机。研究生 8 名党支部书记赴中共“一大”旧址参观学习；研究生党员 11 人到南京中山陵和南京大屠杀纪念馆进行实践教育。系统所党支部与中共民航局党校开展党建工作交流研讨。

通过新媒体加强网络思政教育，引导学生参与社会实践，1702 班硕士生党支部和 1710 班硕士生党支部赴交大附小、密云区北甸子村开展红色 1+1 主题实践活动，本科生第二党支部与景山公园党支部开展红色“1+1”志愿服务活动，1602 班和 1608 班硕士生党支部红色“1+1”活动获评北京市红色“1+1”活动三等奖。

（王兴莉　孙冬梅　张　旭　徐文强　毕　军）

【教学工作】

学院完成 2018 年 5 月教育部本科教学审核评估进校评估工作。针对反馈意见，组织全院教师交流学习，提交改进措施报告。完成交通运输和交通工程 2 个专业 2019 年专业认证的申请工作，撰写自评报告。学院组织本科专业开展对照《普通高等学校本科专业类教学质量国家标准》检查工作，组织撰写《专业类教学质量国家标准对标检查报告》。

推进 MOOC 课程建设，新增 9 门课程上线“爱课程”，分别为城市轨道交通运营管理（课程负责人张星臣）、管理运筹学（课程负责人张星臣）、运输组织学（课程负责人何世伟）、交通规划（课程负责人邵春福）、道路交通管理与控制（课程负责人袁振洲）、计算机网络与互联网（课程负责人李春艳）、铁路行车组织（课程负责人何世伟）、电子商务系统的分析与设计（课程负责人马敏书）、集装箱运输与多式联运（课程负责人朱晓宁）。

推进“高速铁路网行车组织全过程管控一体化虚拟仿真实验”国家级虚拟仿真实验教学项目申报，进入国家评审阶段。成功申报国家级新工科项目 2 项，参与 1 项。高自友、关伟、聂磊、孙会君教授共同完成的《优势学科交叉、特色平台支撑——交通行业高水平博士研究生培养模式探索与实践》成果，获得第三届中国学位与研究生教育学会研究生教育成果奖一等奖；张星臣教授主持的《产出导向、产学联合，轨道交通行业卓越工程人才培养的探索与实践》获得国家教学成果奖二等奖。学院组织申报北京市优秀教学成果奖 4 项，获评北京市教学成果奖二等奖 3 项。学院 8 名教师入选全国教学指导委员会委员，其中张星臣教授担任交通运输类专业主任委员、刘军教授担任电子商务类专业主任委员。何世伟教授获评北京市教学名师，刘仍奎教授获得北京市师德榜样称号。推动青年教师参加学校教学基本功比赛，1 人获二等奖，2 人获三等奖。

推进“双培计划”，学院共接收北方工业大学和北京建筑大学 2 所北京市市属高校 29 名“双培计划”学生，其中交通工程 14 名、互联网与物流 15 名。完成“北京学院”城市交通辅修专业建设工作，2018 年接受北京工业大学、北方工业大学、北京建筑大学、北京联合大学、北京石油大学、北京化工大学等高校 32 名学生到校学习。

2018 年，学院本科生共获得各类专业科技竞赛获奖 81 项，其中国家级 2 项、北京市级奖项 17 项、校级奖项 62 项。陈军华、张星臣指导学生作品获第十三届全国大学生交通科技大赛二等奖。

（任国睿）

【科研工作】

新增科研项目 240 项，合同经费 7 999.38 万元（纵向项目 110 项，合同金额 5 120.182 万；横向项目 130 项，合同金额 2 879.20 万），国家自然科学基金项目 20 项（其中通过学校组织申报获批 11 项），合同金额 1 054.25 万，其中面上项目 277 万元、青年基金项目 20.25 万元、重大研究项目 300 万元。国家重点研发计划 9 项，合同金额 2 962.48 万元。

学院对接国家重大需求，成功申报国家重点研发计划“先进轨道交通”重点专项《高速铁路成网条件下铁路综合效能与服务水平提升技术》等项目。高自友教授及其团队主持的《大城市复杂交通流特性分析及管控策略研究》获得教育部高校科技优秀成果奖自然奖一等奖。闫小勇副教授负责的“出行行为复杂性分析与建模”项目获得 2018 国家优秀青年科学基金项目。闫学东教授获评 2018 年创新人才推进计划中青年科技创新领军人才。

学院组织申报中国铁路总公司 2018 年重大课题 5 项，重点课题 1 项。有 12 位老师申请 2019 年度北京市自然科学基金项目，其中面上项目 6 项、青年项目 3 项、重点项目 3 项。

3 月组织 2018 年度基本科研业务费重大、重点项目申报工作，向学校推荐重大项目 1 项，重点项目 2 项。组织历年未结题的基本科研业务费项目参加中期检查，学院 24 位老师进行答辩汇报。4 月组织 2018 年度基本科研业务费自由申报项目申报，学院有 12 位老师获得自由申报项目立项资格，总经费 102 万元。12 月组织 2018 年度基本科研业务费中期检查，评选出 5 个优秀结题项目和 5 个优秀进展项目。

2018 年学院发表期刊论文 318 篇，会议论文 90 篇，出版科技专著 14 部。发表检索论文 327 篇，其中 SCIE 94 篇、SSCI 46 篇、EI187 篇。2018 年学院授权专利 12 项，获得软件著作权 9 项。

（孙　越）

【学科与平台建设】

北京市国际科技合作基地——轨道交通运营国际联合研究中心正式挂牌。

完成研究生交通运输工程、系统科学等一级学科学位点、交通运输工程专业学位点的自评估材料编制、专家评审工作。

（王立娟）

【对外交流与合作】

继续推进与荷兰代尔夫特理工大学合作办学项目。2018 年交通运输（合作办学）专业共招生新生 60 人，在读学生 118 名。修订项目培养方案，加强师资队伍建设及全英文课程体系建设。修订《专业建设工作组工作职责说明》及《交通运输（合作办学）专项经费财务管理办法》等管理文件。制定《合作办学外教来校授课接待手册》。引进外方教学质量评价体系，向本专业学生发问卷，对数理基础课、英语课及专业课的课程内容及教师进行评价。组织雅思培训，为学生申请合作学校及一流国外大学提供条件。

7 月，学院主办第十届交通运输研究国际会议（ICTTS），50 余名国内外知名专家学者就国际多式联运方案、数据驱动下的联运物流信息系统建设等问题进行交流探讨。12 月，学院主办第五届铁路运营管理国际研讨会，来自 9 个国家和地区的共 20 位专家、共 150 余名学者参会。

7 月 9 日至 22 日学院举办第七届国际暑期学校。本届暑期学校邀请 7 名交通运输领域国际知名教授参与学院本科生教学活动，总授课时间 132 课时，125 名学生参加暑期学校课程学习人。继续开展与国家重点实验室联合举办的“Golden School”活动，邀请德国布伦瑞克工业大学、日本横滨国立大学、荷兰代尔夫特理工大学的教授到校授课，课程总计 60 课时，参与硕士生和博士生 50 余人。

2018 年学院共有 17 名本科生、37 名研究生（含博士）成功申请出国（出境）交流项目，其中 1 名学生申请到伯明翰大学硕士 1+1 项目、3 名学生成功申请美国马里兰大学短期交流项目、2 名学生申请到瑞典皇家理工学院 3+2 联合培养项目、3 名学生成功申请中法 4+4 联合培养项目、2 名学生申请到香港理工大学学生交换项目等。12 月 2 日至 10 日，学院师生代表团参加日本科学技术振兴机构（JST）组织“樱花科技计划”项目。

承担 2018 年埃及公共交通和地铁网络整合研修班、赞比亚铁路规划与管理研修班、埃塞俄比亚铁路运营管理研修班、匈牙利高铁运营管理研修班、吉布提铁路运营管理研修班 5 个商务部援外培训项目，参与培训人数总计 123 人。在商务部资助下，连续第三年招收来自非洲、亚洲、南美洲等地区的国际留学生来院攻读“铁路运营与管理”专业硕士学位，2018 年有 12 名学生入学，三年共招收学生 41 人。

10 月 19 日至 22 日学院为香港理工大学提供并开展学术交流项目 ISE550 Contemporary Logistics Issues in China，组织 47 名香港理工大学学生及 2 名带队教授参加讲座 4 场，并组织学生参观顺丰华北分拨中心等企业。配合国际处、国教中心接待巴西坎皮纳斯大学、泰国皇家理工大学等多个国际知名院校与组织来访参观。

学院与日本横滨国立大学、美国辛辛那提大学、美国马里兰大学和美国亚利桑那大学等国际知名院校洽谈，起草联合培养和双硕士学位等协议。

申报引智国际课程体系建设项目，收集整理汇总学院国际课程体系相关资料、中英文简介，编写项目验收报告。

（孟令云　吴绫绛绯）

土木建筑工程学院

【概况】

土木建筑工程学院下设桥梁工程系、地下工程系、岩土工程系、建筑工程系、道路与铁道工程系、市政与环境工程系、力学系、防灾减灾工程研究所和土木工程实验中心等教学科研单位，校院共建北京交大建筑勘察设计院有限公司以及 18 个校院虚体研究机构。拥有土木工程国家级实验教学示范中心、北京交通大学–北京市地铁运营有限公司等 2 个国家工程实践教育中心、作为主要成员单位之一共建城市轨道交通绿色与安全建造技术国家工程实验室，建有城市地下工程教育部重点实验室等 9 个省部级平台、轨道工程实验室等 2 个北京市科普基地、风敏感基础设施抗风减灾等 3 个（含 1 个共建）高等学校学科创新引智基地。

学院设有土木工程、力学、交通运输工程 3 个一级学科博士学位授权和博士后流动站，硕士学位授予权涉及土木工程、交通运输工程、环境科学与工程、力学等 4 个一级学科。设有土木工程、土木工程（铁道工程）、土木工程（城市轨道工程）、铁道工程、环境工程、给水排水工程等 6 个本科专业。

2018 年，学院在职教职工 235 人，专任教师 193 人，具有博士学位的占 92.2%；博士生导师 103 人，硕士生导师 193 人；教授 86 人、副教授 92 人、讲师 19 人。

截至年底，毕业学生 804 人，其中研究生 467 人（博士生 64 人、全日制硕士生 338 人、工程硕士 65 人）、本科生 337 人（不含留学生）；招生 830 人，其中研究生 472 人（博士生 72 人、全日制硕士生 391 人、非全日制硕士 9 人）、本科生 358 人（含留学生 10 人）；在校生 3 084 人，其中研究生 1 805 人（博士生 455 人、全日制和非全日制硕士生 1 046 人、工程硕士 304 人）、本科生 1 279 人（含留学生 51 人）。

（邢朝晖　巩　慧　王　勐　任　俊）

【党建和思想政治工作】

2018 年学院设有党支部 44 个，其中教职工党支部 10 个、本科生党支部 4 个、研究生党支部 30 个，共有党员 919 名，其中教职工党员 169 名。全年发展党员 100 名。

建工系党支部获得首批全国高校“双带头人”教师党支部书记工作室及首批教育部“全国党建工作样板支部”。学院党委和建工系党支部被评为学校 2018 年先进基层党组织，向宏军、潘姿华被评为学校 2018 年优秀党支部书记，蒋龙被评为学校 2018 年优秀党务工作者，朱尔玉等 10 名师生被评为学校 2018 年优秀共产党员，朱尔玉同志被评为学校 2018 年优秀共产党员标兵。学院党委获得“学习十九大 · 永远跟党走”知识竞赛“优秀组织奖”。

规范学院党委会议和党政联席会议制度；加强党支部规范化建设，软弱涣散党支部转化率 100%，对研究生党支部以系所为单位重新划分，党支部数量由 49 个变为 30 个；开展“对标争先”建设计划和“双带头人”培育工程。通过“三会一课”、周四下午教职工集中理论学习、党支部主题党日等加强思想政治教育，组织党员骨干赴雄安新区等红色教育基地开展体验式学习，推进“两学一做”学习教育常态化制度化。组织开展师德师风专题学习和向王梦恕院士学习等活动，制作《师德师风专题学习材料汇编》和《王梦恕院士事迹材料汇编》，在学院网站设置学习专栏。组织青年教师联谊会换届。通过网络渠道分享教育教学经验，共享资料资源。组织青年教师教学经验交流和基本功比赛，开展研究生导师培训。实施健康工程，资助教职工体检 5 万元、资助健康管理费 4.7 万元；为困难教职工申请补助 5.4 万元；慰问困难师生党员 64 人次，发放慰问补助 5.6 万元；举办教职工迎新年联欢会、退休教职工茶话会等，组织教职工集体生日、光荣退休等活动。

推进大学生思想政治教育工作。举办“半月谈”“党员书信演讲比赛”“时事评论大赛”《习近平的七年知青岁月》学习交流等理论学习活动，开展党员暑期学习实践、红色“1+1”“职业使命”主题党日活动等实践教育活动。举行国家奖学金、国家励志奖学金、专项奖学金答辩和优良学风班评选，学生 445 人次获评奖学金，遴选新一批朋辈学业导师。开展五星级文明宿舍评选等活动，培养学生集体互助意识。开展勤工助学培训、自强论坛等讲座，加强学生职业规划、时间管理意识，覆盖 500 余人次。开展“爱心传橙”、盲校和地铁站服务、爱心书递、善行 100 等志愿活动。志愿时长累计 1 000 余小时。成立 12 支暑期社会实践团队。获评 2018 级集中军训组织工作先进单位。组建新一届网络志愿者队伍，举办 2018 年宣传精英训练营。每月开展心理问题普查，开展“生命之旅”心理素质拓展训练活动。支持全媒体开展大学生思想政治教育，推送思想政治教育信息 540 余条，总阅读量超过 5 000 人次。280 人次获国家助学金，50 人次获其他各类助学金，总金额 929 500 元。学院设立勤工助学岗位 81 个，共发放金额 35 880 元。有 197 人享受国家贷款，总贷款金额 1 365 700 元。

加强研究生学风与科学道德教育，开展院士校园行活动 1 次。开展足球联赛、篮球赛、新生辩论赛、最美班级合照比赛、新生年级素质拓展训练赛等活动。8 个暑期社会实践团队中 1 个团队获评首都大学生社会实践优秀团队，郝建芳获评学校暑期实践优秀带队教师，就业实践团获学校二等奖。王悦廷获“创青春”首都大学生创业大赛银奖。2018 届研究生就业率 100%。徐春玲获评北京地区高校就业先进个人。

30 人获得国家奖学金。18 人获评北京市优秀毕业，35 人获评校级优秀毕业生，10 人获评校级优秀毕业研究生干部。8 个班级获评校先进班集体。李明航、谢行思获评北京市三好学生，3 人获智瑾专项奖学金，3 人获中国港湾奖学金，1 人获智瑾奖学金，1 人获中信银行助学金，5 人获交达奖学金。102 人获评校三好研究生，29 人获评校优秀研究生干部，22 人获评校社会实践工作先进个人。4 人获第十五届全国研究生数学建模竞赛三等奖。在 2018 年全国研究生英语竞赛 A 类组比赛中 1 人获一等奖，2 人获二等奖，5 人获三等奖。在第二届全国大学生“茅以升公益桥－小桥工程”创新设计大赛中研究生陈望祺及其团队作品《重庆市秀山县清溪场镇星寨村星寨桥》获一等奖。第二十八届“慧光杯”研究生学术文化节 3 人获一等奖，2 人获二等奖，5 人获三等奖。博士生张之伟（导师向宏军）、郜博文（导师刘建坤）、硕士生侯先波（导师张如炳）获知行奖学金，博士生苏洁（导师柯燎亮）获提名奖。

（祝英明　徐春玲　常扬帆）

【教学工作】

配合学校完成审核评估专家入校考察。环境工程专业开展工程教育认证工作。

开设课程 205 门次，课堂数 376 个。为 3 065 名本科生开设 40 门实验课程，实验项目 97 个，总计 30 378 人时数。完成 14 门实习实践课程任务，参与指导的教师共 146 人次。102 名教师完成 346 名学生的毕业设计指导。聘请 64 名企业兼职教师，承担指导实验和实习等教学任务。新增1个校外实习实践基地（中建二局安装工程有限公司廊坊分公司）。

2017年大学生创新创业训练计划项目50项通过结题，其中国家级5项、北京市级7项、校级38项，参与学生136人，指导教师52人。2018年大学生创新创业训练计划项目立项62项，57项通过中期检查，参与学生159人，教师49人。学生发表论文14篇，申请实用新型专利4项。

学院举办北京交通大学大学生建筑结构设计竞赛和土建学院测量竞赛2项比赛；组织参加第二届全国大学生“茅以升公益桥——小桥工程”创新设计大赛、第五届全国大学生混凝土材料设计大赛、第七届北京市大学生建筑结构设计竞赛、第四届中国“互联网+”大学生创新创业大赛北京赛区比赛、第二届京津冀高等学校大学生测绘技能大赛、第四届北京交通大学“互联网+”大学生创新创业大赛、北京交通大学大学生节能减排社会实践与科技竞赛、北京交通大学大学生电子商务“创新创意创业”挑战赛等8项学科竞赛及其他类竞赛。共获国家级一等奖1项，三等奖1项；北京市级11项，其中特等奖1项、二等奖4项、三等奖6项；校级72项，其中一等奖15项、二等奖30项、三等奖27项，获奖学生278人次，参与竞赛指导的教师17名。完成2017年毕业设计（创业类）项目1项并获得证书。新申报并获批2018年毕业设计（创业类）项目2项。2019届应届毕业生推荐免试研究生共72人，其中普通保研63人、支教保研6人、辅导员保研1人、中法2+2项目2人。12名学生参加中外国际交流项目，前往美国伊利诺伊大学香槟分校、法国南特中央理工大学、比利时鲁汶大学和法国里昂中央理工大学等4所国外高校进行国际交流或联合培养。

新增优秀主讲教师4人：王萌、王娟、邢薇、谭衢霖。重新认定优秀主讲教师20人：于桂兰、税国双、姜兰潮、杨娜、贾英杰、曹艳梅、徐龙河、常鹏、李德生、王爱民、韩松、白雁、季文玉、贺少辉、韩冰、高亮、孙静、白明洲、冯瑞玲、魏静。学院举办2018年青年教师教学基本功比赛，李舰、李新洋和刘艳分获一等奖、二等奖和三等奖。李舰老师获学校第十二届青年教师教学基本功比赛二等奖和优秀教案奖。

2018年获批2项校级教改项目、6项全英文课程建设、10项双培生在线开放课程建设项目。1项2018年校级教改项目、1项2014年北京市级教改项目、1项2015年北京市级教改项目、1项2017年校级新工科研究与实践项目、12项2017年校级教改项目、8项院级教改项目和9项2017年在线开放课程建设项目通过结题验收。在“爱课程”网已实现上线授课，2门课已批准上线。获得2017年北京市教学成果一等奖、二等奖和特等奖各1项，国家级教学成果奖二等奖1项。教师参加各种国家级专业教学研讨30人次。出版教材3本，发表教改论文28篇。

制定《土木建筑工程学院关于本科教学事故的认定和处理办法（试行）》《北京交通大学土建学院本科教学督导工作管理办法》《土木建筑工程学院本科请假管理办法》。2018年共招收391名全日制硕士研究生，其中258名为学术型、133名为全日制专业硕士型。“211”及“双一流”生源169人，占43%。推免生144名，占总数37%，其中土木工程专业占44%，道路与铁道工程占62%，2019年招收非全日制学生9人。

9月完成2019级推免招生工作，招收170人。“双一流”高校生源99人，其中本校生52人、外校生47人，优秀生源比例58.2%。学生本科学业优秀，成绩排名在本科年级中5%之内的有72人、1%之内的有15人、3%之内的有48人。非“211”大学的学生，其所属专业及成绩都得到学院考核小组成员的认可。

2018 年博士招生中，继续推行“申请考核制”、公开招考、直博生、硕博连读、本硕博连读等招生类型。共录取 72 名博士生，其中直博生 3 人、本硕博连读生 3 人、硕博连读生 23 人，总体 29 人占总数 40%，委培生减至 2 名，优质生源比例增加。学院获 2018 年接收推荐免试研究生工作优秀组织奖。新增博士生导师 6 名：辛涛、冯瑞玲、张群峰、倪永军、李伟华、张劲泉（兼职）。新增硕士生导师 3 名：解会兵、朱力、陈启刚。

学院明确规定各年级博士、硕士研究生根据培养方案进行资格考核、论文选题、中期检查等环节的具体时间节点。2018 年学院对研究生培养方案进行修订。修订范围：工程硕士专业学位类别下全部工程领域的全日制、非全日制研究生培养方案；土木工程全英文硕士项目培养方案。学院开展创新创业实践能力认定学分教学实践活动。

学院对 2018 级新生、2019 推免生开始进行学前课程教育，减少因本科院校课程设置不同而导致部分学生专业背景和基础存在的差异。2018 年春共开设 69 门课，有 1 367 人次选课；2018 年秋共开设 76 门课，有 2 015 人次选课。制定试卷后评估细则，对考试课程进行抽查和自查。2018 年研究生学位论文后评估抽检结果未出现不合格情况。落实导师学术例会制度，12 月 13 日组织学院 150 余位硕、博导师召开导师交流会参加。

2018 年度研究生科技创新项目共获批 32 项，其中一类获批 26 项、资助 26 万元，二类获批 6 项、资助 18 万元，两类合计资助 44 万元。

2018 年重点建设“高等混凝土结构理论”“铁道工程测试与评估”“高等土力学”“地下工程风险管理及控制”4 门课程。并有 3 个教改项目立项：“新工科范式下的土木工程研究生教育模式研究”“研究生课程与教学质量评价体系建设”“土木建筑工程学院研究生生源质量评价保障体系建设”。

新增 4 项研究生培养基地项目：市政与环境工程专业产学研联合培养基地建设，以高层次创新人才培养为核心的研究生联合培养基地建设，京津冀地区建设项目抗震节能一体化、环境工程专业研究生京津联合培养基地建设，北京交通大学－中国环境科学研究院研究生联合培养基地建设。新增 1 项专业学位研究生教学案例开发项目：土建学院联合培养基地考核管理制度规范化研究。新增 2 项管理类教改项目：土建学院联合培养基地考核管理制度规范化研究、土木建筑工程学院非全日制专业学位硕士研究生培养质量保障措施研究。

（巩慧　苏　璐　潘茜茜　王　勐　郝建芳　郎　晶）

【科研工作】

新增科研项目 303 项，科研经费 1.3 亿元；其中国家级项目 23 项、北京市基金及其他纵向项目 107 项，经费共计 6 853 万元。2017 年度国家自然基金项目申请，学院获批 22 项，“重大仪器研制”1 项（高亮）、“面上项目”16 项、“青年基金”5 项。任福民教授获批科技部国家重点研发计划主持项目 1 项。

新增 SCIE 检索论文 159 篇、EI 检索论文 321 篇、ESI 高被引论文 14 篇，专利等知识产权授权 56 项。朱尔玉教授利用“单轨交通创新技术”多项专利作价入股，成立北京北交天轨科技有限公司，进行成果转化，服务国家单轨建设。

结构风工程与城市风环境北京市重点实验室主持项目“大型屋盖及围护体系抗风防灾理论、关键技术和工程应用”获国家科技进步二等奖、高亮教授获得何梁何利科学与技术进步奖、杨娜教授主持项目“西藏古建筑木结构受力性能与监测技术研究及工程应用”获西藏自治区科学技术二等奖、房倩教授主持项目“城市暗挖隧道穿越基础设施关键技术及应用”获北京市科学技术三等奖。新增主持获得铁道学会科学技术二等奖 1 项、三等奖 1 项，参与项目获奖 14 项。蔡小培老师入选 2018 年度“交通部交通青年科技英才”。

（任 俊）

【学科与平台建设】

配合学科责任教授开展学科管理工作。组织编写土木工程、道路与铁道工程、力学和环境科学与工程学科年度报告。成立防灾减灾工程研究所。多次召开专家会议分析学院土木工程、力学和环境科学与工程的第四轮学科评估结果，总结不足及优势，为学科建设提供参考依据。围绕“双一流”建设，强化一流研究生培养对学科建设的重要作用，与学院实验中心配合，依照规划建设科教融合培养基地。

“轨道工程北京市国际科技合作基地” 3 年评估优秀，保留资格有效期至 2012 年；轨道工程北京市重点实验室评估绩效考评“优秀”；“城市地下工程教育部重点实验室” 通过 5 年评估；水中典型污染物控制与水质保障北京市重点实验室进展顺利，完成 3 年绩效考评。“抗生素/抗性基因水环境污染控制技术北京市国际科技合作基地”通过答辩，待公示。

（王 勐 任 俊）

【对外交流与合作】

2018 年学院在校留学生 137 人，其中本科生 70 人、研究生 67 人。全年派出本研学生 141 名（含威海分校），其中研究生出国交流或攻读学位 32 人、参与“国家建设高水平大学公派研究生项目”博士生 12 人、国家公派博士研究生 3 人、硕士研究生 3 人、学校公派出国访学 5 人、参加国际会议 9 人。硕士开设全英文课程 12 门。推动土木工程全英文教学国际硕士项目建设，2018 年国际班招收第四届硕士研究生 7 人。

全年学院外专引智项目 10 项，邀请外专近 60 人次，涉及 10 余个国家和地区，34 所国境外高校，开展各类讲座论坛 90 余次。依托“111”引智基地，举办第二届高速铁路基础设施健康管理新技术论坛，与会国内外学者 300 余人。

2018 年教师出国访学半年以上 8 人，37 个团组因公出访，近 100 人次教师出访交流，前往 22 个国家和地区。高校合作方面，与 UIUC 继续签署联合培养协议，新增与意大利热那亚大学、葡萄牙新里斯本大学、法国勃艮第弗朗什孔泰大学 3 项师生交流培养协议。

2018 年学院开拓国际交流新模式，组织国际培训及夏令营。承办第 2 期“马来西亚东海岸铁路项目与铁路人才培训”，学生累计 54 名，共计 410 学时。为中国路桥公司肯尼亚籍本科生开设共 3 门课程；为乌兰巴托铁路局、西伯利亚国立交通大学等单位开展培训讲座 5 次，参与老师 6 人次。8 月，学院邀请来自挪威、马来西亚等国的教授，举办为期 15 天的国际夏令营。

2018 年学院组织 2 场值年返校活动。1977、1978 级入学 40 周年主题返校活动，共计 100 余人次参与活动 5 场。1988 届、1998 届、2008 届值年主题返校活动，共计 310 余名校友参与主题活动 4 场。前往天津、南京、哈尔滨、长沙等地，走访校友 7 次，并形成校友采访成果。学院新增校企联合培养基地 3 处，校友捐赠 4 项，“交达教育基金”1 项。学院正式推出“BJTU 土建校友汇”公众号，累计推送 31 篇。配合学校部处，发放针对本科 35 届、研究生 9 届校友，1 700 余份网上调查问卷。

（韩小娜）

【"12·26"事故】

12 月 26 日上午，东校区环境工程实验室进行垃圾渗滤液污水处理科研试验时发生爆炸引发火灾，3 名参与实验的研究生在事故中遇难。学院在学校的领导下成立工作组处理善后事宜，开展安全隐患排查整改工作。

（邢朝晖）

机械与电子控制工程学院

【概况】

机电学院下设机械工程系、检测与控制工程系、动力与能源工程系、轨道车辆工程系 4 个系，材料科学与工程研究中心、工程训练中心、机械工程实验中心 3 个中心。学院设有机械工程、车辆工程、测控技术与仪器、能源与动力工程、工业工程、机械电子工程（中外合作办学项目）6 个本科专业，设有机械制造及其自动化、机械电子工程、机械设计及理论、车辆工程、工业工程、材料科学与工程、热能工程、动力机械及工程、载运工具运用工程 9 个全日制学术型硕士学位授权点，机械工程、车辆工程、工业工程 3 个全日制工程硕士专业学位授权点，机械工程和车辆工程 2 个非全日制工程硕士专业学位授权点，机械工程、车辆工程和工业工程等 3 个在职工程硕士专业学位授权点，机械工程一级学科博士学位授权点、载运工具运用工程二级学科博士学位授权点、先进制造领域工程博士专业学位授权点。

2018 年，学院有在职教职工 221 人，其中专任教师 152 人，包括工程院院士 2 人；学院有博士生导师 72 人（含兼职博士生导师 6 人）；硕士生导师 118 人；教授 45 人，副教授 57 人，讲师 42 人；专任教师中具有博士学位的占 88.16%。

截至年底，学院毕业博士生 25 人、硕士生 208 人、在职工程硕士研究生 28 人、本科生 302 人；招收博士生 50 人、全日制硕士生 297 人、非全日制硕士生 25 人、本科生 426 人；在校博士生 269 人、全日制硕士生 675 人、非全日制硕士生 50 人、在职工程硕士研究生 112 人、本科生 1 596 人。

（孙海波　田龙梅　王公臻　吴成祥　刘冬薇）

【党建和思想政治工作】

截至年底，学院有 44 个党支部，其中教工 8 个、本科生 4 个、研究生 32 个。共有党员 707 名，其中教工党员 153 名，占全院教职工总数的 72.2%；研究生党员 459 人，占全体研究生的比例为 48.8%；本科生党员 95 人，占本科生的比例为 6.2%。新发展党员 94 人（本科生 54 人、研究生 40 人），转正 86 人（教工 1 人、本科生 46 人、研究生 39 人）。

通过中心组学习、辅导报告、研讨交流、观看视频、党支部集体学习研讨、院班子成员撰写学习体会文章等方式，学习贯彻全国教育大会精神。组织院班子成员专题读书活动，以观影、电视授课、主题展览、主题党日活动等形式进行系列专题学习教育，开展“践行延安精神，坚定理想信念”教师党员体验式培训。开展“四有好老师”和“四个引路人”学习实践活动，组织全院教师学习学校关于师德师风建设长效机制、师德“一票否决”和研究生导师立德树人职责等师德师风建设文件，各党支部开展师德师风专题研讨，列出负面清单。实施《机电学院拟聘师资思想政治表现考察办法》，把好教师师德入口关。组织研究生导师立德树人专题培训。选树北京市高等学校青年教师名师郭盛和最美交大人张英等优秀教师典型。王曦、王纪武、孙卫青、刘月明、曲海波、杨广雪、樊文刚 7 名教职工获“太原重工”奖教金，王青温、陈梅倩、宋雷鸣、蒋增强、蔡贺 5 名教职工获“轨道车辆”奖教金。由董立静牵头，黄振莺、樊文刚、曲海波、刘冬薇等老师参与的调研项目“京津冀轨道交通网协同规划建设调研及发展建议”获得北京市教工委“双百行动计划”青年教师社会调研团队立项。

完成系（中心）行政、教工党支部换届开展党支部工作专题培训。推进后进党支部整顿工作，3 个后进党支部通过审核验收完成转化任务。开展教工党支部书记述职考评并形成反馈意见，落实党支部书记津贴，推进“双带头人”教师党支部书记培育工作。推进党建工作“对标争先”建设计划的落实，学院党委被评为“标杆学院”、机械系教师党支部被评为“样板支部”。学院师生党员、入党积极分子和群众 707 人参与“共产党员献爱心”捐款活动，捐款 17 743.10 元。

加强本科生党员主题教育，组织学生观看“首都百万师生同上一堂课”电视授课，电影《厉害了，我的国》，电视《为你而歌》《榜样》，组织参观“伟大的变革——庆祝改革开放 40 周年大型展览”，开展纪念马克思诞辰 200 周年主题党日活动和“新时代新担当新作为”主题党日活动。全年举办 3 期本科生党员体验式教育培训班或主题党日活动，近百名本科生党员赴上海、浙江嘉兴、河北西柏坡和北京房山区等红色革命圣地开展体验式专题教育。全体本科生党员暑期提前返校，开展本科生党员暑期“学习实践周”活动；设立大学生机械博物馆本科生党支部党员责任区，每个支部负责一个责任区。继续开展红色“1+1”和红色“1+3”活动，本科生 2016 级党支部获评北京高校红色“1+1”示范活动优秀奖。4 个本科生党支部均按时召开支部述职评议大会，115 名党员参与述职，开展党支部评议会 4 次、组织生活会 4 次、团支部评议会 27 次。

深化本科生学风建设，实施院领导与大一班级结对子制度。组建学业导师、学业朋辈辅导师和学业朋辈咨询师三支队伍，聘任 150 名学业朋辈咨询师、73 名学业朋辈辅导师，成立 42 个课程互助学习小组，开展朋辈辅导 114 次，辅导学生 465 人；邀请任课教师开展课程学习方法讲座 5 次；在微信公众平台共享资源，制作 26 个复习推送，浏览量超 6 000 余次。建立学业状况定期分析制度，编制学业发展报告 13 期。开展红果园论坛 9 次，覆盖受众学生约 1 200 人次；举办 8 场国家奖学金、国家励志奖学金和专项奖学金答辩会，实现专项奖学金答辩全覆盖。

推进本科生综合素质培养，成立专家委员会，新增综合素质培养特色项目 6 项，形成精品教育实践项目 7 项。组建 25 支暑期社会实践团，300 余人参与暑期社会实践；与中国金币总公司签订志愿服务协议，60 名志愿者服务钱币博览会；25 名本科生服务 1977 级、1978 级校友返校庆祝活动，服务时长近 300 小时；定期开展地铁六号线、香山爱慕家志愿服务和捐衣捐物、旧书回收、志愿嘉年华等活动，参与 300 余人，服务时长逾 1 000 小时。

完善学生成长服务平台，全年认定家庭经济困难学生 354 名，占全院本科生总数的 23.84%。新增校园地贷款人数 10 人，新增生源地贷款 45 人。全年各类助学金发放共计 107 万余元，覆盖 100%家庭经济困难学生。全年设立勤工助学岗位 32 个，上岗人数 107 人，5 人获评勤工助学标兵及先进个人荣誉称号。10 名学生获得学校优秀“学生资助宣传大使”。13 名本科生获评第二届“轨道车辆·自强之星”。首次从新生家庭经济特别困难的本科生中遴选 2 名学生资助“仁德助学金”，试点进行助学培优。组织 426 名 2018 级本科生参加校内集中军训，学院获评内务先进单位称号。做好应征入伍动员，3 名本科生光荣入伍。

推进就业创业精准服务，走访用人单位 5 家，新增 6 个重点联络单位，承办 10 余次专场招聘会。组织本科生暑期就业实践，获全校一等奖。2018 届本科生就业率 99%，签约率 91.69%，深造率 49.17%。学院 2018 年获评学校“就业创业工作综合奖”“就业市场建设特色奖”“创业指导特色奖”。

1 个本科生班级获评北京市先进集体，1 个本科生团支部荣获北京市“先锋杯”优秀团支部。2015 级本科生李祥、李天文获“知行”奖学金，孙俊杰获“知行”单项奖学金。本科生累计 58 人次、16 人次、751 人次分别获得国家级、北京市级、校级各类奖学金或荣誉称号，74 个集体获得各类荣誉称号，奖学金获奖比例达 34.80%。

加强研究生思想政治工作，开展“不忘初心，牢记使命”学生党员赴上海、嘉兴体验式培训。75 名研究生参加《百家讲坛》特别节目《平“语”近人——习近平总书记用典》第 3 集和第 5 集的录制，4 名研究生代表现场与主讲老师进行交流。中国教育电视台对硕士 1601 党支部组织观看“首都百万师生同上一堂课”进行报道。组织参观马克思诞辰 200 周年主题展览、观看《青年马克思》电影、参观“伟大的变革——庆祝改革开放四十周年”大型展览等主题教育活动，受众研究生 1 000 余人次。

加强研究生党支部建设，规范研究生党支部委员的设置，研究生党支部配备纪检委员、理论导师，开展党支部工作专题培训。硕士 1702 党支部的“公益课堂助力科技梦想”志愿服务项目入选第四届海淀区志愿服务项目大赛前 15 名，并获评北京高校红色“1+1”示范活动优秀奖。

深化研究生科学道德和学风建设，开展“身边的榜样”研究生国家奖学金获得者事迹宣传及学术经验分享活动，开展研究生学术不端行为大讨论。举办 2 场“院士校园行”、22 场“与大师面对面”名师讲坛、24 期研究生学术沙龙，参与研究生近 2 500 人次。“慧光杯”研究生学术文化节面向研究生征集学术论文 111 篇。加强研究生导师对研究生参与学科竞赛的指导，获“兆易创新杯”中国研究生电子设计大赛国家级二等奖 1 项、三等奖 2 项，“杰瑞杯”第五届中国研究生石油装备创新设计大赛全国二等奖 1 项，“蓝桥杯”全国软件和信息技术专业人才大赛北京市二等奖 1 项，第七届大学生科技创新作品与专利成果展示推介会一等奖暨创新金奖 1 项，“比泽尔杯”第十二届中国制冷空调行业大学生科技竞赛二等奖 1 项，“丹福斯杯”第五届中国制冷学会创新大赛三等奖 1 项。

推进研究生社会实践育人工作，暑期组建 8 支研究生社会实践团队，获学校一等奖 2 项，三等奖 2 项，14 名研究生获评学校“社会实践先进个人”；35 名研究生参加全国优秀大学生暑期夏令营志愿者工作，40 名研究生作为志愿者服务钱币博览会，设立研究生“三助”岗位 154 个，参与“三助”研究生 196 人，8 名研究生担任兼职辅导员，全年研究生累计参加各类实践活动或服务项目逾 950 人次。

完善研究生资助育人工作，99 名研究生被认定为家庭经济困难学生；11 名研究生获校园助学贷款；7 名研究生获评第二届“轨道车辆·自强之星”；遴选 2 名研究生资助“仁德助学金”，进行资助培优。

推进研究生就业精准指导与服务，全年开展 3 项就业创业专题调研活动，分别形成调研报告；组织研究生首次造访联合国可持续农业机械化中心，拓展赴国际组织实习实践渠道。2018 届研究生就业率 99.56%，签约率 95.13%。

全年研究生共获得省部级及以上荣誉 32 项，其中国家级荣誉 25 项。博士生付毕安获学校“五四奖章”，博士生黄友旺获 2018 年度宝钢奖学金，硕士生李婧获评“全国百佳心理委员”，硕士生折昌美获评学校第十届“自强之星”第一名，硕士生马艳获评“志愿者领袖”。研究生累计 136 人次获得各类奖学金或荣誉称号。

（常惠玲　蔡　贺　李洋颀　张雯溥）

【教学工作】

配合学校完成本科教学审核评估和车辆工程专业认证工作。完成审核评估自评报告撰写、附件支撑材料准备和现场考察环节，审核评估专家组到学院考察 6 次，考察校外实习示范基地 1 个。完成车辆工程专业第二次专业认证现场考察工作，专业负责人在工程能力国际论坛做主旨报告。

开展本科教学内容和条件建设。开展新工科建设深化人才培养模式改革，2 项校级新工科建设项目顺利结题；12 项校级教改项目结题验收，新增 4 项校级教改项目；10 门课程新获中国大学 MOOC“爱课程”网批准上线，6 门课程在“爱课程”网上线开课，新增立项建设 4 门在线开放课程；新增立项建设 4 门全英文课程；获批中央高校改善基本办学条件专项资金 179 万元，主要用于实验中心和训练中心基本实验条件建设；获批学校教学实验室建设项目立项资金 100 万元，学校上水平教学实验室、实习实训基地运行立项获批 33 万元，主要用于虚拟仿真实验项目建设；新增校外实践基地 1 个。

提升国际合作办学人才培养质量。机械电子工程专业录取平均分高于重点线 93.38 分。申报校级重点教改项目 1 项，组织完成院内教改立项 8 项。加强大一过渡期的学业监控和辅导，2017 级留级率同比 2016 级降低 3%。2015 级赴澳学习学生比例为 72%。20 名澳大利亚新哥伦布计划学生来学院学习。2014 级首届毕业生深造率 64%，2 名学生分别发表 SCI 一区及二区期刊论文 1 篇；派出 4 人代表团观摩学习澳大利亚伍伦贡大学专业认证，选派 2 名教师赴澳学习。

完成 2017 年大学生创新训练计划项目结题验收 39 项，其中获评国家级 15 项、北京市级 9 项，获评学校大学生创新训练计划项目优秀组织奖。获“第十七届全国大学生机器人大赛” 全国总决赛一等奖，“首都高校第九届机械创新设计大赛”省部级一等奖 2 项、二等奖 4 项、三等奖 1 项，“第八届全国大学生机械创新设计大赛慧鱼组竞赛”省部级一等奖 3 项、三等奖 1 项，“本田中国节能竞技大赛大学 EV 组”国家级一等奖，“本田中国节能竞技大赛大学燃油组”国家级二等奖，“北京市工程训练综合能力竞赛”一等奖 2 项、二等奖 3 项、三等奖 1 项，“第十一届全国三维数字化创新设计大赛”全国二等奖 1 项、三等奖 1 项。组织完成 2015 级 86 项科研导师计划试点项目的结题工作。

依托学院教师发展分中心，组织开展各类促进教学能力提升的活动；加强对青年教师的培养，10 名教师或主讲资格认定，14 名教师助课 15 门次；组织学院青年教师教学基本功展示交流活动和选拔赛，27 名教师参与交流活动，8 名教师参与学院选拔赛，3 名教师参加学校“第十二届青年教师教学基本功比赛”，获三等奖 3 项、“优秀教案奖”2 项。获评北京市教学成果奖 6 项，其中主持建设一等奖 1 项、二等奖 2 项，参与建设特等奖 1 项、一等奖 2 项。郭盛获评北京市高等学校青年教学名师。

组织完成学院新一轮各学位授权点自评估工作，填报北京市学位授权点基本状态信息表，补充完善学位授权点自我评估总结报告及附件支撑材料。完成机械工程、车辆工程 2 个工程硕士专业学位授权点，先进制造领域 1 个工程博士专业学位授权点的对应调整工作。

举办第六届暑期夏令营并开展研究生优秀生源预选拔，创新选拔模式，首次搭建学位点、导师介绍等宣传招生微信平台，接收2019年硕士推免生116人、直博和硕博连读28人。制定博士生申请考核制招生实施办法，首次全面试行博士生招生申请考核制，取消公开招考。

制定实施工程博士研究生培养方案和2018版全日制专业学位研究生、非全日制专业学位研究生培养方案，落实首批工程博士生和非全日制专业学位研究生课程教学环节。完成研究生教育教学课程建设项目结题1项，完成首批校级研究生优质核心课程建设6门，其中获评优秀5门；组织完成研究生教改论文21篇。新增校级研究生教育教学研究项目1项，新增校级研究生优质核心课程立项建设6门。申报获批研究生教学案例开发项目1项，非全日制研究生教育教学管理改革重点项目1项。

组织开展研究生培养实践平台建设，申报获批校级培养基地建设管理重点项目1项，获研究生联合培养基地建设项目 2 项，“北京交通大学–中国重汽集团重庆燃油喷射系统有限公司研究生联合培养基地”正式挂牌，与中车青岛四方车辆研究所有限公司签订共同建设培养基地协议。

组织完成各类研究生奖项推荐工作，1人获全国工程教指委“工程硕士实习实践优秀成果获得者”荣誉称号，1人获全国工程教指委“做出突出贡献的工程硕士学位获得者”荣誉称号；获国家留学基金委公派研究生项目资助8人，获学校国际学术交流基金资助15人，获高水平论文奖励103篇，获批研究生创新基金项目17项，完成2017年研究生创新项目结题、中期检查30项，获校级优秀博士学位论文2篇、校级优秀硕士学位论文7篇。

学院动车组培训基地承接完成铁路总公司动车组技术专职任职资格培训班4期，培训学员200人。与远程与继续教育学院合作完成3期专职师资培训班的培训任务。为神华铁路货车运输公司培训管理干部2期，培训学员70人。

（吴成祥　孙娟娟　田龙梅　王公臻　常惠玲）

【科研工作】

新增主持科研项目342项，科研合同经费15 648万元。新增主持国家级科研项目共45项，其中主持国家重点研发计划项目1项、课题20项，国家自然科学基金项目9项（包括“重大”“重点”项目各1项、“国际（地区）合作与交流项目”2项）。耿聪副教授主持的国家重点研发计划项目“高效能量优化管理及动态协调控制技术”获科技部批复立项。刘小平教授当选IEEE FELLOW。

新增SCI检索论文134篇，EI检索论文185篇，ESI高被引论文5篇，发明专利72项。新增省部级科学技术奖特等奖1项、一等奖2项和三等奖1项，其中王文静教授参加完成的成果“时速350公里复兴号动车组转向架研制”、余祖俊教授主持完成的成果“高速铁路周界入侵检测技术”分别获2018年度中国铁道学会科技奖特等奖和一等奖，李德才教授主持完成的成果“耐酸碱、高速、分瓣式磁性液体旋转密封关键技术与应用”获2018年度教育部高等学校科学研究优秀成果奖（科学技术）技术发明奖一等奖，姚燕安教授主持完成的成果“可重构多模态移动机器人设计技术与应用”获2018年度北京市科学技术奖三等奖。参编的科技部“创新方法工作专项”系列丛书《10000个科学难题（交通运输科学卷）》于2018年11月出版。

（孙卫青）

【学科与平台建设】

发挥学科责任教授作用，以学科建设目标为导向，利用校院两级资源深入加强学科建设工作。机械工程学科进入 2018 年软科世界大学一流学科排名前 150 位，QS 世界大学学科排名前 250 位。

“载运工具先进制造与测控技术”教育部重点实验室召开 2018 年度学术委员会会议。“新能源汽车动力总成技术”北京市重点实验室召开 2018 年度学术委员会议和专家咨询研讨会。“微细尺度流动与相变传热”北京市重点实验室召开 2018 年度学术委员会议和学术年会。

学院军工基地由素质中心搬迁到科技大厦，面积由原来的 55 平方米增加到 110 平方米，保密措施进一步加强，所有涉密计算机的硬件和软件、防护软硬件进行换代升级，各项目组的保密柜由机械式改为电子式，健全密工作规章制度。按照学校的部署认真开展保密工作的问题自查和隐患整改，配合学校开展 9 月 28 日的武器装备科研生产许可证的延续认证工作，组织老师对 2 个项目组的军工项目，按照武器装备科研生产许可证认证的要求，收集、整理所需资料，编写质量管理体系和管理文件。

（孙卫青　杨力阳　王青温）

【对外交流与合作】

2018 年度新获批国家引智项目 2 项、校级引智项目 6 项。外宾来访 104 人次，其中合作科研 47 人次、讲学 12 人次、考察访问 47 人次。学院因公出访组团 28 个，共 56 人次执行因公出访任务。

就机器人方向与美国密歇根大学迪尔本分校达成合作意向，年底启动“北交–密歇根新工科多学科交叉工程人才机器人试点班”建设工作；学院依托轨道车辆运用工程专业，设立北京市国际科技合作基地。

与英国卡迪夫大学、英国曼彻斯特大学、巴西坎皮纳斯大学、印尼万隆理工学院在教师互访以及科研合作方面达成新的合作意向；培育国际人才，埃及学生专升本项目启动，测控技术与仪器专业招收第一批学生共 25 名；与挪威奥斯福大学院签署国际合作交流协议，接收 6 名挪威留学生到校交流学习；与德国亚琛工业大学联合，举办第四次中德暑期学校；与泰国科学技术研究院、泰国拉卡邦先皇技术学院、苏兰拉里理工大学、清迈大学、东北皇家理工大学孔敬校区、威差亚皇家理工大学签订联合授课合作意向书。学院选送学生出国深造及交流 103 人次，接收留学生深造及交流 96 人次。

开展 1977 级、1978 级校友入学 40 周年，1988 届、1998 届、2008 届本科生及研究生值年校友返校活动；首次召开机电学院校友值年返校庆祝大会，接待校友近 600 人次，为返校校友定制专属文化衫及机械博物馆主题明信片。加强校友走访工作，全年共计走访重点校友 20 余人次，形成采访专稿 14 篇，一个学生团队获评北京交通大学寻访校友活动一等奖。

推进校友工作与学院中心工作一体化建设，将校友、基金工作与人才培养、学科建设、文化建设等工作相结合，以“校友讲坛”“毕业生最后一堂课”“学长来了”等多种活动为平台，邀请校友返校讲学 10 余人次，辐射学生 1 800 余人；为 500 余名 2018 届毕业生发放专属纪念品——机电锤。与北京艾肯拓科技有限公司签署校企合作协议，教育基金新增合同额 200 万元，其中“世纪瑞尔轨道交通智能检测研究基金”100 万元、“工程训练中心发展基金”100 万元。学院获评北京交通大学 2017 年度校友与基金工作单项先进单位。

（李璐琳　刘冬薇）

【大学生机械博物馆与创客空间建设】

2018 年 9 月，引进 STAR13 老车床、马鞍形小车床两台百年车床，采用汉能太阳能薄膜发电技术照明，点亮百年老车床，成为校园新景观；在机械工程楼十层建成数字化综合展示平台，可供师生、校友等进行交流与互动体验；引进 1:20 高仿制造复兴号 CR400AF、CR400BF 电动车组模型，突出学院学科及行业特色。大学生机械博物馆先后加入北京高校博物馆联盟和全国高校博物馆专委会。2018 年度新增以博物馆藏品为研究对象的大学生创新训练项目 5 项，其中国家级 1 项、北京市级 1 项、校级 3 项；对典型蒸汽机车进行三维建模并实现 VR 展示；组织学生创新实践小组赴铁道博物馆开展 KF_1 型蒸汽机车的实际测绘和三维建模工作。博物馆学生讲解志愿服务项目获评学校“优秀志愿服务项目”，1 名学生获评学校“十佳优秀志愿者”称号，1 名学生获“北京高校博物馆讲解员培训展示活动”二等奖，1 名学生获“京津冀高校博物馆优秀讲解案例展示推介活动”三等奖。

创客空间全年举办 3 期创客沙龙、2 期阅读与交流活动，承办 3 期女性职业素养培训，受众学生 300 余人次。“木几咖啡”实训项目培养学生综合素质和实践技能，全年面向全校招募和培训学生员工 30 余人。

加强博物馆和创客空间辐射作用，传播机械文化之美。全年接待参观逾 3 000 人次，面向中小学开放及科普宣传近 500 人次，服务教育教学和学院对外交流工作。《中国科学报》《科技日报》《中国交通报》《大学生》杂志以及中国教育电视台、新浪在线等主流媒体，对大学生机械博物馆和创客空间的育人理念及成效予以关注报道。

（李　直　荆家玉）

电气工程学院

【概况】

电气工程学院设有电气传动与控制工程系、电力工程系 2 个系，电机与电器研究所、电力电子（电力牵引）研究所、新能源研究所、牵引供电研究所等 4 个研究所，国家能源主动配电网研发中心、电力牵引教育部工程研究中心等 2 个国家级和省部级研发中心，“111 计划”引智基地即主动配电网大数据分析与处理创新引智基地，国际合作实验室北京交通大学罗克韦尔自动化实验室，国际合作基地北京交通大学–密歇根大学动力电池应用研发中心，以及电工电子教学基地、电气工程综合实验中心。学院设有电气工程及其自动化、电气工程及其自动化（轨道牵引电气化）、电气工程及其自动化（新能源国国际班）3 个本科专业，有电气工程、电气工程领域 2 个硕士点，电气工程、载运工具运用工程、先进制造、检测技术与自动化装置等 4 个博士点。

2018 年学院有在职教职工 159 人，其中专任教师 111 人；博士生导师 54 人，硕士生导师 107 人；教授 34 人，副教授 56 人，讲师 21 人；专任教师中具有博士学位的占 82%。

截至年底，学院毕业学生 626 人，其中研究生 319 人（博士生 25 人、全日制硕士生 217 人、工程硕士 77 人）、本科生 307 人；招生 646 人，其中研究生 305 人（学术型博士生 39 人、工程博士生 1 人、全日制硕士生 259 人、非全日制 6 人），本科生 341 人（其中新能源国际班 59 人）；在校生 2 287 人，其中研究生 926 人（博士生 194 人、全日制硕士生 696 人、非全日制 36 人）、本科生 1 361 人。

（王海霞　顾文巧　于　冰）

【党建和思想政治工作】

学院共有 35 个党支部，其中教师党支部 6 个、研究生党支部 27 个、本科生党支部 2 个。在册党员 637 人，其中教职工党员 106 人、研究生党员 449 人、本科生党员 82 人。2018 年发展党员 101 人，其中研究生 50 人、本科生 51 人。

学院党委学习宣传贯彻党的十九大精神，2018 年组织中心组理论学习 12 次。全年组织赴延安、西柏坡、中共一大旧址现场学习实践 3 次，实现学院教师党员分批次全覆盖。完善党委会和党政联席会制度，细化学院系务会制度。

结合学院事业发展、学科建设开展党建工作。通过科研支持、助力教学能力提升、政策激励等，培育选拔双带头人党支部书记，郝亮亮获得校教学基本功比赛一等奖，方进获得科技部国际合作重大专项、海外科技领军人物等。结合学院中心工作，倡导开展红色“ 1+N”“双结合、双共建”党建活动。学院党委与国家电网冀北电科院党委共建，所有教师党支部与本领域企业、学生支部开展共建支部活动。电控系教师党支部被评选为学校“党建工作样板支部”、电机所方进工作室被评选为“双带头人工作室”。

推进本科生思想政治工作。开展主题教育活动 145 场，覆盖学生 1.1 万人次。推进综合素质方案在 2017、2018 级学生落细落实。推进学生党员“先锋工程”建设，举办第三期预备党员暑期专题研修班暨“十九大精神”专题研修班，覆盖2017—2018学年新发展的本、硕、博预备党员。学院加强网络宣传阵地建设，微信宣传平台“北交 EE 博士”用户总数达3 750名，发表推送 167 篇，阅读量108 500余次。加强班团组织建设，2018年获评“先锋杯”团支部1个、甲级团支部5个、乙级团支部12个、“十佳主题团日活动”1个。完善“同级互助+学长帮扶+教师指导”的网格化工作模式，打造线上线下学业辅导联动体系。2018年招募朋辈咨询师98名，组织开展专题讲座12次，学科辅导10次。发挥网络新媒体平台优势，开展5次公众号后台答疑、3次斗鱼直播学科串讲，实现学业帮扶线上线下有效联动，覆盖2 300人次。开展心理健康教育和4次心理排查。组织开展“自强之星”评选，1人获评学校“自强之星”。设立28个勤工助学岗位，为404名学生提供了勤工助学的工作机会，加大对困难学生资助帮扶力度。开展了第三期宿舍长培训班，培训18级宿舍长32名。2018年本科生宿舍达标率100%，34间宿舍获评五星文明宿舍。2018年各类暑期社会实践共组队17支，参与学生150人次。在团建和社会实践项目评选活动中获评学校一等奖2次、二等奖1次，其中赴凉山“大手牵小手，携爱凉山行”暑期实践团获评团中央“最具影响好项目”，李志强获评“强国一代新青年”。21人获评学校社会实践先进个人荣誉称号。2018年各类志愿服务参与人数达1 450余人，服务时长超过6 000小时。学院团委与龙潭街道结对，开展线下对接工作，组织青年开展志愿服务 1 次。有针对性地开展就业指导，深造率 43.37%，就业率99.03%。学院学生工作干部参加各级各类培训共4次。2018年研究课题共5项，其中党建课题1项、思政课题2项、就业课题2项。2018年获评“青年服务国家”首都大中专学生暑期社会实践先进工作者1人，校“五四奖章”1人、“五四奖章提名奖”1人，校“社会实践先进工作者”1人。

2018年，学院毕业研究生共242人（不含工程硕士），其中博士25人、硕士217人。硕士生初次就业率100%，签约率98.54%，签三方率86.34%。博士生就业率100%、签约率100%。有13名同学到西部和基层就业，获得学校“奋飞奖”。研究生有29人次获得各种奖项，84人次获得各种荣誉称号；5个班集体获得校级优秀班集体；博士生吴志刚获评北京市三好学生。组建5支社会实践队，86名研究生参加了社会实践，5人获得社会实践优秀个人荣誉称号。加强党员教育和支部书记及支委等党员骨干培训。开展党支部红色“1+1”活动3次。举办学院第十二届研究生学术节，举办“与大师面对面”名师讲坛22次、研究生学术沙龙10次、研究生就业沙龙2次。解决研究生实际问题，对于在学习和科研中遇到困难的同学，及时与其导师沟通，制定针对性的帮扶计划；鼓励经济困难的研究生申报“三助”岗位或校内兼职岗位，并在国家助学贷款和助学金评选中适当倾斜；对就业困难同学进行个体帮扶，有针对性地向用人单位推荐。做好研究生心理普查工作，在各班级设立心理委员及自我管理小组，加强信息报送，开展有针对性的心理健康教育活动。

（和敬涵　吴命利　丁金凤　王晓丹　黄　津　王　鹏）

【教学工作】

2018年电气工程及其自动化和轨道牵引电气化方向按照电气类招生282人，电气工程及其自动化（新能源国际班）招生59人。接收北京信息科技大学和北京建筑大学双培学生32人。2018年共307人毕业，结业2人，延期10人。2015级31名双培学生完成在交大3年的学习，回到本校培养。34名同学申请了外专业的辅修/双学位的学习。2018年67人获得推免资格，其中3人产学联合培，4人支教，1人参加国际组织实习。在2017级本科生中选拔出 28 人组成电气工程及其自动化专业的试点班。

完成学校本科教学评估学院迎检和接待评估专家入院检查专访工作。完成 2019 年专业认证申报，并获得批准。

8 门课程上线中国大学 MOOC 平台，包括电路、模拟电子技术、数字电子技术、电机学、电力系统分析、计算机网络与通信技术、电子技术、电工技术，其中电路课程获评国家级精品视频公开课程。在建在线开放课程 14 门。申报 1 门创业类课程，2019 年春季学期开课。2016 级“电气工程专业研究训练”必修课程开课。

课程实行课程负责人制。课程负责人组织教学文件的制定、课程建设和教学研讨工作。学院组织学期初课程计划会和学期末总结会、教学示范观摩活动、助课试讲、教学法讲座等提升教师教学能力。举办院级青年教师基本功比赛，选拔郝亮亮和王磊老师参加校第十二届青年教师教学基本功比赛并获得一等奖，王磊获评最佳教案奖。学院 3 位教学促进师、6 位市级和校级教学名师在学校和学院青年教师培养方面起到引领、指导和促进作用。

9 门专业核心课程全部英文授课，且已超过 3 个轮次。新能源国际班实现全英文授课，2018 学年度学院培养了 7 位老师为新能源开设课程。邀请国外专家、学者为 2016 级和 2017 级学生做“工程与社会”讲座 6 次。

新增北京市轨道交通运营管理有限公司、江苏中天科技股份有限公司、河北省衡水市信衡变压器制造厂 3 个校外本科实习基地。2018 年暑期小学期 2015 级 338 名学生进行生产实习，学院组织的生产实习在校内电机实习基地和 10 个校外实习基地完成。全年完成 5 门 9 周 990 人次的实习实训任务。6 门课程共 7 周 1 440 人的课程设计任务。组织 310 人进行毕业设计，立项创业类毕业设计项目 9 项。

推进电气工程及其自动化专业科教融合实验室建设。推进高速铁路牵引供电系统设计与运行虚拟仿真实验平台、智能配电网虚拟仿真实验平台、专业方向科教融合实践训练平台建设。完成电气楼 3 楼、4 楼实验中心装修改造。

完善学院教学质量监控机制。收集教学过程中教师和学生的意见建议，并依据专业认证和教学评估要求反馈意见，改进教学工作。成立学院 11 人教学督导组，对理论课堂、实践课堂、教学日历教案、试卷、毕业设计、生产实习等方面进行督导。督导组理论课堂听课达 8 次/人，实践课程看课 2 次/人。

加快网上阅卷系统建设，规范试卷印刷、考核、评价环节以及教学档案的存档工作。春秋两学期共 25 门课程、106 个课堂实现网上阅卷。

组织教师 26 人次进行本科招生宣传咨询，开展“专家进校园”活动 3 次。学生参与寒假招生宣传实践活动 160 人。学院对参加招生宣传的老师按照学校补助 1:1 配套支持。

开展教学改革研究，推进教学模式、课堂教学改革和课程建设工作。2018 年结题教改项目 16 项，其中 1 项北京市教改项目、2 项新工科建设项目。新立教改项目 4 项，在线开放课程项目 20 项，毕业设计（创业类）项目 9 项。立项毕业设计和生产实习院级教改项目 2 项。学院主持的“需求导向的国际化电气工程人才培养体系构建与实践”项目获北京市教学成果二等奖，参与完成的教改项目获国家级教学成果二等奖 2 项、北京市教学成果特等奖 1 项、北京市教学成果一等奖 2 项。

2018 年大学生创新项目结题 82 项，获评国家大学生创新创业训练计划项目 16 项，国家大学生创业训练计划项目 1 项，北京市大学生科学研究与创业行动计划项目 13 项，学院获评 2017 年大学生创新创业训练计划项目优秀组织奖。2018 年大学生创新项目立项 121 项。组织中国智能制造挑战赛、全国大学生节能减排社会实践与科技竞赛、全国移动互联创新大赛、电气杯科技创新大赛等校内科技选拔赛，参加全国大学生创新创业年会、中国智能制造挑战赛、全国大学生节能减排社会调查与科技竞赛、全国互联创新大赛并获得优异成绩。本科生在各类专业科技竞赛共获国家级一等奖 4 项、二等奖 8 项、三等奖 6 项，省部级奖 14 项，其中“双边轮式斜拉索桥检测机器人”在第十一届全国大学生创新创业年会上获评“我最喜爱的项目”。

2018 级录取硕士研究生共 259 人，其中推免生共 119 人，统考 140 人；学术型硕士 137 人，专业型硕士 122 人。录取非全日制专业型硕士 6 人。2018 级电气学院共录取博士生 40 人，其中本科直博生录取 5 人、硕博连读录取 22 人、申请考核制录取 11 人（含工程博士 1 人）、公开招考 2 人，仅公开招考生源中有 1 人为在职定向，其余均为非定向。

2018 学年共开设研究生课程 66 门，共计完成 1 716 学时教学任务，学院通过随堂听课，对学院研究生课堂教学情况进行跟踪，学院学位委员会委员、研究生系列课程负责人每学期要求至少听课 2 次，同时参加研究生课程教学资料（试卷、大作业）的评估工作。对研究生培养过程的关键点（研究生开题、研究生中期考核、超期汇报）等进行全面检查。非全日制研究生统筹安排在周末集中上课，合理制定排课计划，保障学生可以在 1 学年完成课程学习。学院指派专人定期检查专业课课程秩序和考勤，坚持全日制和非全日制研究生教育同一质量标准。2017 级非全日制硕士研究生均已完成学位论文开题工作。

2018 年学院有效运行的研究生培养基地共有 16 个。全年有 149 名硕士研究生到企业实践，其中 40 人到学院研究生培养基地，82 人到与导师有科研合作的单位实习。截至年底，学院共有在学在职工程硕士 213 人，其中电气工程 143 人、项目管理专业 67 人、安全工程 3 人。为保证未修满学分的学生顺利完成课程学习进入论文阶段，学院单独开设课程 3 安排其同非全日制共同上课 1 门。2018 年学院获得工程硕士学位的在职工程硕士学生共 77 人，其中电气工程专业 70 人、项目管理专业 7 人。

学院对发表高水平的论文和参加学科竞赛的学生加重奖励的权重，2018 年学院研究生共有 66 人次获得学校高水平论文奖励。

2018 年研究生创新项目立项 19 项。学院为研究生开出“现代电力系统分析”“现代控制工程”等 6 门全英语课程，76 名研究生到国外参加联合培养、学术交流、访学及国际会议等活动。1 位博士研究生的学位论文被评为院级优秀博士论文，7 位硕士研究生的学位论文被评为校级优秀硕士论文，16 位硕士研究生的学位论文被评为院级优秀硕士论文。

（顾文巧　于　冰　赵永贤）

【科研工作】

2018 年累计新增科研项目 183 项，合同经费 1.38 亿元。其中纵向项目 77 项，包括国家自然科学基金优秀青年基金项目 1 项，国家自然科学基金项目 2 项，国家自然科学基金“青年基金”3 项，国家重点研发计划项目 19 项，北京市自然基金 1 项，北京市科委、北京市教委、北京市教工委项目共计 5 项，铁路总公司项目 1 项，国际合作项目 3 项，教育部项目 1 项。SCI 检索论文 95 篇、EI 检索总数 159 篇、ESI 高被引 11 篇。获得授权专利 37 项，其中发明专利 28 项。

（滕　健）

【学科与平台建设】

第四轮学科评估，电气工程学科获评 B 档。电气工程学科作为交通特色交叉学科获得学校重点建设支持。专任教师明确了学科归属，学院参建载运工具运用工程学科共 15 人，电气工程学科共 95 人。建有部级重点学科 2 个：铁路总公司（原铁道部）重点学科——电力系统及其自动化，北京市重点学科——电力电子与电力传动。国家级科研平台 1 个：国家能源主动配电网技术研发中心。省、部级科研平台 2 个：电力牵引教育部工程研究中心，轨道交通电气工程技术研究中心。“111”引智基地 1 个：主动配电网大数据分析与处理创新基地。国际合作基地 1 个：北京交通大学–密歇根大学动力电池应用研发中心。国际合作实验室 1 个：北京交通大学罗克韦尔自动化实验室。

（吴命利）

【新能源（国际化示范）学院建设】

2018 年学院在基础课程和专业课程实现全英文授课基础上，多次组织国内外专家学者讨论完善培养计划，在 2016 版上以学期为单位进行微调，修改学分配置并调整开课时间，新版培养计划初步形成体系。

2018 年学院共聘请外籍教授 12 人：聘请美国工程院院士、华盛顿州立大学教授 Anjan Bose 作为学院名誉院长，全面指导学院的运行工作；另聘请 11 名海外专家，如韩国明知大学电气工程系教授 Seung Jae Lee，葡萄牙新里斯本大学教授 Stanimir Valtchev，美国科罗拉多大学丹佛分校电气工程系终身副教授 Jae Do Park，国家千人计划特聘专家薄志谦教授等作为学院兼职教授，承担本科教学工作，并与电气学院相关领域教师开展合作科研。开设“新能源行业研讨会”课程，邀请国内外电气领域的学者教授或行业内的专家为低年级本科生开设讲座共计 14 次。

推进国际化平台建设。7 月承办 2018 国际青年知行论坛电气分论坛暨新能源国际学院学术研讨会。11 月协办 2018 第二届国际电气与能源大会，举行分会场“第三届新能源的未来”国际研讨会。

3 月与美国奥克兰大学、11 月与新西兰惠灵顿维多利亚大学正式签署海外学习协议，与澳大利亚新南威尔士大学、澳大利亚迪肯大学、英国卡迪夫大学、华盛顿州立大学等在海外学习项目协议及课程匹配上达成进一步合作意向。2018 年春季启动第一批海外学习项目学生选拔，并于 2018 年秋季学期首次派出；完成 2019 年春季第二批海外学习项目的学生选拔工作。

2018 年度学院接待美国麻省理工学院、英国卡迪夫大学、英国南安普顿大学、新西兰惠灵顿大学、澳大利亚迪肯大学、华盛顿州立大学、奥克兰大学、SAF 教育集团、葡萄牙里斯本大学、香港大学等来访 20 余次，并举办多场学术讲座。学院的“新能源电力行业国际化人才培养的探索与实践”项目，被中国电力教育协会评为“2018 电力行业国际化人才培养优秀成果十佳项目”。

（陈　源）

【对外交流与合作】

2018 年学院共获批引智项目 12 项，共获批引智项目经费 118.5 万元（不包含新能源国际学院和 111 引智基地经费），其中高端外国专家项目 3 项、国家重大科技专项 1 项、学校特色聘专项目 8 项。

2018 年学院共接待来自美国、英国、韩国、新加坡、俄罗斯、新西兰、西班牙、葡萄牙、日本等 10 余个国家及中国香港特区的短期访问和团组 80 余人次。境外专家来校期间，为学生开设讲座 20 余次，授课 10 余门，参加学院组织的国际会议，与教师进行科研合作和交流，并为学院发展建言献策。

2018 年学院共派出因公出国（境）团组 34 个，出访教师共计 62 人次，其中教学科研出访 31 组、其他性质出访 3 组。2018 年共有 135 名学生出国交流和研修。为学院共派出 2 组共 18 名研究生分别赴英国卡迪夫大学和澳大利亚新南威尔士大学进行为期一周的访学交流。新能源学院派出 1 名本科生赴澳大利亚新南威尔士大学进行一学期交换学习。

2018 年学院先后与多所国外大学和国际组织建立合作和联系，共签订合作协议 11 份。与澳大利亚新南威尔士大学、悉尼大学、新西兰维多利亚惠灵顿大学、新加坡国立大学等国外高校签署学生联合培养协议，涉及本科生、硕士及博士层面的联合培养，以及新能源国际学院学生海外学习项目等。学院与澳大利亚新南威尔士大学达成深度合作意向，在前期合作的基础上，决定共同建立微电网联合实验室、合作申报中澳联合研究中心项目，并共同承担澳大利亚轨道交通有关培训任务。与英国卡迪夫大学工程学院达成一致，双方决定共同申报一个本科生层次的教育部中外合作办学项目。11 月，电气学院牵头促成北京交通大学与 IEEE PES 签订合作谅解备忘录，双方约定在新能源领域开展多层次全方位的合作。

2018 年学院共有在读留学生 38 名。主要来自巴基斯坦、蒙古、孟加拉国、乌干达等国家。学院自 2017 年度开始招收全英文授课硕士生，2018 年度学院开始筹备开设全英文博士项目。

7 月，学院承办 2018 国际青年知行论坛电气分论坛暨新能源国际学院学术研讨会，邀请到 2 位美国工程院院士、9 位国际青年专家及 50 余名企事业嘉宾参与会议学术探讨及合作交流。

（刘　扬）

【校友工作】

9 月 16 日，成立电气工程学院院友会，召开第一届院友大会，审议通过《北京交通大学电气工程学院院友会章程》，投票选举 1978 级校友周伟和 1993 级校友段慧平分别担任院友会会长与秘书长，确定了理事会成员人选。

12 月 28 日，召开电气学院院友会第二次理事会议，确定院友会 2019 年工作目标为“以区域和行业为基础促进院友间的交流”，投票通过增选伊建伟院友任副秘书长，建立了院友会定期活动的工作制度。

（夏明超）

理 学 院

【概况】

理学院下设数学系、物理系、化学系 3 个系，光电子技术研究所 1 个所，生命科学与生物工程研究院（挂靠）、基础与交叉科学研究院（虚体）2 个研究院，国家级物理实验教学示范中心 1 个中心，国家工科物理教学基地 1 个基地，发光与光信息技术教育部重点实验室 1 个省部级重点实验室，以及光信息科学与技术实验室、化学实验室、数学实验中心、生物科学与技术实验室 4 个专业实验室。1 个省部级重点实验室，以及光信息科学与技术实验室、化学实验室、数学实验中心、生物科学与技术实验室 4 个专业实验室。

理学院设有光电信息科学与工程、信息与计算科学、统计学、材料化学、纳米材料与技术（与加拿大滑铁卢大学中外合作办学）5 个本科专业，以及招收理科试验班类（简称思源班）、理科试验班（基础学科试点班，简称知行班）。拥有光学工程、数学、物理学、统计学 4 个一级博士学位授权学科，协助建设系统科学（二级学科：系统理论）一级博士学位授权学科。拥有光学工程、数学、物理学、统计学、生物学、化学工程与技术 6 个一级硕士学位授权学科，学院有数学、光学工程 2 个博士后流动站。

2018 年学院共有教职员工 238 人，其中中国科学院、中国工程院院士 5 人，千人计划获得者 1 人，杰出青年基金获得者 2 人，青年千人 2 人。学院专职教师 185 人，其中教授 67 人、副教授 84 人，具有博士学位的比例为 86%。

截至年底，毕业学生 464 人，其中毕业本科生 268 人、毕业研究生 196 人（硕士生 155 名、博士生 41 名）。招生 637 人，其中本科生 402 人、研究生 235 人（博士生 48 人、硕士生 187 人）；另接收硕士留学生 3 人。在校生 2 111 人，其中研究生 647 人（博士生 207 人、硕士生 440 人），本科生 1 464 人。此外学院首次招收 28 名新疆籍少数民族预科生，实行高中教育管理模式。

（李　蓉　尚　颖　张　丹　孙玉朋　由凤玲　陆　歆）

【党建和思想政治工作】

学院共有 34 个党支部，其中教师党支部 6 个、研究生党支部 25 个、本科生党支部 3 个，共有党员 505 人，其中教职工党员 119 人、党员占比 53.36%，本科生党员 103 人、党员占比 7.17%，研究生党员 278 人、党员占比 43.03%，其他党员（正在办理组织关系转接的毕业生党员）5 人。全年发展党员 79 人，其中研究生 31 人、本科生 48 人。加强教师党员政治理论学习，以习近平新时代中国特色社会主义思想为指导，围绕“不忘初心，牢记使命”主题开展系列党建活动，组织教工党员、学生党员赴中共一大会址开展主题党日活动。组织全院师生认真学习全国教育大会精神，通过观看全国教育大会学习视频、参加学校及学院举办的辅导报告和交流研讨等方式，学习贯彻习近平总书记重要讲话精神，把思想和行动统一到全国教育大会精神上来。

规范学院党委会和党政联席会议制度，完善议事决策规则，健全学院领导班子成员联系基层和群众制度。制定《北京交通大学理学院教材选用管理办法》《理学院师资队伍政治思想考察办法》《理学院纳米材料与技术专业中外合作办学项目加强党的建设实施办法》等文件。加强基层系所和党支部建设，发挥教职工党支部在教职工聘用、晋职晋级、评奖评优中把好政治关、师德关的作用，制定系（所、研究院）务会议制度。完成理学院党委换届工作。

加强本科生党建，开展第六届学生党员先锋行教育活动。组织学生参观“伟大的变革”大型成就展、主题升旗仪式。组织新生班级开展“学习长征精神”“弘扬爱国奋斗精神，建功立业新时代”主题班会活动。开展第二届“有理想 有本领 有担当”国家奖学金获得者宣讲会。

加强本科生学风建设，学院学业指导中心邀请专家、校友、优秀学长等，开展学业辅导讲座 30 余次，覆盖学生 5 000 余人次。辅导员走访学生宿舍 60 余次，深入课堂听课 55 次，深入班级 88 次，深度辅导共计 1 632 人次，处理学生学业、生活、情感等个体事件 100 余件，切实解决学生思想、心理、学习、人际关系等方面问题。做好 28 名预科生的思想政治教育工作。

获评四星文明宿舍 115 间次、五星文明宿舍 57 间次，其中 14 个宿舍获评一类宿舍文明奖学金，29 个宿舍获评二类宿舍文明奖学金。表彰校级优秀班集体 6 个，校级优良学风班 8 个，院级优良学风班 17 个，特色班集体 12 个。表彰各类奖项 709 项次；学习优秀奖学金 264 人，社会工作优秀奖学金 104 人，社会实践奖学金 61 人，体育类奖学金 39 人，文艺类奖学金 22 人，其他单项奖学金 24 人；校级三好学生 76 人，占一、二等学习奖学金总人数的 75.2%，校级优秀学生干部 28 名，占一、二等社会工作优秀奖学金总人数的 73.6%。2016 级学生齐慧欣获得 2018 年度宝钢奖学金“优秀学生奖”。本科毕业生就业率 98.88%，其中出国 64 人，升学 135 人，深造率为 73.88%，签约率为 88.43%，西部就业 3 人，支教 3 人。

建设“理理好声音”新媒体教育平台，年度推送量 130 篇、总阅读量达 27 686 人次。举办理学院成立 20 周年纪念晚会。开展第 15 届“知行并茂，明理崇德”理科文化月活动。本科生暑期社会实践共组建团队 35 个，参与学生 331 名；获评校社会实践二等奖 3 个、三等奖 2 个。完成校团委基层团组织“活力提升”工程重点专项研究。

加强研究生思想政治教育，深入开展党的十九大精神学习，组织支部书记与党员骨干赴上海–嘉兴一大旧址和山东枣庄等红色教育基地培训、参观“改革开放 40 年成就展”等活动 12 次，参与 300 多人次。选拔聘任兼职辅导员 6 人，组织辅导员参加各类培训。加强研究生党建工作，做好“两学一做”常态化制度化，完善研究生党支部建设评分细则，辅导员进入高年级博士支部加强支部建设，严把“入口关”。开展研究生综合素质教育计划，举办 2018 年研究生学术沙龙，组织名师讲坛活动 21 次。组织暑期社会实践团赴外地开展实践调研，共计 12 人参与，获学校一等奖。评选优良学风班 5 个，62 人次获各种荣誉，张苗同学获得宝钢优秀学生奖和学校五四奖章；多种措施做好就业工作，硕士毕业生就业率 97.4%，博士毕业生就业率 97.22%。设立研究生三助岗位 230 多个，共计 420 多人次参与。组织研究生素质拓展、参加校院运动会。

召开学院成立 20 周年座谈会，举办系列学术活动，制作主题宣传片《理想之路》，举办纪念晚会，回顾学院发展历程，总结学院办学精神，凝聚发展共识。

（郑志炜　张　丹　孙玉朋　李　蓉）

【教学工作】

学院获北京市教学成果奖一等奖1项：《增兴趣、重过程、强能力，构建大学数学教学新模式》（于永光牵头）。获北京市教学成果奖二等奖2项，分别为：《强化科学素质和能力，构建“大物理”系列教学平台》（张兴华牵头），《面向国家战略性新兴产业需要，构建多维立体的纳米材料与技术国际化人才培养新模式》（丁克俭牵头）。

10月12日至14日举办的第十一届全国大学生创新创业年会，吕兴、张福俊、商朋见指导的3篇本科生学术论文参会交流，2篇论文获评优秀论文，1篇获奖优秀论文（《(3+1)维非线性发展方程精确解的多样性》（指导教师吕兴、第一作者尹宇航）受邀做大会报告。

于永光教授获第二届北京市高等学校青年教学名师奖。王兵团教授获第二届“全国数学建模微课教学竞赛”全国二等奖。薛晓峰、刘明慧获第四届北京高校数学微课程教学设计竞赛一等奖，马艳萍、潘升勇、冯丽获二等奖。在第四届华北赛区数学微课程教学设计竞赛中，薛晓峰、刘明慧获一等奖，马艳萍、冯丽获二等奖。2018年北京交通大学第十二届青年教师教学基本功比赛，梁熠宇获一等奖，郑凯、宋诗畅获三等奖。

2018年学院理学大类招生、基础学科试点班、理科实验班选拔，录取359人，其中理科实验班类专业学生299人，纳米材料与技术（中外合作办学）60人，选拔基础学科试点班学生60人，选拔理科试验班学生30人。2017级本科生转专业、大类分流，转入理学院学生4名，转出45名。共179名理科试验班学生参与专业分流，统计学录取55人、信息与计算科学录取55人、光电信息科学与工程录取54人、材料化学录取15人。理学院思源班分流并录取30人，其中统计学9人、信息与计算科学7人、光电信息科学与工程9人、材料化学5人。

贯彻科教融合，探索本硕一体化培养模式，为知行班学生继续深造提供良好的平台，7名知行班学生申请加入“知行基础计划”，接受“本硕”或“本硕－硕博”两种贯通培养模式培养，与导师、学院签订《参加“知行基础计划”协议》，选修一部分研究生课程，接受进一步的科研技能训练，并由导师设计与导师研究课题相关的本科毕业设计题目。

推荐优秀应届本科毕业生免试攻读研究生81名，来自学院的12个专业。其中知行计划20名，保留学籍任辅导员1名，保留学籍参加支教团3名，中法4+4项目1名。

5月15日至18日，教育部本科教学工作审核评估专家组到校进行实地考察与评估，专家组审阅《理学院本科教学工作审核评估自评报告》，听取于永光副院长自评汇报，现场考察实验室，通过查阅支撑材料、听课、问卷调查、召开教师、学生座谈会等方式了解本科教学基本情况。

学院继续在“微积分”“几何与代数”“概率论与数理统计”3门数学公共基础课程上实行月考，学生不及格率有所降低。“大学物理”“工科化学”“复变函数与积分变换”实行期中考试。新增“复变函数与积分变换（A）”和“高等代数Ⅰ”课程网上阅卷，学院6门全校公共基础课程全部实现网上阅卷，学院有18门课程使用阅卷平台，提高阅卷质量和效率。本年度学院共组织考试1 356场，考试人数67 423人次。月考继续实施无人监考活动，鼓励学生诚信考试。

全年两个学期，获评学校第三十六批优秀主讲教师2人，获评学校第三十七批优秀主讲教师5人，获评学校第二十七批优秀实验教学指导教师1人。重新认定已满三年的优秀主讲教师22人，重新认定优秀实验教学指导教师3人。

学院16位教师承担全校英文教学任务，开设全英文公共基础课“微积分（B）Ⅰ”“微积分（B）Ⅱ”“几何与代数（B）”“概率论与数理统计（B）”“工科化学”“工程物理”等18个课堂。开设“大学物理（A）Ⅰ”“大学物理（A）Ⅱ”“光信息存储与显示”等5个双语课堂。

13位教师承担纳米材料与技术专业的英文教学任务，开设12门全英文课程，分别是“固体化学”“材料与纳米科学技术”“量子力学Ⅱ”“有机化学”“过渡金属化合物及无机材料”“计算化学导论与实验”“凝聚态物理”“光谱学与结构基础”“纳米物理学”“固体材料与纳米器件”“大学物理（Ⅱ）”“大学物理（Ⅲ）”；开设7门双语课程，分别是“微积分（B）Ⅰ”“微积分（B）Ⅱ”“几何与代数（B）”“物理化学（含热力学，表面界面化学）”“大学物理实验（Ⅰ）”“LabVIEW入门及物理量的测量”“生物化学实验”。

推进理学教学平台建设，上半年完成10门公共基础课MOOC课程录制及后期制作工作，下半年上传至课程平台试运行，全部课程11月申请中国大学MOOC课程“爱课程”上线。学院对两门数学公共基础课程“几何与代数”“概率论与数理统计”各设2个试点班，每班有50名学生，使用MOOC视频进行课程的教学改革，将翻转课堂式教学模式引入教学中。

学院大学生创新创业训练计划项目共结题70项，其中国家级项目11项、北京市级项目16项、校级43项，完成实物作品16件，软件制作1项，完成论文15篇，其中发表SCI论文8篇、EI论文1篇、中文核心期刊1篇。已完成或已投稿论文17篇。

2018年全国第十届大学生数学竞赛暨北京市第29届大学生数学竞赛，北京交通大学代表队获一等奖20项、二等奖27项、三等奖35项。2018年中国大学生物理学术竞赛华北区赛，北京交通大学代表队荣获二等奖。2018年北京市物理实验竞赛，学校代表队荣获二等奖3项、三等奖2项。第六届全国大学生光电设计竞赛，学校代表队获得二等奖1项、三等奖1项。2018年美国大学生数学建模竞赛，学校获一等奖19项、二等奖63项、三等奖57项。在全国大学生数学建模竞赛中，获一等奖1项、二等奖3项、三等奖15项。

学院本科生发表学术论文10篇，其中SCI 7篇、EI 1篇、北大中文核心期刊1篇，授权专利（著作权）9项，其中发明专利1项、实用新型专利7项、软件著作权1项。223人次参与各类学术竞赛获奖，其中省部级及以上获奖共计69人次。物理演示与探索实验室接待各类参观交流20余次。物理实验中心适应中学需求把仪器小型化、便携化，送课上门，受益学生1 000余人，累计超过4 000人学时。

纳米材料与技术专业中外合作办学项目（NMT项目）有在读学生232名：报到新生57名；派出56人赴滑铁卢大学进行第三年学习；31人毕业，其中29人获得双学位共29人，20人获得深造录取通知书20人，其中13人出国深造13人、7人国内深造7人。获批“中科院大学生科学创新计划”项目15项，资助金额15万元，2人获“中科院大学生奖学金”。获“理学院2018年大学生创新创业训练计划项目”35项，涉及学生96人。

7位滑铁卢大学教师到校授课，担任11门课程主讲教师。与国内材料领域一流企业单位合作，分别同北京建筑材料研究院和北京金隅涂料有限责任公司签署校外实践教学基地协议。

学院举办第五届大学生暑期夏令营活动，118名同学通过资格认定。夏令营接收推免22人，统考报名46人。学院接收推免研究生65人，本校31人、同类高校5人、其他非“211”院校29人。继续对排名前10%的直博生、本硕博连读生配套发放奖励政策，激励其投入科研工作。鼓励各学科教师参加国内外研究生教育交流会议，吸引优质生源。

继续开展研究生大面积公共课改革。在考教分离和流水阅卷的基础上，对“矩阵分析”“数值分析”“最优化理论”“随机过程”“统计方法与计算”5 门数学公共基础课程期末考试实行网上阅卷，试卷扫描共计 4 840 人次。加强研究生课程建设，学院研究生优质核心课程建设立项 3 项，包含 1 项重点类项目、2 项一般类项目，涉及公共课及各学科课程建设内容，覆盖全面，有利于学院各学科均衡发展。研究生教育教学项目立项 2 项，包含 1 项重点类项目、1 项一般类项目。

研究生共获学校高水平学术论文奖励 214 篇，其中硕士研究生 76 篇、博士研究生 138 篇；An1 区 14 篇，An2 区 62 篇，An3 区 84 篇，An4 区 51 篇，An5 区 3 篇。学院 5 名硕士生论文入选校级优秀硕士论文，1 名博士生论文获评校级优秀博士论文。10 名硕士生和 8 名博士生获国家奖学金，2015 级博士研究生殷怡和 2016 级博士研究生张苗获得 2018 年度研究生校长奖学金；新增研究生创新基金项目 19 项。

新增校级研究生联合培养基地 4 个，学院共有校级研究生联合培养基地 8 个。

（常笑薇　李　蓉　赵　颖　由凤玲）

【科研工作】

2018 年获批国家自然科学基金项目 10 项，合同经费 480 万元。其中青年项目 3 项，面上项目 7 项。奖励 SCIE 论文 241 篇，其中一区 23 篇、二区 56 篇、三区 100 篇、四区 62 篇；SSCI 论文 12 篇；检索 EI 论文 180 篇；SCI 他引奖励 9 篇；高被引论文 44 篇；获专利授权奖励 18 项。

推进科研成果转化和产学研项目，加快科学研究与经济结合，2018 年度签订 2 项 2 000 万元产学研项目，1 项专利和技术评估作价超过 700 万元。

组织高水平学术报告 268 场，其中邀请国外专家 119 人次、中国香港和台湾地区专家 14 人次来校进行学术报告。本年度在北京交通大学主办（或承办）大型国际学术会议 4 次，分别为：随机优化国际研讨会，统计学习与优化国际研讨会，第三届应用分数阶微积分研讨会，发光、电子材料与器件研讨会。

（胡佳骥）

【学科与平台建设】

理学院下设一级学科 7 个：光学工程、数学、系统科学（共建）、统计学、物理学、生物学、化学工程与技术。学院博导 59 名，硕导 85 名。

2018 年完成第四轮学科评估，学院 6 个学科参评，统计学学科评档“B+”、数学学科评档“B−”、光学工程学科评档“B”、物理学学科评档“C+”、化学工程与技术学科评档“其他”、生物学学科评档“其他”。

在 QS 世界大学学科排名中，学院统计学学科进入统计与运筹学学科前 200 名，数学学科进入前 300 名，物理与天文学学科进入前 500 名。

学院进行学位点自评估第二轮通讯评审，各学位点结合专家修改意见对总结报告进行修改和数据核对，最终报告提交学位点自评估平台。

全年完成设备验收建账共 404 台，总值 13 648 082.45 元；低值易耗品验收建账 12 件，总值 9 359.9 元。完成学院 2018 年度固定资产清查工作。

完善《理学院实验室安全管理组织体系》《理学院实验室安全准入制度》《理学院危险物

品管理办法》等多项安全管理制度，牢固树立安全管理红线意识。实行安全责任体系分级管理，建立学院所有实验室在内的安全微信群，及时公布国家、北京市、学校等颁布的安全通知、法规，通报信息。

开展持续的安全排查和整治工作，从危化品储存与废弃危险化学品处理、制度上墙、实验室卫生、气瓶管理规范、安全通道占用物清理以及用电安全防范等方面着手。完成大部分废弃危险化学品清运，清除安全隐患，部分历史遗留问题得到妥善解决。

由学校国资处牵头，化学系协办，与无锡赛弗安全装备有限公司针对酸液泄漏进行一次面向全校的应急演练。

（由凤玲　李　蓉　胡佳骥　陆　歆）

【对外交流与合作】

2018 年，学院共派出 32 个因公出访团组，共计 38 人次赴 18 个国家和地区参加国际会议、开展国际科研合作、访问合作大学。接待加拿大滑铁卢大学、加拿大维多利亚大学、美国肯塔基大学、巴西坎皮纳斯州立大学 4 次来访。学院党委副书记刘颖一行 4 人访问曼尼托巴大学和滑铁卢大学，落实与曼尼托巴大学统计学本科生联合培养协议课程对接工作，协调安排与滑铁卢大学中外合作办学项目办学事宜。

学生出国研修或访问 99 人，超过 3 个月以上的 89 人。其中，通过校际、院际项目派出 26 名本科、研究生出国交流学习；通过纳米材料与技术专业中外合作办学项目派出 56 人赴加拿大滑铁卢大学进行第三年学习；通过研究生院各类项目共有 17 人出国深造或交流。派出出国交流的 17 名研究生中，包含 11 名博士研究生和 6 名硕士研究生，其中攻读博士学位 1 人、国家公派 9 人、学校公派 5 人、导师派出参加国际会议 2 人，涉及数学、统计、光学工程、物理学及生物学 5 个学科，出访美国、韩国、意大利、约旦、加拿大、德国和比利时 7 个国家。学院接收 3 名硕士留学生。

邀请来自加拿大滑铁卢大学、英国伯明翰大学等学校的 9 名外籍专家为学院本科生讲授 12 门数学、物理、化学专业课程。

执行 2 项“111”引智项目、1 项“海外名师”项目、11 项特色聘专项目和 1 项“双一流”学科国际合作与交流项目，各项引智项目共资助 76 名海外专家学者来访，讲授各类课程 9 门，举办院士校园行 1 次，开展学术报告 78 场，召开国际会议 5 次。

全年校友捐赠共计 24.4 万元，校友捐赠设立久久信科学长奖学金、睿智奖助学金 2 项奖学金。1977、1988、1998、2008 届校友值年返校。联系走访重点校友 12 位，走访校友企业 3 家，组织校友报告会、交流会共计 7 场。

（赵　颖　刘　颖）

马克思主义学院

【概况】

马克思主义学院下设马克思主义原理教研部、马克思主义中国化教研部、思想政治教育教研部、中国近现代史教研部、研究生公共课教研部、思想文化素质教育教研中心等6个教研部、中心。设有北京市习近平新时代中国特色社会主义思想研究中心北京交通大学研究基地、首都大学生思想政治教育研究基地、中国马克思主义与文化发展研究院。学院现有马克思主义理论一级学科博士学位授权点，马克思主义理论博士后流动站；马克思主义基本原理、马克思主义中国化研究、思想政治教育、马克思主义发展史4个二级学科博士点；马克思主义理论一级学科硕士点，包括马克思主义基本原理、马克思主义中国化研究、马克思主义发展史、思想政治教育二级学科硕士点；设有哲学、科技哲学二级学科硕士点。

2018年，学院有教职工 54人，其中专职教师 48 人；博士生导师 7人（含兼职博导1名），硕士生导师 23人；教授 10人，副教授 28人，讲师 11人。

截至年底，学院毕业博士生4人、硕士生31人，招收研究生44人（其中博士生 13人、硕士生31 人），在校研究生145人（博士生63 人、硕士生82人）。

（曲立忠）

【党建和思想政治工作】

截至年底，学院共有13个党支部（教工党支部7个、学生党支部6个），党员111名（教工党员45名、学生66名）。

学院党委按照党要管党、从严治党的要求，严格落实意识形态工作“一岗双责”。严格落实对新进人员把好政治关、师德关，对教师申报各类学术奖项中的政治立场、政治观点从严把关，坚持学院领导课堂一线听课制度。

把“立德树人”放在首位，认真学习教育部、学校关于师德师风建设相关文件要求，开展《教师行为规范》大讨论，开展“做新时代‘四有’好老师和‘四个引路人’”学习实践活动，把师德师风与职称评定和年终考核挂钩，对师德师风中出现的问题及时解决。

重新修订马克思主义学院党委会议和党政联席会议制度、后备队伍建设方案等制度措施。落实党风廉政建设责任制，严格执行十八大以来廉政规定和中央“八项规定”“六条禁令”。修订“三重一大”决策制度实施办法，严格执行集体讨论决定制度。

对毕业班党支部及时进行调整，委派骨干教师担任硕士和博士新生党支部书记；加强党支部书记培训工作，组织开展党支部书记年度述职评议和教师党支部书记半年考核评议。

组织和参加中心组学习26次。组织“两学一做”专题教育活动，先后集中学习习近平新时代中国特色社会主义思想和党的十九大精神、全国教育大会精神、师德师风建设等内容。组织学院党员师生收看习近平总书记在纪念马克思 200 周年大会上的讲话、庆祝改革开放40 周年大会直播、“首都百万师生一堂课”、参观“真理的力量——纪念马克思诞辰200周年主题展览”“伟大的变革——庆祝改革开放40周年大型展览”，组织教师赴珠三角开展“纪念改革开放四十周年”主题社会实践等大型活动。学院党委编辑《学习通讯》19 期。组织学院领导和党员教师撰写学习体会和理论文章，部分学习辅导文章在国内重点新闻媒体发表。

举办入党积极分子和发展对象培训班、新党员和新生党员“先锋”培训班。加强对统战、工会、共青团、研究生会、离退休工作和校友会等群团组织的领导、指导，每学期听取汇报、专题研究一次。

（曲立忠）

【教学工作】

2018 年，马克思主义学院承担并完成全校本科生思想政治教育理论课、全校硕士研究生和博士研究生等多门公共课、全校本科生近 20 门文史哲等文化素质课、本学院 100 多名硕士研究生和博士研究生 20 多门专业必修课和选修课的教学任务。

学院贯彻落实中央和北京市委关于加强思想政治理论课建设的有关要求，在完成思想政治理论公共课和人文素质教育两大类别教学任务的同时，推进习近平新时代中国特色社会主义思想 “进教材、进课堂、进头脑”。以推进“三轮驱动”（学科推动、科研拉动、教学主动）教育教学改革为重点，推进思想政治理论课教学理念、内容和方法改革。10 月 8 日，教育部网站“一线采风”栏目介绍了学院以“三轮驱动”推进思想政治理论课综合改革与建设的做法和经验。《毛泽东思想和中国特色社会主义理论体系概论》和《中国近现代史纲要》在线开放课程持续建设。学院承担学校公共政治理论课考试改革和专业骨干课程建设课题，重点建设《社会主义和资本主义比较研究》《科学社会主义专题研究》《比较思想政治教育专题研究》《马克思主义原著选读》等课程。开展在职研究生公共政治理论课教学改革建设，承担“北京交通大学行业需求调研课题与专业学位研究生教学案例开发项目”，进行《中国特色社会主义理论与实践研究》和《自然辩证法》2 门课教学案例建设。组织读书活动、主题演讲、热点研讨、实地调研，推进思想政治理论课社会实践改革，调动大学生政治理论学习热情。学院确定 8 位教学督导，通过定期听课、评教、检查、沟通等方式，督促教师提升教学能力和水平。两篇大学生社会实践论文，被推选参加 2018 年北京高校思想政治理论课学生社会实践优秀论文评选。

学院制定研究生培养质量过程监控手册，启动研究生读书会和学术例会、讲课比赛、知行杯论文大赛、演讲比赛、辩论赛等项目。学院青年马克思主义学习研究会获评“首都十大高校理论社团”，《新时代高校意识形态工作辩证关系探析》获评北京市优秀论文，3 名学生获得“国家奖学金”，1 名教师被评为北京市优秀实践团带队教师，7 名学生获得北京市“双百奖学金”，1 名同学获评北京市三好学生。学院研究生就业工作获得学校就业综合奖。

（曲立忠）

【科研工作】

2018 年，学院教师共发表学术论文 110 篇，其中 A 类论文和 CSSCI 期刊论文 38 篇，出版专著、编著、译著 6 部；学院教师新增各级各类科研项目 33 项，科研经费 288.35 万元；获中国智库优秀论文奖 1 项；学院教师主持的课题调研成果 6 篇被《人民日报内参》采用。

学院围绕“习近平新时代中国特色社会主义思想”“纪念改革开放 40 周年”“如何开展大学生红色教育”等重大课题进行调研，先后向有关部门提交多项调研咨询报告，其中“习近平新时代中国特色社会主义思想重要内容——新时代人民群众对美好生活的新期盼”调研成果获多位党和国家领导人高度重视和重要批示。

推进智库建设，依托学院成立的“中国马克思主义与文化发展研究院”2018 年 11 月入选由南京大学中国智库研究与评价中心和光明日报智库研究与发布中心联合成立的中国智库索引（CTTI）来源智库。

学院承办了第十二届北京中青年社科理论人才“百人工程”学者论坛。

（曲立忠）

【学科与平台建设】

加强马克思主义理论一级学科博士点、马克思主义理论博士后流动站建设。联合国内高层次专家以中国马克思主义与文化发展研究院为平台，筹划马克思主义理论学科、国学与中国传统文化学科发展。

学院对马克思主义理论一级学科中的中国近现代史基本问题二级学科、党史党建二级学科等进行重新规划。

（曲立忠）

【对外交流与合作】

2018 年，学院与英国摄政大学等国外高校达成合作意向，计划在教学资源交流、学术问题交流等方面加强合作，通过教师互访，多方面开展教学和科研交流。

10 月 12 日，巴西坎皮纳斯州立大学教授 Thomas Patrick Dwyer 应邀来学院作专题报告《价值与兴趣——巴西、中国与金砖国家对话机制的构建》。学院全年共有 4 位教师出国参加学术考察和学术交流。

（曲立忠）

语言与传播学院

【概况】

语言与传播学院下设英语系、传播学系、欧亚语系、大学英语教学部、研究生英语教学部等 5 个系部和翻译硕士（MTI）教育中心。拥有北京市高等学校语言实验教学示范中心，北京交通大学乌拉圭研究中心、北京交通大学中国文化产业研究院、北京交通大学中国丝路发展研究院等 3 个校级研究中心和语言研究中心、外国文学研究中心、翻译研究中心、传播学研究中心等院级教研机构。学院设有英语、传播学、西班牙语、葡萄牙语、网络与新媒体 5 个本科专业，有外国语言文学、新闻传播学、英语笔译（专业学位）3 个硕士点。依托北京交通大学英语写作中心和北京交通大学教职工英语口语培训项目等服务全校“双一流”建设。

2018 年，学院在职教职工 151 人，其中专任教师 133 人，博士生导师 1 人，硕士生导师 31 人；教授 12 人，副教授 50 人，讲师 69 人；专任教师中具有博士学位的占 30.83%。成功入选 2018—2022 英语专业教学指导分委会和新闻传播学类专业教学指导委员会委员。1 名教师获评北京市师德先锋。

截至年底，学院毕业学生 160 人，其中硕士研究生 49 人、本科生 111 人；招生 226 人，其中硕士研究生 59 人、本科生 167 人；在校生 770 人，其中硕士研究生 147 人、本科生 623 人（英语专业 184 人、传播学专业 196 人、西班牙语专业 131 人、葡萄牙语 77 人、网络与新媒体 35 人）。2018 届本科毕业生深造率 62.16%，其中国内读研率 29.73%、出国深造率 32.43%；签约率 81.98%；就业率 90.99%。应届毕业研究生就业率 97.8%，签约率 93.5%。

（刘凤英　钱卫红　卢　强　房国彦）

【党建和思想政治工作】

2018 年，学院有党支部 14 个，其中教工党支部 6 个，学生党支部 8 个；共有党员 183 名，其中教工党员 89 名，党员比例为 58.9%；研究生党员 63 名，党员比例为 43.4%；本科生党员 31 名，党员比例为 4.8%；2018 年度发展新党员共 32 名。

全年共举办第 73 期、74 期两期党校。开展团支部推优工作，推荐入党积极分子 119 人。

学院“上园村 3 号”视觉传播工作室整合党建、思政、专业系部和实验室力量，推出弘扬社会主义核心价值观的网络作品 30 余部，其中两会期间与人民日报新媒体中心联合创作的《中国很赞》手指舞、《中国很赞》舞蹈快闪视频等作品，话题阅读量达 11 亿。学生拍摄的反映老党员事迹的纪录片《影痴老黄》获第四届海峡两岸大学生微电影文化艺术节最佳公益微电影奖、第 24 届中国纪录片学术盛典短片好作品奖。推选五部微纪录作品参评第三届全国网络教育优秀作品展示。

学院成立乡村中国与青年发展研究院，搭建以精准扶贫和乡村振兴为主题的社会实践平台。学院团委带领数十名青年学生和教师前往贵州都匀、新疆伊犁等农村基层深度开展社会实践；以项目化运作模式推进师生加入乡村振兴行业，与江苏宿迁、河北威县签订框架协议，落地农村手工品牌的塑造和设计项目以及新媒体技术的培训等。交大益路行贵州都匀实践团获得教育部推普脱贫专项和青年服务国家首都大学生社会实践百强团队一等奖、知行调研杯社会实践优秀奖、校级社会实践第一名，并获教育部和团市委通报表扬。

结合共青团改革，实现共青团工作对青年教师、青年学生的全覆盖。选聘多位青年教师担任团委兼职副书记、社团指导教师，推进全员、全过程、全方位的“三全育人”格局。创新性开展“厉害了，我的国”“春风化雨四十载，韶光奋进正当时”等主题团日活动，个性化、精准指导、注重体验增强团员教育实效性。改革综合素质评价体系，以 OBE 理念设计实践项目，提升学生的获得感。继续开展宿舍文化节，创新“谊生一室”宿舍团队活动，针对个性化宿舍风采展示进行重点宣传。推进五星文明宿舍建设。

全年研究生获得各类奖励 25 人次，其中国家奖学金 2 人、中信助学金 1 人。学院研究生工作组开展“行思”沙龙 6 次，组织学生参加学校“慧光杯”学术文化节，共有 25 名同学论文获奖。举办学院“慧研杯”学术文化节，承办 22 次“与大师面对面”名师讲坛活动，28 篇论文在“慧研杯”论文评比中获奖，3 篇编译作品在英文论文编译大赛中获奖，5 篇译稿在翻译比赛中获奖，评选出 3 名学术之星。学院主办 3 场研究生就业沙龙和讲座活动。出台《语言与传播学院加强研究生党支部建设的实施意见》和配套落实推进表，从过程化管理的角度提升支部工作的规范性。组织研究生党员骨干参加学校、学院的培训教育活动，进行党支部书记实务培训、轮训，校、院前后三次对党支书进行支部手册培训、支部规范化建设培训、党员发展流程培训以及党支书素质拓展活动，提高基层党支部干部的工作能力和工作水平。组织研究生党支部以“不忘初心、牢记使命”为主题，通过学习、讨论、实践等活动，宣传贯彻习近平新时代中国特色社会主义思想和党的十九大精神，增强了青年与时俱进的担当意识与责任意识。开展系列学习教育讲座，夯实基层组织的理论基础，加强思想引领。开展与教师党支部共建、红色“1+1”支部共建以及党日活动等体验式教学，新闻传播学 2017 级研究生党支部的红色“1+1”活动“不忘革命精神，传播红色文化”获评北京高校红色“1+1”示范活动优秀奖。

研究生各学科开展“课程思政”实践。传播学系研究生“网络传播”课程组织学生访问人民日报新媒体大楼，现场参观人民日报“中央厨房”的融媒体建设，在理论学习、课堂研讨基础上，深入了解国内新媒体实践前沿。7 月 1 日，全院 40 余名研究生在中央电视台展示“媒介融合研究”研究生课程教学实践环节《中国很赞》手指舞，献礼建党 97 周年。

组织 2017 级研究生开展社会实践，参与率接近 100%。学院共派出 4 支社会实践团分赴各地开展调研活动，分别就北京中轴线附近北京店铺名称的翻译、旅游公示语翻译、空竹与中医药之文化的传承及新媒体环境下北京红色文化传承与传播开展了实践活动，其中新媒体环境下北京红色文化传承与传播研究实践团获评校级优秀实践团。

（王珮昱　耿梅芳　卢　强）

【教学工作】

《遵循 OBE 理念 依托实验教学 探究工科大学英语教育体系》获北京市高等教育教学成果奖二等奖。学院申报“通用学术英语精品教材与课程建设”和“4MAT 教学模式在大学英语课堂中的可操作性实践和研究”获批学校重点本科教学教改项目。《大学英语词汇慕课》2018 秋季学期正式上线中国大学慕课平台，选课人数超过 4 万。学院 4 项在线开放课程通过审核，成功申请中国大学 MOOC 课程。尹静老师获北京交通大学青年教师基本功比赛一等奖。

学院网络与新媒体专业获教育部批准，第一批新生 9 月正式入学。学院在网络与新媒体专业获批的前提下，经调研将 5 个本科专业分为外国语言文学和新闻传播学 2 个大类。

学院学生参加 2018 模拟 APEC 全国大会，获得全国二等奖和最佳经济体 2 项大奖；在 2018 年“外研社杯”全国英语演讲比赛中，再次获得北京赛区决赛一等奖；参加 2018 年“第三十届韩素音国际翻译大赛”获得汉译英组优秀奖；在 2018 年“北京语言大学第七届国际口笔译大赛”中获得汉译英组二等奖。

学院口语特长班学生获得全国大学生英语竞赛特等奖 1 项、一等奖 7 项、二等奖 18 项、三等奖 21 项，共计获得 47 个奖项；获得北京市大学生演讲比赛二等奖 1 项；获 2018 年北京交通大学“思诺杯”Model APEC 比赛二等奖 2 项、三等奖 4 项；获 2018 年 Model APEC 华北赛区比赛特等奖 1 项、二等奖 1 项，获得 2018 年 Model APEC 全国总决赛 1 项；夺得第二十一届“外研社杯”全国大学生英语辩论赛华北赛区总决赛二等奖 1 项。

2018 年学院结题校级大创项目 4 项，英语专业 1 项、传播学专业 3 项，参与学生 12 人；2018 年申报成功大创项目 9 项，其中市级 1 项、校级 5 项、院级 3 项，外语类 1 项、传播学类 8 项，参与人数 26 人。

英语专业四级通过率 95.35%，专业八级通过率 57.14%。西班牙语专业四级通过率 76.92%，专业八级通过率 65%。

学院举办暑期夏令营，吸引优秀本科生来校攻读硕士，来自全国各地高校的 50 余名优秀本科生参加夏令营，共发放创新能力认定证书 24 份。2018 年录取推免研究生 35 人，推免考生比例达到 50%。

组织教师完成研究生教改项目、行业需求项目、产学研联合项目的申报工作。开展培养方案修订和教学大纲整理，优化 3 个硕士点的培养体系。细化研究生过程管理，完成 2017 级研究生论文开题、2016 级研究生论文中期检查工作。

全年共有 47 名研究生完成硕士论文答辩，授予硕士学位。开展本年度硕士学位论文的抽检和后评估工作，毕业生论文抽检的合格率为 100%。学院毕业论文入选校级优秀毕业论文 2 篇。

（董乐贤　钱卫红　卢　强　王筱依）

【科研工作】

学院新增科研经费约 246.91 万元，获批省部级及以上科研项目 4 项，其中教育部青年项目 1 项；北京市哲社科重点项目 1 项，一般项目 2 项。

共发表高水平学术论文 23 篇，其中 A&HCI 论文 2 篇、SSCI 论文 1 篇，CSSCI 论文 20 篇。发表《光明日报》《人民日报》理论文章 9 篇。

（王筱依）

【学科与平台建设】

学院以乌拉圭国别研究中心为重点，进行多次高水平交流与访问，乌拉圭副总统、乌拉圭教育文化部部长、驻华大使等对中心表示支持。以国别中心为依托，整合语言与传播优秀师资、特别是小语种师资，申报科研专项，成功立项 2 项。以中国文化产业研究院和丝路自贸研究院为依托，出版 3 部系列学术专著。

学院外国语言文学学科完成学位授权的合格评估工作，新闻传播学科获批新闻与传播硕士专业学位点。与中国翻译协会共同主办“中国铁路走出去与语言服务支撑”学术论坛。

（王筱依）

【对外交流与合作】

2018 年学院共聘有外籍教师 10 名，其中英语教师 6 名、西班牙语教师 2 名、葡萄牙语教师 2 名。派出交换生总计 60 余人次，其中院级一年期及以上交换生 42 人。

全年接待国际来访 55 人次，共接待 16 个访问团。与美国桥水州立大学、加拿大萨斯喀彻温大学有效教学中心、英国兰卡斯特大学、葡萄牙米尼奥大学、西班牙康普顿斯大学进一步深化合作。

（王　冰）

软件学院

【概况】

软件学院下设软件工程系、软件工程研究中心。院机关包括学院办公室、本科教学管理办公室、研究生教学管理办公室、科研学科管理办公室、国际交流中心、工程硕士培训中心、软件服务外包实验教学中心、学生工作办公室（团委、就业指导办公室）。

2018 年，学院共有在职教职工 46 人，其中专任教师 21 人，包括博士生导师 4 人，硕士生导师 19 人；教授 4 人，副教授 11 人，讲师 7 人，专任教师中具有博士学位的占 71.4%。

2018 年学院招生 368 人（硕士研究生 186 人、本科生 182 人），毕业 279 人（硕士研究生 119 人、本科生 160 人），截至 2018 年底，学院共有在校生 1 101 人，其中硕士研究生 404 人、本科生 697 人。

（李红梅）

【党建和思想政治工作】

截至 2018 年底，软件学院党员共计 174 人，其中教工党员 28 人、学生党员 146 人（研究生党员 111 人、本科生党员 35 人）。学院党委下设 11 个党支部，其中教师党支部 2 个、本科生党支部 2 个、研究生党支部 7 个。2018 年发展党员 31 人（青年教师 1 人、本科生 19 人、研究生 11 人），预备党员转正 24 人（本科 18 人、研究生 6 人），教师党员占教师比例 62.2%，本科生党员占本科生比例 3.2%，研究生党员占研究生比例 10.1%。

学院党委加强教师思想政治建设，全年组织学习习近平新时代特色社会主义思想、党的十九大精神、全国教育大会精神、师德师风建设、党风廉政建设等报告 10 余场。师生党员参加“学习十九大，永远跟党走”知识竞赛，总成绩获全校第一名。组织教职工赴革命圣地开展“不忘初心，牢记使命”教育实践活动，赴上海中共一大会址和嘉兴南湖开展教育实践。开展“把耳朵叫醒”关爱老年人听力健康社会服务活动，教工党员社区报到率 100%。

学院党委按照北京市“一规一表一册一网”要求，规范党支部工作，全年组织支部委员培训 2 次，检查《党支部工作手册》2 次，《党员 E 先锋》党员信息完整度 100%，党员接收、转接、发展全部网上完成。接收新入学党员组织关系 49 人，转接毕业党员组织关系 60 人，毕业党员回执实现 100%回收。

实施教师党支部书记“双带头人”培育工程，制定《软件学院教职工党支部委员考核和激励经费发放办法》。组织全院教工和学生党支部书记向学院党委述党建，评选优秀党支部 4 个、合格党支部 6 个。

学院本科生低年级党支部“把耳朵叫醒”系列听力关爱活动获评为校优秀主题党日活动典型案例。“春风化雨暖山河，党建聚力育英才”主题红色 1+1 活动获评 2018 年北京市红色 1+1 示范活动二等奖。加强新媒体平台建设，增设权益小助手、学习小助手，在线直播实时帮扶，做好网上思想引领和教育服务工作。

（蔡　雪　周轶峰　薛海鹏）

【教学工作】

软件工程专业通过教育部本科教学审核评估，完成软件工程专业 2018 年工程教育专业认证专家入校考察工作。学院成立本科质量评估小组，完善本科教学督导制度，落实督导日常工作，持续改进本科教学质量。

2018 年学院毕业生中有 27 人获校内外推免保送攻读硕士研究生资格，招收全日制硕士研究生中“985”“211”重点院校生源比例达到 53%，学院开设中英文研究生课程 56 门，授予学位人数 444 人。

结合信息科学前沿技术，突出学院学科特色和优势，制定了 2018 级博士研究生、全日制、非全日制硕士研究生和留学生的培养方案，新增智慧交通、人工智能和大数据三个模块。

加强全日制研究生培养质量过程监督，落实《软件学院硕士学位论文开题及答辩相关实施细则》等管理规定，严把学位论文质量关。

7 月举办软件学院 2018 年暑期夏令营活动，51 名“985”“211”重点院校学生报名参加，其中 4 名同学被保送至学院就读研究生。

（范阳阳　陈　婷　李　蕾　陈　焱）

【科研工作】

学院新增国家自然科学基金面上项目 2 项和青年基金 1 项，新增 SCI 检索系统收录论文 12 篇，EI 检索系统收录论文 5 篇，申请发明专利 8 项，专著 1 部。学院新增外籍专家引智项目 10 项，获得引智经费 47.65 万元，邀请 20 人次外籍专家，来学院讲授英文课程 12 门，作学术报告 8 场。

参与省部级平台建设，加强与行业领军企事业单位的合作。与北京华宇软件股份有限公司共同申报“智慧法院”最高法工程中心（省部级）。参与申请现代服务业共性关键技术研发及应用示范、综合交通运输与智能交通和公共安全风险防控与应急技术装备（司法专题任务）等方向的重点研发计划项目，成功申报课题牵头 1 项、参与多项。

（李　蕾　陈　焱）

【学科与平台建设】

对《软件工程第五轮学科评估现状分析报告》进行动态更新，从师资队伍与资源、人才培养质量、科学研究、社会服务四个方面进行汇总，结合学院现状加以分析，将第五轮学科评估每项指标落实到责任人，逐步提升学科建设各项指标数据。

引进张尧学院士为北京交通大学双跨院士、软件工程博士生导师。新聘来自美国卡内基梅隆大学 David Garlan 教授、美国佛罗里达大西洋大学 Shihong Huang 教授、中国科学院软件研究所国家杰出青年詹乃军研究员等 8 名国内外教授为北京交通大学兼职教授。

完善《软件学院学术委员会章程》建设，修订了《软件学院上水平成果奖励办法》及《软件学院晋升教授申报条件补充要求》，推进学院教育教学改革、人才培养及软件工程学科建设。完善人才育、引、留机制，新建《软件学院“青年英才培育计划”实施办法》，加大对高层次人才后备人选和优秀青年骨干的培育力度，营造良好的人才成长环境。

（薛轶戈　李红梅）

【对外交流与合作】

2018 年组织参加亚太、欧洲、美国、哈萨克斯坦、印度等 5 个教育展，出访新西兰惠灵顿维多利亚大学、澳大利亚悉尼大学、埃及中国大学等 9 所大学，探讨合作模式、进行招生宣讲。2018 年共招收录取 100 名留学生。

接待法国 ISEP 大学及加拿大劳瑞尔大学等 5 所学校来访，组织欧洲理工学院和雷昂那多达芬奇高等工程师学校来校宣讲。与埃及中国大学签署联合培养协议、与加拿大劳瑞尔大学续签学生交流协议。

举办第五届国际 IT 暑期夏令营。来自 11 个国家的 31 名学生参加了为期两周的夏令营，与韩国仁德大学共同组织第七届世界大学生全球创业大赛决赛。

举办第二届以“人工智能技术及其应用”为主题的海峡两岸夏令营，邀请中央大学、淡江大学、成功大学等 3 所台湾高校共计 14 名师生参加。

为留学生开设“中国文化”选修课，以专题形式介绍中国传统文学、哲学、艺术、建筑、饮食、传统节日等内容，课堂教学和实践教学相结合，帮助学生理解并感受中国文化的魅力、中国经济的快速发展和中外制度的差异。

（陈玉娟　尤丽雅　杨　旭）

建筑与艺术学院

【概况】

建筑与艺术学院下设建筑系、城乡规划系和媒体与设计艺术系，1 个数字化设计实验中心，1 个实践教学创新中心，4 个校级研究平台（北京交通大学城市规划设计研究院、北京交通大学圆明园研究院、北京交通大学中国书画研究院、北京交通大学中国书画院书画艺术研究创作中心）。学院按照建筑类（含建筑学、城乡规划）、设计学类（含环境设计、视觉传达设计、数字媒体艺术）招收本科生。设有建筑学、城乡规划学、设计学 3 个一级学科硕士点，以及建筑学硕士、艺术硕士 2 个专业硕士学位点。

2018 年，全院教职工 87 人，其中专任教师 70 人（含师资博士后 7 人），海外学者短期聘用计划海外讲席教授 A 类人才 1 人；博士生导师 6 人，硕士生导师 40 人；教授 9 人，副教授 28 人，讲师 23 人；专任教师中具有博士学位的教师 53 人，占教师总数的 75.71%。

截至年底，学院毕业学生 218 人，其中硕士研究生 68 人、本科生 150 人。招生 263 人，其中硕士研究生 123 人（全日制研究生 90 人、非全日制研究生 33 人）、本科生 140 人（含留学生 3 人）。在校生 999 人，其中硕士研究生 331 人（含留学生 64 人）、本科生 668 人（含留学生 16 人）。

（董金凤　张　曼　谢　宇）

【党建和思想政治工作】

学院设有党支部 13 个，其中教职工党支部 4 个、本科生党支部 3 个、研究生党支部 6 个。共有党员 179 名（正式党员 148 人、预备党员 31 人），其中教职工党员 41 名、本科生党员 41 名、研究生党员 97 名。全年发展党员 27 名，其中本科生 16 名、研究生 11 名。

学院党委开展学习“习近平新时代中国特色社会主义思想”专题读书活动。开展“新时代新担当新作为”主题宣传教育活动。组织教工党员赴上海、嘉兴两地开展“瞻仰红船·不忘初心·牢记使命”主题实践活动。组织全院教职工学习学校下发的有关师德师风建设的文件。成立学院师德工作小组，组织学习《北京交通大学师德建设长效机制实施办法》。开展研究生导师培训和导师立德树人自查。组织青年教师前往内蒙古乌兰察布市进行暑期社会实践活动。树立“师德师风”先进典型，张纯获评北京市师德先锋和学校智瑾奖优秀青年教师，张野评学校优秀教育工作者，张澎、彭烜获评学校“三育人”先进个人，翟天宇获评学校优秀共产党员，陈劲松获第十届全国高校辅导员年度人物提名奖。

制定《建筑与艺术学院党委会实施办法》《建筑与艺术学院党政联系会实施办法》《建筑与艺术学院学生党支部、团支部、班级协同工作制度》《建筑与艺术学院党委对标争先实施方案》。组织开展学生党员骨干培训班，提升学生党员骨干党务工作技能。组织师生党支部参加学院“弘扬爱国奋斗精神、建功立业新时代——纪念祖国改革开放 40 周年”红色经典讲演比赛。开展民主评议党员工作，让学生党员在批评和自我批评中分析问题、解决问题。推进红色“1+1”共建活动，研究生 2017 级第一党支部、研究生 2017 级第二党支部与怀柔区长哨营满族乡党委开展红色“1+1”共建活动，获北京交通大学红色“1+1”共建活动一等奖，获推参加北京高校红色“1+1”示范活动评审。

组织师生参观国家博物馆“伟大的变革庆祝改革开放40周年大型展览”；开展“弘扬爱国奋斗精神、建功立业新时代”主题教育活动。举办第三届北京建造节和第七届创意文化节。本科生赴内蒙古通辽市“青年力量·寻迹榜样”暑期社会实践团、研究生赴大兴区西黑岱村“践行社会主义核心价值观——村校携手共筑中国梦宣讲”实践团获评学校暑期社会实践一等奖。

深化就业创业工作，赴华通设计、中国铁路设计集团开展就业实践，赴上海、浙江、湖南走访创业校友企业发展情况，走访北京市政总院等重点用人单位，组织校友人才培养座谈会、交流沙龙6场，构建创意型创新创业教育模式。2018届本科毕业生就业率100%，深造率56%；2018届研究生毕业生共68人，就业率100%，签约率86.76%。加强群团和统战工作。组织“青椒论坛”、青年教师暑期调研，在交流和实践中提升业务能力。邀请北京市教学名师为青年教师作教学示范，组织学院青年教师基本功大赛，魏昀赟老师获得学校青年教师基本功大赛二等奖。完成院工会、教代会换届，通过学校模范工会小家复检。开展教职工需求调研，组织各类兴趣社团，丰富教师业余文化生活。组织开展 “我的交大我的团”“纪念改革开放四十周年”主题团日活动。开展2018级新生“绽放激扬青春，凝聚团队力量”团队素质拓展活动。开展学院品牌活动形象设计大赛和创意文化作品展。学院在“院际杯”橄榄球比赛获得冠军，在校“一二·九”文艺汇演、校学生运动会、体育舞蹈大赛、健美操比赛获得好成绩。协助统战部开展民主党派新成员考察工作。

学院获评学生集中军训宣传先进单位。2个班级获评北京市先进集体，4个班级获评校级先进班集体，4个班级获评校级优良学风班，7个班级获评院级优良学风班，2个班级获评学习进步先进班集体，2个班级获评宿舍文明先进班集体，1个班级获评军训先进班集体，2个班级获评心理素质教育先进班集体。2人获评北京市三好学生，55人获评校级三好学生，3人获评校级研究生优秀干部，21名本科生获评北京交通大学优秀学生干部，2名研究生获评社会实践先进个人。8人获得国家奖学金，18人获得国家励志奖学金，5人获得智瑾专项奖学金，4人获得照坤奖学金，1人获得中信银行教育基金，任儒轩获得智瑾奖学金，赵天宇获得金宝奖学金。118名本科生获得学习优秀奖学金，52名本科生获得社会工作优秀奖学金，20名本科生获得体育活动优秀奖学金，9名本科生获得文艺活动优秀奖学金，6名本科生获得社会实践优秀奖学金，11名本科生获得学习进步奖学金，6个宿舍获得一类宿舍文明奖学金，13个宿舍获得二类宿舍文明奖学金。

（陈劲松　刘　萍　张　帅　李　萌）

【教学工作】

2018年学院组织学生参加国际比赛8项，获奖18人次；组织参加全国性比赛49项，获奖10人次；组织参加地区性比赛7项，获奖20人次。

学院教师潘曦获WA中国建筑奖社会公平奖，曾忠忠获2018中国优秀文旅康养木结构工程竞赛最佳户外景观二等奖，夏海山获2018年北京交通大学詹天佑科技奖。

深化本科毕业设计改革，首次实行新版全程监控制度，实行三轮中期答辩。开办毕业设计大展，展览面积涉及学院的1、2、3、6四个楼层，完成毕业设计的品牌视觉化管理工作，聘请校外学界和业界权威专家20名，占答辩评委半数。学院承办第三届北京建造节，完成户外展厅设计施工，以及威海校区一期建设工作，购买一期设备，完成1 000平方米工作坊空间的施工工作。修订完善学院工作室管理文件5件。6月建筑学专业评估和审核评估期间举办工作室成果展。依托工作室制度开展创新创业学分课程“工作室制实训创新Ⅰ”“工作室制实训创新Ⅱ”。11月，10个工作室赴天津和秦皇岛等地与外校工作室、创意产业园、设计院交流。学院于秋季学期启动学科竞赛分类分级标准研究工作，以本科6个专业为基础组建以专业负责人为团队的研究小组，进行专业竞赛研究，制定学院学科竞赛分类分级标准及其配套政策，形成支撑材料和研究报告50 000余字。

新增建筑学、工业设计工程2个招生专业。2018年学院共组织6月、9月两次硕士研究生的毕业答辩和学位授予，共授予学位69人。在接收2019年推免生阶段，共接收推免生27人，其中学术型11人、专业型16人。

2018年度学院获批一类“研究生科技创新项目”2项，资助2万元。学院组织申报并获批2018年度专业学位研究生教学案例开发等教育教学改革项目1项。执行《建筑与艺术学院课堂出勤院检制度》，成立专门课堂秩序督查组，覆盖课堂数不少于30%。立项“研究生优质核心课程建设”项目2项，研究生教研项目2项。严格执行《建艺学院关于加强硕士研究生培养过程质量的实施细则》，针对学位论文开题报告答辩等关键培养环节，全面建立硕士研究生学位论文质量监控与保障制度，推行研究生学术例会制度，要求导师至少每两周组织例会1次。5月学院召开全体导师培训会议。7月2日至5日，学院举办“2018年全国优秀大学生夏令营”，来自全国20多所高校的50多名大学生参加。

（张　野　张　曼）

【科研工作】

学院2018年度新增科研项目46项，合同总经费692.3万元。其中横向合同27个，合同经费554.8万元；纵向合同19个，合同经费137.5万元。新增纵向科研项目19项，其中北京市科委项目1项、北京市教委项目1项、北京市自然基金面上项目1项、国家自然科学基金青年基金项目1项、基本科研业务费项目6项、教育部规划项目1项、教育部其他项目1项、教育部人文社科青年项目1项、人才基金项目2项、红果园省部级企事业项目1项、其他项目3项。2018年1月，经学院发起与圆明园管理处成立“北京交通大学圆明园研究院”，学院教师通过该平台开展横向科研项目6项，合同额170万元。

学院2018年发表论文134篇，其中期刊论文101篇、会议论文23篇、合集论文8篇、报纸类论文2篇。其中高水平论文62篇，占总数的61.38%，包含SCI 3篇、CSSCI论文9篇、CSCD论文5篇、《光明日报》论文2篇，其中A类论文45篇。共发表著作13部，共计2 473千字。

学院2018年举办大型学术活动及学术会议5场：教育与创新学术研讨会、轨道交通与城市一体化研讨会、“建筑艺术与我们的生活”主题科技节科普讲座、2018第三届北京建造节、面向“一带一路”倡议的国际高级工程人才培养需求交流会。获评2014—2017年度中国建筑学会科普教育基地先进依托单位，并作为优秀科普教育基地代表在大会上进行宣讲交流。11月5日至9日，学院8名教师为北京交通大学附属小学学生开展16场“建筑设计”“建筑师”科普主题讲座。

（张　野　张平乐　孙淑媛）

【学科与平台建设】

2018 年学院组织本科教学审核评估专项工作组，完成评估报告撰写，收集整理数据和支撑材料共计 8 册、10 万字。

完成建筑学硕士专业学位专项评估工作，5 月通过教育评估，合格有效期 4 年。完成 3 个一级学科第四轮学科评估分析。完成艺术硕士专业学位授权点专项评估工作，评估结果为：艺术硕士艺术设计领域评估合格、艺术硕士美术领域评估不合格，学院于 8 月向 MFA 教指委反馈艺术硕士美术领域整改方案。

完善建筑学、城乡规划学、设计学 3 个学位点的自评估工作。完成 2016、2017 年度学科信息采集工作。10 月向校学位办正式提交“撤销学院工业设计工程、艺术硕士美术领域学位点”的申请，获学校学位委员会审核批准。

（张　野　张　曼）

【对外交流与合作】

2018 年学院继续执行 1 项“教育部海外名师计划”（2014—2018）以及 11 项外专引智项目，获国家外专局资助金额 119.2 万元。其中，高端外国专家项目 2 项，资助金额 20 万元；学校特色项目 1 项，资助金额 20 万元；学校重点引智项目 6 项，资助金额 59.2 万元。聘请 20 余位国外专家学者来校任教，其中德国柏林工业大学教授 Raoul Bunschoten 参与建艺学院申报的智慧城市研究项目资助金额达 20 万元。

全年学院接待来访 120 余人，包括美国、日本、俄罗斯、德国、荷兰、泰国、新加坡、“一带一路”沿线国家，以及中国台湾地区。其中合作交流 26 人次，讲学讲座 18 人次，与学院教师合作科研外籍教师 23 人，接待来访学生团体共 72 人。

2018 年学院公派出国派出教师 3 人，出国交流后回国教师 3 人。组织本科生和硕士生长期、短期出国（出境）交流共 17 人次，其中本科生 7 人次、研究生 10 人次，前往美国加州大学比克利分校、英国伦敦政治经济学院、英国牛津大学、美国俄克拉荷马州立大学、圣彼得堡国立交通大学，以及中国台湾的铭传大学、佛光大学、东华大学进行交流和深造。参与对外合作交流项目的教师达 27 人次。

截至年底，全院在校留学本科生 16 人、留学研究生为 57 人，来自哈萨克斯坦、赞比亚等 7 个国家。2018 年度商务部“援外高级学历学位教育专项计划”（商务部 MOFCOM 奖学金项目）中，学院城乡规划学（城市规划与设计）作为北京交通大学两个入列该项目的专业之一进行招生，该项目 2017—2018 年共招收来自肯尼亚、哈萨克斯坦、南苏丹等 26 个国家的 47 名留学生，其中 2018 级在读 26 名。2018 年学院有海外背景的老师达到 40%。2018 年结合引智项目建设“生态城市理论与实践”“空间技术与数据化设计”等全英文课程 9 门。

举办 1994 级、2004 级校友值年返校庆祝活动，返校校友 54 名，聘请 15 名校友与 2017 级在校生结对实施第三届“师友计划”。2018 年共募集资金 220.95 万元。

（张平乐　李　萌）

法 学 院

【概况】

法学院设有公法学系、民商经济法学系、国际法学系 3 个系，并建有北京交通大学北京社会建设研究院、北京交通大学中国铁路法研究中心等研究单位。拥有法学一级学科（学术型）硕士学位及法律硕士专业学位授予权，招收宪法与行政法学、刑法学、经济法学、国际法学、民商法学等 5 个专业的学术型硕士研究生，招收法律硕士专业学位（全日制、非全日制）研究生。

2018 年学院有教师 43 人，其中教授 8 名，副教授 14 名，具有博士学位教师 27 名。截至年底，学院毕业学生 124 人，其中硕士生 25 人、本科生 99 人；招生 188 人，其中硕士生 68 人、本科生 120 人；在校生 630 人，其中硕士生 164 人、本科生 466 人。

（何　洁　陈　博　于　进　赵　健）

【党建和思想政治工作】

2018 年学院设有党支部 11 个，其中教工支部 3 个、本科生党支部 2 个、研究生党支部 6 个。在册党员 144 名，其中教工党员 34 名，占教工比例为 79.07%；本科生党员 28 名，占本科生比例为 6.01%；研究生党员 82 名，占研究生比例为 50%。全年共计发展 24 名党员。

全面梳理学院规章制度，修订学院党委会、党政联席会的议事规则和学院意识形态工作责任制，新制定教职工大会议事规则和学院高水平成果奖励办法。配齐学院领导班子，通过党委中心组学习等方式，提高班子成员的政治素质与履职水平。开展对标争先党建规范化工作。学院党委定期分析和检查基层党建工作情况，保证基层组织制度执行到位。传导基层党建责任，与系主任和支部书记签订了任书。加强教师党支部建设，在教师支部中开展 “双带头人”创建工作。学院党委对所有党支部委员进行培训，组织一期党课提高班。学院党委与离退休党委合作，为老同志义务开展法律讲座和法律咨询。组织开展“红船精神”现场实践活动。获“学习十九大•永远跟党走”知识竞赛优秀组织奖。

组织开展“纪念改革开放 40 周年”系列活动，开设模拟法庭竞赛、法律文书写作竞赛、双困学生学业帮扶一对一、学宪法讲宪法演讲比赛等法学专业特色品牌项目 8 项。开展基层团组织“活力提升”工程。对“家庭经济困难+学业困难学生”持续开展学业帮扶，多渠道、多途径为学生成长成才服务。

参加北京市“模拟法庭大赛”获二等奖。法学 1601 班获评“北京市先进班集体”，其他班级获评首都“先锋杯”优秀团支部、校级先进班集体等各类集体荣誉 30 余项。本科生赴西藏社会实践团获得北京交通大学 2018 年本科生暑期社会实践一等奖，同时获评 “青年服务国家”首都大中专学生暑期社会实践先进团队，带队老师何洁获评首都社会实践先进个人。本科生何莎莎获评“校十佳团支书”。本科生获纪念 12 • 9 合唱比赛二等奖，获得校运会男子总分第一、女子第二和“学院杯”。

打造“将支部工作重点难点问题与无领导小组讨论形式有机结合的研究生党员职业能力

大赛”等党建创新品牌项目，完善“先锋”党员培训工程的内容和形式；推进研究生党支部与重点用人单位党支部对接体系构建，研究生党支部与中建二局机关党支部、北京市第一中级人民法院审查申诉庭党支部、北京市东城区人民检察院政治处党支部、中银律师事务所党支部、北京市什刹海街道办事处党支部建立常态化深度共建关系，实现党建工作与就业工作的双向互动与双重提升；构建以“研究生宪法宣讲团”为核心的四位一体法律服务和实践体系，在全校范围内宣传法治精神、培养法治思维、提升法律素养、共建法治校园；以校友职业导师计划为依托，精准化开展就业指导和服务。2018 年度为全体 2017 级研究生配备第四批校友职业导师共计 21 名，通过组织“做最好的自己”校友论坛、校友访谈、走访校友企业等模块帮助研究生搭建由“自己–伙伴–职业导师”组成的个人成长系统，搭建校友和在校研究生深度沟通平台，提升法学院研究生就业竞争力。法学专业 2017 级研究生赴宁夏银川社会实践团获评北京交通大学 2018 年社会实践优秀团队一等奖，法学专业 2017 级研究生党支部赴什刹海街道办事处开展的红色“1+1”活动获评北京高校红色“1+1”示范活动三等奖，法学专业 2017 级研究生班获评“北京市先进班集体”，法学院 2017 级法学专业研究生党支部获评北京交通大学党建工作样板支部，研究生就业工作获生涯辅导特色奖。

（何 洁 陈 博 贾 君）

【教学工作】

学院通过本科教学评估全面梳理本科教学工作，规范日常教学管理，严把课堂质量关，深化 OBE 理念，推进教师能力提升工作。

邀请法学名家杨立新、应松年、朱维究、林维、刘俊海来院举办学术讲座 5 场。推进实践课程建设，新开“民法学案例分析”丰富实践课形式。组织学生参加大学生创新创业训练计划项目及学科竞赛，2018 年学生创新训练项目立项 14 项。参加国家级、省市级学科竞赛 2 次，获北京市模拟法庭竞赛二等奖。全面推行导师制，实现 18 级本科生全覆盖。新增校外实习基地 3 个。

举办法学院第五届优秀大学生夏令营，精细化、针对性开展推免宣讲和点对点动员工作，针对法律硕士（非法学）优秀生源增设龙图英才奖学金。依托新媒体平台等多种途径加强招生宣传，研究生生源质量稳步提升。圆满完成推免生接收计划，接收双一流高校推免生比率为 61%，法律硕士（非法学）接收推免生人数实现历史性突破。学院获“接收推荐免试研究生工作优秀组织奖”。

高质量完成 2018 级研究生复试录取工作，生源结构进一步优化。法学专业来自“双一流”高校考生占比 65%，法律硕士（非法学）专业来自“双一流”高校考生占比 40%。

严格贯彻学位论文质量过程监控措施，提升学位论文质量。完成 2018 届毕业研究生学位授予工作。授予 22 名毕业生法学硕士学位，授予 2 名毕业生法律硕士专业学位。2 名毕业生的学位论文获评北京交通大学优秀硕士学位论文。完成 2016 级硕士研究生的学位论文中期检查及 2017 及硕士研究生的学位论文开题。对学位论文质量进行全过程严格把关，端正学生论文写作态度，导师认真指导学生，有的导师专门自行组织学生进行预答辩。

推进研究生培养工作，保障研究生培养质量。2018 学年开设近 80 门研究生专业课，定期组织课堂教学秩序检查，及时总结并反馈问题，督促教师改进。严格管理研究生课程调课、停课、管理、课程考核。推进研究生优质核心课程建设。研究生优质核心课程建设项目新立项 3 项，分别为“比较行政法”“国际法”“宏观调控法”。对 2017 年立项的 3 门优质核心课程建设项目进行了中期检查。完善非全日制硕士生的培养方案。完成非全日制法律硕士专业培养方案的制定工作。

落实研究生学术例会制度，加强了学生与导师之间的沟通，开阔了学生的学术视野，提升学生的法学学术素养，营造了浓厚的学术氛围，取得了很好的效果。采取多种途径加强对研究生科研能力、实践能力的训练。今年研究生创新项目立项 1 项，中期检查 1 项，结题 1 项。多名同学参与导师课题。50 余人次在法院、律所、企业法务等单位参加专业实践。新增研究生兼职导师 5 名。

（赵栩冉　陈　博　彭　丽）

【科研工作】

2018 年学院新增期刊论文 11 篇，其中 CSSCI 类论文 6 篇，有 1 篇被人大报刊复印资料转载。报纸类论文 6 篇，其中 3 篇发表于《光明日报》。译著 1 部、专著 1 部。新增科研项目 21 项，科研经费共 218.04 万元，其中纵向项目 16 项、横向项目 5 项。

吴文嫔教授撰写的《推进集体建设用地入市 规范租房建设与管理》入选北京社科基金项目成果要报第 18 期。郭烁教授在《中国法学》2018 年第三期发表题为《酌定不起诉制度的再考查》的学术论文。依托北京交通大学北京社会建设研究院组织召开以"共商规则、共建社会、共享未来——智能时代科技与法律的连接"为主题第五届首都社会建设与社会诚信论坛，服务国家科教兴国战略，对接高科技领域法律服务需求。10 月主办 2018 年国际铁路运输法研讨会。

（于　进）

【学科与平台建设】

完成法学一级学科硕士学位授权点自评估工作。对第四轮学科评估结果进行全方位分析，进一步明确学科建设方向。完成学科自检平台信息填报工作。筹备申报成立"北京市交通运输法学研究会"，学科责任教授与分管研究生教学的副院长牵头组织，法学院多名教师参与，并发动交通运输相关行业专家、法官、律师、学者等报名，完成申报材料准备工作。

（彭　丽）

【对外交流与合作】

派出教师因公出访团组 4 个，14 名学生赴境外合作院校交换学习，接待外事访问 14 次，新增 4 所境外合作院校。举办国际铁路运输法研讨会，与各大国际、国内铁路组织代表商讨制定统一的国际铁路运输公约，为促进国际铁路运输事业和投资贸易便利化贡献中国力量。承办两期商务部援外培训项目"肯尼亚铁路警察研修班"，推动肯尼亚"蒙内铁路"的安全运营，促进中肯友好合作。

（郭馨蔚）

远程与继续教育学院

【概况】

远程与继续教育学院下设 12 个部门：学院办公室、招生办公室、财务部、教务部、教学服务中心、考务部、自考部、技术部、研发与监管部、培训中心、国际项目部及校本部学习中心。学院有在职职工 84 人，其中事业编制教职工 27 人、非事业编制教职工 57 人（校聘人员 1 人、院聘人员 56 人）。

（温俊英）

【党建和思想政治工作】

学院共有教职工党员 40 人，均为正式党员，分设 3 个党支部。

学习贯彻习近平新时代中国特色社会主义思想、党的十九大精神、全国高校思想政治工作会议和全国教育工作会议精神，完善党建工作机制，修订并落实党总支和党政联席会会议制度，成立干部工作领导小组、党建工作小组、意识形态工作小组，配备专职组织员，切实履行主体责任。制定《理论学习中心组学习实施细则》，组织学习 21 次。制定《落实党风廉政建设主体责任实施办法》《2018 年党风廉政工作要点》，出台公务用车、公务接待、加班费管理办法，加强廉政教育，增强风险防范能力。制定《党务公开实施细则》《院务公开实施细则》，加强民主监督。加强教职工思想政治工作，制定年度教职工学习培训计划，开展培训 30 余学时。加强宣传思想文化阵地建设，全年发送外宣稿件 25 篇。制定并落实《党支部工作规程》、“对标争先”实施方案，推进“两学一做”学习教育常态化制度化，落实“三会一课”、民主评议党员等制度，党员教育培训实现全覆盖。完善学院治理体系，制定部门职责，修订岗位职责，修订完善管理文件 40 个、编制 23 个控制程序和 50 个工作流程，加强重点环节管控，规范办学行为。

（韩　瑜）

【科研工作】

2018 年度新立项校级教改项目 11 个，项目经费共计 44 万元。

（徐　琤）

【资源与平台建设】

新建云存储系统，采用云服务模式与教学资源云平台进行无缝整合，完成相关系统配置、各业务系统的数据迁移等工作，有效提升教学平台整体服务能力和水平。完善教学及管理平台各功能模块，重点对成绩管理模块、作业统计模块、学生工作室及教师工作室相关的离线作业布置和作业提交模块进行升级改进，改善了系统的兼容性，提升师生网上教学和学习体验。

强化信息平台的安全防护意识，做好教学及管理平台日常维护，提高教学支持服务的保障水平。完成铁路、城市轨道交通、旅游英语等专业共计 29 门网络课件的立体化资源建设工作，建设移动课件 47 门，使学生通过网络学习更加方便快捷。

充分发挥虚拟演播室的技术和教学环境优势，支持学校本科教育探索先进的信息化教学模式，建设高水平的数字化教学资源。协助学校本科教育制作视频公开课和精品资源共享课，拍摄教学名师课程、MOOC 课程、涉外高端培训课程以及高水平的学术讲座等 23 门课程，共计 300 多学时。

（郝建英）

【对外交流与合作】

2018 年，学院培训中心先后承办尼泊尔铁路建设规划与管理研修班、波黑铁路升级改造项目研修班、尼泊尔铁路中国标准研修班、老挝铁路技术海外培训班、古巴交通领域公共政策设计与规划研修班、叙利亚交通运输研修班等 6 期涉外培训项目，培训官员 155 名，培训时间总计 131 天。举办老挝境外培训项目，拓展境外培训业务。

本年度，学院国际项目部与美国特拉华大学、美国丹佛大学，英国卡迪夫大学、英国伯明翰大学，加拿大渥太华大学，澳大利亚科廷大学等 15 所院校开展合作交流。接待来访海外院校 34 所，出访 2 次，涉及美国、加拿大、澳大利亚、新西兰等相关院校。

（刘海燕　李亚春）

威海校区

北京交通大学威海校区

【概况】

2018年北京交通大学威海校区开拓创新，稳步提升办学实力，积极配合学校“双一流”建设规划，探索国际化办学新模式。经教育部批准，2018年威海校区新增招生指标200人，满额录取，各地招生分数在指标扩大基础上实现攀升，新生报到率94%。

威海校区下设党总支办公室、校区办公室、教务管理办公室、学务管理办公室、人事管理办公室、财务管理办公室、基础教学部、中美项目部、实验中心、培训学院、信息中心、图书馆、总务管理办公室13个部门。截至2018年年底，威海校区共有全日制统招本科学生1 389人、国际学生194人、留学预科项目学生23人，学生总数超过1 600人；管理人员108人。

（丁鹏彦）

【党建和思想政治工作】

威海校区党总支制定落实《威海校区党总支委员会会议制度实施细则》和《威海校区党政联席会议制度实施细则》，贯彻落实十九大精神和习近平新时代中国特色社会主义思想，制定《意识形态工作实施细则》等规章制度，在国际化校区发挥政治核心作用，以全国教育大会精神为指导，把握办学方向；通过开展新职工入职政治审查和中外教师行为规范教育，加强师德师风建设，落实立德树人根本任务。排查各部门党风廉政建设风险点，与14个部门负责人签订党风廉政建设责任书，营造风清气正氛围；完善安全稳定制度，层层落实安全责任，加强安全检查力度，推进校区安全稳定工作。组织校区首届教职工大会，推进民主管理。依托书院制建设，推进党团组织进宿舍，探索国际化校区青年学生思想政治工作新途径。

校区党总支将原来的3个党支部按照部门职能重新划分为7个党支部。支部发展党员34人，其中教职工4人、少数民族党员3人，截至年底共有党员101人。每月组织党支部书记例会，全年开展5次支部委员培训，提高支部委员工作能力。通过“一规一表一册一网”，严格落实“三会一课”制度，推进支部规范化建设。开展1期预备党员培训班、2期发展对象培训班、2期入党积极分子培训班。组织11名教职工党员参加“学生成长引航计划”，帮扶25名学业警示学生，组织学生党员与文登选调生党支部开展红色“1+1”活动，助力乡村建设，发挥师生党员先锋模范作用。

威海校区初步构建“准书院制”学生管理机制，探索中外合作办学的思政教育新模式，做好威海校区首届毕业生就业指导工作，2019届106名毕业生中，国内保送研究生11人，4名学生有意向接收工作单位，40名同学获得国外大学攻读硕士学位的录取通知书，26名同学参加考研。

（马　晓）

【教学工作】

威海校区制订《北京交通大学与美国罗切斯特理工学院合作举办信息管理与信息系统专

业本科教育项目自评工作实施方案》，联合中外方合作办学单位成立专门的自评工作组具体负责自评工作，通过教育部组织的教学评估，办学延期申请获教育部批准。

校区加强第二课堂宣传教育，做强学业支持中心。2018 年聘用学生志愿者共 121 人次，组织多次、多维、多种形式的学业辅导工作，组织参与大学生创新创业训练计划项目等双创类活动 5 个；40 人参加全国大学生数学竞赛，获全国大学生数学竞赛全国一等奖 1 个、三等奖 2 个；参加全国大学生英语辩论赛等学科竞赛近 20 项，18 人获得省级奖励。170 名学生参加寒暑假短期留学项目。

在专业课程之外，威海校区开办 ACCA、CFA、雅思、托福、网络工程师等培训，为学生提供职业培训服务与在校实践平台。

（丁鹏彦）

【基础设施建设】

4 月 26 日，校区专家公寓顺利启用，新增建筑面积 13 546.02 平方米，外籍教师和学校授课教师及北京派驻人员陆续入住。

威海校区 6 个专业实验室二期建设完成，并依本学年课程安排启用。实验室三期建设在筹备推进中。

国家级实验教学示范中心（全国科普教育基地）威海校区分中心建立一支 40 余人的大学生讲解队伍，科普服务人数累计超过 5 000 人次。

2018 年威海校区推进基础设施建设，累计建设多媒体教室 53 间、标准化考场 37 个及保密室 1 个，探索智慧教室和远程教室等下一代教学技术；继续推进体育场馆、跨河桥梁、实验室建设和图书馆改造。

（丁鹏彦）

2018

北京高校思想政治工作研究中心

北京高校思想政治工作研究中心

【概况】

北京高校思想政治工作研究中心（简称“思政中心”）围绕北京高校思政工作热点难点问题开展专题研究提供决策参考；组织北京高校思想政治工作研究课题的评审、立项及管理；编办《北京教育（德育）》，开展研讨培训活动；协助开展北京高校思政工作队伍培训。截至2018年年底，思政中心有学校编制人员6人、自聘1人。

（咸晓红）

【杂志编办】

2018年，《北京教育（德育）》杂志继续坚持“思想性、学术性、实践性和可读性”四位一体的办刊特色，结合贯彻落实党的十九大会议精神、全国高校思想政治工作会议精神、北京高校思想政治工作会议部署以及全国教育大会会议精神，加强特色栏目建设和主题文章刊发。紧跟市委、教育工委和校党委工作部署安排，继续开设《学习十九大》栏目，结合教育部年度重点工作“师德师风建设”，增设《师德论坛》栏目；围绕纪念马克思诞辰200周年系列活动，推出“纪念马克思恩格斯”主题文章；统筹、调整《辅导员工作研究》《本刊发布》《学校特色》等部分栏目，体现高校工作经验和特色。2018年《北京教育（德育）》杂志共有13篇文章被人大复印资料转载。

（刘　静）

【课题管理】

认真执行《首都大学生思想政治教育课题管理办法》，开展课题立项、中期检查、结题抽查工作，督促2010—2015年度未结题的战略重点课题开展结题工作，做好已结题项目的归档工作；以“师生关系”,“全员育人、全程育人、全方位育人” 为关键词编制两期《调研摘编》，加强课题研究成果提炼；完善和修订课题管理相关制度，推进课题管理工作规范化；建立2015—2019年北京高校思想政治工作研究课题结题数据库，推进电子管理平台建设。

（李　敏）

【科研培训】

5月举办第 11 期北京高校思想政治工作科研培训班，邀请校内外11位专家现场授课，为学员们答疑解惑。围绕课题申报、论文撰写等主题增设分组交流、研讨环节，了解和回应当前高校思想政治工作者的科研诉求。

（刘　静）

【社会服务】

协助北京市委教育工委开展课题管理、宣传教育、重大活动组织（京津沪渝四地论坛）等工作，编发上报《观点摘编》；承担教育部“三全育人”试点申报的部分专项工作，为上级部门做好助手；加强与同类机构的联系与合作，协助北京市思想政治工作研究会开展基层课题的组织申报、思想政治优秀研究成果和思想政治工作动态的征集工作，协助北京高校学生工作学会举办研讨交流活动等；先后赴北京市思想政治工作研究会、《思想理论教育导刊》编辑部、北京邮电大学、中国石油大学（北京）、华北电力大学、北京石油化工学院、首都师范大学、北京工商大学、北京语言大学等单位开展调研走访、培训交流活动，精准把握服务需求、提升服务质量。

（孟珍珍）

独 立 学 院

海滨学院

【概况】

北京交通大学海滨学院成立于 2008 年，是在黄骅市委市政府的大力支持下，由北京交通大学和融河（黄骅）科教有限公司合作举办，并经教育部正式批准设立的全日制本科层次独立学院。

学院现有经济管理学院、机械与动力工程学院、土木建筑工程学院、电子与电气工程学院、计算机与信息技术学院、轨道交通学院、艺术学院、外国语学院、化学工程系和基础教学部。设有自动化、光电信息科学与工程、测控技术与仪器、轨道交通信号与控制、机械工程、电气工程及其自动化、计算机科学与技术、软件工程、物联网工程、土木工程、工程造价、交通运输、化学工程与工艺、资源循环科学与工程、工商管理、工程管理、财务管理、英语、视觉传达设计、环境设计等 33 个本科专业。

2018 年，学院有专职教职工 530 人，其中硕士及以上学历 369 人。学院招收本科新生 3 640 人，新生报到率 96.6%；在校生 13 599 人；本科毕业 2 993 人，累计输送毕业生 16 351 人，就业率 97%。

（郑冰然）

【党建和思想政治工作】

根据学院实际工作需求，完善党委部门设置并调整二级基层党组织架构，协助各基层组织换届选举。组织师生参观纪念马克思诞辰 200 周年主题展览，举办学习全国、全省教育大会精神专题报告会，推进学院党建和思想政治工作。

2018 年度完成既定 70 名学生党员发展工作，完成第十六期、十七期党课培训，培养积极分子 723 名。

（郑冰然）

【学生工作】

推进学生工作两级管理机制落实，改进学生工作模式制定完善各项规章制度，组织开展学生骨干培养活动，加大学生骨干参与社会实践力度，学院团委获评河北省 2018 年暑期社会实践先进单位。

学院二级院（系）相继成立大学生志愿服务组织，举办运动会、歌手大赛、科普知识竞赛、“一二·九”爱国主义教育等多项活动，学院 “校长第一课”项目获得 2018 年河北省校园文化建设一等奖。

逐步建立特殊学生群体库，正确处理学生突发事件 9 起。针对新生、毕业生、学生干部等人群开展安全教育，全年共为 147 人提供心理咨询 217 次。

（郑冰然）

【教学工作】

学院将思想政治理论课教材更换为 2018 年修订版教材。修订《教学管理制度汇编》中的《北京交通大学海滨学院制定人才培养方案的管理规定》《北京交通大学海滨学院教学大纲管理办法》《北京交通大学海滨学院选修课管理办法（试行）》《北京交通大学海滨学院教学听课制度》《北京交通大学海滨学院课堂教学质量监控办法》《北京交通大学海滨学院教学事故认定与处理办法》《北京交通大学海滨学院教师教学基本规范》《关于提高学生基础类课程学习与应用能力的实施办法（试行）》《北京交通大学海滨学院试卷保存管理规定（试行）》等 9 个文件，编制适应学院发展的《北京交通大学海滨学院教师工作手册》。

学院制定人才培养方案修订指导意见，开展面向教学全过程、全方位、立体化的教学秩序检查，共完成外国语学院和电子与电气工程学院 10 个实验室的建设和升级改造，并完成教务系统服务器硬件升级工作。

（郑冰然）

【科研工作】

2018 年，学院组织各级各类科研项目申报工作 10 次，协助学院教师申报国家社科基金冷门“绝学”和国别史等研究 1 项、河北省人力资源和社会保障课题项目 3 项、河北省民办教育协会科研课题 34 项、河北省科技计划自筹经费项目 10 项、河北省自然基金项目 2 项、沧州市科学技术研究与发展计划项目 3 项。

（郑冰然）

【校企合作】

截至 2018 年学院校企合作单位共计 127 家，与神州高铁、北京汽车制造厂有限公司、北京铁路局天津站、镇江大全赛铁龙牵引电气有限公司、北京中软国际有限公司等单位保持友好合作关系。

（郑冰然）

【海滨学院校庆工作】

2018 年学院举办 10 周年校庆活动，共接待来自全国各地 40 余所兄弟院校的领导、嘉宾 1 000 余名。

（郑冰然）

2018

学校大事记

2018年学校大事记

1月

● 1月8日，学校3项主持成果获国家科学技术奖，其中土建学院高亮等主持成果“复杂环境下高速铁路无缝线路关键技术及应用”获得国家科技进步奖一等奖；电信学院张宏科等主持成果“智慧协同网络及应用”获得国家技术发明奖二等奖；轨道交通控制与安全国家重点实验室唐涛等主持成果“复杂路网条件下高速铁路列控系统互操作和可靠运用关键技术及应用”获得国家科技进步奖二等奖。

● 1月19日，学校入选北京市习近平新时代中国特色社会主义思想研究中心首批研究基地。

● 1月23日，北京交通大学召开第七届教职工代表大会第六次全体会议，讨论《关于周转房租赁工作的指导意见及租赁实施细则》，提出修改意见和建议。

2月

● 2月5日，北京交通大学3项主持成果获2017年度北京市科学技术奖：土建学院张顶立等主持完成项目“复杂条件下大型海底隧道钻爆法建造关键技术”获一等奖，机电学院贾力教授主持完成项目“能源审计相关标准制定与推广应用”、电气学院李伟力等主持完成项目“基于多物理场永磁电机系统强迫换热关键技术及应用”获三等奖；另有三项参加完成项目获奖。

● 2月6日，北京市委常委、教工委书记林克庆一行到校调研，听取学校工作汇报。

● 2月7日，北京交通大学4项成果获2017年度高等学校科学研究优秀成果奖（科学技术），其中3项成果为学校主持完成：国家重点实验室贾利民教授等主持完成的“道路交通状态网络化智能感知与评价关键技术及应用”项目获技术发明奖一等奖，机电学院姚燕安教授等主持的“连杆式整体闭链运载装置的技术及应用”项目获技术发明奖二等奖，土建学院袁大军教授等主持的“盾构切削大直径钢筋混凝土群桩关键技术”项目获科技进步奖二等奖；建筑与艺术学院李珺杰教授参加的“亚热带大型公共建筑可持续营建技术研究”项目获科技进步奖二等奖。

● 2月12日，北京交通大学“轨道车辆运用工程国际科技合作基地”被科技部认定为示范型国家国际科技合作基地。

● 2月28日，QS世界大学学科排名发布，北京交通大学6个学科进入世界顶尖学科，分别是：电气与电子工程，计算机科学与信息系统，机械、航空与制造工程，数学，物理学与天文学，统计学与运筹学。

3月

● 3月15日，北京交通大学3个项目入选教育部首批“新工科”研究与实践项目。

● 3月22日，学校新增工程博士专业学位授权类别，获准招收培养工程博士。

● 3月，秦勇、高亮、艾渤、赵耀、闻映红 5位教师入选第三批国家“万人计划”科技创新领军人才。

4 月

● 4 月 16 日，轨道交通运营国际科技联合研究中心被北京市科委认定为 2017 年北京市国际科技合作基地。

● 4 月 18 日，北京交通大学“下一代互联网互联设备国家工程实验室”团队入选首批全国高校黄大年式教师团队。

● 4 月 23 日，北京交通大学乌拉圭研究中心揭牌。

● 4 月 25 日，北京交通大学获评 2017 年北京市教育教学成果奖 28 项，其中特等奖 1 项、一等奖 10 项、二等奖 17 项。

● 4 月 26 日，北京交通大学技术转移办公室（科技处）入选首批“高校技术转移办公室”。

5 月

● 5 月 3 日，北京交通大学 15 项成果获得铁道科技奖，其中学校主持完成的 8 项成果分别获得一等奖 2 项、二等奖 4 项、三等奖 2 项，参加完成的 7 项成果获得一等奖 2 项、二等奖 1 项、三等奖 4 项。张和生教授获得“中国铁道学会环保奖”。

● 5 月 4 日，学校召开 2018 年人才培养工作会议，会议主题为：以本科教学审核评估为契机，坚持立德树人根本任务，强化人才培养中心地位，完善协同育人机制，深化内涵建设和改革创新，全面提升一流人才培养能力。

● 5 月 10 日，中国交建·中国路桥——北京交通大学“一带一路”国际人才联合培养肯尼亚项目第三批留学生开学典礼在威海校区举行。

● 5 月 15—18 日，教育部本科教学工作审核评估专家组到北京交通大学考察，充分肯定学校所取得的办学成绩以及为轨道交通行业所做贡献，围绕审核评估“五个度”标准对学校本科教学和人才培养工作取得的成绩和实效给予高度评价，指出本科教育中存在的问题并给予整改意见。

● 5 月 30 日至 6 月 1 日，北京交通大学建筑学专业开展第三次专业教育评估，并顺利通过。

● 5 月 31 日，戴胜华教授主持的“轨道交通列车运行控制虚拟仿真实验项目”入选教育部首批国家虚拟仿真实验教学项目交通运输类国家级项目。

● 5 月，世界高铁大会期间学校受邀加入高速铁路高校联盟，宁滨院士担任联盟主席。

6 月

● 6 月 27 日，THE（《泰晤士高等教育周刊》）发布亚太地区大学排行榜，北京交通大学位列第 181～190 名。

● 6 月 27 日，北京交通大学知识产权信息服务中心揭牌。

7 月

● 7 月 16 日至 17 日，学校举办首届国际青年学者“知行”论坛，为海内外优秀青年人才搭建学术交流和成果展示的平台。

● 7 月 17 日，2018“软科世界一流学科排名”正式发布。北京交通大学共有 14 个学科进入世界一流学科榜单，其中交通运输工程学科排名世界第 1。

● 7 月 25 日至 27 日，北京交通大学和中国职业技术教育学会轨道交通专业委员会联合主办“第三届中国–东盟轨道交通教育培训联盟年会暨服务‘一带一路’项目推介会”活动，学校与泰国东北皇家理工大学、马来西亚敦胡先翁大学签署合作协议。

8月

● 8月15日，2018年软科（ARWU）世界大学学术排名发布，北京交通大学位列第501～600位。

9月

● 9月3日至4日，学校68名志愿者服务中非合作论坛北京峰会。

● 9月8日，学校举行1977、1978级校友入学40周年纪念大会。

● 9月14日，乌拉圭东岸共和国副总统露西亚·托波兰斯基到校访问，参观了学校乌拉圭研究中心和校史馆，向乌拉圭研究中心赠送摄影画作和有关乌拉圭建筑遗产的书籍。

● 9月18日，校长宁滨带队赴内蒙古通辽市科左后旗开展定点扶贫工作，双方就下一步脱贫攻坚重点工作进行交流和研究，签订了蔬菜等食品原材料供货协议和劳务输出意向书。

● 9月20日，中国工程院院士，我国著名隧道及地下工程专家、北京交通大学土建学院博士生导师、隧道及地下工程试验研究中心主任，第九、十、十一、十二届全国人大代表，第九、十届全国政协委员，王梦恕教授因病逝世。

● 9月30日，北京交通大学综合体育馆工程开工。综合体育馆主要功能为游泳馆、篮球馆、羽毛球馆、网球馆、健身房等体育教学及活动用房。

● 9月30日，高自友、关伟、聂磊、孙会君、刘世峰等完成的《优势学科交叉、特色平台支撑——交通行业高水平博士研究生培养模式探索与实践》成果获第三届中国学位与研究生教育学会研究生教育成果奖一等奖。

● 9月30日，学校成功申请生产建设项目水土保持监测单位水平评价证书。

10月

● 10月11日，QS中国大陆高校排名前100位的高校名单发布，北京交通大学位列第29位。

● 10月12日至14日，在第十一届全国大学生创新创业年会上，北京交通大学1项创新训练项目获评“我最喜爱的项目”，2篇论文获评“优秀论文”。

● 10月13日至16日，博士生白冰作为负责人的创业项目《光子人工智能芯片》获得第四届中国“互联网+”大学生创新创业大赛总决赛银奖。

● 10月17日，英国泰晤士高等教育（THE）发布2019版世界大学学科排名，北京交通大学4个学科入围，其中工程学接近ESI前 1‰。

● 10月22日至27日，学校举办第八届国际文化周，组织开展“一带一路”国际人才培养主题论坛、“感知中国——无人驾驶”社会实践活动等活动。

● 10月23日，经管学院张润彤作为首席专家主持课题《共享经济下构建我国分级医疗体系研究》中标2018年度国家社会科学基金重大项目。

● 10月29日，北京交通大学与波兰华沙理工大学共同申办的孔子学院获正式批准。

● 10月30日，U.S.News发布2019年度世界大学排名，北京交通大学位居第583位。

11月

● 11月1日，上海软科正式发布2018“中国最好学科排名”，北京交通大学共有28个学科上榜，其中交通运输工程排名全国第 1、信息与通信工程排名全国第 8、土木工程排名全国第 10。

● 11 月 2 日，运输学院何世伟、计算机学院王志海获评第十四届北京市高等学校教学名师奖，理学院于永光、机电学院郭盛获评第二届北京市高等学校青年教学名师奖。

● 11 月 3 日，计算机学院信息科学研究所举办成立 40 周年庆典活动。

● 11 月 6 日，高亮教授获 2018 年度何梁何利基金科学与技术进步奖。

● 11 月 14 日，金砖国家交通大学校长联盟成立，北京交通大学当选为中方主席。

● 11 月 14 日，北京交通大学与黔南州人民政府签署战略合作协议。

● 11 月 18 日至 12 月 9 日，学校举办首期国际组织人才训练营，结业 117 人覆盖本硕博三个层次。

● 11 月 24 日，计算机学院袁保宗教授获中国计算机学会计算机视觉专委会 2018 年度 CCF-CV 终身学术贡献奖。

● 11 月 26 日，北京交通大学牵头举办高速铁路高校联盟大会。

12 月

● 12 月 4 日，北京交通大学教育基金会换届大会召开，高艳当选为教育基金会第四届理事会理事长，郭雪萌当选为教育基金会第四届理事会秘书长。

● 12 月 10 日，北京交通大学党委启动第一轮巡察工作。

● 12 月 19 日，北京交通大学与故宫博物院、福建省文化和旅游厅、中国国家图书馆联合主办“纪念郑振铎先生诞辰 120 周年座谈会”。

● 12 月 20 日至 21 日，学校举行第八届教职工代表大会暨第十三届工会会员代表大会全体会议，讨论和审议学校工作报告、学校财务报告、教代会工会工作报告、提案报告、工会经费报告、工会经费审查委员会工作报告等文件，选举产生 35 位教代会常设主席团成员、21 位工会委员会委员、5 位工会经费审查委员会委员，通过了教代会工会六个专门工作委员会人选。

● 12 月 21 日，北京交通大学主持的 3 项教学成果获 2018 年国家级教学成果奖二等奖。

● 12 月 21 日，北京交通大学科学技术协会成立大会暨第一次会员代表大会举行。

● 12 月 22 日，北京交通大学北京市哲学社会科学北京交通发展研究基地进入 CTTI 高校智库 A 级榜单，北京市哲学社会科学北京物流信息化研究基地、中国马克思主义与文化发展研究院、国家经济安全研究院入选 CTTI 增补来源智库。

● 12 月 26 日，学校东校区环境工程实验室进行垃圾渗滤液污水处理科研试验时发生爆炸引发火灾，3 名参与实验的研究生在事故中遇难。

● 2018 年，学校围绕“一带一路”建设和铁路“走出去”战略实施的境外重点规划、重点项目、重点工程，开展铁路及轨道交通相关领域技术教育培训及咨询交流服务，全年承担完成短期培训项目 26 项，培训 666 人次。

附　　录

2018年北京交通大学本科、专科招生专业目录

层次	招生单位名称	招生专业（类）	科类
本科	北京交通大学	电子信息类（通信与控制）	理工类
		计算机类	理工类
		经济管理试验班	理工类 文史类
		交通运输类	理工类
		土木类	理工类
		机械类	理工类
		电气类	理工类
		电气工程及其自动化（新能源国际班）	理工类
		理科试验班类	理工类
		外国语言文学类	理工类 文史类
		新闻传播学类	理工类 文史类
		软件工程	理工类
		建筑类	理工类
		法学	理工类 文史类
		设计学类	艺术类
	北京交通大学（中外合作专业）	机械类（中外合作办学）（机械电子工程）	理工类
		材料类（中外合作办学）（纳米材料与技术）	理工类
		交通运输类（中外合作办学）（交通运输）	理工类
	北京交通大学（威海校区）	管理科学与工程类（中外合作办学）（信息管理与信息系统）	理工类
		电子信息类（中外合作办学）（通信工程）	理工类
		计算机类（中外合作办学）（计算机科学与技术）	理工类
		环境科学与工程类（中外合作办学）（环境工程）	理工类
		设计学类（中外合作办学）（数字媒体艺术）	艺术类
		工商管理类（中外合作办学）（工商管理）	理工类 文史类
		工商管理类（中外合作办学）（会计学）	理工类 文史类
高职	北京交通大学清河职业技术学院	计算机应用技术	理工类
		交通运营管理	理工类
		机电一体化（汽车方向）	理工类

（招生就业处　提供）

2018 年北京交通大学本科普通类专业各省区录取情况统计表（非高考改革省份）

省份	理工类									文史类						
	本部普通专业		本部中外专业		威海中外专业		一批	二批	三批	本部普通专业		威海中外专业		一批	二批	三批
	最低分	最高分	最低分	最高分	最低分	最高分				最低分	最高分	最低分	最高分			
北京	641	656	625	633	584	609	532	432	—	640	648	590	594	576	488	—
天津	637	655	616	623	587	610	理科分数线 407			618	619	—	—	文科分数线 436		
河北	656	670	627	638	608	630	511	358	—	654	659	—	—	559	441	—
山西	603	624	572	589	556	585	516	432	—	599	603	—	—	546	476	—
内蒙古	609	649	578	592	555	585	478	336	—	594	601	—	—	501	399	—
辽宁	643	653	611	626	585	599	理科分数线 368			611	614	—	—	文科分数线 461		
吉林	619	648	—	—	562	581	533	405	283	599	607	—	—	542	432	316
黑龙江	617	633	592	611	572	588	472	353	—	572	598	—	—	490	406	—
江苏	376	387	—	—	356	358	336	285	—	372	374	—	—	337	281	—
安徽	623	636	593	624	565	586	505	432	—	622	623	—	—	550	486	—
福建	602	622	—	—	545	568	490	378	—	613	617	—	—	551	446	—
江西	616	630	—	—	577	593	527	447	—	622	626	—	—	568	496	—
山东	640	653	608	618	577	596	理科分数线 435			631	634	596	603	文科分数线 505		
河南	624	637	595	609	569	585	499	374	—	631	637	599	601	547	436	—
湖北	625	636	600	623	577	592	512	375	—	628	631	—	—	561	441	—
湖南	620	634	—	—	570	596	513	450	409	638	642	—	—	569	526	486
广东	586	601	—	—	540	571	理科分数线 376			602	608	—	—	文科分数线 443		
广西	614	632	—	—	536	587	513	345	—	609	612	—	—	547	403	—
海南	730	749	—	—	—	—	539	—	—	—	—	—	—	579	—	—
重庆	634	643	590	596	571	600	524	428	—	584	591	—	—	524	434	—
四川	636	648	614	630	603	613	546	458	—	608	613	—	—	553	492	—
贵州	606	623	—	—	526	570	484	379	—	646	657	—	—	575	477	—
云南	626	653	—	—	530	619	530	430	—	631	642	—	—	575	490	—
西藏	—	—	—	—	—	—	汉 445 民 327	汉 335 民 278	—	汉 580 民 451	汉 580 民 451	—	—	汉 460 民 375	汉 355 民 320	—
陕西	617	636	—	—	565	577	474	425	332	608	626	—	—	518	467	345
甘肃	594	615	—	—	535	558	483	436	370	569	580	—	—	502	456	380
青海	532	580	—	—	—	—	403	365	334	—	—	—	—	475	424	377
宁夏	573	592	—	—	—	—	463	432	352	—	—	—	—	528	498	418
新疆	608	627	—	—	524	560	467	341	—	593	602	—	—	500	372	—
新疆预科	478	523	—	—	—	—	467	341	—	—	—	—	—	500	372	—

（招生就业处　提供）

2018 年北京交通大学本科普通类专业各省区录取情况统计表（高考改革省份）

1. 上海录取情况

选考科目：不限		选考科目：物理|化学	
最低分	本科线	最低分	本科线
546	401	542	401

2. 浙江录取情况

专业名称	选考科目	最低分	一段线
经济管理试验班	不限	645	588
电子信息类（通信与控制）	物理|化学	645	588
计算机类	物理|化学	647	588
交通运输类	物理|化学	644	588
土木类	物理|化学	636	588
机械类	物理|化学	637	588
电气类	物理|化学	641	588
理科试验班类	物理|化学	643	588
外国语言文学类	不限	641	588
新闻传播学类	不限	643	588
软件工程	物理|化学	646	588
材料类（中外合作办学）（纳米材料与技术）	物理|化学	629	588
机械类（中外合作办学）（机械电子工程）	物理|化学	631	588
交通运输类（中外合作办学）（交通运输）	物理|化学	632	588
管理科学与工程类（中外合作办学）（信息管理与信息系统）	物理|化学	615	588
电子信息类（中外合作办学）（通信工程）	物理|化学	619	588
环境科学与工程类（中外合作办学）（环境工程）	物理|化学	613	588

2018 年北京交通大学高职普通类专业各省区录取情况统计表

省份	科类	专业名称	最低分
北京	理工	交通运营管理	255
北京	理工	机电一体化技术（汽车方向）	243
北京	理工	计算机应用技术	278
河北	理工	交通运营管理	400
河北	理工	机电一体化技术（汽车方向）	400

续表

省份	科类	专业名称	最低分
河北	理工	计算机应用技术	401
内蒙古	理工	交通运营管理	319
内蒙古	理工	机电一体化技术（汽车方向）	314
内蒙古	理工	计算机应用技术	320
山西	理工	交通运营管理	385
山西	理工	机电一体化技术（汽车方向）	384
山西	理工	计算机应用技术	394

（招生就业处　提供）

2018 年北京交通大学本科专业目录

序号	专业代码	专业名称	修业年限	学位授予门类	备注
1	020101	经济学	四年	经济学	特、综
2	020301K	金融学	四年	经济学	
3	020401	国际经济与贸易	四年	经济学	
4	030101K	法学	四年	法学	
5	030503	思想政治教育	四年	法学	
6	050102	汉语言	四年	文学	
7	050201	英语	四年	文学	
8	050202	俄语	四年	文学	
9	050205	西班牙语	四年	文学	
10	050304	传播学	四年	文学	
11	070101	数学与应用数学	四年	理学	
12	070102	信息与计算科学	四年	理学	
13	070202	应用物理学	四年	理学	
14	080102	工程力学	四年	工学	
15	080201	机械工程	四年	工学	特
16	080207	车辆工程	四年	工学	卓、综
17	080301	测控技术与仪器	四年	工学	
18	080403	材料化学	四年	理学	
19	080501	能源与动力工程	四年	工学	
20	080601	电气工程及其自动化	四年	工学	特、卓、综
21	080702	电子科学与技术	四年	工学	
22	080703	通信工程	四年	工学	特、综
23	080705	光电信息科学与工程	四年	理学	
24	080706	信息工程	四年	工学	

续表

序号	专业代码	专业名称	修业年限	学位授予门类	备注
25	080801	自动化	四年	工学	特
26	080802T	轨道交通信号与控制	四年	工学	卓
27	080901	计算机科学与技术	四年	工学	特、卓、综
28	080902	软件工程	四年	工学	特、卓
29	080904K	信息安全	四年	工学	
30	080905	物联网工程	四年	工学	
31	081001	土木工程	四年	工学	特、卓
32	081003	给排水科学与工程	四年	工学	
33	081801	交通运输	四年	工学	特、卓、综
34	081802	交通工程	四年	工学	特、卓
35	082502	环境工程	四年	工学	
36	082601	生物医学工程	四年	工学	
37	082801	建筑学	五年	建筑学	
38	082802	城乡规划	五年	工学	
39	120102	信息管理与信息系统	四年	管理学	
40	120103	工程管理	四年	管理学	
41	120106TK	保密管理	四年	管理学	
42	120201K	工商管理	四年	管理学	
43	120202	市场营销	四年	管理学	
44	120203K	会计学	四年	管理学	综
45	120204	财务管理	四年	管理学	
46	120403	劳动与社会保障	四年	管理学	
47	120601	物流管理	四年	管理学	特
48	120602	物流工程	四年	工学	
49	120701	工业工程	四年	工学	
50	120801	电子商务	四年	工学	
51	120901K	旅游管理	四年	管理学	
52	130502	视觉传达设计	四年	艺术学	
53	130503	环境设计	四年	艺术学	
54	130508	数字媒体艺术	四年	艺术学	
55	071201	统计学	四年	理学	
56	080204	机械电子工程	四年	工学	
57	080413T	纳米材料与技术	四年	工学	
58	050232	葡萄牙语	四年	文学	
59	081007T	铁道工程	四年	工学	
60	050306T	网络与新媒体	四年	文学	
61	080914TK	保密技术	四年	工学	

注：特—国家级特色专业，卓—卓越计划，综—教育部专业综合改革试点。

（教务处岳冶　提供）

2018 年北京交通大学高职学院专业目录

学　院	专　业	年　级
清河职业技术学院	城市交通运输	2015
	交通运营管理	2016、2017、2018
	汽车检测与维修技术	2015、2016、2017
	计算机应用技术	2017、2018
	机电一体化技术（汽车方向）	2018

（教务处赵宏　提供）

2018 年北京交通大学本科各专业在校生人数统计表

院系	专业	延期	2014	2015	2016	2017	2018	总计
电子信息工程学院	电子科学与技术	6		78	59	48		191
	电子信息类（通信与控制）						404	404
	轨道交通信号与控制	2		138	141	165		446
	通信工程	24		200	273	236	17	750
	通信工程（理科试验班）	3		25	27	26	29	110
	通信工程（试点班）			60				60
	自动化	1		27	15	47		90
	自动化（铁道信号）	1						1
	小结	37		528	515	522	450	2 052
机械与电子控制工程学院	测控技术与仪器	4		53	46	71		174
	车辆工程	5		84	77	61		227
	工业工程			33	15	25		73
	机械电子工程（中外合作办学）	3		85	55	55	63	261
	机械工程	9		102	95	102		308
	机械类						363	363
	能源与动力工程	3		24	22	35		84
	小结	24		381	310	349	426	1 490
土木建筑工程学院	给排水科学与工程			4				4
	环境工程			31	26	18		75
	铁道工程					59		59
	土木工程	5		194	117	218		534
	土木工程（城市轨道工程）			33	32			65
	土木工程（铁道工程）	1		61	46			108
	土木类						346	346
	小结	6		323	221	295	346	1 191

续表

院系	专业	延期	2014	2015	2016	2017	2018	总计
建筑与艺术学院	城乡规划		23	20	10	22	12	87
	环境设计			22	25	30	23	100
	建筑学		52	51	46	50	48	247
	视觉传达设计			25	23	16	30	94
	数字媒体艺术			31	30	31	26	118
	小结		75	149	134	149	139	646
经济管理学院	保密管理			14	10	20		44
	财务管理			26	32	26		84
	工程管理	2		22	10	24		58
	工商管理	2		25	20	33		80
	会计学	5		85	94	60		244
	会计学（理科试验班）			8	2	6		16
	金融学	2		72	98	63		235
	金融学（理科试验班）			9	14	8		31
	经济管理试验班					1	297	298
	经济管理试验班（理科试验班）						29	29
	经济学			43	54	49		146
	经济学（理科试验班）				1	6		7
	物流管理	1		42	47	47		137
	信息管理与信息系统	4		28	18	26		76
	小结	16		374	400	369	326	1 485
交通运输学院	电子商务			32	16	19		67
	交通工程			52	69	35		156
	交通工程（理科试验班）			13	15	12		40
	交通运输（城市轨道交通）	1		56	58	50		165
	交通运输（城市轨道交通，理科试验班）			1				1
	交通运输（高速铁路客运组织与服务）			17	20	22		59
	交通运输（民航运输）					22		22
	交通运输（铁道运输）	1		111	99	95		306
	交通运输（铁道运输，理科试验班）	1		6	10	19		36
	交通运输（智能运输工程）			30	33	32		95

续表

院系	专业	延期	2014	2015	2016	2017	2018	总计
交通运输学院	交通运输（智能运输工程，理科试验班）			5				5
	交通运输（中外合作办学）					55	63	118
	交通运输类						275	275
	交通运输类（理科试验班）						30	30
	物流工程			31	32	29		92
	物流工程（理科试验班）			1				1
	小结	3		355	352	390	368	1 468
法学院	法学	7		104	106	129	117	463
	小结	7		104	106	129	117	463
语言与传播学院	传播学	1		51	56	52	36	196
	葡萄牙语			16	25	19	17	77
	网络与新媒体						35	35
	西班牙语			51	26	26	28	131
	英语	1		41	43	49	51	185
	小结	2		159	150	146	167	624
理学院	材料化学	2		31		18		51
	材料化学（理科试验班）					4		4
	工程力学（基础学科试点班）			6	6	1		13
	光电信息科学与工程	3		94	93	61		251
	光电信息科学与工程（理科试验班）			2	8	9		19
	基础学科试点班					49	60	109
	理科试验班类				1		267	268
	理科试验班类（理科试验班）						30	30
	纳米材料与技术（中外合作办学）	5		52	55	56	65	233
	数学与应用数学（基础学科试点班）			27	29	1		57
	统计学			55	62	56		173
	统计学（理科试验班）			15	9	9		33
	信息与计算科学	2		58	57	59		176
	信息与计算科学（理科试验班）			11	10	7		28

续表

院系	专业	延期	2014	2015	2016	2017	2018	总计
理学院	信息与计算科学（生物信息学，基础学科试点班）			5				5
	应用物理学（基础学科试点班）			4				4
	小结	12		360	330	330	422	1 454
计算机与信息技术学院	计算机科学与技术	7		200	216	229		652
	计算机科学与技术（理科试验班）	1						1
	计算机科学与技术（铁路信息技术）	2		19	24	26		71
	计算机科学与技术（医学信息技术）					27		27
	计算机类						292	292
	生物医学工程			12				12
	物联网工程	1		13	22	26		62
	信息安全（保密技术）	1		30	31	27		89
	小结	13		298	322	376	292	1 301
软件学院	软件工程	12		160	161	174	189	696
	小结	12		160	161	174	189	696
电气工程学院	电气工程及其自动化	10		270	165	224		669
	电气工程及其自动化（轨道牵引电气化）			42	57	38		137
	电气工程及其自动化（新能源国际班）				48	60	57	165
	电气类				1		293	294
	小结	10		312	271	322	350	1 265
威海校区	通信工程（中外合作办学）				67	58	76	201
	环境工程（中外合作办学）				55	39	93	187
	数字媒体艺术（中外合作办学）				30	34	47	111
	工商管理（中外合作办学）					27	83	110
	会计学（中外合作办学）					49	81	130
	信息管理与信息系统（中外合作办学）			102	109	114	119	444
	计算机科学与技术（中外合作办学）				70	54	84	208
	小结			102	331	375	583	1 391
总计		142	75	3 605	3 603	3 926	4 175	15 526

（教务处董雪　提供）

2018 年北京交通大学高职学院专科各专业在校生人数统计表

学院	专业	2016	2017	2018	总计
清河	机电一体化技术（汽车方向）	0	0	48	48
	交通运营管理	91	73	67	231
	汽车检测与维修技术	28	27	0	55
	计算机应用技术	0	72	50	122
	小结	119	172	165	456

（教务处赵宏　提供）

2018 年北京交通大学双培生各专业在校生人数统计表

学院	专业	2018 级
电子信息工程学院	电子科学与技术	5
	轨道交通信号与控制	16
	电子信息类（通信与控制）	0
机械与电子控制工程学院	车辆工程	14
土木建筑工程学院	土木工程	12
经济管理学院	物流管理	11
交通运输学院	交通工程	14
	电子商务	15
理学院	信息与计算科学	5
电气工程学院	电气工程及其自动化	16
	电气工程及其自动化（轨道牵引电气化）	16
总计		124

（教务处孙鹏　提供）

北京交通大学 2018 年通过博士生导师招生资格审核教师一览表

电子信息工程学院（98 人）	简水生	唐　涛	宁　滨	郭宇春
	钟章队	陈后金	蔡伯根	杨世武
	赵林海	周华春	张振江	裴　丽
	孙　强	延凤平	方卫宁	黄友能
	朱　刚	王均宏	侯忠生	李纯喜
	郭北苑	徐洪泽	王海峰	闻映红
	孙　昕	娄淑琴	张宏科	吴　昊
	荆　涛	杨　维	陶　成	刘　泽
	董海荣	郑　伟	王俊峰	刘　颖
	宁提纲	李　旭	郜　帅	秦雅娟

续表

电子信息工程学院（98 人）	王目光	刘　颖	周永华	张建勇
	李修函	郑东耀	步　兵	艾　渤
	高德云	罗洪斌	王　剑	苏　伟
	沈　波	上官伟	王春灿	赵军辉
	徐少毅	袁　雪	张　展	杨　冬
	董　平	霍　炎	李　鹏	曹　源
	荀　径	刘　留	李　铮	陈为
	李雨键	章嘉懿	熊　菲	王海波
	沈　超	林思雨	官　科	何睿斯
	李艳凤	王忠立	朱　力	申　艳
	邓　涛	徐田华	柳向斌	金尚泰
	穆海冰	宋　飞	赵友平	王飞跃（兼）
	谢智刚（兼）	刘尚合（兼）	刘俊杰（兼）	王常勇（兼）
	汪　波（兼）	何德全（兼）	Clive Roberts（兼）	Qiang Ni（兼）
	Robert Edwards（兼）	Qingsheng Zeng（兼）		
计算机与信息技术学院（90 人）	钟章队	梁满贵	胡绍海	刘　峰
	韩　臻	赵　耀	尹　辉	黄雅平
	于　剑	刘　杰	郑　伟	林友芳
	张大伟	倪蓉蓉	刘渭滨	鲁凌云
	王　宁	邹　琪	孙延涛	李清勇
	郎丛妍	杨唐文	常晓林	周雪忠
	贾彩燕	岑翼刚	白慧慧	董兴业
	徐金安	张玉洁	冯松鹤	李浥东
	金　一	杨　凤	方维维	刘　一
	熊　轲	郐　俊	刘　铭	武志昊
	王　伟	蔡伯根	桑基韬	陈钰枫
	王　涛	赵宏智	徐保民	张宝鹏
	李红辉	张　宁	安高云	景丽萍
	王志海	刘吉强	韦世奎	王公仆
	丁　丁	苗振江	林春雨	王　东
	朱振峰	杜　晔	李浥东	鲁凌云
	田丽霞	孙永奇	刘　真	万怀宇
	刘建刚	万丽莉	何永忠	牛温佳
	王　健	常冬霞	陈性元（兼）	杜　虹（兼）
	李凡长（兼）	林宙辰（兼）	马朝斌（兼）	孟洛明（兼）
	杨义先（兼）	朱跃敏（兼）	宗成庆（兼）	赵　峰（兼）

续表

计算机与信息技术学院（90人）	樊建平（兼）	姜建国（兼）	沈昌祥（兼）	田　捷（兼）
	张仰森（兼）	赵春江（兼）		
	徐寿波	卞文良	卜　伟	常　丹
	丁慧平	冯　华	傅少川	高红岩
经济管理学院（88人）	关忠良	郭雪萌	郝生跃	何晓明
	黄　磊	柯金川	兰洪杰	李文兴
	李远慧	林晓言	刘德红	刘世峰
	刘玉明	鲁晓春	马　忠	穆　东
	荣朝和	施先亮	谭克虎	唐代盛
	王雅璨	邬文兵	武剑红	肖　翔
	叶蜀君	殷　平	余　青	张菊亮
	张明玉	张秋生	张润彤	张文松
	周建勤	周绍妮	周耀东	屈晓婷
	程小可	崔永梅	佟　琼	王树详
	荀娟琼	顾元勋	邢怿君	叶　龙
	侯汉平	华国伟	张　力	张梅青
	李雪梅	李伊松	张真继	赵启兰
	刘伊生	刘颖琦	毕　颖	曹国永
	欧国立	裘晓东	裴劲松	曹志刚
	阮　加	周　静（兼）	冯　奎（兼）	陈安国（兼）
	陈宏伟（兼）	陈喜庆（兼）	葛新权（兼）	季晓南（兼）
	李学伟（兼）	刘延平（兼）	宋敏华（兼）	孙永福（兼）
	赖　明（兼）	李朴民（兼）	汤　明（兼）	王　灏（兼）
	魏际刚（兼）	张成海（兼）	赵保国（兼）	T.C.Edwin Cheng（兼）
交通运输学院（85人）	秦　勇	魏秀琨	王子洋	徐　杰
	陈绍宽	陈旭梅	韩宝明	韩　梅
	贾顺平	贾元华	郎茂祥	李海鹰
	毛保华	孟令云	聂　磊	钱大琳
	魏玉光	闫学东	姚恩建	于　雷
	赵　鹏	周磊山	朱晓宁	柏　赟
	卫　翀	岳　昊	冯雪松	武　旭
	邵春福	林柏梁	毕　军	董宏辉
	王喜富	姜秀山	宋丽英	卫振林
	李晓峰	高　亮	贾　斌	李克平
	徐　猛	杨立兴	赵小梅	杨小宝
	李新刚	四兵锋	任华玲	闫小勇
	赵建东	李　娟	许心越	唐金金

续表

交通运输学院（85人）	王艳辉	贾利民	袁振洲	张星臣
	何世伟	纪寿文	李得伟	王江锋
	刘红璐	刘仍奎	马　路	刘　军
	宋国华	宋　瑞	关　伟	吕永波
	朱广宇	马继辉	高自友	肖贵平
	孙会君	吴建军	乐逸祥	吕　莹
	赵　晖	姜　锐	谢东繁	黄爱玲
	徐　鹏	董春娇	刘　凤（兼）	张峻屹（兼）
	周学松（兼）			
土木建筑工程学院（102人）	王梦恕	白明洲	蔡小培	陈　峰
	井国庆	梁青槐	沈宇鹏	时　瑾
	魏庆朝	肖　宏	杨松林	兑关锁
	金　明	柯燎亮	刘　颖	毛　军
	王毅泽	徐　丰	张如炳	陈阿丽
	刘保东	朋改非	石志飞	田玉基
	向宏军	谢　楠	邢佶慧	杨　娜
	安明喆	徐龙河	杨维国	杜进生
	战家旺	张　楠	高　日	李德生
	王　锦	姚　宏	黄明利	王秀英
	傅洪贤	杨成永	房　倩	郭　璇
	李兆平	刘维宁	刘卫丰	孙晓静
	袁大军	赵伯明	骆建军	陈铁林
	王　哲	白　冰	蔡国庆	陈文化
	李　旭	乔春生	张鸿儒	刘建坤
	董晓峰	张　纯	韩林飞	冯瑞玲
	高　亮	江　辉	税国双	汪越胜
	王连俊	王英杰	陈　波	李　波
	郭雅芳	黄海明	王晓峰	王元丰
	周长东	朱尔玉	谭忠盛	王永红
	韩　冰	文永奎	于桂兰	项彦勇
	李久义	王爱民	陈　曦	李　涛
	张成平	张顶立	刘保国	夏海山
	贺少辉	李兴高	辛　涛	张群峰
	倪永军	李伟华	赵国堂（兼）	杜彦良（兼）
	景传勇（兼）	张劲泉（兼）		
机械与电子控制工程学院（59人）	曲海波	杨智勇	蔡永林	程卫东
	韩建民	李建勇	刘　伟	沈海阔

续表

机械与电子控制工程学院（59人）	刘小平	王爽心	肖燕彩	延　皓
	段志鹏	方跃法	郭　盛	何伯述
	杨立新	姚燕安	张志力	张竹茜
	王　曦	岳建海	兰惠清	李　强
	王文静	张乐乐	史红梅	余祖俊
	李国岫	宁　智	徐宇工	张　欣
	李翠伟	李世波	谭谆礼	周　洋
	方卫宁	郭北苑	贾　力	李德才
	邢书明	朱晓敏	刘志明	任尊松
	常秋英	陈梅倩	孙守光	谭南林
	朱力强	陈　琪	高古辉	蒋增强
	黄振莺	惠卫军	李志刚	刘　杰
	曾广商（兼）	翁宇庆（兼）	杜彦良（兼）	
电气工程学院（60人）	郑琼林	曾国宏	刘慧娟	刘志刚
	张维戈	姜久春	王喜莲	和敬涵
	刘文正	林　飞	吴俊勇	游小杰
	杨中平	施洪生	夏明超	焦超群
	张立伟	王小君	王琛琛	荆　龙
	刁利军	刘建强	李伟力	孙丙香
	佟庆彬	李　艳	田付强	张彩萍
	戴少涛	许　寅	王　玮	张　沛
	张和生	吴命利	吴学智	刘　彪
	杨少兵	吴振升	郭希铮	李　虹
	方　进	贾利民	张大海	陈　杰
	郝瑞祥	吕　刚	卢保聪	郝亮亮
	刘瑞芳	苏　粟	刘明光	王立德
	雷清泉（兼）	董新洲（兼）	汤　涌（兼）	马云双（兼）
	孙华东（兼）	梁建英（兼）	赵明花（兼）	David Gao（兼）
理学院（67人）	张　斌	罗自炎	许韵华	徐叙瑢
	王　熙	邵　明	KWAK	滕　枫
	常彦勋	陈云琳	邓振波	段武彪
	冯衍全	富　鸣	高　瞻	高自友
	何大伟	何金生	何志群	侯延冰
	李政勇	梁春军	林艾静	刘博
	商朋见	盛新志	唐爱伟	王金亭
	谢　芳	修乃华	徐　征	衣立新
	张福俊	张　辉	张希清	张兴华

续表

理学院（67 人）	郑神州	郑　义	周进鑫	周君灵
	颜鲁婷	胡　斌	娄志东	渠刚荣
	王永生	曹鸿钧	王立春	王　智
	冯其波	冯　弢	于永光	张　超
	关　伟	郝荣霞	张作泉	赵谡玲
	胡煜峰	孔令臣	梁　生	吕　兴
	陈志南（兼）	洪　涛（兼）	马志明（兼）	王力群（兼）
	赵　辉（兼）	戚厚铎（兼）	姚建铨（兼）	
马克思主义学院（5 人）	韩振峰	颜吾佴	刘秀萍	何玉芳
	施惠玲			
软件学院（5 人）	卢　苇	张振江	邢薇薇	包尔固德
	张尧学（兼）			
合计	659 人次			

（研究生院　提供）

北京交通大学 2018 年新增通过博士生导师招生资格审核教师一览表

电子信息工程学院（17 人）	王常勇	汪　波	穆海冰	熊菲
	林思雨	官　科	何睿斯	李艳凤
	申　艳	邓　涛	徐田华	柳向斌
	王海波	沈　超	王忠立	朱　力
	金尚泰			
计算机与信息技术学院（14 人）	张仰森	赵春江	桑基韬	陈钰枫
	王　涛	赵宏智	徐保民	张宝鹏
	刘　真	万怀宇	王　健	常冬霞
	何永忠	牛温佳		
经济管理学院（3 人）	冯　奎	曹志刚	阮　加	
交通运输学院（11 人）	刘　凤	张峻屹	李　娟	许心越
	吕　莹	谢东繁	黄爱玲	徐　鹏
	唐金金	乐逸祥	董春娇	
土木建筑工程学院（6 人）	张劲泉	冯瑞玲	辛　涛	张群峰
	倪永军	李伟华		
机械与电子控制工程学院（6 人）	高古辉	蒋增强	李志刚	刘　杰
	曲海波	杨智勇		
电气工程学院（7 人）	郝亮亮	刘瑞芳	苏　粟	马云双（兼）
	孙华东（兼）	梁建英（兼）	赵明花（兼）	
理学院（7 人）	戚厚铎	梁　生	颜鲁婷	张　斌
	罗自炎	许韵华	吕　兴	
软件学院（1 人）	张尧学			
合计	72 人（其中兼职 4 人）			

（研究生院　提供）

北京交通大学 2018 年新增硕士生指导教师一览表

电子信息工程学院（6 人）	李海粟	武蓓蕾	权　伟	宋政育
	袁　磊	汪　波（兼）		
计算机与信息技术学院（8 人）	高　博	桑基韬	王　晶	吴　丹
	原继东	张大林	牛温佳	余䂵碌
经济管理学院（9 人）	曹志刚	黄　帝	张晓明	曾德麟
	童碧莎	高升好	焦敬娟	宋　光
	刘海鑫			
交通运输学院（9 人）	张红亮	张进川	姚向明	程晓卿
	员丽芬	杨　扬	王志鹏	徐海锋（兼）
	刘　凤（兼）			
土木建筑工程学院（3 人）	解会兵	朱　力	陈启刚	
机械与电子控制工程学院（12 人）	李　琦	杨广雪	朱朋哲	聂　蒙
	银了飞	王耀东	吕　明	李志强
	董立静	于文波	刘小龙	刘月明
电气工程学院（3 人）	张琳静	裴　玮（兼）	张艳清（兼）	
理学院（6 人）	孔庆花	乔　泊	段晓霞	田　甜
	李　萍	薛晓峰		
建筑与艺术学院（2 人）	陈泳全	杨梦婉		
语言与传播学院（3 人）	刘晓燕	刘凯	陈杰	
软件学院（1 人）	张尧学（兼）			
合计	62 人（其中兼职 6 人）			

（研究生院　提供）

北京交通大学 2018 年授予博士、硕士学位人员名单

北京交通大学第十四届学位评定委员会第二次全体会议
授予博士学位人员名单（56 人）
（2018 年 1 月 19 日）

电子信息工程学院（10 人）

邹平辉　王　悉　尤　嘉　赵波波　姚琳元　孙溶辰　刘　铁　李泳志　张致远
陈乃月

计算机与信息技术学院（6 人）

蒋方纯　王　占　郭　松　蒋欣兰　王邦军　蒋方纯

经济管理学院（11 人）

郑宏波　王晓荣　彭旺贤　赵金洁　杨国瑞　季　松　梁　相　刘真心　王一婷
刘剑文　梁晓红

交通运输学院（6 人）

武　鑫　王博彬　黎　明　许　琰　唐继孟　费文鹏

土木建筑工程学院（7 人）

陈海丰　崔日新　阎东佳　李金钊　吴永胜　王林伟　ASREAZAD SAMAN

机械与电子控制工程学院（7 人）

张　君　侯哲哲　周昌春　WU ROBIN XUEBIN　刘德昆　徐　宁　郑　涌

电气工程学院（3 人）

李　响　张　健　常　非

理学院（4 人）

焦月盈　赵宇琼　胡音　林涛

马克思主义学院（2 人）

张晓昀　易帅东

北京交通大学第十四届学位评定委员会第二次全体会议授予硕士学位人员名单（510 人）

（2018 年 1 月 19 日）

学术型硕士（36 人）

计算机与信息技术学院（1 人）

殷兆堃

经济管理学院（1 人）

任　平

交通运输学院（3 人）

ARGALANT ANAR　崔裕枫　揭远朋

土木建筑工程学院（3 人）

敬朝文　赵　喆　熊　亮

电气工程学院（1 人）

吴法铨

理学院（1 人）

TUZELBEKOVA KALAMKAS

马克思主义学院（26 人）

宝达理　侯明诚　练宸希　李慧丽　李晶华　马　震　任　隽　赵恩熻　马子琛
苏　洋　陈　豪　丁　欧　梁广霞　李　贵　李　雪　毛婷婷　聂志鸿　宁雪娇
庞玉超　王艳冰　王玉娥　徐　佳　闫　娜　姚　青　姚晴晴　张佳楠

全日制专业硕士（20 人）

电子信息工程学院（1 人）

李宏洋

经济管理学院（19 人）

魏　翔　徐克辉　张景军　杨晓鸿　高小军　黄湘白　胡雅婷　靳珊珊　李　晴
李青娟　毛申伟　王淳谊　王　军　王诗昂　徐晓茜　姚幼华　张　鹏　何　苗
王　飞

在职专业硕士（454 人）

电子信息工程学院（28 人）

麻　正　吴　昊　张　帆　冯禄明　孟凡琛　关艳魁　李慧娟　严　娟　谢丹红
聂　聪　王贵春　王文龙　吴文荣　张娟娟　陈　凯　陈晓晨　黄苏宇　陈　亮
徐　昱　霍　焱　尹万强　王　峰　邓晓云　王　淼　王　玮　张　伟　栗　桦
潘沭铭

计算机与信息技术学院（140 人）

王　点　刘海娜　毛智宇　常　茹　包　玮　郝晓宇　朱丽佳　李斯宇　余莹玲
赖少波

吴孝飞　周　裔　罗　伟　赵胜利　李　薇　张菊英　姚晓静　武明静　王　爽
王　璐　王　方　徐　浩　金　曙　李艳月　李　航　张之馨　贾　聃　谭贵卯
曹少杰　崔　艳　张　超　张　显　王　苑　俞　静　马　熊　乐　巍　陶若冰
方良伟　王贵生　超乐萌　弓　洁　刘开亮　王宇鹏　史良菊　魏　强　许　静
金　凯　付宝石　刘雨欣　程张君　王秀鸾　赵船畯　李　坤　郭　强　李　诚
张　霄　安凌云　苟彩艳　杨培刚　孙铭璞　高健淇　韩　华　马雪野　薛　越
张鹏飞　李　松　王亚琴　余春雨　郑　楠　滕晓芳　陈　曦　欧小玉　张　宁
宋　瑾　郭辰光　姜子豪　谢　骅　宋　巍　李万强　孙晨彬　任麒羽　陈蔚驰
简　乐　张英喆　王　静　吕海新　杨　威　陈世超　穆伟孟　李　勇　李威旗
李奕宏　孟莉蓉　米　岚　宋青山　林锦超　许光明　马　荣　潘小凤　张　乐
魏　晨　侯晓龙　许　聪　王　茜　樊　能　华　宇　邝　源　陈思多　李　进
孙　琦　宋　池　李智强　曾金辉　孙　玮　郑　昆　周　园　王　科　刘洋桥
林晓飞　白奎明　易　韵　高欣颀　秦少鹏　程俊杰　李　翔　华　涛　段　莉
胥　敏　张宇楠　石彩霞　刘利恒　金爱晖　沈　影　马　妮　赵　蕾　康　鄢
任云芳　张记刚　王建平　张岱南

交通运输学院（19 人）

魏　博　勾跃朴　皮雁南　田宏业　刘　正　赵文辉　尚立伟　路　岩　刘秋成
赵　献　邹　凯　信　梓　李成志　李　岩　王世珠　杜　慧　王　卓　任　荣
邹玲莉

机械与电子控制学院（11 人）

彭凌嵩　齐臧娃　宋礼民　施健辉　谢亮平　孙　平　宫英伟　张淑燕　李文彪
刘龙玺　王海涛

经济管理学院（87 人）

王　新　孙麟贺　贾　刚　吴兆鹏　黄　祥　李　庆　郭振周　翟　楠　刘宇展
张秋桃　王建国　马亚涛　毛子楠　杜　慷　王　军　王　明　徐　翙　吕　昂
黄福海　沈　芳　王　璐　吴丽洁　郭　刚　李社平　李　悦　吴培福　刘海星
郑　旭　白　琰　王　锋　姚子明　毛勇岗　孙　涛　张　琦　杨晓艳　郭智男
徐武沙　陈　懿　苑志军　杨雪峰　刘春霞　孟毅钦　秦丽娜　邓　亮　王鲁宁
刘　轩　张　军　王　有　王海宁　成　伟　马晓媛　梁伯谦　郝　彪　马立群
许平扬　周明莹　田新广　孙　晨　乔　鹏　刘丽芳　曹　芳　张　龙　蒋　兵
方前明　樊夏敏　杨　欣　李业明　赵维峰　李宜春　张国钧　郭生海　胡　伟
谷　权　王毅强　李雪婷　党　莹　王志芳　赵　琦　姜　晶　赖云河　王　超
王　伟　杨兴海　赵丹红　相其军　杨　庆　陆伟华

软件学院（146 人）

董　娜　史文胜　闫佳楠　张　伟　赵　凯　李　京　宋艳斌　王　焜　张金龙

邢铭洋　贲　菲　刘　湄　李　懋　裴悦彤　陈　岳　邓泷波　江　轲　薛　敏
李　瑾　赵　哲　杜祎勋　郭　英　李　宏　梁志凌　徐　鹏　聂　鑫　李进学
王澳菲　张永贵　刘文平　张贵芝　赵　卿　刘新璞　贾海滨　逯　霞　孙　杰
陈海峰　张　博　冯继锋　樊　华　张玲雨　房　丽　潘仙丽　陈丽平　郭沁东
杨　芳　赵　欣　程　浩　黄绪涛　陈　爽　郭嘉鸣　王　鑫　苏　宇　杲琳琳
王　林　杨华利　刘晓辉　史立林　王　茜　包云洁　张志炜　姜　华　张书侨
伽砚文　恽晓岗　何丽琴　曲　贺　张海曼　曹　韬　韩　丛　岳　泽　曹恒新
郑学伟　姜　昊　张云飞　赵　恒　郭重阳　赵玉婷　马建华　白　昊　柴　晶
徐　京　侯天久　奚　椿　蒋宏梅　王梦媛　梁　伟　黄一筱　黄　炯　唐大卫
吴　晶　陆　熠　匡　君　范　奕　刘　畅　徐志伟　林青红　王雨晨　魏和森
牙生·艾则孜　艾比布·艾尼瓦尔　荆鲁洲　申　旭　强瑞鑫　刘佳慧　陈乐冰
李　斌　张　焜　王悦君　党　欣　雷　韬　宣　琦　王　强　吴一飞　范哲豪
王忠伟　吕元卿　陈俊伟　关　华　温郁斌　郭　立　李子健　韩林娜　王连芳
冯　莹　刘光耀　王　鹏　陈小平　周文华　陈君霞　聂海兰　王贵君　唐将军
邱菲菲　杨　一　刘　丽　周　剑　徐　艳　孙　娇　温时德　李　莎
古哈尔·努尔买买提　朱永涛　裴江涛　江广坤　钱泳彤

土木建筑工程学院（23 人）

李　嘉　徐红远　赵喜龙　高俊东　王连友　王　轩　赵育彬　吕　军　郭颖伟
高　鹏　崔立川　王　宁　曹正喜　宋立平　郭翠翠　孙　艺　姜学军　李　娟
马　杰　周　博　刘冬芹　李　永　祝　方

北京交通大学第十四届学位评定委员会第三次全体会议 授予博士学位人员名单（34 人）

（2018 年 4 月 12 日）

电子信息工程学院（5 人）

马　岚　赵伟程　侯海健　韩睿松　朱林富

计算机与信息技术学院（1 人）

梁　晔

经济管理学院（10 人）

张国庆　姚红迪　杨　丽　郭　伟　郭伟亚　刘　佳　史燕丽　王一飞　姜爱克
梅赞宾

交通运输学院（3 人）

李孟良　林　帅　薛书琦

土木建筑工程学院（5 人）

胡映月　乔　宏　马　佳　董　飞　刘振亚

机械与电子控制工程学院（3 人）

李福胜　贾涛鸣　姚　杰

电气工程学院（5 人）

姜学东　于　磊　梁　美　李金科　李　雪

理学院（2 人）

黄　迪　王　倩

北京交通大学第十四届学位评定委员会第三次全体会议授予硕士学位人员名单（1 184 人）（2018 年 4 月 12 日）

学术型硕士（943 人）

电子信息工程学院（282 人）

王　程　李　婷　孙士玮　胡　锐　朱斯燕　宋倩云　吕霜霜　杨文燕　行新香
刘浩远　王　旭　胡　锐　祝伟康　陈旭阳　吕宗霖　张立威　刘天骄　刘　娇
谢　翀　贾海涛　左元钧　达　山　马　炎　赵　萌　安　密　刘康怡　杨小宁
姜家立　陈　晨　杜隆生　苗士雨　白　帅　周国青　刘　鑫　张戈琳　贾世尊
程智勇　方　聪　宁　懿　成雅婧　沈　岑　刘　妍　崔营波　靳伟娜　丁　珊
范晓东　宁勇强　陈佳民　王　一　刘亚娜　董旭阳　李亚楠　黄楠栖　高　强
牛　锐　陈　姣　岳　亮　刘宇涵　梁丽源　梁佳健　李德莉　顾礼书　潘　刚
陈思睿　于海洋　刘云毅　李荣喜　李梦月　李天龙　郭旭强　祁佳明　丁　利
储依帆　刘玉真　刘建锋　李　敏　刘　昆　谷　颀　全文奇　段少楠　高　坚
李迎迎　梅　景　林凯旋　吕肖肖　韩　权　尚晓东　杜一帆　秦晓光　李　远
单珍珍　李世聪　裴　玉　姜宇嘉　施　展　樊俐彤　马　骁　王　庆　李烨雷
白清莹　夏　峥　王　通　高　帅　张　肃　宋　赫　王蔚蔚　李　智　白亚光
谢　添　王　巍　管明秀　张天宇　宋姚姚　王向阳　罗运真　白宇飞　席海东
王文俊　关　蓉　张小静　苏思思　王晓洁　马云鹏　曹丹丹　邢将将　王肖玉
郭春霞　张　艳　陶　梦　王志颖　闵　锐　曹　迪　邢晓岑　王耀安　郭溢辉
张亚楠　提　浩　王仲凯　乔方博　程震宇　徐春霞　王一阁　郭玉玉　张　煜
王诗源　王子亮　邱泽宇　陈明虎　杨　欢　王玉冰　谷亚军　张　植　王亚峥
卫斯赜　孙晓贺　陈文生　羊　威　韦文军　韩博文　赵　建　谢川娣　魏　兴
孙小康　陈晓宇　尧　星　吴　可　郝　泽　赵鹏伟　席　雯　温兴泵　孙心宇

崔清同　原国鹏　项倩倩　何　旭　赵懿伟　徐子轩　温卓玉　孙　哲　丁金路
袁晓月　肖慧敏　侯健琦　赵　允　杨　贤　吴　迪　汤力成　董桂玲　曾　诚
夏　宇　侯天勐　郑启薇　杨永刚　武国强　唐乾坤　董　微　张海星　许庆阳
胡梦春　郑姗姗　张　波　吴　健　谭冠华　董伟豪　张洪顺　徐　越　黄　睿
周孙杰　张祖成　吴若豪　汤兆全　范立伟　张利飞　许　镇　华　思　祝东芝
赵　鑫　吴文文　王丹娜　冯　如　张　萌　杨　晨　胡庆伟　朱　琨　钟　山
吴钰浩　贾瑞时　宋　楠　靳韡赟　孙慧慧　梁乐颖　田晨光　廖　想　田丽红
刘佳鑫　王　烽　刘　勇　王静云　杨嘉明　冯丹颖　蔺　鸿　田宇琪　刘婧天
王　欢　刘　震　王　璐　杨　杰　冯唐松　刘东扬　王　冲　刘　青　王　杰
马鹏晨　王　宁　杨　阔　郭永祥　杨　森　洪春华　张闯闯　黄　旭　张　磊
胡少强　张　路　邝香琦　要玎祎　黄　罡　张佳玉　胡福威　张立爽　蒋　娜
张瑞芬　刘莎晨　张小维　李　延　张　镇　杨东颖　赵泽乾　张　楠　仲　腾
王明旭　周　瑶　高　峰

计算机学院（130 人）

李晓阳　李　娜　李　倩　张苗苗　史思雪　郭　宪　魏良洁　谢寒霜　贺　锦
刘卜瑜　李少童　张晓明　唐鸿燊　郭玉霞　位　月　白宏运　吴　芳　李媛媛
李松林　张雪松　汤静远　贺　雨　谢晓庆　鲍　豪　安新辰　李振寰　李　涛
张　瑜　吴　月　侯明祥　徐　凡　关婷婷　曹凯悦　王晨光　刘　晨　张岳魁
吴紫依　黄天立　杨　东　李　乐　陈梦竹　王　菡　刘　锐　张　哲　杨　飞
贾延昆　杨　攀　刘冬冬　董　燕　张飞飞　刘腾飞　张志东　张　鹏　金文蔚
姚雪宁　杨　溢　杜佳慧　赵梦雪　刘振远　赵相男　郑秦杰　康友隐　殷梦霞
张洪涛　冯柳伟　周巧凤　马　换　李绮焯　朱润生　孔亚奇　袁春欢　张越然
冯晓玲　李照虎　聂　宁　刘于豪　陈　彤　梁铭霏　袁万刚　周子博　郭　倩
王燕星　欧伟奇　孙　凯　郭　灿　李尔楠　张东雷　阮章静　韩思思　吴艳红
庞　超　吴圣杰　胡冰惠　李继东　张　磊　舒　敏　胡宁宁　于　杰　任艳艳
吴筱菁　李　袒　李鹏树　张玲玉　孙伟娟　蒋双霜　张建虎　田贺英　马静远
读习习　李　倩　陈　培　王晓莹　焦怡博　张泽华　王　超　齐佳倩　龚双双
马文婷　陈　然　王熙宇　孔德强　曹　咪　王　陈　沈新雨　郭文钰　马浩原
崔如玉　魏港明　程　丰　王　强

经济管理学院（180 人）

杜玉竹　贺奕丹　孙红霞　赵　冰　侯彦伊　宫　婷　姚立君　于　亿　马　瑞
黄　海　孙昭昱　周思宇　胡丽丽　郭毓婷　张腊梅　张藤予　刘　杰　贾苗苗
汪纯佳　窦纪伟　李一曼　韩心然　张　敏　赵荣霞　杜盼盼　刘　昆　王梦楠
刘巧林　孙娜娜　贾凤姣　蔡霞辉　周怡然　常嘉路　刘　璐　王明瑶　刘　钦
姚德志　纪均衡　曹铭轩　郭广翠　杜静花　刘　珍　王雅婧　刘　瑜　张玉杰
李秋燕　丛心怡　李　营　刘明珠　李　瑶　谢　辉　王　玲　常广平　李映炼
崔纯纯　田文文　李亚旭　李颖雪　张　伟　朱　婕　王小杰　钱叶凤　李　莹

吴倩倩　孟　洋　李宇鸽　赵　旭　陈奥运　王旭东　秦博文　吕庆阳　吴维邮

孙雅静　卢　洋　赵　莹　何　璇　陈绍洵　秦晶晶　宋玉磊　郁冰清　杨雨凡

马国晴　冯晨晨　孙晓雪　陈　雯　王国华　孙　迪　张凤先　姚静文　马一慧

高瑞琦　田艳慧　褚思宇　王凯丽　孙姗姗　张　洁　张　爽　史明鑫　倪栩东

殷蒙蒙　崔少飞　熊肖翔　王　贺　张　静　张亚明　宋坤卓　温　婵　张洁琼

崔瑗瑗　杨海峰　吴　剑　赵金倩　韩陈林　苏　贝　夏　荡　方一凡　高　荧

闫玲玲　薛祎涵　庄雪丽　左慧敏　郭占佳　魏芸冰　陈序铠　刘佳颖　王琳琳

张晓旭　廉　颖　陈琳琳　李　红　吴思雨　陈彦羽　刘彦华　王　妍　周欣宇

李延利　陈晓迎　刘敬芳　吴　娱　邓云光　吕　瑶　王　垚　陈晓艳　于晓冬

陈雪玲　刘汝聪　解子睿　丁　珊　聂艳巍　魏思敏　何　敏　赵　瑞　冯玉苹

刘婷婷　曾艳霞　董　飞　沈　彤　魏竹君　拓　倩　蒋俊杰　付方佳　孙晓涵

柏鑫艳　谷　垚　师晓慧　吴　姗　王　静　张　迪　耿含星　王思维　成　铭

行刘璐　史　妍　杨　君　张丽红　田青云　宫　宇　王　语　陈　民　何连瑶

交通运输学院（81人）

聂　琦　王贝贝　杜　涛　李佳杰　宋　康　殷瑞琴　杨　晨　肖文锦　闪晓娅

王珊珊　樊佳慧　李　磊　孙　敏　翟茹雪　于瑞康　谢卉瑜　宋晶晶　王雪元

高佳宁　刘敦华　孙子涵　张丽伟　张泽阳　徐　涵　王沙沙　向万晓　高玉芳

刘　洁　索　源　张　帅　穆　策　杨宏燕　董　博　杨婷婷　郭　丹　李　宪

宿　硕　张天宇　乔　宇　闫建文　高　航　于　露　韩　京　娄　路　王　鸽

张　璇　任雨乔　陈　伦　李倩雯　张冬雪　贺力霞　马　歆　王胜男　张哲铭

戎　珊　陈　苒　刘玉鑫　张　润　霍明坤　梅　杰　温宏宇　贾　宁　邵丽花

邓安娜　李子玉　赵　蕾　胡倩芸　漆天扬　孙　雷　牛　伟　周传钰　贾庆文

刘文恒　宋　琼　宋勇刚　王灿灿　金天凤　李翠翠　李　方　师晓玮　李　岩

土木建筑工程学院（16人）

王　创　陶友鹏　王　谈　焦彬洋　刘大伟　刘铁旭　阮庆伍　严　熵　李少华

吴　攀　郭志杰　李大成　刘　晖　刘心成　吴思行　赵云哲

机械与电子控制工程学院（128）

张云博　耿　凯　薛　婵　张　俊　张浩然　王佳琳　郭元伟　康文浩　李晓蕊

龚　浩　许　明　胡珈铭　张　坤　徐智宝　胡文达　梁　波　张苗苗　顾彦阳

杨　浩　胡士博　张晓斌　赵非凡　任清亮　李宝川　龚　昇　何　博　叶育茂

李丛珊　张晓军　郭　佳　邵　晨　刘艳丰　李学武　洪　翌　尹怀永　李　慧

张志鹏　韩建业　苏　蒙　刘兆鑫　李永敢　黄　越　张　强　吕存习　周德豪

黄　浅　王　赓　李　永　龙　炎　姜帅琦　张　雨　马天宇　刘尚卿　刘　伟

王　岩　牛子豪　罗　平　刘　甜　周杏芳　裴　迪　文红权　李　扬　魏　豪

王小康　潘思远　刘修扬　朱崇巧　孙　刚　张赛赛　李　一　许　京　杨　谱

万广通　吕　亮　安德英　王　婵　柏　乐　马妮亚　杨世佳　张红志　张正扬

马学志　崔　东　王　凯　冯志成　杨润华　姚　杰　张海彬　赵慧玲　孟青叶
戴荣坤　韦青山　郭浩冉　尹梦梦　张　宁　李　翔　赵俊马　孙　进　苗玉婷
武舒然　郭红伟　张　旋　张叶诚　管浩森　陈源林　王俊蛟　史瑞东　许　飞
李楠楠　周　桐　陈书杰　计佳辰　淦亚锋　王　磊　王孟君　杨一挺　李　强
曹家皓　杜　聪　王文哲　高　泰　王向阳　王　硕　杨元帅　李少乾　高伦泽
韩晓强　魏勇召

电气工程学院（120 人）

刘月晨　姜瑞敏　孟秋艳　邢程程　丁凡凡　刘　铭　王　波　张　琳　郑　现
亢　凯　牟雅洁　熊　师　窦雪薇　刘　琦　王彩冉　张　明　安志凯　梁秋晨
裴丛仙子　熊维富　方　策　刘素阔　王　煌　张　铭　白璐瑶　李秉格　彭　潇
杨　雪　方　轲　刘伟然　王　娟　张沛然　白卫伟　李　诚　乔　凯　杨　阳
付　华　刘小虎　王俊芳　张晓晨　白志豪　李　浩　齐红梅　杨志鸿　龚　珺
刘　亚　王圣昆　张彦伟　昌登伟　凌　超　任　芳　袁帅凯　顾长彬　李文立
王诗月　张　颖　常方宇　林琦智　茹　珂　袁文迁　郭琦沛　李向恒　王踏寒
赵二亮　陈博伟　林稚松　佘　超　袁　烨　郭婷婷　李宇佳　王　彧　赵　帅
陈嘉楠　李鹏谦　申嘉旭　张　弛　韩松杉　李玉君　魏星原　赵志勇　陈纪然
李　乾　石　璞　张　昊　韩婉娇　罗　凯　魏　维　郑丽娜　陈坤龙　李芹芹
宋腾飞　张健夺　何洛滨　罗　煜　吴传坤　周　琳　陈梦民　刘丹丹　孙高阳
张　静　何　悦　鲁思棋　武晶晶　朱　宝　陈友媛　刘冠芳　谈秋宏　张军良
黄　聪　马洪斌　武明康　朱慧婷　从　黎　刘　璐　陶凌云　张　琨　胡　剑
马奇志　吴心忠　朱瑞杰

软件学院（6 人）

冯朝阳　黄鑫炜　兰凌潇　李　影　孟　蕾　杨苏雁

全日制专业硕士（16 人）

电子信息工程学院（7 人）

金　宇　雷　勇　李意顺　文　辉　傅晓晖　胡　宇　颜世旭

计算机学院（3 人）

田文文　邸伟强　徐惊秋

经济管理学院（2 人）

董　玲　THAN CHANREAKSMEY

土木建筑工程学院（1 人）

褚浩玥

电气工程学院（1 人）

王钟嵩

软件学院（2 人）

HINGE BARNABAS　王　鹏

在职专业硕士（225 人）

计算机与信息技术学院（58 人）

王健宇　刘秀红　毕霏琳　丁　颖　刘婷婷　贾弘宇　孙　军　谢子荣　杨光金
苏映惜　王莹莹　周　韬　侯智南　赵永志　陶　媛　陈薇羽　马志元　连冬海
杨　洋　崔　勇　武永军　孙康钧　王怀柏　赵晨钧　武　健　韩迎超　邵　珙
崔兴华　张国宸　付丽丽　于天姿　叶　啸　于　沧　杜国栋　李光亮　滕沂秀
赵伟伟　薛树涛　孟　轲　王　宁　辛文超　李　亮　朱自超　吕品一　孙俊娇
郭文韬　吕　彤　殷一超　陈　健　郑　骅　刘　媛　曹长华　苏　阳　高　幸
鞠　明　闫　芳　张静怡　唐伟华

经济管理学院（37 人）

王建新　李伟杰　李　哲　盛　伟　宁　轲　崔　岩　黄　武　陈善民　董玲珑
王　勇　冯天宇　张二磊　杨　勇　张明悦　严　娟　侯富广　张晓晨　沈　杰
杨　超　庄　奎　黄　欣　李　坡　黄晓占　孙凤喜　邱　旭　孙　超　向　阳
闫文娟　王　熙　罗锦荣　盖　宇　胡广明　陈荟羽　孙　强　宁锁柱　卜宪龙
冯　澂

交通运输学院（19 人）

黄炎龙　刘　旭　肖启华　刘　亮　张　波　夏千云　聂　鑫　张子君　李继建
刘宇然　刘福新　王　丹　李　辉　常　亮　戴　猛　徐　梦　张　欣　国　悦
张希博

土木建筑工程学院（12 人）

王明辉　王金松　刘　淼　陈建东　赵　龙　李国鹏　熊超然　田　程　杨细初
张世杰　屈　晨　蒋俊杰

机械与电子控制学院（2 人）

孙　莹　冯乐乐

电气工程学院（39 人）

王　朴　袁　剑　韩扶林　陈　昕　邓艳俊　白玉莲　朱西深　李广军　王金胜

尹砚峰　邱文杰　杨冠宇　林　庸　孙明丽　管　明　段舒宁　万米嘉　许　超
赵建博　杨建军　汪　洋　王浩宇　韩庆军　刘　博　李　倩　宋　乐　王宗昌
韩　成　陈锋锐　尹法伟　马　岩　姜桐举　焦　然　袁鸿鹏　郝慧斐　马　艳
张立琴　刘胜利　刘　策

软件学院（58 人）

杨应祥　解尧军　于　深　王　晶　李志鹏　郭　峰　姚　奇　刘　伟　赵红彬
薛瑞霞　秦小凤　杨　耀　韩小溪　高文蓉　安　丰　王成玉　朱　彬　刘亚轩
马逸之　马常硕　宋丽庆　胡钟楷　廖万金　徐思远　马　也　孙　昂　李　杨
徐硕如　文　丛　刘　洋　黄　弋　林　健　刘　鎏　陈彦博　王　霞　田祖慧
曹长恒　刘溪海　林　琳　马　峰　高思璇　乌兰托亚　朱鑫磊　李小兵　徐祥峰
谢雯婷　郝浩宇　兰大鹏　李　刚　韩　冬　金晓姗　刘　睿　刘萌萌　胡晓旭
石　磊　何　俊　王　卫　阿布都米吉提·麦麦提依明

北京交通大学第十四届学位评定委员会第四次全体会议授予博士学位人员名单（124 人）
（2018 年 6 月 21 日）

电子信息工程学院（18 人）

王元杰　张静文　王一群　翁思俊　陈宏尧　尤凯明　柴琳果　霍兴瀛　靳文星
杨宇光　刘　昱　姜有超　高　乾　黄　琳　阴佳腾　付俊松　王　琦　李泰新

计算机与信息技术学院（6 人）

宋　衍　刘美琴　许万茹　李　钊　于　洋　杨　永

经济管理学院（22 人）

冯海燕　卢　睿　樊毓卿　韩　港　蓝　宏　葛晓鹏　朱　丹　庄国栋　罗　燊
贺小莉　李雪岩　张　驰　李莹杰　刘　毅　武勇杰　杜启文　张名扬　张　一
杨建亮　李昊洋　刘锐剑　李苏秀

交通运输学院（24 人）

张有恒　彭怀军　冯增哲　张　政　郭　晓　杜浩铭　王　沛　刘　炀　王泽胜
侯志强　路　超　陈　然　张　锐　李同飞　黄航飞　郭　欣　马小平　陈志杰
陈　垚　张晓栋　陈　旭　周　进　王　莹　张玉婷

土木建筑工程学院（21 人）

张光宗　张鹏飞　魏　平　过民龙　张淑朝　申晓鹏　申国奎　王　凯　杨海洋
李旺旺　刘　喆　王　奚　孙新阳　张士超　张云龙　涂洪亮　郤博文　文　明
郭志光　朱　颖　胡田飞

机械与电子控制工程学院（5 人）

张景梅　王虎军　李广全　赵德尊　敖晓辉

电气工程学院（5 人）

张广韬　程　龙　梁伟华　熊　飞　周　伟

理学院（21 人）

陈　光　王鹏飞　朱丽杰　杨秀清　蓝连涛　张心悟　万广苗　鲁韵帆　王　越
李淩亮　郑　豪　张咪咪　王　洁　邱增辉　秦　亮　赵思淇　殷　怡　刘　盼
张　伟　王铁宁　赵　宣

马克思主义学院（2 人）

任福义　程　远

北京交通大学第十四届学位评定委员会第四次全体会议 授予硕士学位人员名单（2 238 人）（2018 年 6 月 21 日）

学术型硕士（629 人）

电子信息工程学院（16 人）

张　浩　陈康龙　李　超　李俊生　李绍清　李俊峰　魏成杰　许　可　白卓钧
陈国强　刘　浩　刘思远　王晓丹　王　晔　袁　文　张　理

计算机学院（19 人）

封万里　李沛原　谢　磊　李一龙　艾姗姗　常　菁　孔维莲　李科霖　李　玲
李　璐　刘　璐　刘雯雯　马建阳　牛亚男　吴嘉琪　张丹桐　孙加宇
娜迪热·阿卜力孜　ABDALLAH KNEIZEH

经济管理学院（58 人）

郭雯茹　吴劼刚　刘建峰　侯　森　刘　煜　阮欢欢　王迪雨　王亮亮　闫志伟
丁洋洋　刘　倩　李晓彤　齐曼玉　王浩博　韩琪琪　张诗琪　郭梦梦　黄田琪
胡立瑶　张可忻　张楠楠　赵名杰　黄　霞　张　伟　丛丹阳　邓义果　丁关喆
刘非凡　沙正一　张庆轩　董晨露　江　峰　蒋姣姣　刘海晓　申燕婷　施　佳
康　骁　卢玉洁　崔英韬　董佳慧　郭一丹　李　凯　罗志俊　陆　乔　邱丽梅
王希希　许洪业　杨佩佩　张庆雨　TRY MAKARA　KHOKHAR TANWEER ABBAS
BERNAL ESPINOSA MAURICIO　KHAN IQBAL ESSA　NGUYEN TRUONG AN
BOMPETSI BASOFI RANDY　AJALA IDRIS OLANREWAJU　POZDNIKOVA ANNA

TSOGBAYASGALAN ANUJIN

交通运输学院（102 人）

许若曦　刘聪聪　陶　挺　温永祺　周　豪　冯　蕾　管　岭　虎玉鑫　邝修远
刘恩佑　刘立坤　刘　倩　李媛媛　潘艳芳　王博然　王　群　吴思华　谢一德
徐雪艺　于昕明　张淑玉　张智琦　陈贵霞　陈　燎　陈　楠　邓　娜　冯佳平
付琪敏　韩俊涛　何清廉　贺　惜　和　扬　黄恩潭　贾　鹏　金　华　寇　飞
廖若桦　李佳晖　李　健　李静婧　李诗林　李天琦　李挺然　刘文婷　刘　耀
李星阳　李智彬　龙翔宇　罗亦乐　马孟祺　马云鹤　濮　烨　苏　颖　田　鑫
田宇璐　王　超　王涵晴　王佳丽　王静旖　汪勤政　王　欣　王　莹　王银虎
魏家蓉　伍柳伊　吴　悠　谢丽平　许　冰　杨　博　杨其鸣　杨尚坤　杨　烁
杨宇芳　张梦佳　张爱玲　张　浩　张杰超　张静萱　张琳奇　张　茜　赵　博
郑彩金　郑敏慧　支晓宇　周文华　朱文敏　邹　萌　储　晖　戴杨铖　方　玲
樊莹莹　黄治中　孙　璇　赵海月　郑姝婷　庄艳辉　程炎敏　霍　慧　康艳萍
李占强　徐美燕　赵静坤

土木建筑工程学院（222 人）

吴　羊　冯康乐　侯孝威　刘博锦　欧阳嵩　岳焕闯　祝英明　侯先波　李　昊
李　琳　刘兴亚　彭　博　王　项　张宏宇　张　楠　朱　琳　白金睿　常战雷
车敬珂　陈孝琼　程　行　成伟华　程孝远　陈俊杰　陈　琦　陈顺钦　陈书玄
陈雪莹　陈　阳　褚海瑞　褚旭阳　代丹阳　戴凯杰　邓兴旺　丁　菲　丁　铭
丁远振　朵君泰　范齐军　甘莹莹　高　榕　高胜星　高　宇　龚余华　何　杰
黄超群　胡广召　胡梦诗　霍　新　胡　耀　江梦莹　靳天成　柯成建　雷　可
廖　伟　李常乐　李　臣　李　美　林柏欢　李若然　黎思诚　刘　飞　刘国梁
刘锦欣　刘　凯　刘　磊　刘　鹏　刘启军　刘　煜　李亚涛　李毅刚　李永庆
李　壮　楼厉翔　罗逍宇　罗玲玲　罗维平　陆秀阳　秘红丹　牛伟涛　潘　东
彭　达　祁炎萍　任昆龙　盛　琪　时　旦　石粕辰　施亚飞　宋福东　宋　浩
唐家睿　谭　圣　田京京　田圆圆　田子瀚　王华川　王　磊　王　蕊　王　森
王少红　王　涛　王维超　王文谦　王晓龙　王逍萌　王小勇　王　鑫　王　岩
王亚南　王志豪　王忠强　魏　棒　魏玉师　武　虎　向　容　辛　玲　薛栋杨
薛建设　许苗苗　许　宇　徐志杰　杨凯吉　杨　赛　杨顺达　杨伟民　杨新伟
杨印双　严小伟　颜欣桐　要世乾　姚张婷　易启圣　尤　洋　于洪洋　袁卫兵
羽　佳　余童真　张爱武　张伯南　张　杰　张　娜　张　腾　张天保　张天能
张　伟　张武盛　张一柯　张志恩　赵　辉　赵金鹏　赵秀丽　郑维翰　郑宗昂
钟　凯　周硕文　周逸凯　朱　祥　宗振宇　丛　充　刘　丽　王　京　张晓彤
朱冠华　曹宇飞　郭　颖　刘东成　刘　涵　罗国才　邢宇健　张逸民　陈培文
邓晓辉　丁泓翔　范晓圳　霍志静　贾文利　李　磐　刘　涵　刘明宇　吕烨宇
任舒静　任翔宇　汤天笑　谭　希　王　岗　王　挺　王　潇　王云超　王志刚
薛邵华　薛　玥　徐　平　张广政　赵平渊　赵舒扬　赵小军　周佳楠　周　宇

包瑞格　程　静　陈　玉　崔玉玮　戴文佳　郝田宇　季思彤　刘欢逸　刘　丽
刘明丽　孙　斌　王文瑾　许雅茹　姚　松　张　琳　郑炜晔　LAY SOTHEARY
KA SOKNA　RA RATMUNY　CHINNY LYHEANG　OPEI-KUMI MICHAEL
NGUYEN VU LINH　MUNGUNE PETER TERENCIO PINTO
NZASSA-EKASSA DINO FRANTELY

机械与电子控制工程学院（8）

蔡　欣　徐文杰　闫广伟　刘　路　吕盎然　袁安祺　戈春珍　徐万兵

电气工程学院（13人）

任　韬　陈晓中　范怡哲　贾　飞　康　猛　梁家志　李孟琪　马传龙　宋峻竑
田露露　许宏远　HUSSAIN SHARAFAT　MEER ALI RAZA

理学院（103人）

高　磊　陈　通　王　琪　靳　政　郝　倩　闫　娟　张云龙　李雅楠　马永兵
王　敏　黄亚楠　石　美　杨俊宝　李晶晶　刘书欣　马建珠　孙林林　张小未
葛　冰　侯　燕　秦晓文　尚　盼　田　雪　徐秋云　张炜健　赵浩天　郑若辰
郑　婷　庄　园　王敬诚　彭　健　邵蒙蒙　张园园　郑家成　高　迪　高逢强
李剑伟　刘安琪　刘敬丽　宋佳平　田学伟　王　宇　袁彬彬　张　璐　张　猛
张学文　张　云　祝　祥　胡丽蓉　刘焕焕　卢倩云　潘梦武　王俊峰　王晓月
王振楠　闻宇翔　许铃婉　许　敏　姚乾寰　余　杰　李　佩　王晓方　程未珍
王勇勇　喜彦贵　张世聪　卞松寒　常经伟　郭　绮　李露露　林盼盼　刘成功
尹珊珊　余　跃　张永平　张雨晴　曹乾尧　董连连　郭泽邦　李庆玲　刘　欢
刘嘉彤　李　雪　宋中波　王　浩　王　康　王　乐　吴启晓　许亚军　杨山伟
张华野　庄庆一　左鹏飞　李永杰　温晓宇　梁黎明　田龙杰　温博远　张江涛
蒋旭东　刘慧锦　姚　托　庄敬祥

马克思主义学院（5人）

曹得宝　林铸生　高　尚　王　晶　王凯丽

软件学院（4人）

窦　煦　苏　彧　王　兴　姚伟娜

建筑与艺术学院（30人）

梁　玥　蔡晓晨　董婷婷　韩丽君　李传刚　刘　星　刘益汛　吴晓斐　武晓宇
袁靖智　陈思佳　崔璐辰　侯　波　荆晓梦　靳晓娟　梁致远　柳振勇　任　雪
任雪婷　施丽宣　侯思言　吕俊莹　吴承蔚　谢雨杉　徐竹君　杨溪濛　张轶伦
张艺嫣　郑怡然　MESSANGAN N'KUNU EDEM

语言与传播学院（27 人）

李　敏　陈秋香　郭红利　廖　昕　刘嘉辉　刘淑雨　钱素娟　邱　平　任　娟
商丽青　孙　红　王珮昱　魏君珊　张　冉　张少鹏　张　映　楚亚菲　董占山
何智文　黄　微　李雪菲　马泽原　孙禹泽　王　冰　颉宇星　徐　钦　赵　化

法学院（22 人）

王海霞　衣　月　杜　莹　何　丹　梁晶晶　李金泽　李璐琳　林森基　刘冠男
刘洋洋　李媛媛　齐　丽　沈　记　童晶晶　王丽达　王馨跃　文　琳　武　慧
徐　玮　张道莹　张红蕾　赵　莹

全日制专业硕士（1 226 人）

电子信息工程学院（128 人）

莫　凌　王元根　白艳娜　蔡若男　蔡　蔚　程　鹏　陈　勷　陈玲燕　范　铎
范　新　冯　擘　付　超　付秋浩　高小童　高　岩　龚韵中　郭晓兵　郝兴斌
黄获文　皇雪丽　胡嘉男　霍卫涛　霍文荟　景　辉　李　闯　李玲玲　刘　浩
刘佳悦　刘　珂　刘湄钰　刘　铜　刘晓芳　李勇宏　李玉杰　孟　鑫　倪成标
牛涵爽　潘常玮　庞振达　秦晨琛　苏　放　汤华东　王　堃　王舒伦　王永强
魏博文　魏　巍　魏小欢　熊　煜　杨　博　杨戌初　杨佑君　尹博艺　殷佳佳
张　闯　张楚乔　张晶瑶　张瑾瑜　张　克　张云月　张子夜　赵翔宇　郑一帆
仲唯舟　朱凯歌　朱　威　姜刚建　刘　粤　牛雄飞　王华鑫　王敏格　谢瑞琪
严韫瑶　于鹏达　陈嘉怡　葛增晔　郭晶赛　郭　亮　何　晶　贺振宜　黄伟杰
金夏垚　雷逸凡　雷勇军　李　成　李春华　李　玲　李启晨　李　帅　刘广信
刘慧勇　刘倩倩　刘晓东　刘梓炜　李　哲　李正义　罗依梦　罗珍珍　彭亚枫
任庆民　石凯贤　苏　晨　孙昊天　孙凯迪　王　锋　王任文　王韦舒　王赢逸
王怡人　王中林　魏　昂　魏柏全　吴晓东　夏　亮　许春夜　许庆志　徐亚萍
尉江华　翟田田　张倩文　张耀鹏　赵雷雷　郑庆标
RONGALA KANNAYYA NAIDU　AHAD ABDUL
HABANABASHAKA JEAN D'AMOUR　AHMAD MUHAMMAD MUNEEB
UWAMARIYA YVONNE

计算机学院（89 人）

杨　渊　靳　京　姚　爽　程佳欣　陈　智　崔雪莹　丁玲玲　冯远航　高　钰
姜典坤　廖伟辰　刘书召　孟乐乐　孙宇飞　苏　群　王柳哲　王秀颜　吴　晋
徐温雅　晏　洋　张芳慧　张　鑫　周　文　朱晨旭　朱道路　暴雨晴　崔　岩
邓罗丹　丁博文　高　睿　高珊珊　郭璐洁　郭思雨　郭向男　郭雨婷　韩新超
何昊阳　何建伟　贾靖仪　李菲菲　李宏韬　李建宇　李　楠　林　怡　刘　冰
刘庆猛　李婉婉　李质轩　聂　辉　牛子健　齐晓娜　石　贺　宋　昕　孙　宇

王文瑞　王毅恒　王玉龙　王志丹　万里鹏　万　路　吴　美　肖　冰　肖馨舒
杨　虹　杨润垲　于亚男　张宏慧　张佳悦　张　炉　张　猛　张青禾　张　宇
KHAN IZHAR ALI　EKENA FANTAYE KUMSSA　RAJPAR SUHAIL AHMED
NYIRINGABO ROGER　DAYO ZULFIQAR ALI　HUNSORO TESHALE ABEBE
GELATO TADELE DEGEFA　ANTWI–BOASIAKO KWABENA AGYE
MALEMIA MTISUNGE TUPOCHERE　ABEBE SEFANI BERHANU
DINGETU TIGISTU DETA　MURTAZA HASSAN
CHUGHTAI MUHAMMAD REHAN JAHANGEER
ADEM SEID AHMED　OBSIE EFREM YOHANNES

经济管理学院（431 人）

刘旭升　朱耀文　王　星　张大谦　李云飞　张云鹏　张　彬　黄　钰　姜　浩
陆艳婕　平丽琼　杨志华　赵彦旭　程晓松　孟亚娟　刘　波　王　璐　陈诗颖
廖孖宝　王雨宁　冯晓晖　巩妍捷　胡云龙　李红征　李　洁　李　婉　茹　婧
王凯旋　王　淼　王艳红　徐　晓　赵兴宇　周丽丽　王鲁苹　王有为　李林鹏
赵　勇　陈　晨　何鲜玉　黄昱荣　姜佳男　孔　靖　林慧琪　刘嘉玲　刘晓敏
刘延冉　穆　菁　倪　垚　潘泽兴　乔珊珊　孙道峰　王凯琪　王　朔　王　琰
徐　瑶　苑小康　张　健　张小梅　张馨怡　赵楠楠　朱亚西　霍丽杰　姜　磊
康　可　雷霄霄　刘　旖　鲁　楠　邱玉凤　宋明蕊　田　蜜　王嘉熙　肖芳芳
邢丽峰　徐　静　闫紫薇　张灵芝　周文婵　冯　菁　何盼盼　焦金金　刘　玲
刘　勐　皮荣霞　张铧霖　张丽艳　张田田　安　琦　陈珊珊　陈　翔　邓怡琳
段金莉　段鹏赫　杜昭婧　方　苒　樊　怡　冯璐梦　谷玉飒　韩孟容　何欣桐
何　煦　黄荟燕　黄雯毓　胡宗阳　蒋润柏　雷颜行　李荆柯　李俊彦　李梦妍
李若辰　刘　畅　刘　迪　刘晓琳　刘益民　李小莉　李　萱　罗　睿　马万欣
马　潇　聂丛薇　聂添一　聂　宇　倪　伟　彭　静　秦　鲁　齐献堃　尚婉君
盛芯纯　申　婧　宋睿超　宋向阳　孙思捷　孙思微　孙思雨　陶梦瑶　佟　博
王宝君　王　兵　王　涵　王靖然　王珺洁　王　蕾　王思琪　王文喆　王云鹤
王　泽　魏雪波　魏娅囡　吴　琦　邢宇含　徐娅婕　杨　涵　杨　爽　颜秀明
袁玘安　岳子薇　余　芳　于　路　张　丹　张嘉文　张　静　张秀清　张悦欣
赵　楠　朱瑜皓　陈　雪　崔　颖　段东坤　樊聪聪　胡　波　李　欢　李生伟
刘晋杰　陆　凯　罗冰净　庞　博　尚小税　宋　辰　孙　静　王红印　王璇赫
张静苗　张其鹏　张新发　赵鹏飞　郑鹏远　郑晓燕　周　俏　陈慧芳　陈　健
崔晓璐　丁　伟　郭　倩　侯素钰　黄　露　胡悦秀　景　钊　李　丹　李慧敏
刘　治　马少蒙　陶　瑶　王晨頔　王玉静　杨彦欢　张丹丹　周爱炯　蔡　震
曹忠升　程怡芳　陈　钦　陈　蕊　陈泽阳　崔贝伦　代　菲　代　宁　党晓萌
邓杨民　丁小飞　董　伟　董　喆　段小倩　杜彦峰　杜　宇　凡二霞　冯　龙
高海舒　高志扬　古华鹏　郭明民　郭仕刚　郭晓玲　韩　涛　何　飞　贺凌飞
黄静雯　黄　玫　黄荣祖　黄玉贤　胡楚侨　胡晓彤　胡嫣然　蒋　凯　焦江洁
阚少伯　蓝海彬　雷大喜　李　安　梁　爽　李晨星　李　丹　李丰玲　李赋宁

李利娜　林　然　林生辉　李　平　李帅奇　李　涛　刘　玢　刘海燕　刘　健
刘明夏　刘世超　刘效岑　刘新星　刘　洋　刘　怡　李　旭　李育晖　路江涛
罗　玲　罗魏军　卢晓月　路　毅　马　峰　彭浩林　彭山草　皮俊杰　乔丽媛
郄童舒　邱　月　齐　屹　屈　楠　曲翔宇　任明杰　任天宝　阮伊昕　商立博
沈汝澄　石　垚　史　源　宋　杰　宋文慧　宋莹颖　苏　健　孙照炜　苏日娜
唐　杰　田　强　王　娇　王林萍　王丽薇　王　梅　王　淼　王文斌　王艺婷
魏　翔　吴　博　吴浠尧　夏　炜　谢遴熠　徐广德　许洪恺　杨　帆　杨佳音
杨　龙　杨　松　袁伟丽　袁向东　张　锋　张浩田　张静静　张君杰　张宁宁
张诗佳　张　帅　张　兴　张亚楠　张一之　赵　良　赵　珊　赵子予　郑　旸
周　林　朱思文　常飘逸　程　钺　陈佳伟　陈　腾　陈垠宇　杜晶晶　范淋淋
缑　莎　郭　策　韩　茜　韩　旭　黄丹霖　姜爱华　贾文钰　景怡然　李　东
李　萌　刘彬星　刘　畅　刘　昶　刘江艳　刘　玲　刘晓煜　刘　旭　刘亚蒙
刘　扬　刘泽鲭　李小凡　李　阳　李烨娇　李颖靓　龙凤仪　卢艳红　马如锦
马　越　聂唯倩　阮　晨　阮欣怡　史洁洁　孙晓亭　苏玥玥　唐雯静　王　冰
王丰洋　王　晶　王蕾娜　王丽娜　王亚光　王月铭　谢丽丽　徐佳慧　徐　瑾
杨怀莹　杨瑞青　叶宇杰　张　琼　张婉萱　张　燕　张　义　赵丽霞　郑航行
周向楠　周羽佳　付兆丰　高煜航　郭日超　郭雪辉　韩晓峰　姬　林　雷润民
李　骏　蔺　琳　李素谦　刘艳宇　李义停　芦晓峰　吕　品　裴奕非　彭红意
乔亚盼　曲野萌　周冀伟　王　栋　王俊刚　王　乐　王　磊　王　希　吴　柱
辛　宁　殷大江　张东堃　张慧祺　张丽娜　张宇亮　斯日古冷
KAMARA SAHR ABU

交通运输学院（107 人）

王壹省　刘世伯　文慧君　安贺路　白海龙　白　骁　曹　亮　操　玮　成正强
陈　麒　陈　赛　陈舒芮　陈　振　董　言　杜　辰　方旭晨　房哲哲　高得攀
谷乐阳　郝　峰　何丹妮　黄婉柔　姜超慧　雷　异　梁　晋　李　超　李梦婷
刘家玮　刘　义　刘振涛　李卫东　李晓培　李　铮　李自若　吕姣姣　马佩献
马　帅　马　艳　梅　康　牟雪娣　欧阳慧　彭　伟　仇天然　史　册　史炯峰
石宁宁　石　睿　宋雨欣　孙春伟　苏云汉　唐国议　唐易玲　田　佳　田婉琪
童璐璐　王　力　王鹏程　王鹏翔　王群燕　王晟由　王　祥　王献张　吴　科
许晓燕　闫　馨　元　凌　张　斌　张立涛　张鹏浩　张文鹏　张　曦　赵　锴
周思楚　朱昌稳　韩　玲　金妲颖　孔令勤　李　敏　李世昌　刘　波　刘学思
刘玉萍　栾廷玉　马骏驰　施　现　田　甜　王婉娟　杨俊杰　张露阳　赵　宽
赵明明　ENGCHUAN KITTI　NZABARINDA VINCENT
LADU ROBERT WANI CLEMENT SHEWANGIZAW DAWIT DEMISEW
SILVA RODRIGUES PRISCILA MARIA　OWUSU AMPAW EUGENE ANSAH
LADO GORE WILLIAM MORBE　TONUI LEONARD KIBET
MENSAH SAMUEL YAW　DENG KUR JOHN ALEU
VITALE RODRIGUES RAFAEL　WOLDETSADIK TESFA KIFLE

ADJEI COURAGE KWABLA　DUQUE VINA ELIMAR MARLEY　KHEANG POV
ARBANE NABIL

土木建筑工程学院（99 人）

关　达　张宇航　崔存森　侯　超　刘亚宁　马玉硕　南吉锋　石常龙　王开明
王　乾　王占伟　翁志强　武　桐　朱艳歌　宗明奇　闫家奇　张　鹏　安　宁
安岫沨　毕　鹏　曹忠磊　崔　琛　崔智鑫　代志杰　丁建伟　丁雷航　杜　晶
范安琪　甘霁虹　高铸成　郭一帆　黄顺平　胡瑞梁　蒋少波　梁　芳　梁　艺
李昌树　李超辉　李瀚源　李世茂　李　铁　刘　佳　刘　璇　路　靖　罗普俊
罗晓桐　马　啸　裴雪锋　秦凯强　任　贺　时笑鹏　王少帅　王素康　王　鑫
文畅霆　文天禹　吴桂西　吴　建　吴奇飞　杨路正　叶　青　袁中局　张飞强
张建国　张晓强　张旭恒　张永飞　赵　彬　郑玉飞　周　超　周　学　诸熠楚
程　红　段其炎　韩俊涛　姜　山　李　然　刘　靖　刘鹏飞　罗萌萌　彭孝南
王海军　王　继　王　匡　王　潇　文俊逸　颜世成　余　杰　张北辰　张　涛
张　晓　赵　丹　郑　楠　常天奇　高振超　韩志超　贾芳芳　孙樱珊　王　乐

机械与电子控制工程学院（75 人）

刘　驰　卢兰琦　陈　峰　程喜乐　陈让启　陈世超　陈　伟　陈星昭　初萌萌
戴若兰　邓娜娜　丁　颖　董　良　冯显然　傅茂辉　高本前　高　波　高庆新
郭日阳　韩春燕　何生成　侯　策　侯兆鼎　景泽坤　康永利　李炳升　李　飞
李海涛　李　昊　李　佳　李　珂　刘佳园　刘　杰　刘金强　刘　凯　李新康
李永恒　马宏宇　苗俊浩　慕　欢　牛俊光　彭　璐　丘佩邕　饶舜禹　库黎明
谭小康　王德明　王　静　万　贺　魏超然　魏述燕　吴月峰　徐梦瑶　杨　松
叶宏鹏　俞江涛　俞径舟　于十佳　张保福　张建峰　张明波　张　涛　张新影
张　政　艾　琳　班林林　王公臻　王　茜　王　婷　辛甜甜　闫　涛　于广洋
张　菲　张明锐　朱　贺

电气工程学院（73 人）

潘黎铭　王　伟　晋湾湾　刘宝宝　刘　梦　白雪洁　白　雨　曹　杰　晁　颖
陈财福　董静然　董雅茹　段海波　付　蕾　郭　甜　郝潇然　何穆楠　黄见会
黄鲁晨　霍静怡　胡顺威　贾媛媛　井宇航　李长留　李　丹　李　欢　李　杰
李　进　李　凯　李梦娟　李梦婷　刘　皓　刘　健　刘　威　李小均　李志坚
马　昕　牛江奇　庞可心　彭　程　齐　飞　史馨菊　孙国勇　汤德宁　唐　清
谭　璐　王楚然　王　聪　王大音　王环宇　王思南　汪　洋　辛状状　杨柳絮
杨卫杰　杨　洋　杨　勇　杨媛媛　游　策　于明总　张　弛　张　浩　张润泽
张逸凯　张义志　张永杰　张志鹏　赵景程　赵明杨　郑建朋　周方泽　周光泉
朱玉龙

理学院（45 人）

李兴友 温　馨 蒋　妍 刘　洋 褚福辰 杜深江 符传栋 高亦飞 关彦涛
黄　莹 孔德玺 廉　月 李　灏 李　净 李润泉 李田田 刘　洋 李　颖
李子轩 宁翊君 裴凯龙 彭明娣 宋志军 孙　翔 唐　阳 田路云 王搏尘
王胜涛 吴佳妮 肖　旸 许珩潇 殷　博 于博炀 周　芬 周云瞻 高秀园
古应彩 李剑桥 刘　欢 吕培文 王雅静 吴　梦 姚　嘉 于昌仕 朱东萍

软件学院（124 人）

皮晓磊 张　稷 郭泰洋 肖　凯 张　旭 艾　阔 白　璐 白亚楠 曹亚男
常　霞 常　潇 陈　稀 陈哲龙 崔文旭 刁婧宇 董迦勒 窦祎楠 杜　尊
高昊阳 郭晓宇 谷奕瑶 韩东冉 韩建平 韩　英 韩　影 郝萌萌 何俊毅
贺琳丽 何露露 贺明慧 黄　敏 胡正昊 姜博文 揭　杰 纪国惠 梁　飞
李　博 李晨阳 李东浩 李曼玉 李梦雪 李鹏翔 刘嘉裕 刘均前 刘梦莹
刘沐坤 刘　琦 刘泰阳 刘文静 刘小芳 刘新韵 刘　洋 刘原铭 李　岩
李艳梅 李　一 李奕杭 李源熠 罗　彬 罗晋雯 逯　衎 秦　颖 任岱榕
沈宏伟 沈旭东 申玉聪 舒倩雯 宋奕文 孙焕尧 孙　旭 孙　瑶 邰耀鹏
田　爽 王　畅 王传霸 王东晋 王海涛 王海鑫 王黎明 王立松 王姝贤
王婷丽 王　伟 王文博 王　熙 王小宇 王　钰 王　煜 王羽佳 王子杰
吴文伟 吴艳丽 谢　静 徐　慧 许嘉阳 许　婧 徐龙珑 许仕霖 许艺蓝
杨　静 杨瑞婷 杨　洋 闫　涵 姚宜椿 岳恬露 曾　颂 张昺翰 张　策
张丁一 张书浩 张　薇 张晓勇 张雨辰 赵小涛 赵正阳 赵卓娅 甄明亮
周靖洋 周　莉 周　奇 周　翔 朱重佳 MERHAZION SAMUEL ISAIAS
BENALI LYES GABRIEL

建筑与艺术学院（34 人）

陈思思 郭明琳 韩晶晶 李雨绮 伍　祯 于守睿 周梓珊 朱　拼 冯梦玲
程　诚 崔　洁 冯孟昕 高龙博 郭　湘 季曦冉 王　嫣 杨佳怡 章雪婷
张芫铭 朱京京 李永健 边宗圆 匡颖之 丁　楠 杜　洋 耿　霞 郝祯玮
焦　岩 刘　冲 刘斯羽 李玮恬 潘萱竹 薛一苇 张译文

语言与传播学院（20 人）

杜晓晓 耿嘉迪 何溪子 黄丽妍 荆元静 李　冬 李鹏博 刘　帅 刘文锦
李晓燕 李晓月 马　晶 聂雪芹 全丹晨 申慧艳 师铭婵 田　甜 武亚琪
张　欢 张　扬

法学院（1 人）

黄　凯

在职专业硕士（382 人）

电子信息工程学院（38 人）

赵玉文　钟　兴　王　晟　徐大鹏　吴文涛　凌昌国　王　翀　杨珍明　张丹丹
魏　奇　赵　巍　江　渝　邹　佳　任　杰　徐　叶　宋雅静　孙文涛　侯　艳
裴晓磊　赵子琦　郭　超　刘向鹏　杨进钊　李　根　倪兴凯　周　群　杨　光
郝茉妍　赵梦奇　林墨涵　张义伟　侯洪超　陈　勇　金丽丽　袁敦磊　王　欣
郝　正　刘　杰

计算机与信息技术学院（89 人）

陈　亮　赵　斌　刘孟盈　范慧莉　贾鹏飞　陈　超　徐　晴　赵　俊　王绍刚
张俊妍　郈见良　赵　艺　付　强　郭士娟　杨　柳　李俊岭　王海翔　赵　宇
成彦斌　邹　旭　顾　贤　景　晶　刘　菲　王佳卫　张　洋　唐　宁　张本震
张　媛　陈秋杰　张　巍　潘星宇　李　腾　费勤瑛　解　淏　杨　力　刘晶晶
王　飞　张　屹　李孟瑜　水泽文　王　巍　郑利海　张海荣　陈雪松　潘云蕾
杨雷雨　姜　宏　唐　漫　王　燕　杨皓然　袁文博　韩　娟　唐　朔　汪　星
徐黎明　王　琳　牛　荣　高载阳　邓雅兮　林志莉　郑二龙　刘珊珊　赵　雷
马　越　宫淇馨　宋　琳　姜雨含　王　娟　杨　雪　沈其中　李昊天　迟荣波
刘程毓　赵　震　雷学斌　叶　茂　关启峰　王森森　张　亮　薛　希　李永超
刘展翼　王丹妮　王雪连　张　璐　杨　健　任欣韫　李梦龙　唐天乐

经济管理学院（111 人）

宋　晁　赵宝典　孙　胜　师志伟　张晓炜　牛新海　刘志豪　白阿广　刘　晓
白　雪　张　伟　陈　萌　李建伟　唐俊华　孙文东　袁君玲　刘　鑫　周石磊
暴晓峰　赵玉华　樊　实　孙　喆　王海霞　苏　峰　李　莹　宋　超　宋雨秋
刘建波　黄晶晶　郝笑天　孙晓东　张晨炜　左鹤静　刘　忻　郑哲恒　林　俏
黄建广　吴翔宇　眭　凯　尹洪志　许　建　武海新　王　平　余宗传　何　峥
冯　瑶　赵海林　朱海飞　覃　萍　杜晓娟　徐公文　邓　飞　朱军军　熊文娟
王婵娟　向若刚　杨福辉　汪　凯　朱英旗　张开明　肖　非　魏晓洁　田云洁
吴晨明　春　楠　赵雅茹　张月菊　曲　萌　焦　阳　张妮妮　刘　颖　李海军
张　欣　管　乐　谭文彬　蔡明霞　许　娜　高国丽　王　毓　江　月　陈明宇
张　伟　闫晓明　杜　苹　雷　妍　马晓翠　李　淼　郭志华　李雨桐　史晓霏
刘　皓　彭　飞　杨志杰　蒲慧翥　何　洋　宋晓虎　王英姑　陈秀玲　黄玲珍
陆　远　侯建国　张　硕　戴道森　高新颜　王洪伟　范金魁　张素玲　吴志军
江　翔　韩　丁　李懿然

交通运输学院（29 人）

高　宁　陈　迎　陈国才　田慧珍　刘　超　冯　浩　丁小军　乔　震　朱跃辰

张晓鹏　杨　洋　刘　欢　尹莉娟　林　敏　邢国新　刘赟曦　马璐璐　常军成
王玉玮　王永宽　朱永刚　金　玮　于显华　张　楠　迟　昊　姚宇庭　吕亚军
白海军　田郝青

土木建筑工程学院（21 人）

李　伟　张连瑞　高　旭　王中强　孙钦宏　刘晓松　杜朝雄　周晓松　王海波
杨子贤　杜　岳　冯　哲　郭新春　张　琦　杨　锐　刘　柱　齐小波　杨　森
黄　姗　于程水　姜雪强

机械与电子控制学院（11 人）

吴九蕊　郑海波　任明明　单晓涛　金　鑫　张显锋　靳雅琼　王世建　端木伟
郑永明　余再军

电气工程学院（35 人）

王　雅　杨照辉　胡　聪　刘宪宇　高　昊　赵　飞　张　雪　田　野　穆　凯
俞　屹　卢晓丹　郭银龙　崔国红　罗　鑫　陈　菁　王　颖　闫毅平　高瑞松
蔡　磊　包　瑞　李雨薇　贾元成　林小财　张鹏东　扈　毅　张宏毅　单保强
刘传刚　陈　波　孟祥亮　王　显　冯学峰　王红光　李俊民　谢生清

软件学院（48 人）

李　薇　陈凌云　祝　元　杨雨地　玉　叶　董四十九　张学杭　王　荣　田　静
王永正　徐桂君　潘　喆　王晓星　凌玉珊　张　璋　赵丰超　张　宇　苑寅楠
徐海波　李　晨　田国华　郑雯予　傅　钢　袁世瑾　仇金娅　朱建明　徐文博
陈　鑫　陈　鹏　李旻洋　李燕赟　姜晓文　潘晓娜　赵　杰　张　茜　王　涛
花敏峰　史光耀　范文诚　邢志阳　盛乃鹏　李晓谱　王　鹏　李涛锋　杨　实
陈　黎　李　文　赵显慧

同等学力申请硕士学位（1 人）

经济管理学院（1 人）

徐　珊

北京交通大学第十四届学位评定委员会第五次全体会议
授予博士学位人员名单（120 人）
（2018 年 10 月 10 日）

电子信息工程学院（15 人）

黄吉莹　谭晓颖　田　恺　谭思宇　周　鑫　张　北　谌　亚　徐　曜　李海峰
吴　越　赵彤彤　徐　通　时文丰　蒋开伟　张　帆

计算机与信息技术学院（7 人）

杨　艳　王　星　马洪亮　田　艺　张凤珍　赵婵婵　刘光明

经济管理学院（21 人）

王学成　梁永礼　吴沭林　秦　山　牛亮云　刘　达　王亚霆　樊俊杰　朱大庆
余兴源　丁　然　孟　为　和　龙　孙　膑　徐德生　程永伟　刘　菁　张红平
MAQBOOL RASHID　褚夫志　崔维平

交通运输学院（16 人）

白紫熙　李桦楠　张　辉　闫欣欣　李　擎　王家喜　杨能普　白文飞　刘　畅
肖杰殷　玮　川　李　勍　朱志红　周世波　卢思超　董　鹏

土木建筑工程学院（25 人）

李小红　杨　洋　杨海朋　何　珺　黄忠源　刘美麟　金大龙　孙风伯　李金龙
储昭飞　牛晓凯　胡雨濛　赵胜东　柳润东　苏　洁　BHOWMICK SIDHARTHA
张雪峰　张晚笛　于钱米　曹璞琳　白晓彬　庞　博　苏会锋　李爱丽　孙明德

机械与电子控制工程学院（10 人）

于跃斌　陈道云　李晔卓　张惠涛　姚莎莎　王　勇　王　嵘　席利贺　陈　君
邵成伟

电气工程学院（12 人）

王保华　郭慧东　李长城　李新年　张媛媛　李　睿　黄　丹　刘秋降　张俊骐
刘思佳　邓晓洋　刘　斌

理学院（14 人）

张礼刚　张秀娟　赵　蛟　韩长峰　尚玉奎　孙慧静　左春艳　程利芳　侯莎莎
张成文　黄妙玲　田　虹　张俊杰　张　钰

北京交通大学第十四届学位评定委员会第五次全体会议 授予硕士学位人员名单（325 人）

（2018 年 10 月 10 日）

学术型硕士（21 人）

电子信息工程学院（1 人）

李子峥

计算机学院（3 人）

焦会英　马明明　曾庆旺

经济管理学院（2 人）

张　欣　郑淑菊

交通运输学院（6 人）

郑淑菊　尹海勇　陈　鹏　赵汝豪　马　啸　王贤琛

土木建筑工程学院（5 人）

刘　磊　宋佳鹏　EAT KANHARITH　卡　玛　GEBREHIWOT BINIAM BE

机械与电子控制工程学院（1 人）

苏秀峰

理学院（3 人）

陈　越　杨新辉　闫　瑞

全日制专业硕士（48 人）

电子信息工程学院（4 人）

张凌瑞　李　鑫　董奔奔　郑大威

计算机学院（3 人）

陈静临　赵晓宇　朱雪燕

经济管理学院（4 人）

兰明达　方　阒　李　鑫　张　璐

交通运输学院（10 人）

岑　雨　杜　恒　李海洋　骆海瑛　逄昱昱　潘　军　孙红斌　张　标　颜廷鑫
张乔禹

土木建筑工程学院（3 人）

董　浩　李　胜　彭　博

机械与电子控制工程学院（2 人）

王金涛　薛胜超

电气工程学院（9 人）

范国荣　李　磊　李　莉　刘长城　罗井煜　田　斌　田广阔　王贵久　周根华

理学院（3 人）

吴俊峰　杨小浩　张　滔

软件学院（4 人）

BARTEL REMI　孙晓梦　薛智朋　OUEI GUEU LIONEL HENRI

建筑与艺术学院（5 人）

傅先恺　胡增辉　毛　瑞　李剑华　张艳华

法学院（1 人）

强姣姣

在职专业硕士（256 人）

计算机与信息技术学院（42 人）

郭　力　陈　龙　朱霏霏　张志林　马小永　马丽媛　秦佳岚　郭　琰　王　迪
姜　政　张　玮　王　星　胡晓蒙　刁新波　张明军　于力扬　张　秦　韩天放
梁　昊　尉浩轩　陈兴波　董　博　王　俊　栾艳霞　杜会倩　曹朝阳　罗芳艾
曹拥军　宋林麒　曹　萍　程保东　程　玎　薛晓东　陈嘉勇　陈红雁　王雪萍
郭召云　霍　楠　马占柱　刘　雨　孙晓婷　黄碧薇

经济管理学院（38 人）

袁保清　陈利梅　李海洋　苏晓慧　庞　博　马超一　李梦雪　钱炜屹　徐　帆
李　帅　张孝林　张友鹏　巫梦锋　阎　佳　王俊伟　张德宏　李海波　金亚彬
王　攀　闫　明　周梓炯　赵　华　陈沛然　李　靖　邓　昊　杨洪宇　梁明道
付卫国　翟　华　张善兵　商　艳　赵雯雯　万红娟　刘姗姗　周丽敏　李　响
马玉田　李　莹

交通运输学院（36 人）

李　玥　徐　娜　王耀本　刘硕山　石瑞杰　路志林　白继根　程　雯　王文婷
李　东　侯佳宜　校立帆　肖　骁　杨陈和　马　肃　王嘉蒙　蒋子媛　刘　强
赵玉林　吴秀娟　刘建强　刘红星　李友孟　崔国华　杨　柳　荣　瑱　闫丰珺
王　资　赵俊杰　刘高文之　赵广富　张　宇　常　玥　张建效　武　星
郭雁翔

土木建筑工程学院（9 人）

张　程　钱永贵　于　洋　张春伟　黄永存　郑　伟　相　超　孙晋锋　陈福现

机械与电子控制学院（4 人）

高　岩　郭　薇　赵纪鸿　王晓东

电气工程学院（3 人）

石　鑫　吴乃哲　魏建军

软件学院（124 人）

李　芬　顾　杨　陈　超　杨智霖　张　驰　王婷婷　王晓伟　杨　熙　张　峰
付上源　赵　艺　张　鹏　丰　瑞　王　恺　张莉婷　景　序　宋　淼　郝京京
李　鑫　朱丽霞　陈　晨　苗　崧　学海涛　潘越广　韩贵宾　翟雅蛟　邱秉欣
姜　舟　张　斌　杨　威　郭　浩　苏文娟　曹志丽　曲怀志　姜占峰　谢尚楹
包立琴　孙　磊　张　进　唐志金　葛　君　刘　丽　魏　巍　李　婕　刘艳雷
卢　威　李琦琴　章仲林　郑　凯　余　涛　吴玉珍　朱玉琪　李　霞　李向鹏
于　灏　吴　晋　刘嘉明　冯　芳　辛　辉　谢耀博　徐诗珑　侯延莉　杭国荣
杨　萍　张玉清　许　军　倪承志　姚　凯　刘　婧　晋小刚　张　磊　王　端
王　楠　王　舒　毛晓濛　吴小娜　付　琨　陈　赛　陈义文　刘　阳　孙媛媛
李　瑞　曲　渊　张　娜　包洪亮　李昊岩　黄天军　李成望　梁　硕　徐　耀
李　飞　周安康　姜　汕　张亦扬　韩文浩　张佳栋　刘志军　李贵保　冯博文
刘玉洁　桑　铠　周　涛　梁　霄　王　晶　刘宇冰　韦金明　周云娟　王　静
周　瑜　李佳琦　周志鹏　曲界珂　孟翠苗　宋宏芳　宋炜巍　张　琎　炽　晨
唐硕祎　王明军　李可为　裴金鸿　郭凤芹　王轿捷　张　芳

（研究生院　提供）

北京交通大学 2017—2018 年度获奖奖项及名单

一、国家级人才、团队、奖励、项目、平台等

中国工程院院士
宁　滨
2017 年国家杰出青年科学基金入选者
艾　渤　柯燎亮
第三批国家“万人计划”科技创新领军人才
秦　勇　高　亮　艾　渤　赵　耀　闻映红
首批全国高校黄大年式教师团队
团队名称：下一代互联网互联设备国家工程实验室教师团队

负 责 人：张宏科

2017 年国家科学技术进步奖一等奖

项目名称：复杂环境下高速铁路无缝线路关键技术及应用★

获奖人：高 亮 陈 峰 尹 辉 蔡小培 肖 宏 彭 华 辛 涛 白明洲 侯博文 张艳荣

2017 年国家技术发明奖二等奖

项目名称：智慧协同网络及应用★

获奖人：张宏科 杨 冬 董 平

2017 年国家科学技术进步奖二等奖

项目名称：复杂路网条件下高速铁路列控系统互操作和可靠运用关键技术及应用★

获奖人：唐 涛 蔡伯根 闻映红 董海荣 李开成 杨世武 赵林海

2017 年国家自然科学基金重大项目

项目名称：高速铁路运行控制与动态调度一体化基础理论与关键技术★

负 责 人：宁 滨

2017 年千万级国家重点研发计划项目 2 项

项目名称：地铁与地下管廊工程施工安全保障关键技术研究★

负 责 人：张顶立

项目名称：应用于高速列车的大容量超导变压器的研发（战略性国际合作项目）★

负 责 人：方 进

2018 年千万级国家重点研发计划项目 2 项

项目名称：基于动态间隔的运能可配置列车运行控制系统技术★

负 责 人：蔡伯根

项目名称：建筑垃圾精准管控技术与示范★

负 责 人：任福民

2017 年国家社科基金重大项目

项目名称：中国高铁经济理论解析框架及演化路径研究★

负 责 人：林晓言

2018 年新增国家级平台

平台名称：轨道车辆运用工程国际科技合作基地

负 责 人：徐宇工

二、综合类

2017 年国防科技卓越青年人才基金入选者

姚燕安

2017 年宝钢优秀教师奖

于桂兰 冯 华 郭宇春

2018 年北京市师德先锋

张 纯 刘仍奎 姜玉珍 王世海

2017 年北京市优秀教师

史红梅　贾　斌　石志飞　蒋学清　艾　渤　崔雅楼

2017 年北京市优秀教育工作者

吴命利

2018 年度北京市科技新星计划入选者

蔡国庆　张彩萍

2018 年北京交通大学优秀教师

叶蜀君　张　英　周华春　秦　勇　韩宝明　景丽萍

2018 年北京交通大学优秀教育工作者

孙文博　施先亮　张　野

2018 年北京交通大学智瑾奖教金（优秀青年教师奖）

尹　静　闫小勇　吴　琼　张　纯　张彩萍　房　倩　桂文豪　郭　烁　蒋增强
鲁凌云

2018 年北京交通大学智瑾奖教金（优秀青年教育工作者奖）

张　艺　信　心

2018 年北京交通大学"三育人"先进集体

后勤集团饮食服务中心
机电学院《机械原理》课程教学团队
电气学院电工基地教学团队
理学院《几何与代数》课程组
校医院口腔科

2018 年北京交通大学"三育人"标兵

汝宜红

2018 年北京交通大学"三育人"先进个人（教书育人）

汝宜红　都　平　李一玫　徐晓峰　陈梅倩　黎　琳　曹艳梅　张兴华　陈绍宽
冀振燕　宋　颖　张　澎　贺振欢　唐　芬　张　驰　赵谡玲　祝　瑛　刘　伟
张莉莉　孙延涛

2018 年北京交通大学"三育人"先进个人（管理服务育人）

徐春玲　邱　丹　曲永政　李继红　聂　颖　宋　巍　由凤玲　刘利强　王延超
王舒驰　孙娟娟　张　华　汤　斌　彭　烜　韩柏涛　黄　晨　郭　栋

三、人才培养类

国家精品在线开放课程

单片机原理与应用　　　　　　负责人：戴胜华
信号与系统　　　　　　　　　负责人：陈后金
大学计算机——计算思维之路　负责人：王移芝

首批国家虚拟仿真实验教学项目

项目名称：轨道交通列车运行控制虚拟仿真实验项目
负 责 人：戴胜华

2017年北京市高等教育教学成果奖特等奖

项目名称：产出导向、产学联合，轨道交通行业卓越工程人才培养的探索与实践

获奖人：张星臣 陈后金 聂 磊 刘志明 魏旺强 高 亮 李清勇 王喜莲 衣立新

2017年北京市高等教育教学成果奖一等奖10项

项目名称：突出“三合”体现“三化”的电子信息实验教学探索与实践

获奖人：陈后金 戴胜华 刘 颖（工号：788*）侯建军 卢燕飞 马庆龙 李正交

项目名称：“一带一路”视域下轨道交通国际化人才培养的探索与实践

获奖人：曹国永 董海荣 戴胜华 和敬涵 张秋生 李建勇 冯其波 刘彦青 朱晓宁 赵冠远 李滘东 宋 瑞

项目名称：基于新书院模式的经济学专业建设创新与实践

获奖人：欧国立 荣朝和 卜 伟 佟 琼 李卫东

项目名称：增兴趣、重过程、强能力，构建大学数学教学新模式

获奖人：于永光 刘玉婷 孔令臣 冯国臣 王晓霞 刘迎东 江中豪 付 俐 赵 平

项目名称：依托轨道交通行业培养通信与信号控制领域创新人才

获奖人：刘 颖（工号：788*）郭宇春 刘 云 唐 涛 杨世武 张 勇

项目名称：以学生为中心、理论与实践深度结合的土木工程人才培养模式构建与实施

获奖人：杨 娜 卢文良 于桂兰 杨丽辉 杨松林

项目名称：科教融合，培养机械大类创新型人才

获奖人：史红梅 房海蓉 刘志明 蒋增强 宁 智

项目名称：中西交融、协同创新——物流管理类博士生培养模式探索与实践

获奖人：张真继 张润彤 刘世峰 施先亮 张菊亮 华国伟 黄安强 尚小溥

项目名称：经济管理类研究性教学体系构建与培养模式创新

获奖人：张秋生 张 力 马 忠 高桂莲 柴 莹 殷 平 刘伊生 周耀东 文映春

项目名称：校企协同多方联动，大学生“双创”能力培养模式探索与实践

获奖人：高 艳 张星臣 史贞军 路 勇 张 力 秦思阳 刘 颖（工号：788*）梁 英 李清勇 廖涌泉 王喜莲 史红梅

2017年北京市高等教育教学成果奖二等奖17项

项目名称：循OBE理念依托实验教学探究工科大学英语教育体系

获奖人：杨若东 邵钦瑜 蒋学清 李京平 左映娟 丁 研 王云彤

项目名称：强化科学素质和能力，构建“大物理”系列教学平台

获奖人：张兴华 郑 凯 梁 生 朱亚彬 王波波 刘 斌 彭继迎 陈 征 蔡天芳 王 智

项目名称：理工融合、学科交叉——交通特色高水平博士研究生培养模式探索与实践

获奖人：高自友 关 伟 聂 磊 孙会君 刘世峰 邵春福 朱晓宁 毛保华

项目名称：“卓越”工程人才培养模式创新探索——铁路信息技术特色方向建设研究与实践

获奖人：刘　峰　李红辉　于双元　张　春　张　宁

项目名称：计算机与信息类大类招生及分流培养探索与实践

获奖人：阮秋琦　尹　辉　杨晓晖　于双元　安高云　翟高寿　金　一　王志海　樊崇艺

项目名称：聚焦数字化思维，基于“宽、专、融”计算机基础通识教育新模式的研究与实践

获奖人：王移芝　李清勇　鲁凌云　黄　华　周　围　林友芳　张英俊

项目名称：面向数字化、信息化、智能化时代，深化近代数字信号处理课程的改革

获奖人：黄琳琳　李艳凤　陈后金　陶　丹　钱满义　郝晓莉　申　艳　陈　新　高海林

项目名称：植根行业优势，依托重点学科，建设具有铁路特色的土木工程专业

获奖人：魏庆朝　高　亮　刘建坤　王连俊　梁小燕　张鸿儒　时　瑾

项目名称：面向国家战略性新兴产业需要，构建多维立体的纳米材料与技术国际化人才培养新模式

获奖人：丁克俭　冯其波　何志群　赵　颖　杨春和　朱亚彬　由芳田　吕燕伍　胡红刚　武　清

项目名称：学科融合、科教协同，培养面向未来的智能运输工程创新人才

获奖人：贾利民　董宏辉　秦　勇　刘　军　蔡国强　毕　军　王　莉　郭建媛　徐　杰　王艳辉　李晓峰　魏秀琨　程晓卿　李春艳　马继辉

项目名称：面向需求科教融合创新城市交通复合型人才培养模式探索与实践

获奖人：邵春福　何世伟　姚恩建　贾　斌　岳　昊

项目名称：需求导向的国际化电气工程人才培养体系构建与实践

获奖人：和敬涵　王喜莲　徐建军　罗国敏　唐　芬　柴　莹　许　寅　王健强　王小君

项目名称：机械工程专业国际化改革的探索与实践

获奖人：方跃法　孙娟娟　房海蓉　刘志明　郭　盛

项目名称：基于 OBE 理念的车辆工程专业卓越工程人才培养及评价体系建设

获奖人：刘志明　杜永平　郭　盛　张　英　李　强　郭保青

项目名称：具有国际视野的“双创”型物流管理人才培养模式改革

获奖人：施先亮　兰洪杰　李伊松　张菊亮　田　源　华国伟　卞文良

项目名称：行业需求引领，个性精准培养——行业特色管理类研究生项目拉动式培养实践

获奖人：叶　龙　郭　名　刘颖琦　宋守信　施先亮　张　娜　沈　梅　宋光森

项目名称：服务国家“一带一路”发展战略，打造轨道交通行业继续教育基地

获奖人：司银涛　陈　庚　肖贵平　郝建英　张辉宇　徐　琤

首批新工科研究与实践项目 3 项

项目名称：现代交通背景下交通运输工程新工科复合人才培养模式探索与实践

负责人：张星臣

项目名称：理科衍生的“交通科学与工程”专业建设探索与实践

负责人：贾　斌

项目名称："智慧交通大数据学院"——新工科协同育人模式改革与实践

负责人：李清勇

2017年第十届全国大学生创新创业年会

国家级大学生创新创业计划最佳导师：陈云琳

2017全国移动互联创新大赛最佳组织奖

电气工程学院

中国大学MOOC2017年度新锐奖

《模拟电子技术》MOOC课程

负责人：刘　颖（工号：788*）

2017年第十届全国大学生创新创业年会

优秀论文指导教师：林春雨

优秀创业项目指导教师：陈后金　陈　新

入选项目指导教师：杜　欣　张　威

北京高校第十届青年教师教学基本功比赛

理工类A组一等奖：王　萌

理工类A组二等奖：吕　兴　邓　涛

优秀指导教师奖：石志飞

第十七届全国大学生机器人大赛一等奖指导教师

杜秀霞　王纪武　王　尧

2017年"西门子杯"中国智能制造挑战赛特等奖、一等奖指导教师

徐建军

第九届全国大学生广告艺术大赛优秀指导教师、一等奖、二等奖指导教师

耿　涵

第42届ACM国际大学生程序设计竞赛亚洲区域赛

金奖指导教师：黄　华　许华婷

银奖指导教师：黄　华　许华婷

2018年美国大学生数学建模竞赛一等奖指导教师

王兵团　俞　勤

2017年全国大学生数学建模竞赛二等奖指导教师

王兵团　范秉理

2017年全国大学生电子设计竞赛二等奖指导教师

马庆龙　赵　翔　王　睿

2017年全国大学生智能汽车竞赛二等奖指导教师

马庆龙　王　睿

第十三届全国大学生交通科技大赛二等奖指导教师

陈军华　张星臣

2017年中国节能竞技大赛第十名指导教师

何　涛　刘建华

第十届全国大学生信息安全竞赛二等奖指导教师

王　健　黎　琳　王　伟

第八届中国大学生服务外包创新创业大赛二等奖指导教师

袁　岗

2017 全国移动互联创新大赛一等奖指导教师

徐建军

2018 全国电工电子基础课程实验教学案例设计竞赛（鼎阳杯）

一等奖、最佳创意奖　互感式无线电能传输原理研究

负责人：余晶晶　闻　跃　养雪琴

一等奖　简单无源网络“特性之最”的实现与测量

负责人：赵文山　闻　跃　养雪琴

听音识曲系统设计与实现

负责人：李艳凤　黄琳琳　胡　健

二等奖　电力线控制供电系统

负责人：高　岩

基于 TPC—ZK—II 串口通信双机步进电机同步控制实验

负责人：付文秀　周永华　于振宇

“跳一跳”物理外挂

负责人：王　睿　马庆龙　赵　翔

三等奖　三极管放大电路的特性测试和组合应用

负责人：李维敏　佟　毅　黄　亮

基于 DSP 的音乐合成器设计

负责人：高海林　钱满义　李居朋

飞机黑匣子语音数据解码

负责人：钱满义　周　航　高海林

基于脑电波的注意力训练实验

负责人：陈　新　高海林　李居朋

跳一跳小游戏的设计与实现

负责人：张宇威　黄　亮

面向智能家居的单片机温度监控系统设计

负责人：李润梅　崔　勇

第八届全国大学生机械创新设计大赛慧鱼组竞赛优秀组织奖

机械与电子控制工程学院

2017 年“西门子杯”中国智能制造挑战赛（华北赛区）特等奖指导教师

徐建军　张　威　汤钰鹏

第十届全国三维数字化创新设计大赛（北京赛区）特等奖指导教师

何　涛　邹　骅　宋志坤

第七届全国大学生电子商务创意、创新及创业挑战赛（北京赛区）特等奖指导教师

祝凌曦

第九届“挑战杯”首都大学生课外学术科技作品竞赛特等奖指导教师
彭兆祺
第三届中国“互联网+”大学生创新创业大赛北京赛区比赛一等奖指导教师
马庆龙
北京市第六届大学生工程训练综合能力竞赛一等奖指导教师
宋志坤
第八届全国大学生机械创新设计大赛慧鱼组竞赛一等奖指导教师
杜秀霞
北京市大学生数学建模与计算机应用竞赛一等奖指导教师
王兵团　俞　勤　范秉理
第六届天津市大学生电脑鼠走迷宫竞赛一等奖指导教师
戴胜华　李正交
2017 年北京市大学生物理实验竞赛一等奖指导教师
吴　迪　陈　征
第六届北京市大学生建筑结构设计竞赛一等奖指导教师
姜兰潮
第五届北京市大学生物流设计大赛一等奖指导教师
黄安强　张可明
北京市第 28 届大学生数学竞赛一等奖指导教师
何卫力　刘迎东　邵吉光
北京市第 28 届大学生数学竞赛优秀指导教师奖
何卫力

四、科学研究类

（注：标注“★”的科研项目主持单位为北京交通大学）

（一）自然科学类

2017 年教育部高等学校科学研究优秀成果奖技术发明奖一等奖
项目名称：道路交通状态网络化智能感知与评价关键技术及应用★
获奖人：贾利民　董宏辉
2017 年北京市科学技术奖一等奖
项目名称：复杂条件下大型海底隧道钻爆法建造关键技术★
获奖人：张顶立　陈铁林　房　倩　张成平　苏　洁　侯艳娟
2017 年甘肃省科技进步奖一等奖
项目名称：第三系富水弱胶结粉细砂岩隧道修建技术及应用
获奖人：王秀英
2017 年中国铁道学会铁道科学技术奖一等奖 3 项
项目名称：CTCS—3 级列控无线信道监测系统★
获奖人：蒋文怡　钟章队　丁建文　林思雨

项目名称：信号设备一体化智能健康管理关键技术及应用★
获奖人：曹 源 蔡伯根 肖建军 刘 江 李 鹏 陆德彪 姜 维
项目名称：西部铁路运营技术研究——青藏铁路运营对经济社会发展作用研究
获奖人：林晓言 荣朝和 李卫东 武剑红 陈佩虹 周渝慧 赵 坚
2017 年教育部高等学校科学研究优秀成果奖技术发明奖二等奖 3 项
项目名称：盾构切削大直径钢筋混凝土群桩关键技术★
获奖人：袁大军 李兴高
项目名称：连杆式整体闭链运载装置的技术及应用★
获奖人：姚燕安 刘 超 刘阶萍
项目名称：亚热带大型公共建筑可持续营建技术研究
获奖人：李珺杰
2017 年北京市科学技术奖二等奖 2 项
项目名称：城市轨道交通大客流精准感知及管控技术研发与应用
获奖人：四兵锋
项目名称：城市公共交通精细化运营组织与精准化信息服务关键技术与应用
获奖人：姚恩建
2017 年中国铁道学会铁道科学技术奖二等奖 5 项
项目名称：新会计准则下铁路运输企业有关问题研究★
获奖人：赵健梅 孙 敏 邢 颖 姚爱群
项目名称：运能释放后区际通道与集疏运系统能力优化配置研究★
获奖人：何世伟 林柏梁
项目名称：京沪、京广高铁动车车底运用及交路优化★
获奖人：聂 磊 佟 璐 贺振欢 付慧伶 谭宇燕
项目名称：桥梁洪水灾害防控理论与技术★
获奖人：齐梅兰 季文玉 陈启刚 文永奎 卢文良
项目名称：大功率机车柴油机燃油电控喷射技术研究
获奖人：王立德
2017 年北京市科学技术奖三等奖 3 项
项目名称：能源审计相关标准制定与推广应用★
获奖人：贾 力 杨立新 张竹茜
项目名称：基于多物理场永磁电机系统强迫换热关键技术及应用★
获奖人：李伟力 曹君慈 李 栋 张晓晨
项目名称：复杂地质及环境条件下多管热力隧道非开挖综合技术研究及应用
获奖人：贺少辉
2016 年云南省科学技术进步奖三等奖
项目名称：牵引变电所运行仿真培训系统
获奖人：郎 兵
2017 年中国铁道学会铁道科学技术奖三等奖 6 项
项目名称：铝合金接触网零部件防腐技术及应用★

获奖人：杨智勇　李志强　韩建民　刘小龙

项目名称：新线运输生产力布局理论与方法★

获奖人：李海鹰　王　莹　蒋　熙　苗建瑞　孟令云　许心越

项目名称：动车组高级修错峰维修计划研究

获奖人：林柏梁　朱晓宁

项目名称：兰新高铁风险管理方法与技术研究

获奖人：王福田　刘仍奎

项目名称：铁路物流中心设计规范

获奖人：张晓东

项目名称：新建 30t 轴重及长大列车重载铁路线路平纵参数设计技术研究

获奖人：时　瑾　王英杰

2017 年中国铁道学会铁道环保奖

张和生

第十九届中国专利优秀奖

项目名称：数据包传输方法及网络系统★

获奖人：张宏科　陈　佳　周华春　苏　伟

2017 年新增省部级平台

平台名称：国家经济安全预警工程北京实验室

负责人：李孟刚

平台名称：综合交通运输大数据应用技术交通运输行业重点实验室

负责人：邵春福

（二）人文社科类

2017 年国家社科基金重点项目

项目名称：网络时代企业转型升级的机理、路径和对策研究★

负 责 人：张文松

北京市哲学社会科学研究基地二期建设验收优秀

北京产业安全与发展研究基地

五、党建及思想政治工作类

我校制作的《如何规范发展党员》获得第十四届全国党员教育电视片观摩交流活动三等奖

我校获得 2016 年度北京高校党内统计工作全优单位

我校申报的《产出导向，反向构建新时代学生综合素质培养体系，探索大学生思想政治教育质量提升新路径》获得第五届首都大学生思想政治工作实效奖一等奖

我校申报的《全覆盖 全方位 全媒体 全过程，打造学习贯彻十九大精神“四全模式”》《文艺汇演生动诠释十九大精神，全员覆盖深刻学习新时代思想——高校学习宣传党的十九大精神新模式探索实践》获得北京高校学习宣传贯彻党的十九大精神优秀项目

我校获得 2017 北京高校青年教师社会调研组织工作先进校

我校党委宣传部获得北京市思想政治工作优秀单位

我校电气工程学院电气传动与控制系党支部获得北京高校先进基层党组织

陈劲松获得 2018 年“全国高校辅导员年度人物”提名

赵耀、于洁被评为 2017 年北京高校优秀共产党员

安薇申报的《以校园优秀传统文化促进大学生社会主义核心价值观培育的路径研究》课题获得 2015—2016 年度首都大学生思想政治教育优秀科研成果课题类二等奖

六、其他奖励

集体奖：

我校获得 2017—2018 年公共机构能效领跑者荣誉称号

我校获得第二届北京高校“诵吟经典·品味书香”中华经典诗词诵读吟唱比赛优秀组织奖、诵读组二等奖

我校获得“百校千组学讲行”主题教育活动优秀组织奖

我校获得北京高校第十届青年教师教学基本功比赛优秀组织奖

我校创作的歌曲《知了行了》获得青春之歌 2018——第二届最美校歌推优活动十优毕业歌

我校获得 2017 年北京市高校来华留学生管理优秀团队奖

我校红十字会获得《中华人民共和国红十字会法》暨全国红十字应急救护知识竞赛最佳组织二等奖

我校侨联获得全国侨联系统先进组织

我校后勤服务产业集团校园服务管理中心获得 2017 年度首都绿化美化先进集体

我校红十字会、献血办公室获得 2016—2017 年度首都无偿献血工作先进集体

我校人文社会科学处获得 2017 年度北京市社会科学基金项目优秀二级管理单位

我校工会获得 2017 年北京市教育工会综合考评奖

我校工会申报的《提升信息化建设水平 助力工会工作改革发展》获得 2017 年北京市教育工会特色工作奖

我校法学院、图书馆获得 2017 年北京市教育工会先进教职工小家

我校建筑与艺术学院获得 2014—2017 年度中国建筑学会科普教育基地先进依托单位

我校后勤服务产业集团获得 2017 年高校后勤信息化建设先进单位

个人奖：

2017 年度握奇奖教金

万里霜　万怀宇　王　涛　韦世奎　方　雯　方维维　刘　盾　刘铁鹰　刘海鑫
孙延涛　宋　光　张英俊　陈　伶　尚小溥　赵颖斯　诸　强　彭双和　樊崇艺
滕　竹

2017 年华为奖教金

徐少毅　熊　轲

2017 年太原重工奖教金

王　曦　王纪武　曲海波　刘月明　孙卫青　杨广雪　樊文刚

2017 年赛迪奖教金

冯　瑶　何文静　崔永梅

全国归侨侨眷先进个人

闫学东

2017 年度首都绿化美化先进个人

耿增德

2017 年北京大学生舞蹈节金奖 2 项、银奖 1 项

刘　姗

2017 年北京大学生戏剧节金奖 1 项、银奖 2 项

刘景杨

2014—2017 年度北京市保密工作系统先进个人

杜　晔

2017 年度国家安全人民防线建设工作先进个人

邓小凤

北京市社区卫生首席专家培养人选

孔令伟

北京市社区健康管理专家培养人选

卢云涛

2017 年度北京市社会科学基金项目管理工作先进个人

李　敏

北京市高等教育学会研究生教育研究分会 2018 年突出贡献个人

屈晓婷

2017 北京市高校来华留学生管理工作优秀干部二等奖、第三届北京市高校青年留管干部业务技能大赛二等奖

张治国

2017 年高校后勤信息化建设先进个人

项雪峰

七、从事教育工作三十年表彰人员名单

（按姓氏笔画排序）

马广岩　马英新　马晓春　王进雄　王　丽　王奇志　王金连　王　琴　牛　原

毕红军　朱尔玉　刘宏纲　刘春霞　刘保国　刘彦青　刘　颖（工号：788*）

闫　岚　李长虹　李燕华　杨学萍　吴　刚　何玉芳　张红延　张顶立　张岳强

张　威　张聪敏　武　清　易　晓　罗志青　周　晖　郑　兰　赵成刚　赵红娥

胡志先　段连平　侯立民　侯建军　聂君祥　贾卓生　顾文巧　徐国萍　高万英

高　莹　唐　莹　常彦勋　章梓茂　董乐贤　韩宝明　韩建民　路　勇　简　伟

（来源：《北京交通大学 2018 年教师节光荣册》，人事处提供）

2018 年北京交通大学资产统计表

单位：元

资产总额	7 956 504 635.56
流动资产	2 943 748 315.85
固定资产	4 550 409 027.20
土地、房屋及构筑物	2 795 615 582.85 2 824 316 356.08
仪器设备	1 541 116 607.10
图书	118 064 907.95
文物和陈列品	2 271 121.08
家具、用具、装具	95 428 277.41
长期投资	165 493 096.95
在建工程	71 724 607.36
待处置资产损益	32 172.355.07
无形资产	192 957 233.13

2018 年北京交通大学房产统计表

房产类型	建筑面积/m^2
一、教学及辅助用房	255 225.53
其中：教室	57 055.04
图书馆	16 357.10
实验室、实习场所	139 274.69
专用科研用房	23 081.50
体育馆	6 390.20
会堂	13 067.00
二、行政办公用房	39 263.86
三、生活用房	419 326.77
其中：学生宿舍	191 149.88
学生食堂	18 542.43
教工单身宿舍	123 418.89
教工食堂	326.90
生活福利及其他	85 888.67
四、教工住宅	195 079.54
五、其他用房	104 984.59
总计	1 013 880.29

（国资处　提供）

2018

索　　引

主 题 索 引

使 用 说 明

一、本索引采用主题分析索引法编制。除“大事记”外，有检索意义的重点内容均予以标引，以供检索使用。

二、本索引主体采取主题词分析索引方法，按主题词首字汉语拼音字母顺序排列；文中表格及附录数据信息按其标题首字汉语拼音字母顺序排列。以数字开头的标目排在最前面。

三、索引标目后的数字，表示索引内容所在的年鉴正文页码。表格标题标引页码后括注“表”字，以区别于文字标目。

0～9

A

B

C

D

E

F

G

H

J

K

L

M

N

P

Q

R

S

Y

Z